Centralisation, décentralisation et régionalisation dans les états unitaires français et turc

Logiques Juridiques
Fondée par Gérard Marcou
Dirigée par Jean-Claude Némery et Thomas Perroud

Le droit n'est pas seulement un savoir, il est d'abord un ensemble de rapports et pratiques que l'on rencontre dans presque toutes les formes de sociétés. C'est pourquoi il a toujours donné lieu à la fois à une littérature de juristes professionnels, produisant le savoir juridique, et à une littérature sur le droit, produite par des philosophes, des sociologues ou des économistes notamment.

Parce que le domaine du droit s'étend sans cesse et rend de plus en plus souvent nécessaire le recours au savoir juridique spécialisé, même dans des matières où il n'avait jadis qu'une importance secondaire, les ouvrages juridiques à caractère professionnel ou pédagogique dominent l'édition, et ils tendent à réduire la recherche en droit à sa seule dimension positive. À l'inverse de cette tendance, la collection « Logiques juridiques » des éditions L'Harmattan est ouverte à toutes les approches du droit. Tout en publiant aussi des ouvrages à vocation professionnelle ou pédagogique, elle se fixe avant tout pour but de contribuer à la publication et à la diffusion des recherches en droit, ainsi qu'au dialogue scientifique sur le droit. Comme son nom l'indique, elle se veut plurielle.

Dernières parutions

Hugues RABAULT, *La constitution financière de la France Sources fondamentales du droit des finances publiques, Seconde édition actualisée et augmentée*, 2024.
Eric FÈVRE, *Comparaison du chef de l'Etat et du chef du Gouvernement en France et en Allemagne*, 2024.
Henri BOUILLON, *Droit de la laïcité*, 2024.
Nadine NAJEM, *Théorie des intérêts moratoires*, 2024.
Caroline PELOSO, *L'autorité de la chose jugée au pénal à l'égard des décisions européennes, Essai de droit comparé franco-italien*, 2023.

Selçuk Abdullah Evliyaoğlu

Centralisation, décentralisation et régionalisation dans les états unitaires français et turc

L'Harmattan

5-7, rue de l'École-Polytechnique ; 75005 Paris

http://www.editions-harmattan.fr/

ISBN : 978-2-336-47491-5
EAN : 9782336474915

à ma famille

REMERCIEMENTS

Ce travail est issu de la deuxième partie d'une thèse de doctorat intitulée la notion d'État unitaire. La thèse a été soutenue le 4 décembre 2019 à l'Université Paris 1 Panthéon-Sorbonne et la première partie de celle-ci est basée sur une analyse comparée entre la France et la Turquie dans le cadre des « principes généraux de la forme d'État unitaire ».

Le jury était composé de Monsieur Olivier RENAUDIE (Professeur à l'Université Paris 1 Panthéon-Sorbonne, Président du jury), Monsieur Aydın GÜLAN (Professeur à l'Université d'Istanbul), Monsieur Franck LAFFAILLE (Professeur à l'Université Paris 13, Rapporteur), Monsieur Emre ÖKTEM (Professeur à l'Université Galatasaray, Rapporteur), M. Laurent VIDAL (Maître de conférences HDR à l'Université Paris 1 Panthéon-Sorbonne, Directeur de thèse).

Je tiens tout d'abord à remercier chaleureusement, à titre posthume, feu le Professeur Gérard Marcou, mon directeur de thèse, qui m'a encadré tout au long de cette thèse et qui m'a fait partager ses brillantes intuitions. Je n'oublierai jamais sa gentillesse, sa disponibilité permanente et ses nombreux encouragements.

Je remercie en même temps Monsieur Laurent Vidal qui a eu la gentillesse d'accepter de prendre la suite de la direction de ma thèse après le décès de mon directeur de thèse feu le Professeur Gérard Marcou.

Mes remerciements s'adressent plus particulièrement à tous les membres du jury de thèse qu'ils ont accepté de participer à la soutenance.

Un grand merci aussi aux membres des Éditions L'Harmattan pour leurs efforts et intérêts.

SOMMAIRE

PRINCIPALES ABRÉVIATIONS

AİD : Amme İdaresi Dergisi [Revue de l'administration publique]
AJDA : Actualité juridique de droit administratif
al. : Alinéa
art. : Article
art. cit. : Article cité
AYM : Anayasa Mahkemesi [La Cour constitutionnelle (turque)]
AYMKD : Anayasa Mahkemesi Kararları Dergisi [Revue de la Cour constitutionnelle (turque)]
Cct : La Cour constitutionnelle turque
CGCT : Code général des collectivités territoriales
chron. : Chronique
CNRS : Le Centre national de la recherche scientifique
CODER : Commission de développement économique régional
COM : Collectivité d'outre-mer
Cons. const. : Conseil constitutionnel
cop. : copie
DC : Décision du Conseil constitutionnel (décision portant sur la constitutionnalité d'une loi)
dir. : Directeur / directrice
DOM : Département d'outre-mer
E. : Esas [Fond]
éd. : Édition
Éd. : Éditeur / Éditrice
EPCI : Établissement public de coopération intercommunale
EPR : Établissement public régional
et al. : (et alii) : et les autres
etc. : et cetera
GAP : Güneydoğu Anadolu Projesi [Le projet de l'Anatolie du Sud-Est]
GRALE : Groupement de Recherche sur l'Administration Locale en Europe
Ibid. : Ibidem
İÜ : İstanbul Üniversitesi [L'Université d'Istanbul]
JO : Journal officiel
JORF : Journal officiel de la République française
JORT : Journal officiel de la République turque
K. : Karar [Décision]

KAYA : Kamu yönetimi araştırma projesi [Le projet de recherche de l'administration publique]
LEJEP : Le Laboratoire d'études juridiques et politiques
LGDJ : Librairie générale de droit et de jurisprudence
MAPTAM : Modernisation de l'action publique territoriale et d'affirmation des métropoles
MEHTAP : Merkezi Hükümet Teşkilatı Araştırma Projesi [Le projet de recherche de l'organisation du gouvernement central]
n° : Numéro
NOTRe : Nouvelle organisation territoriale de la République
OIP : Observatoire interrégional du politique
op. cit. : Opere citato
p. : page
pp. : pages
préc. : précité
PUF : Presses universitaires de France
RDP : Revue de droit public et de la science politique en France et à l'étranger
Rec. : Recueil (des décisions du Conseil constitutionnel)
rééd. : Réédité / réédition
RFAP : Revue française d'administration publique
RFDA : Revue française de droit administratif
RFDC : Revue française de droit constitutionnel
RG : Resmi gazete [Journal officiel]
RIDC : Revue internationale de droit comparé
ROM : Région d'outre-mer
RSAMO : Revue de science administrative de la méditerranée occidentale
spéc. : spécialement
suiv. : Suivant
t. : Tome
TODAİE : Türkiye ve Orta Doğu Amme İdaresi Enstitüsü [L'institut d'administration publique de Turquie et du Moyen-Orient]
TOM : Territoire d'outre-mer
UNDP : United Nations Development Programme [Le Programme de développement des Nations Unies]
V. / v. : Voir
Vol. : Volume

INTRODUCTION

La Constitution française, après avoir déclaré, dans la première phrase de son article 1er, que « *La France est une République indivisible* », affirme en même temps, dans la dernière phrase du même article, que l'organisation de la République est *« décentralisée »*.

La consécration constitutionnelle du principe d'indivisibilité de la République, mais aussi l'analyse du système étatique de la France nous donnent la possibilité de déduire que la France est, tout d'abord, un État unitaire, et que l'organisation administrative de cet État consiste au principe de la décentralisation.

Similairement à la France, il est possible de trouver de telles consécrations constitutionnelles dans la Constitution de la République turque. D'une part l'alinéa 1er de l'article 3 de la Constitution turque prévoit que « *L'État turc forme avec son territoire et sa nation une entité indivisible* ». D'autre part, l'article 123, alinéa 2 de cette Constitution précise que « *l'organisation et le fonctionnement de l'administration sont basés sur les principes de la centralisation et de la décentralisation* ». Donc, comme nous allons le voir dans notre travail, la République turque qui est strictement fidèle à la structure unitaire étatique adopte aussi un système administratif décentralisé au sein de son organisation.

L'on constate que la consécration constitutionnelle du principe de la décentralisation est le point commun pour la France et la Turquie. Toutefois, précisons d'amblée que l'avancement du processus de la décentralisation n'est pas le même dans ces deux États unitaires. Ainsi, l'on doit admettre que même si ces deux États ont une structure unitaire étatique, il y a une grande différence entre les deux. Ce sont, en réalité, les différentes variations de la forme d'État unitaire.

Comme nous allons le démontrer, tout au long de notre étude, il existe plusieurs similarités entre l'État unitaire turc et français du point de vue de l'organisation administrative. De plus, il est possible de constater une très forte influence française sur le système administratif turc, et d'une manière générale la doctrine tant turque que française partage les mêmes idées concernant la structure unitaire de l'État. En revanche, l'analyse du droit positif de ces deux États unitaires, révèlent plusieurs différences au sujet du processus de l'aménagement de la décentralisation. À savoir qu'il est possible de parler de la mutation de l'État unitaire par la décentralisation. Dans ce cadre, il faut préciser que le sujet de la répartition des compétences entre l'État et ses entités infra-étatiques est le sujet le plus important à analyser dans notre travail.

Partant de la théorie juridique de la décentralisation, Jacques BAGUENARD précise qu'« au sens juridique, la décentralisation suppose l'existence d'une pluralité de centres autonomes de décision, exige que des « organes locaux » aient la maîtrise juridique de leur activité, c'est-à-dire qu'ils soient libres de prendre, dans le respect des lois et règlements, la décision qu'ils veulent. Telle est la véritable décentralisation, analysée avec la rigueur juridique qui convient par Charles Eisenmann. »[1] En réalité, l'auteur reprend la définition de Charles EISENMANN, qui estime qu'« une activité normatrice est décentralisée si c'est une multiplicité d'organes non-centraux qui en ont la maîtrise, c'est-à-dire décident en fin de compte quelles normes seront édictées, chacun pour une fraction distincte de la collectivité. »[2]

Georges BURDEAU précise, à ce propos, qu'« une activité est dite décentralisée lorsque les règles qui la commandent sont édictées par des autorités émanant du groupe qu'elle concerne. Ce qui caractérise donc un groupement territorial lorsqu'il est décentralisé, c'est son affranchissement, quant à l'activité visée, à l'égard du pouvoir central. »[3]

Cependant, ces définitions se limitent à l'idée essentielle de la décentralisation et ne l'abordent pas dans ses différentes variations posant ainsi certaines « difficultés de définition de la décentralisation ». Parmi lesquelles : « l'utilisation excessive du mot : plus il est pratiqué dans le discours politique et la doctrine juridique et moins il semble s'identifier à un contenu précis »[4]. Dans la doctrine française, certains

---

[1] J. BAGUENARD, *La décentralisation*, Paris, PUF, 2004, p. 12.

[2] Ch. EISENMANN, *Centralisation et décentralisation : esquisse d'une théorie générale,* Paris, LGDJ, 1948, p. 86. Pour la distinction de la décentralisation pure ou parfaite de la décentralisation imparfaite ou relative, v. pp. 86 et suiv. Il convient de faire remarquer qu'un tel travail approfondi sur la décentralisation dépasse les limites de notre étude. Nous nous intéressons au sujet de la décentralisation dans le cadre de la question de la forme d'État unitaire, et, comme nous aurons l'occasion de le voir, la décentralisation est, d'une part, bien encadrée par certains critères dans ce type d'État, et, d'autre part, elle ne peut pas aller au-delà d'une matière administrative, malgré la position de quelques collectivités territoriales, comme des exceptions.

[3] G. BURDEAU, *Traité de science politique*, t. II, *L'État*, 2e éd., Paris, LGDJ, 1967, p. 369.

[4] B. FAURE, *Droit des collectivités territoriales,* Paris, Dalloz, 2011, p. 2.

auteurs parlent de « l'imprécision du concept de décentralisation »[1]. D'après Jean-Marie PONTIER, « les manifestations de divergence sur la signification du concept de décentralisation ne manquent pas. Le mot lui-même paraît - tout au moins dans la langue française - peu satisfaisant à la plupart des auteurs. » [2]

Jacques BAGUENARD estime, de son côté, que « les Anglais parlent de self-government, les Allemands de Selbstverwaltung et les Néerlandais de zelfbestuur. Ces termes renvoient à l'idée de « gouvernement local » et mettent l'accent sur l'« auto-administration » des collectivités locales, s'inscrivant donc plutôt dans une logique de « démocratie locale ». Ainsi, le vocabulaire rend-il nettement compte de la profonde différence qui sépare les expériences historiques de la France de celles de ses voisins »[3]. Donc, « le mot décentralisation conserve une signification propre à la France. »[4]

Par ailleurs, il faut préciser que, dans la discipline juridique même, il est possible de parler de cette notion de décentralisation en utilisant ses différentes variations. Il en résulte que le mot « décentralisation » signifie, à lui seul, un domaine plus vaste. À cet égard, selon Jean-Marie PONTIER, « il convient tout d'abord de remarquer que, même en France, le mot décentralisation ne se suffit pas à lui-même. Il faut lui accoler un qualificatif. »[5]

De ce qui précède, résultent deux questions, à savoir que face à cette imprécision, l'on va se demander encore quelle est la signification de cette notion - la décentralisation - dans l'État unitaire ? Et quelle variation de celle-ci peut demeurer dans ce type d'État ?

Jean-Bernard AUBY explique bien les deux variations de la décentralisation, « le premier est une distinction de base entre État fédéral et État unitaire, considérés comme les deux formes possibles d'organisation étatique. Le second est la conception selon laquelle la décentralisation est une forme d'aménagement de l'État unitaire, dans laquelle des autorités administratives non étatiques gèrent des affaires administratives particulières dans un certain rapport d'indépendance

---

[1] J.-M. PONTIER, *L'État et les collectivités locales : la répartition des compétences*, Paris, LGDJ, 1978, p. 18 et suiv.

[2] *Ibid.*, p. 19.

[3] J. BAGUENARD, *op. cit.*, p. 9.

[4] J.-M. PONTIER, *L'État et les collectivités locales : la répartition des compétences*, *op. cit.*, pp. 20-21.

[5] *Ibid.*, p. 21.

vis-à-vis des administrations d'État. »[1] En effet, l'on peut voir dans cette affirmation l'idée essentielle de la décentralisation politique et administrative. Et comme nous avons déjà précisé que l'État unitaire ne se forme qu'autour de la centralisation politique, il convient de dire que cette forme d'État exclut la décentralisation politique.

En réalité, il faut dire que la décentralisation politique signifie l'autonomie « politique » ou « législative » des collectivités infra-étatiques. Charles CADOUX précise, à ce propos, que « situé donc en deçà de la souveraineté le statut d'autonomie apparaît comme la forme la plus extrême de la décentralisation politique, dans la mesure où il s'agit d'une autonomie effective. En pratique le statut d'autonomie se situe « quelque part » entre le fédéralisme et la décentralisation puisqu'il évoque l'idée de liberté d'administration voire de gouvernement mais toujours sous un certain contrôle du pouvoir central »[2].

Il convient donc de dire que la décentralisation politique dans un État suscite l'existence de l'autonomie « politique ». Il s'agira, dans cette hypothèse, d'une incompatibilité avec la forme d'État unitaire, puisque ce type d'État ne permet pas l'existence d'une telle autonomie qu'on appelle « politique ». D'ailleurs, comme l'affirme Charles CADOUX, l'on peut constater que « c'est toujours au nom de la défense de l'État, voire de sa survie, que se dressent les jacobins contemporains pour combattre tout excès de décentralisation, et à plus forte raison toute velléité d'autonomie »[3]. Cependant, il faut savoir que la forme d'État unitaire n'empêche pas l'aménagement de la décentralisation « administrative » au sein de l'État.

En réalité, il faut préciser que la décentralisation « administrative » n'est pas l'apanage justement de l'État unitaire puisqu'on peut trouver cette modalité d'administration dans les État fédéraux (fédérations). Dès lors, on peut dire que dans les fédérations, il existe non seulement la décentralisation politique, mais aussi la décentralisation administrative « au niveau des État fédérés ». Si la première est une règle générale pour la caractéristique des fédérations, la deuxième est une option pour les entités fédérées.

Charles EISENMANN pense que ces deux formes de la décentralisation dans les États fédéraux reflètent la décentralisation

---

[1] J.-B. AUBY, *La décentralisation et le droit,* Paris, LGDJ, p. 127.

[2] Ch. CADOUX, « La conception française de l'État unitaire (comparaisons) », *RSAMO*, n° 29/30-juin 1990, p. 26.

[3] Ch. CADOUX, « Le concept d'autonomie en France (théorie et pratique) », *RSAMO*, n° 28, décembre 1989, p. 211.

« extérieure » et « intérieure ». D'après cet auteur, les entités fédérées (par exemple) ou les collectivités inférieures peuvent être décentralisés à l'égard du pouvoir de l'État central -décentralisation extérieure -, mais la décentralisation intérieure ne concerne que le mécanisme de cette entité fédérée ou collectivité. Charles EISENMANN explique que « la décentralisation extérieure d'une collectivité n'implique nullement sa décentralisation intérieure ; une collectivité extérieurement décentralisée peut être aussi bien intérieurement centralisée qu'intérieurement décentralisée »[1]. L'on peut dire donc qu'un État fédéré d'une fédération est bien décentralisé au niveau politique devant l'État fédéral, mais au niveau administratif, il peut être soit centralisé, soit décentralisé. L'auteur ajoute que « la même situation se rencontrera au sein des États fédéraux, par exemple, si (comme il est très concevable) il appartient aux États-membres, bénéficiaires d'une décentralisation extérieure uniforme par rapport à la Fédération, de fixer le statut des Provinces, districts ou communes compris en eux, c'est-à-dire la mesure de leurs propres centralisation ou décentralisation intérieures. »[2]

Donc, l'on peut dire au sujet de la décentralisation « administrative » que le fédéralisme « l'instaure à un autre niveau. »[3] Comme le relève Francis DELPÉRÉE, « ce n'est pas la collectivité fédérale mais chacune des collectivités fédérées qui se voit imposer une organisation décentralisée »[4]. C'est le cas « en Belgique, depuis le 1er janvier 2002. La Belgique est fédérale. Mais la Wallonie, la Flandre ou Bruxelles, qui sont sans conteste des collectivités fédérées, disposent d'une organisation décentralisée. »[5]

Cela va nous permettre de constater que la question de la décentralisation au niveau politique et au niveau administratif est plus complexe dans les États fédéraux que dans l'État unitaire. La décentralisation peut exister au sein d'une fédération par sa perspective politique et administrative contrairement à la décentralisation dans l'État unitaire où elle ne peut pas aller au-delà du domaine administratif.

---

[1] Ch. EISENMANN, *op. cit.*, p. 238.

[2] *Ibid.*

[3] F. DELPÉRÉE, « La décentralisation à la belge et à la Française : voisines ou cousines ? », *in La Constitution et les valeurs : mélanges en l'honneur de Dmitri Georges Lavroff*, Paris, Dalloz, 2005, pp. 141-150, spéc., p. 148.

[4] *Ibid.*

[5] *Ibid.*

Certes, l'on peut dire que la situation est plus nette dans les États unitaires. Il ne peut exister qu'un seul qualificatif de la décentralisation dans ce type d'État. Ainsi, l'État unitaire ne permet que l'existence de la décentralisation « administrative » au sein de son organisation. Néanmoins, il n'est pas faux de dire que le degré de cet évènement de la décentralisation « administrative » nous oriente à parler des différentes variations de l'État unitaire.

Dans notre travail, nous allons étudier les différences et les similitudes entre les États unitaires français et turc dans le cadre de leurs organisations étatiques. L'existence de certaines différences va nous permettre en même temps de distinguer entre l'État unitaire « typique » ou « classique » et l'État unitaire « atypique » [1] ou « moderne ».

Rappelons que la différence entre la France et la Turquie résulte de différents processus d'aménagement de la décentralisation. Et, ce sont les réformes de la décentralisation qui suscitent de tels différents processus. Sur ce point, il faut admettre que ces réformes affectent les règles essentielles de la répartition des compétences entre le pouvoir central et le pouvoir local qui entrainent aussi un changement dans la structure unitaire de l'État. À ce sujet, comme le relève Gérard MARCOU, l'on admet que « la réforme des collectivités locales ne peut être séparée de la réforme de l'État ; elle est au contraire et par nature une réforme de l'État. »[2]

Dans le cas de la Turquie, par exemple, l'on peut indiquer certaines tentatives de réforme de la décentralisation, qui auraient pu effectivement changer l'organisation administrative de la République turque. Par contre, ces tentatives ont été un échec à cause des critiques selon lesquelles ces réformes de la décentralisation seraient un danger pour la structure unitaire de l'État turc.

Cependant, la République française a témoigné plusieurs réformes de la décentralisation dont nous allons parler ci-dessous. En raison de certaines grandes réformes, le système de la répartition des compétences entre l'État unitaire français et ses entités infra-étatiques a été complètement bouleversé à plusieurs reprises.

---

[1] V. J.-M. PONTIER, « La France, modèle atypique d'État », *Politeia*, 2007, n° 12, pp. 193-214.

[2] G. MARCOU, « Les collectivités locales en Europe : Réformes et continuités », *in* S. REGOURD, J. CARLES et D. GUIGNARD (dir.), *Réformes et mutations des collectivités territoriales*, Paris, L'Harmattan, 2012, pp. 313-326, spéc., p. 314.

À ce propos, il sera nécessaire d'évoquer plus particulièrement la question de transfert de compétences de l'État vers les collectivités territoriales, à savoir que « les transferts de compétences de l'État vers les collectivités territoriales sont considérés comme une expression de la décentralisation, un moyen de l'accomplissement de celle-ci. »[1] Comme le soutient Gérard MARCOU, il faut accepter que « la décentralisation ne signifie pas que l'État se retire au profit des collectivités territoriales »[2]. Mais, dans le cadre de notre étude, il faudra encore s'interroger si les compétences dévolues aux collectivités peuvent être ou doivent être limitées par le caractère indivisible de l'État[3].

Sur ce point, il convient d'attirer l'attention notamment sur la décentralisation régionale, c'est-à-dire « la régionalisation ». En réalité, la région qui est « l'objet d'un étrange paradoxe », a « beaucoup plus de partisans que d'adversaires »[4]. Par ailleurs, « il est [également] connu que la politique régionale européenne a soutenu la régionalisation dans les États membres »[5].

Il est même possible d'accepter que la régionalisation s'apparente au fédéralisme puisque « les nationalités et les régions disposent d'une plus large autonomie que dans la décentralisation »[6]. Mais, en tout cas, il faut distinguer la régionalisation au plan administratif et la forme d'État fédéral (fédération) ou l'État régional. Tandis qu'il est permis de classifier l'État régional comme une catégorie spécifique entre l'État

---

[1] J.-M. PONTIER, « La France, modèle atypique d'État », art. cit.

[2] G. MARCOU, « Le bilan en demi-teinte de l'Acte II, Décentraliser plus ou décentraliser mieux ? », art. cit., p. 295 et suiv.

[3] V. sur le principe de l'indivisibilité, G. MARCOU, « Le principe d'indivisibilité de la République », *Pouvoirs*, 2002, n° 100, pp. 45-65. V. également, R. DEBBASCH et A. ROUX, « L'indivisibilité de la République », *in* B. MATHIEU et M. VERPEAUX (dir.), *La République en droit français,* Paris, Economica, 1996, pp. 59-102 ; R. DEBBASCH, *Le principe révolutionnaire d'unité et d'indivisibilité de la République : essai d'histoire politique*, Economica, Presses universitaires d'Aix-Marseille, 1988 ; F. LEMAIRE, *Le principe d'indivisibilité de la République : mythe et réalité,* Rennes, Presses universitaires de Rennes, 2010 ; P. DOLLAT, « Le principe d'indivisibilité et la loi constitutionnelle relative à l'organisation décentralisée de la République française : de l'État unitaire à l'État uni ? », *RFDA*, 2003, p. 670 et suiv. ; T. GRÜNDLER, « La République une et indivisible ? », *RDP*, 2007, pp. 445-477.

[4] G. MARCOU, « Les paradoxes de la région », *AJDA,* n° 30, 2008, p. 1634.

[5] *Ibid.*

[6] J.-L. CLERGERIE, « L'Union Européenne et Les Régions », *Petites affiches*, 17 janvier 1997, n° 8, p. 4.

unitaire et l'État fédéral, la régionalisation s'inscrit toujours dans le cadre de l'État unitaire ; parce qu'en réalité, ni la décentralisation ni la régionalisation ne peuvent aller au-delà d'un domaine administratif dans ce dernier type d'État.

Mais, si l'on prend en compte la forme d'État régional, l'on peut observer que la limite de la mutation de l'État unitaire, que nous tâcherons de mettre en exergue, a été bien dépassée par une très forte régionalisation « politique » en Italie et en Espagne.

D'une part, l'article 5 de la Constitution affirme que la République italienne est une et indivisible. D'autre part, face à une très forte régionalisation en Italie, est-il possible de qualifier l'État italien d'État unitaire ? À savoir que la doctrine nous indique pour cet État une « souveraineté régionale »[1].

L'on constate la même situation pour l'Espagne. L'article 2 de la Constitution espagnole prévoit que *« La Constitution est fondée sur l'unité indissoluble de la nation espagnole, patrie commune et indivisible de tous les Espagnols »*. En revanche, l'on peut dire que les communautés autonomes espagnoles possèdent une plus grande autonomie par rapport à une fédération d'États.

D'ailleurs, l'Espagne et l'Italie sont les exemples les plus célèbres de la forme d'État régional et la raison de cette qualification d'État régional est l'existence une décentralisation « politique » dans ces États.

De ce qui précède, il faut préciser qu'il existe toujours un risque de la transformation de la décentralisation « administrative » vers une décentralisation « politique ». En France par exemple, la situation exceptionnelle de certaines collectivités nous donne la possibilité de s'interroger sur la transformation de l'État unitaire français en une autre forme d'État. Ainsi, le statut de la Nouvelle-Calédonie et de celui de la Polynésie française suscite, sur ce point, une telle possibilité d'interrogation. Donc, si l'on prend en compte la mutation de l'État unitaire, cette mutation nécessite de s'interroger jusqu'où peut aller le processus d'évolution de la structure unitaire par la décentralisation ou la régionalisation pour ne pas parler d'une nouvelle forme d'État ?

---

[1] V. sur ce sujet, F. LAFFAILLE, « "La souveraineté régionale" entre oxymoron et hendiadys constitutionnels. À propos de l'État "régional-fédéraliste" italien et de la sémantique en droit constitutionnel », *RIDC,* Vol. 61 n° 2(1), 2009, pp. 315-355. V. aussi T. GROPPI, « L'évolution de la forme d'État en Italie », *Politeia,* 2007, n° 12, pp. 115-130.

Dans ce cadre, l'objectif de ce travail est d'essayer de mettre en place certains critères pour ne pas franchir la ligne rouge de cette forme d'État face aux évènements « évolutionnistes », telle la décentralisation.

Précisons d'amblée que notre travail va nous montrer que cette ligne rouge à ne pas franchir dans la forme d'État unitaire est l'unité de la détention du pouvoir législatif. Aussi, comme nous allons le voir, le dépassement de cette limite, c'est-à-dire l'existence d'une règle générale de l'attribution du pouvoir législatif aux entités infra-étatiques -par exemple vers les régions- pourra mener à la transformation de la structure unitaire de l'État en une autre forme d'État.

Suivant ce qui précède, il sera utile de faire une étude sur l'organisation administrative des États unitaires dans le cadre du système administratif centralisé et décentralisé. Partant de la doctrine française et turque, nous allons mettre en place une recherche préalable sur les différentes variations de l'État unitaire en théorie. À ce propos, nous allons nous intéresser, dans **la première partie**, au principe de la centralisation, de la décentralisation et de la semi-décentralisation, et nous allons faire une interrogation sur la possibilité de l'existence de ces principes indiqués au niveau politique et administratif dans l'État unitaire.

Suite à une telle analyse en théorie, il sera nécessaire aussi de toucher au sujet de la décentralisation et de la régionalisation en droit positifs français et turc **dans la deuxième partie** du travail. Ainsi, nous aborderons la question des réformes de la décentralisation en France et l'échec de celles-ci en Turquie, ce qui nous permettra de déterminer la limite de la mutation de l'État unitaire.

Précisons que la décentralisation administrative existe bien non seulement en droit positif français, mais aussi en droit positif turc. Toutefois, au sujet de la régionalisation (décentralisation régionale) dans l'État unitaire, nous allons constater la différence la plus importante entre les États unitaires français et turc. L'analyse menée sera l'occasion d'étudier la régionalisation qui s'inscrit dans la décentralisation, mais qui différencie l'État unitaire français de l'État unitaire turc. Le dernier chapitre sera réservé pour ce sujet de la régionalisation, et nous allons voir que certains États, comme l'Italie et l'Espagne se sont transformés vers une autre forme d'État distincte de l'État unitaire en raison de l'attribution du pouvoir législatif aux entités infra-étatiques dans le cadre d'une très forte régionalisation. Ainsi, ce dernier chapitre va démontrer que si l'attribution du pouvoir législatif au profit des entités infra-étatiques est une règle générale dans un État, ce dernier ne peut être considéré comme un État unitaire. Dans cette hypothèse, une nouvelle conception de l'État apparaîtra et qu'on peut qualifier soit d'État régional, soit d'État des autonomies. La dénomination de cette nouvelle forme d'État n'est pas notre travail. Ici, ce qui nous intéresse, est l'apparition d'une nouvelle conception de l'État distincte de l'État unitaire.

PREMIÈRE PARTIE
Les différentes variations de l'État unitaire vis-à-vis des théories de la centralisation, de la décentralisation et de la semi-décentralisation

La mutation de la forme d'État unitaire entraîne l'existence de différentes variations de cette forme d'État. L'on peut constater que ces différentes variations s'organisent dans le cadre du principe de la centralisation, de la décentralisation ou de la semi-décentralisation. Nous allons démontrer, tout d'abord, que le principe de la centralisation est un principe indéniable non seulement au niveau politique, mais aussi au niveau administratif dans l'État unitaire (**Chapitre 1**). Ensuite, nous allons constater que le principe de la décentralisation ne peut résider qu'au niveau administratif dans l'État unitaire (**Chapitre 2**). Enfin, nous aborderons la semi-décentralisation dans l'État unitaire qui est un système mixte résultant de la concomitance du principe de la centralisation et de la décentralisation (**Chapitre 3**).

CHAPITRE 1
Le principe de la centralisation au niveau politique et administratif dans l'État unitaire, l'État unitaire centralisé en question

Il sera utile de traiter, dans ce chapitre, l'un des principes essentiels de l'organisation administrative de la forme d'État unitaire : la centralisation. Ainsi, il convient de procéder à une étude des perspectives « politique » et « administrative » de ce principe ainsi qu'à la position de la doctrine française et turque. Nous allons étudier, d'abord, le principe de la centralisation dans l'État unitaire français (**Section 1**), et ensuite dans l'État unitaire turc (**Section 2**).

Section 1
Le principe de la centralisation dans l'État unitaire français

Dans le cadre de notre étude sur l'État unitaire et du principe de la centralisation, l'on peut admettre, comme le relève Maurice HAURIOU, qu'« il y a deux centralisations : la centralisation politique qui, en fait, conduit à l'unité de droit ou de la loi dans le pays; la centralisation administrative qui conduit à l'unité dans l'exécution des lois et aussi dans la gestion des services »[1]. Ainsi, la centralisation est considérée comme étant la seule modalité d'organisation au niveau « politique » dans l'État unitaire français (**Paragraphe 1**). La centralisation administrative, quant à elle, se présente comme une modalité d'organisation administrative de l'État unitaire (**Paragraphe 2**).

Paragraphe 1. La centralisation, un principe unique au niveau politique dans l'État unitaire

Comme son nom l'indique, « l'État unitaire est organisé autour du principe d'unité et de centralisation »[2]. Mais, que faut-il entendre par principe d'unité et de centralisation ? Existe-t-il une différence entre ces deux notions ?

---

[1] M. HAURIOU, *Précis de droit administratif et de droit public,* (éd. revue par A. HAURIOU ; rééd. par P. DELVOLVÉ et F. MODERNE), Paris, Dalloz, 2002, p. 71.
[2] P. FOILLARD, *Droit constitutionnel et institutions politiques,* Orléans, Paradigme, 2012, p. 11.

La question est discutée en doctrine. D'après certains auteurs, « la centralisation s'analyse dans le fait que l'État est le seul interprète du bien public et qu'en conséquence ses organes sont seuls compétents pour édicter la réglementation juridique qu'il postule et pour mettre en œuvre la contrainte nécessaire à son observation. Partout où s'exerce la puissance publique c'est au nom de l'État et sous son autorité. » [1] Par ailleurs, en partant de la notion terminologique, d'autres auteurs estiment que « centralisation signifie centre unique, unité de centre »[2] et que « la centralisation est, relativement à une activité élémentaire, l'unité de l'État résultant de ce qu'un organe unique, donc central, est maître de cette activité pour lui tout entier »[3].

Ainsi, force est de constater que « l'État unitaire se caractérise par l'unité du pouvoir politique, avec un seul centre de décisions politiques, comme l'indique l'article 1er de la Constitution de 1958 : « *La France est une République indivisible*. » »[4]

Indépendamment de l'organisation administrative, l'on peut dire que « l'unicité de l'appareil politique qui permettra au pouvoir de s'exercer de manière identique sur l'ensemble du territoire national. »[5] Mais, que signifie l'unité ou la centralisation du pouvoir politique ?

Il faut préciser qu'il existe, « dans l'État unitaire, un seul parlement, un seul gouvernement et un seul pouvoir judiciaire. Dans le même ordre d'idées, l'État unitaire ne possède qu'une seule Constitution et le pouvoir politique est nécessairement centralisé dans la capitale, laquelle constitue justement le siège du pouvoir souverain »[6]. En réalité, cette explication fait référence au principe de l'unité de la détention du pouvoir législatif qui sert à déterminer ce type d'État qu'on appelle unitaire. Ce principe est apparu, en même temps, comme un critère indicatif de l'État unitaire. Dans ce cadre, précisons aussi que la conception de la centralisation politique concerne ce critère et que « cette conception impose l'unité de la loi et de son application ; elle

---

[1] G. BURDEAU, *op. cit.*, p. 355.

[2] Ch. EISENMANN, *op. cit.*, p. 17.

[3] *Ibid.*, p. 70.

[4] M. VERPEAUX et L. JANICOT, *Droit public : pouvoirs publics et action administrative,* Paris, PUF, 2009, p. 219.

[5] F. WEBERT, « L'ordre juridique français : de la centralisation à la souveraineté partagée », *in* J.-Y. FABERON et G. AGNIEL (dir.), *La souveraineté partagée en Nouvelle-Calédonie et en droit comparé : colloque organisé à Nouméa du 17 au 19 décembre 1999,* Paris, La Documentation française, 2000, pp. 19-28, spéc., p. 19.

[6] *Ibid.*

est antinomique de l'existence de pouvoirs normatifs locaux, susceptibles d'enfreindre l'intérêt public national et l'égalité des citoyens »[1].

Concernant la décentralisation, si l'on admet qu'elle signifie des « centres multiples, pluralité de centres »[2], comment peut-t-on expliquer l'inscription de celle-ci dans le cadre de l'État unitaire ?

Il est possible de dire que « centralisation et décentralisation constituent deux pôles contraires, symboles de l'affrontement permanent entre l'Un et le Multiple, exemples institutionnels de l'incessant combat entre l'unité et la diversité. Leur produit dialectique prend la forme d'une synthèse approximative et par nature évolutive »[3]. Cependant, dans la pratique la décentralisation est adoptée aujourd'hui dans la plupart des États unitaires. Aussi, est-il légitime de s'interroger s'il s'agit d'une contradiction ou d'une complémentarité ?

À cet égard, la définition de ces deux termes pose un problème complexe. D'après Charles EISENMANN, « en définissant ainsi le problème de la centralisation ou de la décentralisation comme le problème de l'unité ou de la division corrélatives de l'appareil étatique et de la collectivité étatique, ne l'assimilons-nous pas purement et simplement à ce problème de la structure des États, de leur caractère unitaire (simple) ou composé que l'on appelle souvent en France, la question des formes ou types d'États ? »[4]

D'ailleurs, l'auteur précise que si ces définitions sont admises et acceptées, on sera dans l'obligation de considérer l'État unitaire comme un « État centralisé » et l'État composé comme un « État décentralisé ». Ainsi, d'après lui, « la vérité de cette identification, sa nécessité, se révèlent en effet dès que l'on constate que les termes centralisation et décentralisation ne sont respectivement pas autre chose que des traductions imagées des idées abstraites d'unité et de multiplicité, et que, d'autre part, ils concernent indivisiblement la structure des « deux États ». Comment alors « État unitaire » ne serait-il pas synonyme d'État centralisé, et « État composé » d'État décentralisé ? »[5]

L'on peut se demander s'il n'existe pas d'erreur dans la définition de ces deux termes qui signifient « l'Un et le Multiple » ? Précisons, à ce

---

1 E. VITAL-DURAND, *Les collectivités territoriales en France*, Paris, Hachette supérieur, 2011, p. 12.

2 V. sur cette question, Ch. EISENMANN, *op. cit.*, p. 17.

3 J. BAGUENARD, *op. cit.*, p. 101.

4 Ch. EISENMANN, *op. cit.*, p. 19.

5 *Ibid.*

sujet, qu'il n'y a aucune erreur concernant la définition de ces termes ; le plus important est de déterminer les limites de la décentralisation. Nous avons expliqué que la centralisation est indéniablement le seul mode d'organisation de l'État unitaire « au niveau politique ». Aussi, l'on peut déduire que les limites de la décentralisation commencent bien à partir de ce niveau et que la décentralisation peut bien s'inscrire dans l'État unitaire, mais elle est limitée dans un domaine « administratif ».

D'ailleurs, même si la décentralisation « administrative » peut exister dans l'État unitaire français, on ne peut pas parler de l'existence d'une « décentralisation politique » dans cet État. Ainsi, Félicien LEMAIRE affirme que « la décentralisation politique reste encore et toujours honnie. En nourrissant toujours ce qu'elle considère être sa « spécificité », la France entend ainsi rester à l'écart des systèmes d'États composés : qu'il s'agisse de l'État dit régional ou de l'État fédéral. Tout se passant comme si l'affirmation de l'indivisibilité de la République, était au fond en même temps qu'une affirmation de l'identité française, une affirmation de sa singularité. »[1]

L'on peut constater que le critère essentiel de l'unité du pouvoir législatif s'applique, puisque la décentralisation - « le Multiple »- ne peut pas aller au-delà du domaine administratif ; elle ne peut pas atteindre le niveau politique ou législatif. Autrement dit, « la centralisation politique réunit le pouvoir politique dans son ensemble aux mains de l'État en refusant tout transfert partiel du pouvoir législatif »[2].

Se prononçant sur la question des limites de la centralisation, Charles EISENMANN précise que « centralisation signifiant centre unique, on ne sort de la centralisation –c'est la condition nécessaire, sine qua non- que s'il y a pluralité d'organes, si l'activité formatrice est exercée de façon fractionnée, par une pluralité d'organes, au regard de diverses parties de l'État »[3]. Ainsi, d'après les explications de l'auteur, il est possible de construire une liaison entre la nécessite de la centralisation politique et la structure unitaire de l'État, et il convient de dire que l'unité et la pluralité du pouvoir normatif forment, à la fois, la structure étatique, soit unitaire, soit une autre forme d'État. Donc, la structure unitaire nécessite une « centralisation politique » dans laquelle l'unité

---

[1] F. LEMAIRE, *Le principe d'indivisibilité de la République : mythe et réalité, op. cit.,* p. 274.
[2] P.-L. FRIER et J. PETIT, *Droit administratif*, Paris, Montchrestien, 2012, p. 124.
[3] Ch. EISENMANN, *op. cit.*, p. 91.

de la détention du pouvoir normatif ou du pouvoir législatif est préservée.

En définitive, il n'y a qu'une seule variation de l'État unitaire « au niveau politique ». Autrement dit, l'État unitaire ne peut être que centralisé « au niveau politique » et les différentes variations ou la mutation de ce type d'État n'apparaissent qu'au « niveau administratif ».

Paragraphe 2. La centralisation, une modalité d'organisation administrative de l'État unitaire

Comme précédemment indiqué, il s'agit d'une distinction entre la centralisation politique et la centralisation administrative. L'existence de la première détermine la forme d'État, la seconde concerne son mode d'organisation administrative. Aussi, l'on peut dire que même si la forme d'État unitaire nécessite seulement la première, un mode différent d'organisation administrative de l'État, autre que la centralisation administrative - telle la décentralisation administrative -, peut exister dans cette forme d'État.

Pour reprendre Roland DEBBASCH, « sous le terme générique de centralisation, on a trop souvent tendance aujourd'hui à bannir sans distinction deux choses très différentes : la centralisation administrative outrancière dont les effets pervers sont bien connus et la centralisation politique, laquelle n'est que la mise en forme de l'unité nationale »[1].

D'ailleurs, s'agissant du pouvoir politique de l'État, « l'idée classique de la centralisation de l'État, productrice de l'unité nationale »[2] apparaît comme une condition *sine qua non* de l'État unitaire. Néanmoins, la centralisation politique doit être distinguée de la centralisation administrative. Cette dernière est, en réalité, l'œuvre de l'Ancien Régime. « Souvent assimilée ou ramenée à une lutte d'influence entre le souverain et les féodaux ou, plus tard, les représentants de la bourgeoisie, cette centralisation du pouvoir est à

[1] R. DEBBASCH, *Le principe révolutionnaire d'unité et d'indivisibilité de la République : essai d'histoire politique*, *op. cit.*, p. 416.

[2] M. PERTUÉ, « Construction française et unité de l'État », *in* F. LEMAIRE (dir.), *De l'unité de l'État : actes du colloque international organisé les 9 & 10 octobre 2008 par le Centre Jean Bodin de l'Université d'Angers*, Paris, Cujas, 2010, pp. 219-238, spéc., p. 221.

l'origine de l'État moderne, que le mouvement jacobin et la législation napoléonienne ne feront que parachever. »[1]

En effet, il est possible de trouver les traces d'une centralisation totale au modèle napoléonien qui assurait non seulement l'unité de l'État mais aussi l'unité administrative. Et, « la vision de Bonaparte procède d'une conception radicale de la souveraineté nationale : celle-ci ne se partage pas et ne se délègue pas ; aucun pouvoir intermédiaire autonome ne saurait donc subsister entre le peuple et ses représentants. Une centralisation totale constitue par conséquent le seul mode possible d'organisation administrative et politique. »[2]

Selon Jean-Marc OHNET, il s'agit d'une « fusion de tous les idéaux de la Révolution : celui de la primauté de la souveraineté nationale, d'une intégration sociale des individus à travers le principe d'égalité, et celui d'une unité politique par la concentration — nécessairement vertueuse — du pouvoir et l'application rigoureuse de la loi, diffusée grâce à l'uniformité d'un cadre institutionnel et d'une organisation administrative eux-mêmes rationnels et efficaces. »[3]

D'après ce qui précède, l'on peut dire que la centralisation administrative, qui existe depuis l'Ancien régime, s'est ancrée grâce à la Révolution et à l'Empire et que la République l'a repris comme un principe, car ce mode d'organisation administrative s'applique toujours dans l'organisation administrative française même si elle s'oppose à la décentralisation administrative, selon certains.

D'une manière générale, l'on peut dire, comme le souligne Charles EISENMANN, que « sont centralisées les activités dont la maîtrise appartient à un organe central, c'est-à-dire unique pour tout l'État, sans distinction de parties. Une activité formatrice est centralisée si c'est en dernière analyse un organe central qui décide quelles normes seront par elle posées »[4].

Il en résulte que la centralisation « administrative » s'apparente à « l'unité du système administratif par la centralisation ». En d'autres

---

[1] E. VITAL-DURAND, *op. cit.*, p. 12.

[2] J.-M. OHNET, *Histoire de la décentralisation française,* Paris, Librairie générale française, pp. 61-62.

[3] *Ibid.*, p. 64.

[4] Ch. EISENMANN, *op. cit.*, p. 70.

termes, « l'unité d'ensemble de toutes les parties du système administratif est assurée par la centralisation de chacune des personnes qui le composent. »[1]

D'ailleurs, au sujet du principe d'unité du pouvoir exécutif, il faut rappeler que c'est « la centralisation administrative qui conduit à l'unité dans l'exécution des lois et aussi dans la gestion des services. »[2] Ainsi, est-il clair que la centralisation administrative exige que l'exécution des lois soit assurée par un seul et même appareil exécutif de l'État ; c'est l'administration centrale[3]. L'on peut ajouter que « la centralisation administrative entraîne, dans l'organisation du personnel administratif, l'institution de la hiérarchie »[4]. C'est-à-dire qu'en cas de centralisation administrative, l'unité de l'action administrative est absolue.

Il convient de faire remarquer, à ce propos, que la centralisation administrative comporte plusieurs variantes. Par exemple, Charles EISENMANN distingue « la centralisation pure ou parfaite » de « la centralisation imparfaite ou relative ». Ces deux désignent, à la fois, les modalités d'organisation de l'État central, la concentration et la déconcentration. Nous allons aborder l'applicabilité de ces modalités dans l'État unitaire. Ainsi, seront étudiées l'improbabilité en pratique du mode de la concentration (**A**), et la déconcentration en tant qu'alternative aux difficultés pratiques de la première (**B**).

A- L'improbabilité en pratique de la concentration

Charles EISENMANN considère qu'« il y a centralisation pure ou parfaite relativement à une activité lorsqu'elle est exercée exclusivement, donc entièrement, par un organe ou des organes centraux. »[5] L'expression de la centralisation pure ou parfaite n'est pas autre chose que la concentration[6]. En effet, comme le précise l'auteur « la « concentration » est tout simplement un cas de centralisation

---

[1] O. GOHIN et J.-G. SORBARA, *Institutions administratives,* Paris, LGDJ, 2012, p. 108.

[2] M. HAURIOU, *Précis de droit administratif et de droit public, op. cit.,* p. 71.

[3] *Ibid.* Selon l'auteur, « la centralisation administrative qui conduit à l'unité dans l'exécution des lois et aussi dans la gestion des services ».

[4] *Ibid.,* p. 77.

[5] Ch. EISENMANN, *op. cit.*, p. 70.

[6] V. sur la question de la concentration du pouvoir dans le cadre de la centralisation, G. BURDEAU, *op. cit.,* pp. 360-362.

parfaite du pouvoir normateur ou de décision, attribué à un organe central pour des objets déterminés. »[1]

Pour une définition claire de cette notion, l'on peut dire qu'« il y a concentration de l'administration d'une personne morale lorsque toutes les décisions à prendre au nom de cette personne sont à rapporter à un niveau unique de décision. S'agissant de l'organisation administrative d'un État, les divers organes qui sont placés à ce niveau unique sont tous aptes à décider, en son nom, pour l'ensemble du territoire national. » [2] Et il convient de préciser aussi que ces organes dits « organes centraux » siègent en général dans la capitale du pays ; de sorte que si on parle de l'État unitaire français, comme un exemple, l'on peut dire qu'« en ce cas, le pouvoir reste tout entier confié aux autorités administratives centrales qui prennent, seules, toutes les décisions et sont généralement situées à Paris. »[3]. À cet égard, il faut souligner que l'existence « des agents locaux de l'État, soumis au pouvoir hiérarchique, interviennent mais ce ne sont que de simples courroies de transmission : ils n'ont aucune compétence juridique »[4].

Ainsi, dans une telle hypothèse, où le système de la concentration est envisageable, c'est-à-dire « lorsqu'un État unitaire est clairement et absolument centralisé, le pouvoir central concentre entre ses mains l'ensemble des compétences. » Cependant, selon Jacques BAGUENARD, « pour diverses raisons, qui tiennent notamment à la dimension et à la complexité des sociétés, une telle solution - que l'on peut appeler « centralisation parfaite » - est depuis longtemps impraticable »[5].

Dans un tel système, la concentration du pouvoir dans les mains d'une seule et même administration peut créer des obstacles bureaucratiques, et la négligence des particularités locales sera indéniable. S'il est possible d'imaginer un tel système de concentration dans les États de dimension géographique et démographique relativement réduite, il est impraticable dans un pays normal.

Selon la doctrine française, ce système pose certaines difficultés, ainsi par exemple « lorsque l'État doit prendre beaucoup de décisions,

---

[1] Ch. EISENMANN, *op. cit.*, p. 145.

[2] D. MAILLARD DESGRÉES DU LOÛ, *Institutions administratives,* Paris, PUF, 2011, p. 141.

[3] P.-L. FRIER et J. PETIT, *op. cit.,* p. 124.

[4] *Ibid.*

[5] J. BAGUENARD, *op. cit.,* p. 14.

le système n'est pas viable. Les autorités compétentes risqueraient de ne pas avoir le temps de bien contrôler les décisions qu'on leur a préparées et de réagir trop tardivement aux nécessités locales de l'administration. »[1]

Pour revenir à Charles EISENMANN, ce dernier estime que « la doctrine française ignore la notion de la centralisation pure ou parfaite, telle qu'elle se dégage de l'idée même de centralisation », et s'interroge sur le fait de savoir s'il s'agit de l'« absence de la notion pure de centralisation »[2] ? En effet, certains auteurs affirment qu'« la centralisation parfaite, c'est-à-dire la concentration absolue du pouvoir (les organes centraux détiennent tous les pouvoirs de décision, les autres agents ne sont que de simples exécutants) n'est pas concevable de nos jours dans un État vaste et une société complexe. »[3]

Ainsi, l'on peut dire que cette « impossibilité de la concentration » se trouve aussi dans l'État unitaire français, parce qu'« une collectivité publique, de population faible ou de superficie restreinte, peut et doit sans doute rester concentrée. Cela ne saurait être le cas de l'État français. »[4] Comme il a été relevé par certains auteurs, « dans un grand pays moderne, la centralisation absolue, c'est-à-dire la concentration de la totalité des compétences entre les mains d'une autorité unique, se heurte à une impossibilité manifeste en raison notamment de la multiplication des tâches qui incombent à l'État. Il est nécessaire, pour éviter la paralysie des organes centraux, que les décisions d'intérêt local soient prises localement et que soit organisée une véritable territorialité administrative. »[5]

Pour Dominique MAILLARD DESGRÉES DU LOÛ, « on peut appliquer à la concentration l'avertissement de F. de La Mennais : « La centralisation, c'est l'apoplexie au centre, la paralysie aux extrémités. » Il vaut mieux choisir la déconcentration. »[6]

---

[1] D. MAILLARD DESGRÉES DU LOÛ, *Institutions administratives, op. cit.*, p. 141.
[2] Ch. EISENMANN, *op. cit.*, p. 142.
[3] O. DIEDERICHS et I. LUBEN, *La déconcentration*, Paris, PUF, 1995, p. 4.
[4] O. GOHIN et J.-G. SORBARA, *op. cit.*, p. 109.
[5] A. GRUBER, *La décentralisation et les institutions administratives,* Paris, A. Colin, 1996, pp. 17-18.
[6] D. MAILLARD DESGRÉES DU LOÛ, *Institutions administratives, op. cit.*, p. 141.

B- La déconcentration en tant qu'alternative aux inconvénients de la concentration

Nous avons expliqué précédemment que la centralisation administrative prévoit le mode d'organisation de la concentration et que sa mise en œuvre est pratiquement impossible. Ainsi, comme le souligne Georges BURDEAU, « on conçoit mal, en effet, la vie juridique d'un État moderne où toutes les décisions devraient être prises par les autorités siégeant dans la capitale administrative. »[1] L'on peut dire que le mode d'organisation de « la décentralisation administrative » existe afin de surmonter des difficultés bureaucratiques d'un système très centralisé. Mais, il existe une autre solution avant la décentralisation administrative ; c'est la déconcentration qui s'inscrit dans le cadre de la centralisation administrative.

Il convient de préciser que « le pouvoir politique a toujours eu besoin, depuis que les sociétés se sont organisées en États débordant un cadre géographique restreint, de relais locaux afin de gérer le territoire soumis à son autorité. À cet effet, des compétences peuvent être déléguées à des représentants locaux du pouvoir central qui restent soumis à son pouvoir hiérarchique, c'est la déconcentration. »[2]

Ainsi, la déconcentration est un aménagement territorial de l'administration d'État et un aménagement pratique de la centralisation. Autrement dit, « la déconcentration n'est qu'un correctif à la centralisation qu'il s'agit d'accommoder, sans la détruire, aux problèmes d'une administration vaste et diversifiée. »[3]

Rappelons que la doctrine française définit la concentration comme « la centralisation pure ou parfaite » et la déconcentration comme « la centralisation imparfaite ou relative ». Au sujet de celle-ci, Charles EISENMANN précise que « les normes étant édictées par une multiplicité d'organes non-centraux, mais subordonnés à un organe central, donc centralisés »[4]. L'auteur ajoute concernant « la centralisation imparfaite » qu'« il y a centralisation, mais imparfaite ou relative seulement, lorsque participent à une activité à la fois des

---

[1] G. BURDEAU, *op. cit.*, pp. 362-363.
[2] A. LARANGÉ, *La déconcentration*, Paris, LGDJ, 2000, p. 1.
[3] B. FAURE, *Les institutions administratives*, Paris, PUF, 2010, p. 129.
[4] Ch. EISENMANN, *op. cit.*, 145.

organes centraux et des organes non-centraux, mais que la maîtrise de l'activité appartient à un organe central, c'est-à-dire unique pour l'État entier. »[1] L'on peut dire donc que « la déconcentration ne s'oppose pas à la centralisation, elle en est une forme atténuée ; centralisation imparfaite selon les uns, nécessaire adaptation de la centralisation pour d'autres »[2].

En somme, une adaptation de la centralisation devrait s'effectuer, car « les nécessités pratiques expliquent le développement de la déconcentration, procédé consistant à confier certains pouvoirs de décision à des autorités non centrales reliées au pouvoir central par le principe de la subordination hiérarchique»[3]. Donc la « centralisation imparfaite » permet à la fois « une plus grande rapidité dans le traitement des affaires et une meilleure prise en considération des données locales. »[4]

Aussi, « l'un des maux les plus apparents du système administratif français est la concentration des pouvoirs »[5], et « la déconcentration tente de remédier à ce défaut. Elle consiste à donner une compétence pour prendre certaines décisions à des organes qui exercent leurs fonctions dans une circonscription déterminée et qui demeurent soumis l'autorité hiérarchique des autorités centrales »[6].

D'après les explications précédentes, il faut dire que l'utilité de la déconcentration est double. D'une part, elle est un remède contre la concentration qui entraîne la lenteur dans le règlement des affaires. D'autre part, elle permet aux représentants locaux du pouvoir central de régler les questions en tenant compte des considérations locales.

Concernant la déconcentration, Odilon BARROT, un homme politique républicain du XIXe siècle, disait que « c'est toujours le même marteau qui frappe, mais on en a raccourci le manche», et l'on constate que plusieurs auteurs français font référence à cette célèbre expression[7].

---

[1] *Ibid.*, p. 71.
[2] O. DIEDERICHS et I. LUBEN, *op. cit.*, p. 4. Sur le sujet de la centralisation imparfaite et la déconcentration, v. aussi, P.-L. FRIER et J. PETIT, *op. cit.*, p. 125.
[3] J. BAGUENARD, *op. cit.*, p. 15.
[4] *Ibid.*
[5] G. DUPUIS, *Le centre et la périphérie en France : essai historique et juridique*, Paris, LGDJ, 2000, p. 82.
[6] *Ibid.*
[7] Par exemple, G. BURDEAU, *op. cit.*, p. 363 ; P. AVRIL et J. GICQUEL, *Lexique de droit constitutionnel*, Paris, PUF, 2012, cop. 2003, p. 43 ; P. FOILLARD, *op. cit.*,

Il existe également une autre expression, qui est la formule apparente du décret impérial du 25 mars 1852, selon laquelle « on peut gouverner de loin, mais on n'administre bien que de près »[1]. Ces deux expressions expliquent bien la déconcentration, puisqu'« elle ne modifie pas la nature des relations entre l'État et les administrés »[2], qui « consiste à transférer l'exercice de pouvoirs des autorités centrales de l'État vers d'autres autorités qui demeurent hiérarchiquement subordonnées. »[3]

Précisons qu'il s'agit ici d'un pouvoir hiérarchique qui permet au pouvoir central de conserver son contrôle et son autorité sur ses agents locaux pour pouvoir mieux adapter l'exercice du pouvoir aux réalités locales.

D'ailleurs, au sujet de « la centralisation par autorité hiérarchique »[4], Charles EISENMANN y voit comme une « forme radicale de la centralisation imparfaite »[5]. Selon cet auteur, « lorsque des organes non-centraux sont ainsi soumis à l'autorité hiérarchique d'un organe central, on les dit centralisés. Ce terme exprime leur rattachement à un centre commun, ou, sans image, leur commune dépendance d'un organe supérieur compétent à l'égard d'eux tous. »[6]. De ce fait, « la déconcentration est donc une technique d'administration qui permet à l'État, par le biais du pouvoir hiérarchique, de conserver ses compétences tout en évitant un engorgement des instances centrales de décision. »[7]

Dans ce cadre, suivant « le principe d'obéissance hiérarchique qui maintient l'efficacité et l'unité de commandement »[8], la déconcentration prévoit un transfert de compétences d'ordre administratif du pouvoir central à un agent de l'État qui les exerce dans un cadre territorial déterminé, en l'occurrence le département, la région, l'académie[9]. À cet

p. 13 ; D. CHAGNOLLAUD, *Droit constitutionnel contemporain,* t. I, *Théorie générale, les régimes étrangers,* Paris, Dalloz, 2013, p. 186.

[1] P. FOILLARD, *op. cit.,* p. 13 ; O. DIEDERICHS et I. LUBEN, *op. cit.,* p. 3.

[2] P. FOILLARD, *op. cit.,* p. 13.

[3] O. DIEDERICHS et I. LUBEN, *op. cit.,* p. 3.

[4] V. sur ce sujet, Ch. EISENMANN, *op. cit.*, p. 72.

[5] *Ibid.,* p. 142.

[6] *Ibid.,* p. 82.

[7] O. DIEDERICHS et I. LUBEN, *op. cit.,* p. 4.

[8] B. FAURE, *Les institutions administratives, op. cit.,* p. 129.

[9] V. sur cette définition, P. AVRIL et J. GICQUEL, *Lexique de droit constitutionnel, op. cit.,* p. 43 ; P. FOILLARD, *op. cit.,* p. 13 ; D. CHAGNOLLAUD, *op. cit.,* p.186 ;

égard, l'on peut dire que le préfet de département et de région est le meilleur exemple de la déconcentration dans l'État unitaire français. D'ailleurs, « en France, le préfet représente l'institution type de mise en œuvre de la déconcentration : ses pouvoirs peuvent être d'autant plus larges que sa subordination au pouvoir central est étroite »[1]. Le préfet est le chef des services déconcentrés, il exerce l'autorité de l'État dans sa circonscription.

Précisons, à ce propos, qu'« à l'image du préfet, les autorités déconcentrées sont nommées et révoquées par le pouvoir central. La seule autorité élue est le maire en raison de son double statut d'autorité déconcentrée et décentralisée (la « double casquette »). »[2]

Dans le cadre de la déconcentration, l'on peut considérer que « tout se passe comme si c'était toujours une volonté unique, venant de l'État central, qui devait s'imposer »[3]. Donc, « la déconcentration concerne l'aménagement des rapports entre autorités centrales et autorités locales d'une même et unique personne publique : l'État. » [4]

Il convient de faire remarquer, ici, que la déconcentration fonctionne dans la même personnalité morale, c'est-à-dire la personnalité morale de l'État central. Même si des compétences sont conférées aux représentants locaux, celui qui agit réellement est toujours la même personnalité. Ainsi, l'on peut dire que tout reste « dans la même pyramide, la même personne morale, grâce au mécanisme du pouvoir hiérarchique qui encadre, ici, l'action du représentant local de l'État. »[5]. C'est pour cette raison la déconcentration est considérée comme « une modalité de répartition des compétences au sein d'une même entité juridique, l'État, au profit des échelons locaux qui ne sont pas dotés d'une personnalité morale spécifique. »[6]

En effet, l'existence d'une seule personne morale gagne de l'importance ici, puisque « cela n'accroît en rien l'autonomie, la participation, c'est seulement un mode d'aménagement du pouvoir à

J.-P. JACQUE, *Droit constitutionnel et institutions politiques,* Paris, Dalloz, 2012, p. 12.

[1] J. BAGUENARD, *op. cit.,* p. 15.

[2] M. VERPEAUX et C. RIMBAULT, *Les collectivités territoriales et la décentralisation,* Paris, La Documentation française, 2011, p. 33.

[3] B. FAURE, *Les institutions administratives, op. cit.,* p. 129.

[4] N. DANTONEL-COR, *Droit des collectivités territoriales,* Rosny-sous-Bois, Bréal, 2011, p. 19.

[5] P.-L. FRIER et J. PETIT, *op. cit.,* p. 125.

[6] A. LARANGÉ, *op. cit.,* p. 2.

l'intérieur de l'État. »[1] De telle façon, il est possible de dire que « dans un régime centralisé et déconcentré, l'administration relève du pouvoir central, mais elle se rapproche des administrés sans rien perdre de son unité et de sa vocation à gérer l'intérêt général. Elle se déploie au sein d'une même personne morale de droit public, l'État, sans attributions d'autonomie juridique et de personnalité morale aux organes non centraux qui le représentent. »[2]

Concernant l'aménagement de la déconcentration dans l'État unitaire français, nous allons rappeler brièvement les dispositions juridiques qui ont prévu ce type d'organisation de la centralisation administrative dans l'organisation administrative française. La déconcentration existait bien avant la Révolution française et la création des intendants sous la Monarchie en témoigne. Au fil des années, la fonction des préfets a été créée par la loi du 28 pluviôse an VIII, et leurs pouvoirs ont été renforcés par deux décrets en date du 25 mars 1852 et du 13 avril 1861. Ce premier décret du 25 mars 1852 qui disait dans son exposé des motifs qu'« on peut gouverner de loin mais on n'administre que de près », définissait en réalité un système administratif déconcentré. À cet égard, Léon AUCOC a employé pour la première fois le concept de « déconcentration » en 1869, lorsqu'il a commenté ces deux décrets indiqués.

L'on peut citer aussi le décret du 14 mars 1964 relatif aux pouvoirs des préfets et à la déconcentration administrative, et le décret du 13 novembre 1970 portant sur la déconcentration des décisions de l'État en matière d'investissements publics. Mais, c'est le décret du 1er juillet 1992 portant sur la « Charte de la déconcentration », en application du Titre 1er de la loi d'orientation de l'administration territoriale de la République du 6 février 1992, qui a inversé la logique antérieure de la répartition des compétences[3].

En effet, comme il a été relevé par la doctrine, « la loi du 6 février 1992 relative à l'administration territoriale de la République (dite loi ATR) marque une rupture dans l'organisation administrative de la France. Aboutissement d'une longue suite de textes, la déconcentration

---

[1] G. BRAIBANT et B. STIRN, *Le droit administratif français*, Paris, Presses de Sciences Po et Dalloz, 2005, p. 51.

[2] A. GRUBER, *op. cit.*, p. 19.

[3] Dans le même sens, v. O. DIEDERICHS et I. LUBEN, *op. cit.*, p. 7 ; J.-B. ALBERTINI, *Contribution à une théorie de l'État déconcentré*, Bruxelles, Bruylant, 1998, p. 99.

est désormais érigée en principe de droit commun. »[1]. Désormais, « la déconcentration devient la règle commune de l'organisation administrative, les attributions du centre sont limitativement définies. » [2] La version initiale de la loi du 6 février 1992 a prévu en son article 2 que « *sont confiées aux administrations centrales les seules missions qui présentent un caractère national ou dont l'exécution, en vertu de la loi, ne peut être déléguée à un échelon territorial.* »[3]

Outre le décret du 1er juillet 1992 indiqué ci-dessus, les grands décrets organisant la déconcentration sont : le décret du 29 avril 2004 relatif aux pouvoirs des préfets, à l'organisation et à l'action des services de l'État dans les régions et les départements, et le décret du 3 décembre 2009, organisant de nouvelles directions interministérielles au sein des préfectures de département. On peut citer également le décret du 16 février 2010 ayant établi la déconcentration à l'échelon des préfets de région, qui a conféré explicitement aux préfets de région un pouvoir de direction des services déconcentrés de l'État[4].

Récemment le décret du 7 mai 2015, portant sur la Charte de la déconcentration, a annulé et remplacé la Charte de la déconcentration de 1992. Ce nouveau décret a « introduit le principe de modularité. Désormais, l'État administre les territoires dans "une relation de proximité avec les Français, pour s'adapter à leur réalité, qui n'est pas identique en tout point du pays". L'État reconnaît l'initiative au niveau local et les administrations centrales doivent adapter leur fonctionnement aux enjeux de l'administration déconcentrée »[5].

---

[1] O. DIEDERICHS et I. LUBEN, *op. cit.*, p. 10.
[2] *Ibid.*, p. 7.
[3] https://www.legifrance.gouv.fr/affichTexte.do?cidTexte=JORFTEXT000000722113&categorieLien=id
[4] L'article 2 de ce décret dispose que « *Le préfet de région est le garant de la cohérence de l'action de l'État dans la région. Il a autorité sur les préfets de département (...). Le préfet de région est responsable de l'exécution des politiques de l'État dans la région, (...) ainsi que de l'exécution des politiques communautaires qui relèvent de la compétence de l'État. À cet effet, les préfets de département prennent leurs décisions conformément aux instructions que leur adresse le préfet de région* ».
[5] V. http://www.vie-publique.fr/focus/nouvelle-charte-deconcentration.html V. aussi le Compte rendu du Conseil des ministres du 6 mai 2015 sur la Charte de la déconcentration: http://www.gouvernement.fr/conseil-des-ministres/2015-05-06/charte-de-la-deconcentration

En outre, il est possible de rappeler la Circulaire du Premier ministre, signée le 12 juin 2019[1] qui a prévu une nouvelle réforme de l'organisation territoriale de l'État. Ainsi, cette circulaire a visé la réorganisation du réseau déconcentré de l'État.

Suivant ces explications, l'on peut dire que la déconcentration restera toujours plus démocratique par rapport à une forte centralisation administrative « parfaite » ou au mode de la concentration. La déconcentration est la capacité laissée à l'échelon local pour prendre les décisions. En clair, « la déconcentration est un processus d'aménagement de l'État unitaire qui consiste à implanter dans des circonscriptions locales administratives des autorités administratives représentant l'État. Ces autorités sont dépourvues de toute autonomie et de la personnalité morale. »[2]

Néanmoins, ce mode n'est pas toujours évalué comme satisfaisant du point de vue de la démocratie locale. D'une part, la déconcentration apparaît comme un moyen de rapprocher l'administration de l'administré pour une rapidité du processus de décision, suppression des délais, désengagement de l'administration centrale. D'autre part, c'est l'État central lui-même qui nomme les agents déconcentrés pour parler et agir en son nom. Autrement dit, la déconcentration est simplement une localisation du pouvoir de l'État central. C'est pour cette raison que l'on peut dire qu'« elle n'a pas par elle-même de valeur démocratique. La déconcentration se caractérise par des principes et des règles d'étroite dépendance à l'État. »[3]

Ainsi, même si la déconcentration existe en tant que remède pour l'insatisfaction d'une très forte centralisation, elle est encore une modalité de la centralisation administrative, et celle-ci est toujours critiquée d'un point de vue démocratique. Georges BURDEAU estime, à ce propos, que la centralisation est conforme à l'absolutisme. Selon lui « les régimes dictatoriaux ou césariens sont voués à la centralisation par leur nature même qui est d'opposer au pluralisme juridique leur propre conception du bien public. Ils ne sauraient tolérer la concurrence de conceptions rivales, même limitées à un domaine restreint. Ils ne se bornent pas à contrôler l'activité des groupements secondaires, ils la

---

[1] Circulaire du 12 juin 2019 relative à la mise en œuvre de la réforme de l'organisation territoriale de l'État, *JORF* n°0135 du 13 juin 2019, texte n° 2.

[2] M. VERPEAUX et C. RIMBAULT, *op. cit.*, p. 33.

[3] A. GRUBER, *op. cit.*, p. 19.

paralysent ou incorporent leurs centres d'impulsion dans l'appareil étatique. »[1]

Comme nous allons le constater, tout au long de notre étude, une variation de l'État unitaire purement et simplement centralisé au niveau administratif est impraticable. Cela étant, le mode d'organisation de la déconcentration ne peut pas non plus s'appliquer à lui-seul ; il fonctionne, en effet, concurremment avec la décentralisation administrative dans les États unitaires.

Section 2
Le principe de la centralisation dans l'État unitaire turc

Comme en doctrine française, la doctrine turque affirme que le sujet de la centralisation peut être analysé du point de vue de deux perspectives, politique et administrative[2]. Avant d'aborder la centralisation administrative dans l'État unitaire turc (**Paragraphe 2**), il sera utile de parler, dans un premier temps, de la centralisation politique en doctrine turque (**Paragraphe 1**).

Paragraphe 1. La centralisation politique en doctrine turque

Nous allons voir, concernant l'État unitaire turc, que la décentralisation administrative- peut bien s'inscrire dans cet État. Mais, d'après la doctrine turque, « l'État unitaire symbolise au niveau politique la centralisation »[3]. En effet, ce type d'État a une seule

---

[1] G. BURDEAU, *op. cit.,* p. 365. Par contre, rappelons que l'auteur parle également de l'hypothèse contraire, en estimant qu'« un État peut être centralisé et poursuivre une politique centralisatrice sans être obligatoirement un État absolutiste. Il suffit, pour qu'il en soit ainsi, qu'il respecte les droits individuels et assure la participation des citoyens à l'exercice du Pouvoir. Bien plus, dans un État dont la philosophie officielle met l'accent sur l'égalité des citoyens, la centralisation apparaît comme un moyen de briser les privilèges. » (*Ibid.*, p. 364). Mais, comme nous allons le voir au-dessous, Georges BURDEAU souligne aussi que la décentralisation reste toujours incompatible avec un tel régime autoritaire, *ibid.*, p. 365. Sur la question de la décentralisation et la démocratie chez l'auteur, v. *ibid.*, pp. 377-379.

[2] V. Ş. KARATEPE, *Türkiye'nin idare teşkilatı*, Ankara, Gümüş Matbaacılık, 1994, p. 9 ; H. EROĞLU, *İdare hukuku : Genel esaslar, idari teşkilât ve idarenin denetlenmesi*, Ankara, Feryal Matbaası, 1985, p. 135 ; V. VERSAN, *Kamu yönetimi : siyasi ve idari teşkilat*, İstanbul, İÜ Fakülteler Matbaası, 1986, p. 74.

[3] Z. TOPRAK, *Yerel Yönetimler*, İzmir, Dokuz Eylül Üniversitesi Yayınları, 2010, p. 14. V. aussi, A. NALBANT, *Üniter devlet : bölgeselleşmeden küreselleşmeye,*

organisation « politique », c'est-à-dire que le pouvoir de prendre des décisions politiques est concentré dans la main d'un seul centre[1].

Il faut dire que, dans l'État unitaire, l'existence d'une seule organisation politique est une nécessité de la souveraineté unique[2], puisque le principe d'indivisibilité de la souveraineté règne dans ce type d'État.

Cette règle de l'indivisibilité de la souveraineté exige que l'État unitaire ne puisse être que centralisé au niveau politique. De plus, comme la doctrine française, la doctrine turque admet aussi que « la centralisation » – seule mode d'organisation de l'État unitaire « au niveau politique » - nécessite, en même temps, l'unité du pouvoir législatif et celle du système juridique sur toutes les parties du territoire national[3]. D'ailleurs, il faut préciser que l'unité du pouvoir législatif est une condition *sine qua non* dans un État unitaire.

Selon certains auteurs, le système de la centralisation s'oppose au régime fédéral, comme c'est le cas aux États-Unis qui n'appliquent pas la « centralisation politique »[4]. À cet égard, Bakır ÇAĞLAR précise que « tandis que les États qui n'ont qu'un seul centre de décision politique se construisent par la technique unitaire, les États qui ont plusieurs centres de décision politique se construisent par la technique fédérale »[5].

À ce sujet, certains auteurs considèrent la centralisation politique comme l'adversaire de la décentralisation politique[6], puisqu'on ne peut

İstanbul, On İki Levha Yayıncılık, 2e éd., 2012, p. 15. D'après l'auteur, il peut exister une pluralité des centres - au niveau politique - dans les fédérations. D'après lui, tandis qu'il existe un seul centre unique au niveau politique dans l'État unitaire, il y a plusieurs centres de décision politique dans les fédérations ou les confédérations (*Ibid.*, p. 30).

[1] İ. GİRİTLİ et J. SARMAŞIK, *Anayasa hukuku : genel esaslar-Türk anayasa hukuku*, İstanbul, Beta, 2001, p. 41.

[2] M. ERDOĞAN, *Anayasa hukuku*, Ankara, Orion, 2009, p. 13.

[3] V. dans le même sens, S. S. ONAR, *İdare hukukunun umumi esasları*, İstanbul, Marifet Basımevi, 1952, p. 444 ; H. EROĞLU, *op. cit.*, p. 135 ; V. VERSAN, *op. cit.*, p. 74.

[4] S. S. ONAR, *İdare hukukunun umumi esasları*, *op. cit.*, p. 444.

[5] B. ÇAĞLAR, *Anayasa bilimi : bir çalışma taslağı*, İstanbul, BFS, 1989, p. 246. Dans le même sens, v. F. DEMİRKOL, *Yerel yönetimlerin anayasal güvenceleri*, İstanbul, Kazancı Hukuk Yayınları, 1994, p. 3.

[6] V. dans ce sens, H. EROĞLU, *op. cit.*, p. 135. Sur la question de la « décentralisation politique » et la Turquie, v. R. KELEŞ, *Yerinden yönetim ve siyaset*, İstanbul, Cem Yayınevi, 2012, pp. 113-129.

pas parler dans le cadre de celle-ci d'une unité du système juridique sur le territoire national[1]. D'ailleurs, les auteurs turcs qui se sont intéressés à la notion d'État unitaire excluent le sujet de la décentralisation « politique », qu'ils classifient parmi les sujets propres à la fédération[2]. Pour la doctrine turque, il n'y a qu'un seul principe au niveau politique dans l'État unitaire, en l'occurrence la centralisation politique.

Paragraphe 2. La centralisation administrative dans l'État unitaire turc

Une partie de la doctrine turque précise qu'« il existe une relation forte entre la structure politique et l'organisation administrative des États. Par exemple, tandis que la structure unitaire de l'État dispose de la centralisation administrative, la structure fédérale de l'État favorise la décentralisation administrative. »[3]. À notre sens, cela n'est pas tout à fait vrai, puisqu'on peut trouver la décentralisation administrative dans un État unitaire. Mais, l'on peut dire que le principe de la centralisation peut exister non seulement au niveau politique, mais aussi au niveau administratif dans ce type d'État.

En doctrine turque, d'autres auteurs affirment que la centralisation administrative a une signification plus stricte par rapport à la centralisation politique. Cette dernière ne prévoit que l'unité de la fonction législative, et elle ne concerne pas l'unité ou le partage de la fonction administrative. Pour eux, la centralisation administrative nécessite néanmoins que toutes les fonctions administratives s'exercent par un seul mécanisme unique. Il s'agit d'une unité non seulement au niveau législatif, mais aussi au niveau administratif[4].

---

[1] Ş. KARATEPE, *op. cit.*, p. 9.

[2] V. O. UYGUN, *Federal devlet*, İstanbul, On iki levha Yayıncılık, 2007, p. 115 et suiv. Oktay UYGUN a traité « le principe de la non-centralisation » comme un principe général du fédéralisme. Il convient de noter que l'auteur refuse l'utilisation du terme de la « décentralisation (politique) » pour définir le fédéralisme. À ses yeux, la décentralisation signifie le transfert de certaines compétences ou de certains pouvoirs d'un centre à l'autre. Selon l'auteur, en réalité, il faut parler de l'absence de la centralisation dans la théorie du fédéralisme (*ibid.*, p. 116 et note n° 78).

[3] Ş. GÖZÜBÜYÜK et T. TAN, *İdare hukuku: genel esaslar*, Vol. 1, Ankara, Turhan Kitabevi, 2006, p. 161.

[4] V. dans ce sens, S. S. ONAR, *İdare hukukunun umumi esasları*, *op. cit.*, p. 444 ; V. VERSAN, *op. cit.*, p. 74 ; H. EROĞLU, *op. cit.*, p. 135 ; A. ULUSOY et T.

AKDEMİR, *Mahalli idareler : teori - uygulama - maliye*, Ankara, Seçkin Yayıncılık, 2005, p. 43.

Ainsi, si l'organisation administrative d'un État unitaire est fortement centralisée sans laisser la place la décentralisation administrative, un tel système exige non seulement l'unité des pouvoirs législatif et judiciaire, mais aussi une certaine unité du pouvoir exécutif (ou administratif), de sorte que cette modalité assure mieux l'unité de l'exécution des lois et de la gestion des services publics. De cette manière, elle adopte une apparence homogène dans l'organisation des institutions publiques[1]. Disons que cette variété d'État unitaire s'appelle « État unitaire centralisé »[2] ; c'est-à-dire que son organisation administrative est intimement liée aux fondements du principe de la centralisation.

Tel qu'en France, la doctrine turque distingue entre la concentration des pouvoirs et la déconcentration. Ces termes s'appellent en turc, « yetki yoğunlaşması » (concentration) et « yetki genişliği » (déconcentration). İbrahim Özden KABOĞLU indique que même si le premier est compatible avec la « concentration des pouvoirs » en français, le terme de « déconcentration » en français n'a pas la même signification que « yetki genişliği » en turc[3]. Afin de mieux comprendre cette différence terminologique, nous allons étudier ces deux modalités de centralisation administrative, la concentration des pouvoirs (**A**) et la déconcentration (**B**) en droit turc.

A- La concentration des pouvoirs vue par la doctrine turque

Selon le principe de la centralisation administrative, toutes les compétences administratives sont détenues une seule personne morale, en l'occurrence l'État central. Les ressources financières et les revenues et les dépenses sont réunies entre les mains de cette personne[4].

---

[1] V. dans ce sens, İ. GİRİTLİ et J. SARMAŞIK, *op. cit.*, p. 42 ; R. ŞENGÜL, *Yerel yönetimler*, Kocaeli, Umuttepe Yayınları, 2011, p. 1.

[2] İ. GİRİTLİ et J. SARMAŞIK, *op. cit.*, p. 42 ; İ. Ö. KABOĞLU, *Anayasa hukuku dersleri : (genel esaslar)*, İstanbul, Legal Yayıncılık, 2012, p. 119 ; K. GÖZLER, *Anayasa hukukunun genel teorisi*, Vol. 1, Bursa, Ekin, 2011, p. 483.

[3] İ. Ö. KABOĞLU, *Anayasa hukuku dersleri : (genel esaslar)*, *op. cit.*, p. 119.

[4] Pour les particularités de la centralisation administrative, v. E. TEZİÇ, *Anayasa hukuku : (genel esaslar)*, İstanbul, Beta, 2007, p. 125 ; Ş. KARATEPE, *op. cit.*, p. 9 ; M. GÜNDAY, *İdare hukuku*, Ankara, İmaj Yayınevi, 2003, pp. 57-58 ; Ş. GÖZÜBÜYÜK, *Türkiye'nin yönetim yapısı*, Ankara, Turhan Kitabevi, 2010, p. 95.

Autrement dit, dans ce type d'organisation administrative, il n'existe aucune autre personnalité morale de droit public à côté de celle de l'État[1]. Ainsi, l'État central est la seule personne morale de droit public sur tout le territoire national, et toutes les décisions administratives sont prises par cette personne unique[2].

Néanmoins, il convient de faire remarquer que l'État central n'est pas constitué d'une seule personne réelle ou d'une seule institution. En effet, en plus de l'administration centrale, se trouvant à la capitale, il existe une organisation provinciale qui s'étend sur toutes les parties du territoire. Cela étant dit, il faut préciser que ces institutions provinciales n'ont pas des « compétences juridiques propres »[3].

Ainsi, sur la base de la pensée d'Auguste VIVIEN, l'on constate que la doctrine turque fait référence à cette célèbre expression : « La centralisation est une épée dont la poignée est dans la capitale et la pointe dans le reste de l'État »[4]. Donc, il est possible de dire que l'État central se forme par une organisation centrale et une autre provinciale, mais toutes les compétences juridiques appartiennent à « l'organisation centrale »[5].

Les auteurs turcs considèrent que la concentration des pouvoirs est une forme exorbitante de la centralisation administrative. Pour eux, une telle modalité retarde non seulement le fonctionnement de l'administration, mais oblige les institutions centrales à traiter plusieurs affaires[6].

Il est clair, en réalité, l'exercice ou l'application de la concentration des pouvoirs ne semble pas facile. La déconcentration, quant à elle, apparaît comme un affaiblissement du système de la centralisation administrative.

---

[1] K. GÖZLER, *Anayasa hukukunun genel teorisi*, *op. cit.*, p. 483.

[2] Ş. GÖZÜBÜYÜK et T. TAN, *op. cit.*, p. 161 ; R. ŞENGÜL, *op. cit.*, p. 1.

[3] M. GÜNDAY, *op. cit.*, p. 57.

[4] K. GÖZLER, *Anayasa hukukunun genel teorisi*, *op. cit.*, p. 480 et note n° 11. L'auteur cite aussi cette expression en français, entre parenthèse, en faisant référence à Auguste VIVIEN, *Etudes administratives,* Paris, Guillaumin, 1859, p. 39. V. sur la même phrase en turc, İ. Ö. KABOĞLU, *Anayasa hukuku dersleri : (genel esaslar)*, *op. cit.*, p. 119.

[5] K. GÖZLER, *Anayasa hukukunun genel teorisi*, *op. cit.*, p. 480.

[6] V. Y. YAYLA, *İdare hukuku*, İstanbul, Beta, 2009, pp. 234-235 ; E. TEZİÇ, *op. cit.*, p. 126 ; N. TORTOP, *Mahalli idareler*, Ankara, Devlet İstatistik Matbaası, 1991, pp. 5-6.

B- La déconcentration en droit turc

Nous avons expliqué, ci-dessus, que le terme de « yetki genişliği » en turc est utilisé pour désigner la notion de la déconcentration[1], et qu'il y a une différence terminologique entre les droits français et celui turc. Ainsi, le terme de « yetki genişliği » signifie en réalité « élargissement des pouvoirs ». La concentration des pouvoirs, dans le domaine administratif, impose aux subordonnés le respect des instructions de leurs supérieurs. Néanmoins, les institutions déconcentrées peuvent agir d'elles-mêmes et, hormis certaines décisions importantes, elles ne doivent pas attendre les consignes des supérieurs pour prendre des décisions administratives[2]. Certains auteurs turcs affirment qu'il s'agit d'un élargissement des pouvoirs des subordonnées et donc le terme de « yetki genişliği » en turc est bien conforme à définir cette modalité[3]. D''autres auteurs précisent à ce sujet qu'il existe un « transfert »[4] des pouvoirs des autorités centrales, ou une « délégation »[5] de ces pouvoirs aux autorités provinciales. Ces auteurs utilisent deux termes pour nommer ce transfert des pouvoirs : « adem-i temerküz » (l'absence de la concentration) et « tevsii mezuniyet » (l'élargissement des pouvoirs) estimant que le premier convient bien au terme de la « déconcentration »[6]. Donc, malgré cette différence terminologique

---

[1] Des auteurs turcs ayant utilisé ce terme de « yetki genişliği » en turc, ont mis entre guillemets son équivalent en français, en l'occurrence « la déconcentration », v. İ. GİRİTLİ, P. BİLGEN et T. AKGÜNER, *İdare hukuku*, İstanbul, Der Yayınları, 2006, p. 179 ; E. TEZİÇ, *op. cit.*, p. 126 ; B. A. GÜLER, *Türkiye'nin yönetimi : yapı*, Ankara, İmge Kitabevi, 2011, pp. 251-252 ; R. ŞENGÜL, *op. cit.*, p. 2.

[2] V. İ. Ö. KABOĞLU, *Anayasa hukuku dersleri : (genel esaslar)*, *op. cit.*, pp. 119-120.

[3] V. S. S. ONAR, *İdare hukukunun umumi esasları*, *op. cit.*, p. 450 ; K. GÖZLER, *Anayasa hukukunun genel teorisi*, *op. cit.*, p. 480 ; H. EROĞLU, *op. cit.*, p. 138 ; R. C. DERDİMAN, *Türkiye idaresinin hukuksal yönü ve yapısı*, İstanbul, Alfa Basım Yayım, 2003, p. 91.

[4] V. İ. Ö. KABOĞLU, *Anayasa hukuku dersleri : (genel esaslar)*, *op. cit.*, p. 119 ; Ş. GÖZÜBÜYÜK et T. TAN, *op. cit.*, p. 170.

[5] V. Ş. KARATEPE, *op. cit.*, p. 11.

[6] V. S. S. ONAR, *İdare hukukunun umumi esasları*, *op. cit.*, p. 450 ; K. GÖZLER, *Anayasa hukukunun genel teorisi*, *op. cit.*, p. 480 ; E. TEZİÇ, *op. cit.*, p. 126. Ces auteurs utilisent le terme « adem-i temerküz » (c'est-à-dire l'absence de concentration) en turc, et mettent entre guillemets le terme « déconcentration » en français. Mais, ajoutons aussi que ces deux termes « adem-i temerküz » et « tevsii mezuniyet », passés de l'arabe au turc, étaient utilisés dans l'ancienne époque.

entre la doctrine turque et française, la fonction de cette modalité d'organisation est en réalité la même.

En droit turc, plusieurs auteurs affirment que la déconcentration est une modalité « assouplie »[1] dans le cadre de la centralisation administrative, eu égard à l'impossibilité de la concentration des pouvoirs en pratique[2]. Nous pensons que la déconcentration apparaît comme un remède contre les inconvénients de la centralisation, ou la concentration des pouvoirs. La déconcentration vise l'allègement des charges des autorités centrales et l'accélération de l'action administrative[3].

La question qui se pose, à ce sujet, est de savoir si la déconcentration des pouvoirs peut nuire au système administratif centralisé ?

La doctrine turque s'accorde sur le fait que la déconcentration est une modalité d'organisation qui accomplit le principe de la centralisation administrative et qu'elle ne porte pas atteinte à ce principe. Pour les auteurs turcs, cette modalité ne prévoit pas une organisation indépendante de l'État central[4]. Aussi, les personnes qui exercent les compétences administratives déconcentrées sont toujours à l'intérieur du mécanisme de l'administration centrale, et elles agissent au nom de cette dernière[5]. D'après Kemal GÖZLER, il n'y a pas une autorité sélectionnée par le peuple dans cette modalité, il existe un haut

---

[1] V. S. S. ONAR, *İdare hukukunun umumi esasları*, *op. cit.*, p. 450 ; Ş. GÖZÜBÜYÜK, *op. cit.*, p. 100 ; A. NALBANT, *Üniter devlet : bölgeselleşmeden küreselleşmeye*, *op. cit.*, pp. 31-32 ; R. C. DERDİMAN, *op. cit.*, p. 91 ; A. POLATOĞLU, *Türk kamu yönetimi : güncel ve eleştirel bir yaklaşım*, Lefkoşa, Yakın Doğu Üniversitesi Yayınları, 2009, p. 25 ; M. ÖKMEN et B. PARLAK, *Kuramdan uygulamaya yerel yönetimler : ilkeler, yaklaşımlar ve mevzuat*, Bursa, Aktüel Yayınları, 2008, p. 10.

[2] V. M. GÜNDAY, *op. cit.*, p. 60 ; N. TORTOP, *op. cit.*, p. 6 ; A. POLATOĞLU, *op. cit.*, p. 25.

[3] V. dans le même sens, M. GÜNDAY, *op. cit.*, p. 60 ; N. TORTOP, *op. cit.*, p. 10 ; S. S. ONAR, *İdare hukukunun umumi esasları*, *op. cit.*, p. 450 ; İ. GİRİTLİ, P. BİLGEN et T. AKGÜNER, *op. cit.*, p. 179 ; K. GÖZLER, *Anayasa hukukunun genel teorisi*, *op. cit.*, p. 480 ; İ. Ö. KABOĞLU, *Anayasa hukuku dersleri : (genel esaslar)*, *op. cit.*, p. 119 ; E. TEZİÇ, *op. cit.*, p. 126 ; S. DERBİL, *İdare hukuku*, Ankara, Güzel Sanatlar Matbaası, 1955, p. 288 ; H. EROĞLU, *op. cit.*, p. 138 ; Ş. KARATEPE, *op. cit.*, p. 11.

[4] V. dans le même sens, Ş. GÖZÜBÜYÜK et T. TAN, *op. cit.*, p. 169 ; İ. GİRİTLİ et J. SARMAŞIK, *op. cit.*, p. 42 ; Ş. KARATEPE, *op. cit.*, p. 11.

[5] S. S. ONAR, *İdare hukukunun umumi esasları*, *op. cit.*, p. 451 ; H. EROĞLU, *op. cit.*, p. 138 ; İ. GİRİTLİ, P. BİLGEN et T. AKGÜNER, *op. cit.*, p. 180.

fonctionnaire public désigné par le pouvoir central. Pour lui, le pouvoir de prendre des décisions appartient toujours aux autorités centrales[1].

Il faut noter que la déconcentration ne veut pas dire une répartition du pouvoir entre l'État central et l'administration provinciale. En effet, le système de la déconcentration ne sert pas à la mutation du principe de la centralisation[2]. D'ailleurs, comme en droit français, il n'existe qu'une seule personne morale de droit public du point de vue de la déconcentration, qui est l'État[3]. Donc, la déconcentration est un principe d'organisation qui signifie la relation entre l'administration centrale et l'administration déconcentrée, et cette relation fonctionne toujours à l'intérieur de la même personnalité morale de l'État.

On peut se demander, à ce propos, comment cette relation ne dépasse pas le système centralisé ? Les auteurs turcs indiquent qu'il s'agit du pouvoir de la hiérarchie[4]. Autrement dit, le pouvoir hiérarchique de l'administration centrale existe non seulement dans la concentration, mais aussi dans la déconcentration des pouvoirs. Précisons aussi que les autorités déconcentrées sont des représentants de l'organisation centrale et elles fonctionnent en tant que subordonnés hiérarchiques devant l'État central. Il en résulte que même si le pouvoir de prendre des décisions est transféré aux autorités déconcentrées, l'administration centrale conserve ses compétences de contrôle.

Rappelons que la conception française de la déconcentration a bien influencé la doctrine turque. Ainsi, plusieurs auteurs turcs font référence à la célèbre expression d'Odilon BARROT, « c'est toujours le même marteau qui frappe, mais on en a raccourci le manche »[5], et à la célèbre expression du décret du 25 mars 1852, « on peut gouverner de loin, mais on n'administre bien que de près »[6].

Donc, l'on peut dire que cette modalité permet aux autorités déconcentrées de prendre des décisions sans consulter sans consulter

---

[1] K. GÖZLER, *Anayasa hukukunun genel teorisi*, *op. cit.*, p. 480.
[2] R. ŞENGÜL, *op. cit.*, p. 2.
[3] Ş. GÖZÜBÜYÜK et T. TAN, *op. cit.*, p. 170 ; R. ŞENGÜL, *op. cit.*, p. 2.
[4] Ş. KARATEPE, *op. cit.*, p. 11 ; İ. Ö. KABOĞLU, *Anayasa hukuku dersleri : (genel esaslar)*, *op. cit.*, p. 120 ; E. TEZİÇ, *op. cit.*, p. 126 ; Ş. GÖZÜBÜYÜK et T. TAN, *op. cit.*, pp. 170-171 ; Ş. GÖZÜBÜYÜK, *op. cit.*, p. 100.
[5] E. TEZİÇ, *op. cit.*, p. 126 ; R. ŞENGÜL, *op. cit.*, p. 2 ; A. NALBANT, *Üniter devlet : bölgeselleşmeden küreselleşmeye*, *op. cit.*, p. 31 ; K. GÖZLER, *Anayasa hukukunun genel teorisi*, *op. cit.*, pp. 480-481.
[6] R. ŞENGÜL, *op. cit.*, p. 4 ; K. GÖZLER, *Anayasa hukukunun genel teorisi*, *op. cit.*, p. 479.

les autorités centrales et sans attendre leurs instructions, mais les décisions sont prises en leur nom[1]. En clair, le détenteur du pouvoir originaire est toujours l'administration centrale[2].

En droit turc, la déconcentration existait avant la période des Tanzimat (1839-1876)[3]. Comme le précise des auteurs turcs, la déconcentration est l'une des institutions héritées par la République turque de l'Empire ottoman[4]. Il convient de rappeler, à ce propos, que la Constitution de 1876 contenait des dispositions sur la déconcentration, et c'était bien avant la fondation de la République turque (1923). En effet, l'article 108 de cette Constitution précisait que l'administration des départements est basée sur les principes de la déconcentration et de la décentralisation[5].

La loi de 1913 sur « l'administration générale des départements » prévoyait aussi la déconcentration. Birgül Ayman GÜLER considère qu'il s'agissait d'un système de délégation de certaines compétences de l'organisation centrale vers certaines autorités subordonnées, et que ces dernières étaient responsables au niveau des départements. L'auteur précise que ce système est assimilable au modèle français appelé « la déconcentration »[6].

Les Constitutions turques de 1924 et de 1961 ont également consacré le principe de la déconcentration. De son côté, la Constitution de 1982 rappelle en son article 126, alinéa 2, que « *l'administration des départements est fondée sur le principe de la déconcentration* ».

Dès lors, l'on peut dire que la Constitution turque adopte un système essentiel concernant l'organisation provinciale de l'État central, qui est « le système de département »[7]. Il s'agit d'une division technique

---

[1] M. GÜNDAY, *op. cit.*, p. 60 ; M. ÖKMEN et B. PARLAK, *op. cit.*, p. 10 ; R. C. DERDİMAN, *op. cit.*, p. 91.

[2] N. TORTOP, *op. cit.*, p. 10.

[3] S. DERBİL, *op. cit.*, p. 288.

[4] M. ÖKMEN et B. PARLAK, *op. cit.*, p. 9.

[5] Sur le débat concernant les expressions, comme « tevsii mezuniyet » (on l'avait déjà indiqué par une signification de la déconcentration), et « tefrik-i vezaif » (une expression ancienne signifiant la décentralisation), contenues dans cet article, v. B. A. GÜLER, *Türkiye'nin yönetimi : yapı*, *op. cit.*, pp. 250-252. Pour ces deux termes en doctrine turque, v. A. NALBANT, *Üniter devlet : bölgeselleşmeden küreselleşmeye*, *op. cit.*, pp. 146-149.

[6] B. A. GÜLER, *Türkiye'nin yönetimi : yapı*, *op. cit.*, p. 252.

[7] A. PAYASLIOĞLU, *Merkezi idarenin taşra teşkilatı üzerinde bir inceleme*, Ankara, Ankara Üniversitesi Basımevi, 1966, p. 12.

essentielle au niveau des départements, qui sont des entités administratives principales dans l'organisation administrative de la République turque[1]. Certains auteurs précisent, à ce sujet, que ce système de département, fondé sur le principe de la déconcentration, est apparu en France et s'est étendu aux autres pays y compris la Turquie[2]. Donc, le département apparaît comme la circonscription de la déconcentration des pouvoirs selon ce système, et, les préfets sont des autorités déconcentrées[3].

Comme le relève Kemal GÖZLER, selon le principe de la déconcentration, le préfet peut prendre des décisions « au nom d'un ministre »[4]. Il est à noter que le préfet est lié par le pouvoir hiérarchique de l'État central, et il est, en même temps, le représentant de l'État[5].

Précisons, à ce propos, que les compétences déconcentrées des préfets ne sont pas illimitées. Certains auteurs estiment que le principe de la déconcentration peut être appliqué dans la limite des sujets déterminés[6]. En d'autres termes, il faut une loi pour définir les matières dans lesquelles les compétences déconcentrées peuvent s'exercer[7].

En droit turc, selon la doctrine, le système de la déconcentration est un système « limité », puisque l'article 126 de la Constitution prévoit ce système seulement pour les départements[8]. Donc, la seule autorité déconcentrée est le préfet de département[9]. Ainsi, le principe de la déconcentration n'est pas applicable dans les arrondissements ou dans une autre division territoriale autre que les départements. Les « sous-

---

1 A. POLATOĞLU, *op. cit.*, p. 81 ; Ş. GÖZÜBÜYÜK et T. TAN, *op. cit.*, pp. 169-170.

2 A. PAYASLIOĞLU, *op. cit.*, p. 13.

3 İ. Ö. KABOĞLU, *Anayasa hukuku dersleri : (genel esaslar)*, *op. cit.*, p. 119.

4 K. GÖZLER, *Anayasa hukukunun genel teorisi*, *op. cit.*, p. 480.

5 V. Ş. KARATEPE, *op. cit.*, p. 11 ; İ. GİRİTLİ, P. BİLGEN et T. AKGÜNER, *op. cit.*, pp. 179-180.

6 V. E. TEZİÇ, *op. cit.*, p. 126.

7 Sur la nécessité d'une loi, v. R. C. DERDİMAN, *op. cit.*, p. 92. Pour ce qui concerne la nécessité de la prévoyance par une loi, v. Ş. GÖZÜBÜYÜK et T. TAN, *op. cit.*, p. 171.

8 L'alinéa 2 de l'art. 126 dispose que « *L'administration des départements est fondée sur le principe de la déconcentration* ».

9 V. S. S. ONAR, *İdare hukukunun umumi esasları*, *op. cit.*, p. 450 ; H. EROĞLU, *op. cit.*, p. 138 ; R. C. DERDİMAN, *op. cit.*, p. 93 ; A. ULUSOY et T. AKDEMİR, *op. cit.*, p. 45.

préfets » ou les autres autorités provinciales de l'État central ne bénéficient pas de ce principe[1].

Comme nous l'avons déjà indiqué, si certaines autorités en droit français, telles que les recteurs des académies, sont incluses dans le schéma de la déconcentration, en revanche la déconcentration est beaucoup plus compliquée en Turquie. D'après Sıddık Sami ONAR, les recteurs d'académie disposaient de telles compétences déconcentrées avant que les universités obtiennent leurs autonomies comme des établissements publics dans le cadre de la décentralisation[2]. De plus, la Cour constitutionnelle turque a jugé que le principe de la déconcentration englobe non seulement les préfets, mais aussi les ambassadeurs ou les organisations provinciales de chaque ministère[3].

Pour conclure, si la déconcentration est consacrée par les droits turc et français, son champ d'application est plus large en France qu'en Turquie. À cet égard, Bilal ERYILMAZ relève qu'en Turquie le système d'organisation administrative a été inspiré du modèle français, mais qu'il est beaucoup plus centraliste par rapport au système français[4]. L'on peut constater que le champ d'application du principe de la déconcentration est beaucoup plus limité en Turquie.

S'agissant des avantages et des inconvénients du principe de la centralisation administrative, certains auteurs pensent que la centralisation dans l'organisation administrative renforce la stabilité et élargit du pouvoir politique sur toutes les parties du territoire. Selon eux, ce type d'organisation assure l'unité politique de l'État[5]. Certains

[1] V. M. GÜNDAY, *op. cit.,* p. 60 ; O. CAN, « Merkez-yerel yönetimlerin görev ve yetki paylaşımına anayasal bakış », *in Ali Ülkü Azrak 75. yaş armağanı*, İstanbul, 2008, pp. 45-86, spéc., p. 57 ; R. C. DERDİMAN, *op. cit.,* p. 93 ; M. ÖKMEN et B. PARLAK, *op. cit.,* p. 10.

[2] S. S. ONAR, *İdare hukukunun umumi esasları, op. cit.,* p. 451.

[3] V. Ş. GÖZÜBÜYÜK et T. TAN, *op. cit.,* p. 170, note n° 13, V. la décision constitutionnelle : AYM (Cct), décision du 22.6.1988, E. 987/18-K. 988/23, *RG (JORT)* 26.11.1988, n° 20001, p. 14. Yıldızhan YAYLA précise que le principe de la déconcentration est appliqué aussi sur les autorités de l'État central qui existent à l'étranger, v. Y. YAYLA, *İdare hukuku, op. cit.,* p. 235.

[4] B. ERYILMAZ, *Yerel yönetimlerin yeniden yapılanması*, İstanbul, Birleşik Yayıncılık, 1997, p. 14.

[5] V. S. S. ONAR, *İdare hukukunun umumi esasları, op. cit.,* p. 447 ; İ. GİRİTLİ, P. BİLGEN et T. AKGÜNER, *op. cit.,* p. 177 ; H. EROĞLU, *op. cit.,* p. 136 ; Ş. KARATEPE, *op. cit.,* p. 13 ; Y. YAYLA, *İdare hukuku, op. cit.,* p. 234.

autres y voient un autoritarisme, mais en raison de cette autorité il protège facilement l'unité de l'État[1].

De ce qui précède, l'on peut dire que certains auteurs turcs construisent un lien intéressant entre la centralisation administrative et la défense nationale. Ces auteurs évoquent, d'abord, la nécessité d'un système centralisé d'organisation des pouvoirs militaires permettant d'assurer la défense nationale et l'ordre public dans un État unitaire. D'après eux, outre la nécessité de la centralisation des pouvoirs militaires, il faut que l'administration civile de l'État soit centralisée pour assurer la coordination entre les deux pouvoirs[2]. En effet, la menace terroriste qui touche la Turquie a rendu les auteurs plus sensibles à la question de la défense nationale[3].

L'on peut dire que la centralisation administrative assure l'unité de l'administration d'État et rend les services publics accessibles sur tout le territoire. De telle façon, il sera possible de garantir une certaine égalité entre les citoyens qui résident dans différentes parties du territoire national[4].

Concernant les inconvénients du système de la centralisation administrative, la doctrine turque considère que ce système cause une bureaucratie dure et provoque un retard dans le traitement des affaires administratives[5].

De plus, la doctrine turque est unanime pour dire que la centralisation administrative n'est pas conforme au principe de la démocratie, car ce système ne permet pas la participation des citoyens à l'administration, notamment concernant les décisions administratives

---

[1] V. E. TEZİÇ, *op. cit.*, p. 126.

[2] V. S. S. ONAR, *İdare hukukunun umumi esasları*, *op. cit.*, p. 448 ; İ. GİRİTLİ, P. BİLGEN et T. AKGÜNER, *op. cit.*, p. 177 ; H. EROĞLU, *op. cit.*, p. 136 ; Ş. GÖZÜBÜYÜK et T. TAN, *op. cit.*, p. 162 ; V. VERSAN, *op. cit.*, pp. 75-76.

[3] Pour une opinion contraire, v. Ş. KARATEPE, *op. cit.*, pp. 14-15. D'après l'auteur, la centralisation est considérée comme un moyen de protection de l'unité de l'État en Turquie, mais elle présente plus d'inconvénients que d'avantages contre le terrorisme ou les crises économiques.

[4] V. M. GÜNDAY, *op. cit.*, p. 58 ; Ş. KARATEPE, *op. cit.*, p. 13 ; R. ŞENGÜL, *op. cit.*, p. 2 ; H. EROĞLU, *op. cit.*, p. 136 ; Ş. GÖZÜBÜYÜK et T. TAN, *op. cit.*, p. 162.

[5] V. S. S. ONAR, *İdare hukukunun umumi esasları*, *op. cit.*, p. 448 ; M. GÜNDAY, *op. cit.*, p. 59 ; Ş. GÖZÜBÜYÜK, *op. cit.*, p. 96 ; H. EROĞLU, *op. cit.*, p. 137 ; Ş. KARATEPE, *op. cit.*, pp. 13-14 ; İ. GİRİTLİ, P. BİLGEN et T. AKGÜNER, *op. cit.*, p. 178.

locales[1]. Pour Sıddık Sami ONAR, dans ce système, les affaires locales s'exercent par les mécanismes de l'administration centrale et sous le contrôle de cette dernière, et donc les citoyens sont éloignés de ces affaires locales qui les concernent directement[2].

En se référant à Tocqueville, Ahmet Ulvi TÜRKBAĞ soutient que la centralisation suscite une « indolence » dans la structure sociale[3]. De même, en faisant référence aux idées de Joseph BARTHÉLEMY, Hamza EROĞLU évoque les inconvénients de la centralisation dans le cadre de la démocratie. Toutefois, l'auteur précise que certaines conditions historiques, politiques, sociales ou économiques nécessitent l'application de la centralisation administrative et que la meilleure solution est l'assouplissement de ce principe[4]. Dans le même sens, Sıddık Sami ONAR estime qu'il n'est pas possible d'éviter complétement le système de la centralisation administrative, et qu'il faut prendre quelques mesures afin de réduire ses inconvénients[5].

Il convient de préciser brièvement que même si la déconcentration existe dans l'organisation administrative turque, elle n'implique pas une délégation suffisante des pouvoirs vers les autorités déconcentrées et toutes les décisions sont prises encore par le centre[6].

En réalité, la déconcentration est nécessaire dans l'organisation administrative des États unitaires. Mais, elle est toujours une modalité de la centralisation administrative qui ne sert pas suffisamment à l'avancement de la démocratie. Par conséquent, il est nécessaire de mettre en place un autre mode d'organisation que la centralisation dans l'organisation administrative des États unitaires. D'ailleurs, pour

---

[1] B. ERYILMAZ, *op. cit.,* p. 14 ; Ş. GÖZÜBÜYÜK et T. TAN, *op. cit.,* p. 163 ; Ş. KARATEPE, *op. cit.,* p. 14 ; E. TEZİÇ, *op. cit.,* p. 126 ; İ. GİRİTLİ, P. BİLGEN et T. AKGÜNER, *op. cit.,* p. 178 ; H. EROĞLU, *op. cit.,* p. 137 ; Ş. GÖZÜBÜYÜK, *op. cit.,* p. 96 ; M. GÜNDAY, *op. cit.,* pp. 59-60 ; V. VERSAN, *op. cit.,* p. 76.

[2] S. S. ONAR, *İdare hukukunun umumi esasları, op. cit.,* pp. 448-449.

[3] A. U. TÜRKBAĞ, « Alexis de Tocqueville'de demokrasi ve yerel yönetimler », *in Prof. Dr. İlhan Akın'a armağan,* İstanbul, İstanbul Üniversitesi Hukuk Fakültesi, 1999, pp. 307-316, spéc., p. 313. Dans le même sens, v. Ş. KARATEPE, *op. cit.,* pp. 14-15. Cet auteur estime que sauf les crises économiques ou les crises de l'État, la centralisation ne fournit pas beaucoup de chose à l'unité de l'État.

[4] H. EROĞLU, *op. cit.,* p. 138. V. aussi A. NALBANT, *Üniter devlet : bölgeselleşmeden küreselleşmeye,* , *op. cit.,* pp. 215-216. Ce dernier précise qu'en Turquie, la centralisation administrative est assouplie par deux moyens : la déconcentration et la décentralisation administrative.

[5] S. S. ONAR, *İdare hukukunun umumi esasları, op. cit.,* p. 450.

[6] V. A. POLATOĞLU, *op. cit.,* pp. 93-94.

İbrahim Özden KABOĞLU, « l'État unitaire centralisé » n'a qu'une valeur historique[1], et la centralisation administrative n'est pas un système qui est appliqué à lui seule dans un État unitaire aujourd'hui[2].

Face aux inconvénients de la centralisation administrative, la décentralisation « administrative » apparaît comme une vraie solution.

---

[1] İ. Ö. KABOĞLU, *Anayasa hukuku dersleri : (genel esaslar), op. cit.*, p. 119.

[2] Dans ce sens, v. A. NALBANT, *Üniter devlet : bölgeselleşmeden küreselleşmeye, op. cit.*, p. 19, l'auteur estime qu'il n'est pas possible de parler, en pratique, d'un État unitaire purement centralisé.

CHAPITRE 2
La décentralisation dans l'organisation administrative de l'État unitaire, l'État unitaire décentralisé en question

Dans le cadre de ce chapitre, nous allons voir, tout d'abord, que la décentralisation est encadrée au niveau administratif dans l'État unitaire (**Section 1**). Car, cette modalité ne peut concerner les domaines politique ou législatif. Ensuite, sera étudiée la décentralisation « administrative », considérée comme un outil du refus du fédéralisme pour les États unitaires (**Section 2**).

Section 1
Une décentralisation encadrée au niveau administratif dans l'État unitaire

Nous avons déjà souligné que la décentralisation est l'un des sujets les plus importants à traiter dans le cadre de l'étude de l'État unitaire. Une comparaison entre les États unitaires français et turc nous donnera la possibilité de constater le rôle et les limites de la décentralisation qui suscite une mutation de la forme d'État unitaire. Pour mieux cerner la question, nous allons étudier d'abord la décentralisation administrative en droit français (**Paragraphe 1**), ensuite en droit turc (**Paragraphe 2**).

Paragraphe 1. La décentralisation « administrative » au sein de l'organisation de l'État unitaire français

D'après la doctrine française, dans un État unitaire la décentralisation ne peut exister qu'au niveau administratif (**A**). C'est-à-dire, que cette forme d'État ne permet pas de l'existence d'une décentralisation politique ou législative en son sein. Donc, il sera utile de s'intéresser à cette décentralisation « administrative » du point de vue de ses modalités internes, sa fonction et ses limites dans l'État unitaire français (**B**), afin de comprendre la nature d'une telle décentralisation qualifiée d'« administrative ».

A- La décentralisation au niveau administratif

Nous avons indiqué précédemment que la centralisation est le seul principe qui existe au niveau politique dans l'État unitaire. En effet, « ce que l'on désigne par centralisation politique, c'est le caractère unitaire de l'État. Or, l'État unitaire peut parfaitement être décentralisé administrativement. » [1] Concernant la décentralisation dans l'État unitaire, il faut distinguer la décentralisation « administrative » de ses autres variations. D'ailleurs, la doctrine française réduit la notion de la décentralisation au plan administratif. C'est ce que relève Charles EISENMANN, « l'analyse de la doctrine française...vise dans sa pensée uniquement la décentralisation appliquée à l'administration seule, — puisqu'elle identifie décentralisation et décentralisation purement administrative — comme, bien entendu, centralisation et centralisation administrative. Dans tout l'exposé qui suit on voudra bien suppléer ce dernier adjectif. »[2]

Jean-Marie PONTIER confirme la réalité de ce constat, en précisant qu'« on oppose quelquefois la décentralisation de l'ordre politique - qui est le fédéralisme - et la décentralisation de l'ordre administratif. Seule cette dernière est considérée, par la majorité de la doctrine, comme la véritable décentralisation. »[3] En effet, selon cet auteur, « la décentralisation se situe sur un plan administratif, et non politique, c'est pourquoi on parle classiquement de décentralisation administrative. En dehors du qualificatif « administratif » on trouve très peu d'autres qualificatifs qui soient accolés au terme de décentralisation. »[4]

Néanmoins, la décentralisation peut dépasser les limites du plan administratif et atteindre le domaine politique. C'est la raison pour laquelle nous soutiendrons la nécessité d'une unité du pouvoir législatif et l'interdiction de l'attribution de ce pouvoir à une entité infra-étatique. À cet égard, Bertrand FAURE rappelle que « la décentralisation d'un pouvoir législatif que les collectivités exerceraient avec force légale manifesterait un seuil de transition entre la simple décentralisation administrative et la « décentralisation politique » ou législative. »[5]

---

[1] G. BURDEAU, *op. cit.*, p. 355.

[2] Ch. EISENMANN, *op. cit.*, p. 157.

[3] J.-M. PONTIER, *L'État et les collectivités locales : la répartition des compétences, op. cit.*, p. 21. L'auteur nous rappelle, en même temps, l'opinion contraire de Charles EISENMANN, selon laquelle il peut y avoir une décentralisation « législative », par exemple. (V. p. 21 et note de bas de page n° 15)

[4] J.-M. PONTIER, « Décentralisation et patrimoine », *in* P. LE LOUARN, *Le patrimoine culturel et la décentralisation : actes du colloque de Nantes des 8 et 9 juin 2009 "patrimoine culturel et collectivités territoriales"*, Rennes, Presses universitaires de Rennes, 2011, pp. 96-97. Dans cet article, l'auteur explique le sens de « la décentralisation culturelle ».

[5] B. FAURE, *Droit des collectivités territoriales, op. cit.*, p. 10.

D'ailleurs, il faut rappeler que l'État unitaire exige nécessairement l'absence d'une telle attribution du pouvoir législatif aux collectivités infra-étatiques ou territoriales. Autrement dit, il ne peut y avoir de « décentralisation législative » dans l'État unitaire.

Il convient de souligner, à ce sujet, qu'il s'agit de l'attribution d'un pouvoir législatif propre aux États fédérés dans les États fédéraux (fédérations). Mais, pour Bertrand FAURE, « certains États voisins la pratiquent sous couvert du statut d'État unitaire décentralisé. » [1] L'auteur parle notamment de l'Espagne et de l'Italie. Il convient de s'interroger si ces États sont réellement des États unitaires ? À notre sens, une telle attribution du pouvoir législatif aux collectivités territoriales n'est pas possible dans un État unitaire et les États indiqués - l'Espagne et l'Italie - ont subi une transformation. Aussi, ces États ne peuvent pas être considérés comme des États unitaires.

En France, l'on constate que certaines collectivités territoriales, telles la Nouvelle-Calédonie ou la Polynésie française, exercent un « véritable » pouvoir législatif ou un pouvoir « quasi-législatif ». D'ailleurs, en doctrine française, certains auteurs estiment que « la centralisation du droit aboutit à l'unicité de la Constitution, de la loi et du droit » et admettent que « quelques exceptions limitées peuvent être agencées tant en métropole qu'outre-mer »[2]. D'autres auteurs, faisant référence à la décentralisation administrative et législative, précisent qu'« il faut remarquer la situation juridique particulière de la Nouvelle-Calédonie pratiquant les deux types de décentralisation pour tenir compte de ses spécificités »[3].

L'on s'interroge, à ce propos, sur la position de la République française vis-à-vis de la règle de l'absence de la décentralisation législative dans l'État unitaire ?

Jean-Bernard AUBY relève, à ce sujet, que « les normes législatives nationales prévalent sur les normes locales, qui sont par définition réglementaires. Les normes réglementaires nationales prévalent également sur les normes locales. Il en va ainsi en raison du fait que notre droit administratif retient traditionnellement une hiérarchie formelle des sources du droit, et du fait que, dans cette hiérarchie formelle, les autorités locales sont considérées comme étant par essence

---

[1] *Ibid.*

[2] J. GICQUEL et J.-É. GICQUEL, *Droit constitutionnel et institutions politiques,* Paris, Montchrestien, 2012, p. 72.

[3] B. FAURE, *Droit des collectivités territoriales, op. cit.,* p. 10.

placées au-dessous des autorités nationales. »[1] Néanmoins, il faut avouer que l'outre-mer, notamment la Nouvelle-Calédonie ou la Polynésie française, rend notre étude de l'État unitaire français plus difficile.

C'est, d'ailleurs, ce que fait remarquer Jean-Bernard AUBY qui estime que « l'outre-mer, il est vrai, s'écarte dans une certaine mesure de ces règles, du moins dans les territoires qui sont régis par le principe de la spécialité législative. Dans ces territoires, en effet, la norme réglementaire nationale ne pourra pas prévaloir sur la norme locale, si celle-ci est intervenue dans le champ des compétences réservées au territoire. »[2] Quant à la Nouvelle-Calédonie, « c'est même la loi nationale qui s'inclinera devant la « loi de pays » si celle-ci est bien située dans une matière réservée au territoire. »[3]

D'après le même auteur, la décentralisation engendre « la territorialisation du droit »[4]. À ses yeux, « l'un des aspects caractéristiques de la décentralisation vue sous l'angle juridique est le fait qu'elle provoque, qu'elle recèle, naturellement, une territorialisation du droit. »[5] Ainsi, est-il possible de dire, avec l'auteur, que la décentralisation « législative » porte toujours un risque d'atteinte à l'unité du droit sur toutes les parties du territoire national et que « la territorialisation du droit est un défi pour l'unité du système juridique, non seulement parce qu'elle introduit de la diversité, mais aussi et peut-être surtout parce qu'elle introduit cette diversité sur une base résidant dans cet élément caractéristique de tout pouvoir qu'est le territoire. »[6]

Comme le rappel l'auteur, la Constitution française admet « la différenciation territoriale du droit »[7]. L'on peut constater, avec lui, que « les départements et régions d'outre-mer, dans lesquels, ainsi que l'indique l'article 72-4, la législation nationale peut faire l'objet d'adaptations particulières, les autres collectivités d'outre-mer que régit le principe de spécialité législative, auquel fait allusion l'article 74. »[8] De plus, « la Constitution ne proclame pas l'unité de la République,

---

[1] J.-B. AUBY, *op. cit.*, p. 30.
[2] *Ibid.*
[3] *Ibid.*
[4] *Ibid.*, p. 15 et suiv.
[5] *Ibid.*, p. 15.
[6] *Ibid.*, p. 23.
[7] *Ibid.*, p. 26.
[8] *Ibid.*

d'où aurait pu se déduire une conception très rigide de l'uniformité territoriale du système juridique. »[1]

À la lumière de ce qui précède, l'on peut constater la position extrême et ambiguë de la question de l'outre-mer dans l'État unitaire français. Ainsi, les compétences attribuées à certaines collectivités territoriales situées outre-mer, notamment les compétences de la Nouvelle-Calédonie ou la Polynésie française, doivent être étudiées. En France, pour pouvoir parler de la mise en œuvre d'une « décentralisation législative », il faut l'attribution d'un pouvoir législatif à toutes les collectivités territoriales françaises, y compris métropolitaines. Or, actuellement, il ne s'agit que des « exceptions ».

Comme le résume Marc JOYAU, « il s'avère qu'il n'est pas possible de reconnaître à toutes les collectivités territoriales la possibilité d'exercer leur pouvoir normatif dans les matières législatives, c'est-à-dire de généraliser ce que P. Lampué a appelé la "décentralisation législative" »[2].

D'ailleurs, si l'attribution du pouvoir législatif aux entités infra-étatiques est une règle générale dans un État unitaire, il faudra parler de la transformation de cet État vers une autre forme d'État. D'ailleurs, pour Maurice HAURIOU « dans l'administration locale, quelque décentralisée qu'elle soit, les assemblées délibérantes n'ont pas le pouvoir législatif ; si elles l'obtenaient, c'est que les circonscriptions locales seraient devenues des sortes d'États. »[3]

Mais, il n'existe pas aujourd'hui en France un tel système d'attribution du pouvoir législatif à toutes les collectivités territoriales. Aussi, l'on peut dire que « la décentralisation ne remet donc pas en cause le caractère unitaire de l'État en ce sens qu'elle ne concerne en

---

[1] *Ibid.*

[2] M. JOYAU, *De l'autonomie des collectivités territoriales françaises : essai sur la liberté du pouvoir normatif local*, LGDJ, 1998, p. 237. En réalité, l'auteur a donc bien parlé de l'hypothèse de l'existence d'une décentralisation législative dans l'État unitaire français. En revanche, il a estimé qu'une telle décentralisation n'est qu'une exception. Il a également abordé cette question concernant les anciens TOM (le cadre des anciens Territoires d'outre-mer), v. ce titre chez l'auteur : « La décentralisation législative ne peut être opérée qu'au profit des T.O.M. », p. 247 et suiv.

[3] M. HAURIOU, « La souveraineté nationale », p. 70, cité par F. FOURNIÉ, *Recherches sur la décentralisation dans l'œuvre de Maurice Hauriou,* Paris, LGDJ, 2005, p. 235.

principe que des compétences administratives et non des pouvoirs de nature politique. »[1]

En effet, s'il est indispensable d'établir un système centralisé « au niveau politique » dans l'État unitaire, il ne l'est pas au plan administratif. En clair, « la législation est centralisée » et « la décentralisation ne commence qu'au degré de l'administration »[2].

Il convient de préciser, dans ce cadre, que la décentralisation « administrative » désigne une organisation dans laquelle « les organes locaux sont bien, d'abord et avant tout, des autorités administratives, et il est capital, pour comprendre la décentralisation, d'analyser la façon dont s'organisent leurs relations avec les autorités administratives de l'État. »[3] Dans ce système, « chaque collectivité locale est une personne publique qui n'a aucune compétence étatique, mais des compétences purement administratives, et les contrôles assurent la cohérence globale de l'exercice des libertés locales »[4]. Par conséquent, les fonctions que remplissent les collectivités territoriales sont bien, d'abord et avant tout, des fonctions administratives, qu'elles assurent dans les conditions que l'État a déterminées, et en quelque sorte en complément de ce que font les administrations d'État. »[5]

Maurice HAURIOU explique que « la décentralisation est une manière d'être de l'État relative à l'administration locale et à l'administration des intérêts spéciaux »[6] et que « la décentralisation est une manière d'être de l'État caractérisée par ce fait que l'État se résout en un certain nombre de personnes administratives, qui ont la jouissance de droits de puissance publique, et qui assurent le fonctionnement des services publics en exerçant ces droits, c'est-à-dire en faisant des actes d'administration. »[7]

De son côté, François FOURNIÉ critique l'expression « manière d'être de l'État », ou « la forme d'État » pour designer la décentralisation par toutes ses facettes -politiques ou administratives-, car d'après lui, la décentralisation ne peut pas passer au-delà d'une

---

[1] A.-M. LE POURHIET, *Droit constitutionnel,* Paris, Economica, 2012, p. 20.

[2] Ch. EISENMANN, *op. cit.*, p. 160. L'auteur fait référence aux idées de MM. Laroque et Maspétiol, mais l'expression précitée lui appartient.

[3] J.-B. AUBY, *op. cit.*, p. 129.

[4] A. GRUBER, *op. cit.,* p. 25.

[5] J.-B. AUBY, *op. cit.*, p. 129.

[6] Cité dans F. FOURNIÉ, *op. cit.,* p. 231 et note n° 8.

[7] *Ibid.,* p. 242 et note n° 68.

manière administrative, et il est inutile de l'évaluer comme une « manière d'être » ou une « forme » de l'État. L'auteur précise qu'« en réalité, la décentralisation est administrative ; ne produisant aucune conséquence ni sur l'organisation du pouvoir législatif, ni sur le pouvoir judiciaire, elle ne constitue donc pas une forme d'organisation de l'État, mais une forme d'organisation du pouvoir exécutif ou, plus exactement de la seule administration »[1]. Il ajoute que « la décentralisation, en termes de problématique, concerne bien ce que la plupart des auteurs désignent comme « une forme de l'État » (J. Moreau) ou « une structure particulière de l'organisation administrative de l'État » (G. Burdeau), bref, ce que Maurice Hauriou appelait une « manière d'être de l'État ». Nous avons vu qu'en réalité, il s'agit d'une forme d'organisation de la seule administration, et pas de l'État dans son ensemble. »[2]

D'après les explications de François FOURNIÉ, l'on peut dire que l'auteur n'évoque pas toutes les variétés de la décentralisation, telles que législative et politique, et que son approche ne concerne que la décentralisation dans l'État unitaire. Parce que si la décentralisation politique ou législative est admise dans les États fédéraux (fédération) ou dans les États régionaux, seule « la décentralisation administrative » peut exister dans l'État unitaire.

Voyons maintenant la décentralisation administrative dans l'État unitaire, ses composantes et ses limites.

B- Les modalités de la décentralisation administrative, son fonctionnement et ses limites dans l'État unitaire français

Nous nous intéressons à la décentralisation en raison de son importance dans l'État unitaire. Il convient donc d'analyser l'approche doctrinale de la décentralisation administrative « territoriale » dans l'État unitaire français (**1**) avant d'étudier sa fonction et ses limites (**2**).

1- La question de la décentralisation administrative « territoriale » en tant que sujet de discussion dans l'État unitaire français

---

[1] *Ibid.*, p. 235.
[2] *Ibid.*, pp. 243-244.

Pour les juristes « décentraliser c'est retirer à l'autorité centrale certains pouvoirs pour les transférer à une autorité dont la compétence se restreint, soit à un certain territoire (décentralisation territoriale), soit à un certain objet (décentralisation par service). »[1] Ainsi, la décentralisation « administrative » connait deux formes, à savoir, la décentralisation « territoriale » et la décentralisation dite « fonctionnelle » ou « technique » ou « par services ». Comme l'explique Charles EISENMANN, « depuis le début du XXe siècle environ, la doctrine française s'est [misée] que la décentralisation territoriale n'est pas, comme elle l'avait admis jusqu'alors, le seul type de décentralisation ; qu'à côté d'elle il faut faire place à un second type, « la décentralisation par services », ou « technique » ou « spéciale » »[2].

Selon la doctrine française « dans la décentralisation fonctionnelle ou technique, les entités décentralisées sont des établissements publics chargés de gérer un service public (universités, hôpitaux publics, musées nationaux, régions entre 1972 et 1982). Ils bénéficient de la personnalité morale et de moyens propres, mais ne disposent que d'une compétence d'attribution qui correspond à l'objet même du service public qui leur est transféré. »[3]

Toutefois, la décentralisation technique ou fonctionnelle constitue une « exception » aux principes généraux de l'organisation administrative française. D'après Charles EISENMANN, « en France, tout service administratif d'État est rattaché à un ministère, c'est-à-dire placé en définitive sous la direction suprême d'un ministre. L'ensemble de ces services se présente donc comme une série de pyramides parallèles au sommet de chacune desquelles se trouve un ministre ; il n'est aucun service d'État qui, restant extérieur au système, ne rentre dans l'une ou l'autre d'entre elles. Voilà l'état de principe. »[4] Et, il faut ajouter que ce système administratif « connaît des exceptions : il existe un certain nombre de services d'État à la tête desquels sont placées des autorités suprêmes qui ne sont pas des ministres (ni, bien entendu, des subordonnés hiérarchiques d'un ministre) ; généralement, cet organe

---

[1] F. LUCHAIRE et Y. LUCHAIRE, *Le droit de la décentralisation*, Paris, PUF, 1983, p. 17.

[2] Ch. EISENMANN, *op. cit.*, p. 23. Pour plus de détails sur la décentralisation par service (fonctionnelle), v. G. BURDEAU, *op. cit.*, pp. 412-436.

[3] M. VERPEAUX et C. RIMBAULT, *op. cit.*, p. 33.

[4] Ch. EISENMANN, *op. cit.*, p. 23.

directeur indépendant est un technicien, ou tout au moins comprend des techniciens. »[1]

La décentralisation technique ou fonctionnelle exige qu'un établissement public ait une personnalité morale de droit public propre outre celle de l'État, ainsi qu'une gestion autonome par des élus. En revanche, il existe plusieurs catégories d'établissements publics, et « la multiplicité s'accompagne d'une diversité de régimes juridiques qui altèrent plus ou moins les principes fondamentaux de l'élection et de l'autonomie de gestion. »[2] Suivant ces explications, l'on peut se demander si ces institutions décentralisées sont indépendantes vis-à-vis de l'État central ?

Prenons l'exemple des universités, « si (elles) fonctionnent bien démocratiquement avec des organes élus, ce n'est pas un constat généralisable, en effet, à toutes les catégories d'établissements publics. Non seulement la nomination d'un au moins des organes directeurs peut être prévue par la loi, ce qui est le cas dans les hôpitaux publics, mais l'autonomie de gestion est très limitée par un contrôle généralement très étendu et très rigoureux. » [3]

Rappelons, que notre étude autour de l'État unitaire porte, en réalité, sur « la décentralisation territoriale »[4]. Ainsi, comme le souligne Georges BURDEAU, « il est bien vrai, en effet, que seule la décentralisation territoriale concerne l'unité ou la division, c'est-à-dire la structure, de la collectivité étatique. La décentralisation par service n'intéresse que l'appareil étatique, elle pose un simple problème de répartition des compétences matérielles dont la solution n'a rien à voir avec la distinction des organes centraux et des organes non centraux en laquelle résiderait l'essence de la décentralisation. »[5]

La décentralisation technique ou fonctionnelle ne s'intéresse qu'à la direction d'un service public par une autorité administrative distincte de l'État. En revanche, la décentralisation territoriale, quant à elle, est basée sur une division géographique. Il s'agit donc de portions de territoire ayant une délimitation géographique précise comme par exemple la « collectivité ». En effet, « les autorités décentralisées sont

---

[1] *Ibid.*
[2] A. GRUBER, *op. cit.*, p. 26.
[3] *Ibid.*
[4] Sur le sujet de la décentralisation territoriale, v. G. BURDEAU, *op. cit.*, pp. 398-412.
[5] *Ibid.*, pp. 396-397.

les collectivités territoriales ou locales (communes, départements, régions, collectivités à statut particulier et collectivités d'outre-mer) »[1]. D'ailleurs, certains auteurs estiment que « dans ce cas, les principes de l'élection et de l'autonomie de gestion sont pleinement respectés et se concrétisent dans une véritable administration locale »[2].

2- La décentralisation administrative par sa fonction et par ses limites

Selon la doctrine française, la décentralisation est « un processus de dévolution de compétences administratives au profit de collectivités publiques élues qui les exercent dans le respect des finalités et modalités d'un contrôle, généralement qualifié de « tutelle » »[3]. Ce mode d'organisation administrative implique « un transfert de compétences de l'État à des institutions distinctes de lui, ici, les collectivités territoriales. Celles-ci bénéficient alors d'une certaine autonomie de décision et de leur propre budget (principe de libre administration) sous la surveillance d'un représentant de l'État (l'autorité de tutelle). » [4]

S'agissant des composants de la décentralisation, Jean-Marie PONTIER précise que « la décentralisation peut être définie à partir de plusieurs composantes. L'une de ces composantes est l'existence de compétences reconnues aux collectivités décentralisées. Marcel Waline écrivait ainsi que la décentralisation englobe « toute forme de transferts de compétence d'un pouvoir central à des pouvoirs locaux exempte de toute subordination hiérarchique au gouvernement central ». Cette définition ne soulèvera sans doute aucune contestation et paraîtra peut-être même d'une grande banalité. » [5]

Donc, il est nécessaire de préciser que la décentralisation dans l'État unitaire signifie, d'abord, les relations entre l'État et les autres personnes morales de droit public distinctes de lui. À ce sujet, l'on peut

---

[1] M. VERPEAUX et C. RIMBAULT, *op. cit.*, p. 32.

[2] A. GRUBER, *op. cit.*, p. 25.

[3] B. FAURE, *Droit des collectivités territoriales, op. cit.*, p. 5.

[4] J.-L. BOEUF et M. MAGNAN, *Les collectivités territoriales et la décentralisation*, Paris, La Documentation française, 2009, p. 43.

[5] J.-M. PONTIER, « La situation d'ensemble des transferts de compétences », *in* M. ELFORT *et al.* (dir.), *La loi d'orientation pour l'Outre-mer du 13 décembre 2000 : quelles singularités dans la France et l'Europe ? colloque de Montpellier, 29-31 mai 2001*, Aix-en-Provence, Presses universitaires d'Aix-Marseille, 2001, pp. 421-442, spéc., p. 421.

dire que « la décentralisation est une dialectique entre l'État et les collectivités territoriales, c'est-à-dire entre le centre et la périphérie. Le lien qui unit les collectivités à l'État est plus ou moins tendu, en fonction des intérêts de l'État, des attentes des élus locaux, des exigences des politiques publiques. »[1] Jacques BAGUENARD considère que « pour être authentique, la décentralisation doit être appropriée, apprivoisée, modelée par les acteurs locaux. La complexité de la pyramide administrative encombrée de deux échelons intermédiaires entre l'État et la commune »[2].

Relativement à la question des éléments constitutifs de la décentralisation, il faut noter que « pour qu'il y ait décentralisation, il faut que les collectivités territoriales puissent bénéficier d'une certaine autonomie au regard de l'État, autonomie qui suppose le pouvoir de s'administrer librement, l'attribution d'un certain nombre de compétences et la possibilité de disposer de ressources financières. »[3]

Ainsi, la décentralisation dans l'État unitaire est un mode d'organisation administrative de l'État, exigeant une répartition des compétences entre les autorités administratives décentralisées et le pouvoir central. C'est pour cette raison que « la théorie juridique situe la décentralisation au cœur des problèmes soulevés par la structure territoriale de l'administration »[4]. Dès lors, l'on peut dire que la décentralisation ne s'intéresse qu'à la question de l'organisation administrative des États. Mais, la décentralisation affecte-elle la forme de l'État unitaire ?

Au sujet de la décentralisation dans l'État unitaire, certaines limites existent toujours. En effet, la question des limites de la décentralisation a été discutée en doctrine française[5]. Ainsi, Thierry MICHALON se demande : « jusqu'où peut aller la décentralisation des collectivités

---

[1] J. FERSTENBERT, F. PRIET et P. QUILICHINI, *Droit des collectivités territoriales*, Paris, Dalloz, 2009, p. 25.

[2] J. BAGUENARD, *op. cit.,* p. 123.

[3] J. FERSTENBERT, F. PRIET et P. QUILICHINI, *op. cit.,* p. 69.

[4] J. BAGUENARD, *op. cit.,* p. 12.

[5] V. Th. MICHALON, « La décentralisation a-t-elle des limites juridiques ? », *in* J.-C. FORTIER (dir.), *Questions sur l'administration des DOM : décentraliser l'Outre-mer ?* Paris, Economica, Aix-en-Provence, Presses universitaires d'Aix-Marseille, 1989, pp. 29-37 ; J. CAILLOSSE, *Les "mises en scène" juridiques de la décentralisation : sur la question du territoire [en droit public] français*, Paris, LGDJ-Lextenso, 2009, p. 149 ; F. LUCHAIRE et Y. LUCHAIRE, *op. cit.*, p. 86 ; B. FAURE, *Droit des collectivités territoriales, op. cit.,* pp. 495-496.

territoriales de la République ? »[1]. D'après cet auteur, « cette question est centrale pour la doctrine, car elle met en jeu l'idée que nous nous faisons de la République française, de sa structure, de la forme de notre État »[2].

Certes que l'objectif de l'État, à travers la consécration de la décentralisation dans son organisation administrative, est de mieux préserver les intérêts locaux, mais « jusqu'où le centre peut-il concevoir et accepter le principe de sa propre réduction juridique au bénéfice du local ? Qu'est-ce que désigne l'expression d'« organisation décentralisée de la République » dans un État qui, dans son droit, n'a jamais cessé de se vouloir unitaire et indivisible? »[3]

À cette série d'interrogations, certains auteurs précisent que les limites de la décentralisation proviennent « de la structure de l'État, des attributions constitutionnelles de ses organes centraux et des compétences du délégué du gouvernement »[4].

L'on peut dire, à ce sujet, que « l'État unitaire dispose en effet seul de la compétence de sa compétence, les collectivités infra-étatiques ne disposant que des compétences qui leur sont attribuées unilatéralement par l'État. »[5] En effet, cela résume l'idée sur laquelle se fonde cette forme d'État qu'on appelle unitaire. Jacques CHEVALLIER précise que « présupposant l'existence d'un État unitaire, la décentralisation ne se conçoit qu'en partant du principe des compétences pleines et entières de l'État »[6]. De ce qui précède, l'on peut déduire que « l'État unitaire est l'organisateur et le garant du principe de décentralisation qui ne trouve son expression juridique et politique que par sa volonté »[7].

---

[1] Th. MICHALON, « La décentralisation a-t-elle des limites juridiques ? », art. cit., p. 29.

[2] *Ibid.*

[3] J. CAILLOSSE, *Les "mises en scène" juridiques de la décentralisation : sur la question du territoire [en droit public] français*, *op. cit.*, p. 149.

[4] F. LUCHAIRE et Y. LUCHAIRE, *op. cit.*, p. 86.

[5] O. GOHIN *et al.*, *Droit des collectivités territoriales,* Paris, Cujas, 2011-2012, p. 129.

[6] J. CHEVALLIER, « Rapport introductif », *in* A. DELCAMP et G. GILBERT, *La décentralisation dix ans après : Actes du colloque organisé au Palais du Luxembourg, [Paris], les 5 et 6 février 1992,* Paris, LGDJ, 1993, pp. 104-110, spéc., p. 104.

[7] J.-A. MAZÈRES, *Centre, périphérie, territoire,* PUF, 1978, p. 244, cité par J. CHEVALLIER, « Rapport introductif », préc., p. 104.

Deux questions se posent, à savoir, comment l'État unitaire détermine les limites de la décentralisation en son sein ? Et par quels moyens ?

En France, l'on constate que la Constitution fixe les limites de la décentralisation par ses principes généraux et ses dispositions spécifiques relatives à ce sujet. Quand on analyse les dispositions constitutionnelles, l'on peut constater que la Constitution prévoit l'existence d'une seule souveraineté indivisible sur tout le territoire national. Dans ce cadre, Arnaud HAQUET estime que « c'est en effet la notion de souveraineté qui est utilisée en doctrine pour exposer les limites de la décentralisation »[1]. D'après lui, « dans un État unitaire, même décentralisé, il est habituellement affirmé que le pouvoir normatif qui résulte de la souveraineté ne peut être partagé avec les collectivités locales. La décentralisation ne doit pas conduire à un démembrement politique de l'État. »[2]

Outre le principe d'indivisibilité de la souveraineté, certains auteurs, en partant les décisions du Conseil constitutionnel français, rappellent aussi le principe de l'indivisibilité de la République concernant la question des « limites de la décentralisation »[3].

L'on peut dire que dans l'État unitaire français, le cadre juridique du transfert des compétences vers les collectivités infra-étatiques est déterminé dans le cadre du principe d'indivisibilité de la République. À ce sujet, Jean-Marie PONTIER relève que ce cadre juridique « représenté par la Constitution » fonde « l'autonomie locale à travers l'affirmation du principe de libre administration en même temps qu'elle la limite par l'exigence du respect de l'unité et de l'indivisibilité de la République. »[4]

L'on peut constater, à ce propos, que dans le cadre des principes généraux déterminés par la Constitution, les compétences sont attribuées aux collectivités territoriales par « les lois ».

Dans une fédération, la répartition des compétences entre l'État fédéral et les entités fédérées est bien garantie au niveau constitutionnel. Mais, il faut dire que dans un État unitaire, « les

---

[1] A. HAQUET, *Le concept de souveraineté en droit constitutionnel français*, Paris, PUF, 2004, p. 142.

[2] *Ibid.*

[3] V. sur cette question, F. LUCHAIRE et Y. LUCHAIRE, *op. cit.*, p. 86.

[4] J.-M. PONTIER, « La situation d'ensemble des transferts de compétences », art. cit., p. 435.

compétences locales dans un État décentralisé ne sont pas des compétences propres garanties par la Constitution qui doivent être préservées des interventions étatiques. »[1] Ainsi, dans ce type d'État, ce qui permet une telle répartition des compétences entre l'État central et les collectivités administratives décentralisées, c'est « la loi ».

Il est clair que « les compétences décentralisées sont, de manière générale, des compétences d'attribution en ce que seule l'autorité étatique, par la voie du législateur, peut les attribuer ou les transférer aux collectivités territoriales. »[2] Précisons que le législateur est lié aussi par les règles constitutionnelles pour le transfert de nouvelles compétences aux collectivités locales, et qu'il peut le faire « sans que le texte constitutionnel s'y oppose. Certes, il existe une limite, représentée par ce que l'on appelle usuellement les compétences régaliennes, si tant est que l'expression soit acceptable. » [3]

Il en résulte que la décentralisation en matière administrative dans un État unitaire se désigne par le législateur, c'est-à-dire par les lois. Autrement dit, « il est admis que l'administration décentralisée est liée par la règle légale faite par le Parlement. C'est là un des principes de la décentralisation administrative et, si la Constitution promet aux collectivités une « libre administration », c'est sous la réserve qu'elle s'exerce « dans les conditions prévues par la loi » (art. 72 al. 3). Il s'ensuit que les collectivités trouvent dans la loi le fondement et la limite de leur action : elles ne disposent pas d'un pouvoir autonome. » [4]

De ce qui précède, l'on peut dire que « les lois » ou « le pouvoir législatif » apparaissent comme des déterminants des limites pour la décentralisation dans un État unitaire. D'ailleurs, c'est la raison pour laquelle, nous avons affirmé sous ce titre que la décentralisation est bien encadrée en matière administrative dans cette forme d'État. Sur ce point, il convient de dire que l'unité du pouvoir législatif touche également la question des limites de la décentralisation. Ainsi, l'unité de la détention du pouvoir législatif entraîne l'existence des mêmes limites pour la décentralisation sur tout le territoire national.

---

[1] O. GOHIN *et al.*, *op. cit.*, p. 129.

[2] *Ibid.*

[3] J.-M. PONTIER, « La situation d'ensemble des transferts de compétences », art. cit., p. 436.

[4] B. FAURE, *Droit des collectivités territoriales, op. cit.*, p. 56.

Paragraphe 2. La décentralisation « administrative » au sein de l'organisation de l'État unitaire turc

Après avoir étudié la décentralisation dans l'État unitaire français, nous allons aborder le même sujet dans l'État unitaire turc. Nous allons constater que comme la doctrine française, la doctrine turque souligne aussi que la décentralisation existe en matière administrative dans les États unitaires (**A**). Ici également, nous allons traiter le sujet de la décentralisation « administrative », en analysant ses modalités internes, sa fonction et ses limites dans l'État unitaire turc (**B**).

A- La décentralisation en matière administrative dans l'État unitaire turc

Comme indiqué précédemment, le terme de la décentralisation appartient au langage français. Pour la doctrine turque, les termes de « self-government » utilisé par les Anglais, de « selbstverwaltung » utilisé par les Allemands, ou de « zelfbestuur » utilisé par les Néerlandais se distinguent du terme de la décentralisation utilisé par les Français. D'après certains auteurs, ces termes signifient une « auto-organisation » ou « auto-gouvernement », la décentralisation exprime mieux la répartition ou la décomposition des compétences du pouvoir central, qui est une signification opposée à la centralisation[1].

Tout comme en doctrine française, la doctrine turque parle aussi de certaines variétés de la décentralisation. Ainsi, les auteurs turcs distinguent la décentralisation politique et administrative[2]. Selon ces auteurs, si la décentralisation politique signifie le partage du pouvoir politique et donc le partage du pouvoir législatif, exécutif et judiciaire, la décentralisation administrative, quant à elle, ne permet qu'une répartition des compétences dans le domaine administratif[3].

---

[1] V. R. ŞENGÜL, *op. cit.,* p. 4.

[2] V. dans ce sens, H. EROĞLU, *op. cit.,* p. 139 ; N. TORTOP, *op. cit.,* p. 11 ; Ş. GÖZÜBÜYÜK, *op. cit.,* p. 96 ; A. ULUSOY et T. AKDEMİR, *op. cit.,* p. 46 ; R. ŞENGÜL, *op. cit.,* p. 8 ; M. GÜNDAY, *op. cit.,* p. 61 ; B. A. GÜLER, *Türkiye'nin yönetimi : yapı, op. cit.,* p. 122 ; M. ÖKMEN et B. PARLAK, *op. cit.,* p. 6.

[3] V. B. A. GÜLER, *Türkiye'nin yönetimi : yapı, op. cit.,* p. 122 ; R. ŞENGÜL, *op. cit.,* p. 8 ; A. ULUSOY et T. AKDEMİR, *op. cit.,* p. 46 ; M. ÖKMEN et B. PARLAK, *op. cit.,* p. 6.

En parlant notamment des exemples des États-Unis ou de la Suisse, cette doctrine affirme clairement que la décentralisation politique veut dire la fédération ou l'organisation par un système fédéral, comme la confédération[1]. D'ailleurs, l'on constate aussi que les auteurs turcs qui traitent le sujet de la décentralisation dans l'État turc précisent que le sujet de la décentralisation politique est exclu dans ses analyses[2], puisque la République turque est un État unitaire.

Ainsi, est-il clair que « le caractère essentiel de l'État unitaire est l'absence des compétences législatives ou constitutionnelles des collectivités décentralisées infra-étatiques ; celles-ci n'exercent que des compétences administratives dans une partie limitée géographiquement »[3]. D'ailleurs, en partant de cette affirmation, il est admis que « la décentralisation dans les États unitaires n'est que la décentralisation administrative »[4].

Nous l'avons déjà relevé, la décentralisation administrative peut exister non seulement dans l'État unitaire, mais aussi dans les autres formes d'État. Ainsi, la décentralisation « administrative » peut exister dans une fédération. En effet, même s'il s'agit là d'une décentralisation politique concernant la relation entre l'État fédéral et les États fédérés, il peut y avoir une décentralisation « administrative » au niveau des États fédérés. C'est le cas par exemple des États-Unis, puisqu'il est

---

[1] V. dans ce sens, H. EROĞLU, *op. cit.*, p. 140 ; M. GÜNDAY, *op. cit.*, p. 61 ; R. C. DERDİMAN, *op. cit.*, p. 85 ; B. A. GÜLER, *Türkiye'nin yönetimi : yapı*, *op. cit.*, p. 122 ; Ş. GÖZÜBÜYÜK, *op. cit.*, p. 96 ; M. ÖKMEN et B. PARLAK, *op. cit.*, p. 6 ; R. KELEŞ, *Yerinden yönetim ve siyaset*, *op. cit.*, p. 24. Dans un sens contraire, rappelons que certains auteurs préfèrent le terme de la non-centralisation au lieu de la décentralisation politique concernant la fédération, v. O. UYGUN, *op. cit.*, p. 116 et note n° 78. Selon ce dernier, la décentralisation signifie le transfert de certaines compétences ou de certains pouvoirs d'un centre à l'autre. Pour lui, il n'existe pas un tel transfert dans les fédérations, donc, il faut parler de l'absence de la centralisation concernant le fédéralisme, c'est la raison pour laquelle, il utilise le terme de la « non-centralisation » pour le fédéralisme. V. aussi sur cette question, A. NALBANT, *Üniter devlet : bölgeselleşmeden küreselleşmeye*, *op. cit.*, p. 10. Ce dernier précise aussi que le fédéralisme ne signifie pas la « décentralisation politique », parce que le fédéralisme est une technique de l'association de plusieurs États, il ne s'agit pas d'un transfert du pouvoir du centre à la périphérie. L'auteur admet que le terme de la décentralisation politique n'est compatible qu'avec l'État régional (V. pp. 35-38).

[2] S. S. ONAR, *İdare hukukunun umumi esasları*, *op. cit.*, p. 463 ; H. EROĞLU, *op. cit.*, p. 140 ; R. C. DERDİMAN, *op. cit.*, p. 85.

[3] İ. Ö. KABOĞLU, *Anayasa hukuku dersleri : (genel esaslar)*, *op. cit.*, pp. 122-123.

[4] B. A. GÜLER, *Türkiye'nin yönetimi : yapı*, *op. cit.*, p. 122.

question d'une décentralisation administrative dans les entités fédérées[1].

Il en résulte que la décentralisation « administrative » n'est pas un moyen de distinction pour l'État unitaire. Ce qui est important, ici, est de préciser que le sujet de la décentralisation ne peut être discuté qu'en matière administrative dans cette forme d'État. Le cheminement précédant nous permettra d'analyser la décentralisation administrative dans l'État unitaire turc.

B- Les modalités de fonctionnement et les limites de la décentralisation administrative dans l'État unitaire turc

Comme nous l'avons précisé, la décentralisation n'existe qu'au niveau administratif dans l'État unitaire. Les auteurs turcs distinguent entre deux types de décentralisation administrative : la décentralisation administrative fonctionnelle ou technique et décentralisation administrative territoriale[2].

Force est de constater que lorsqu'il s'agit d'« un service public défini » dans le cadre de la décentralisation administrative fonctionnelle ou technique, la décentralisation administrative territoriale concerne une partie limitée géographiquement du territoire national sur laquelle plusieurs services publics sont exercés par un mécanisme distinct de l'État central. Selon la doctrine turque, ce qui est important pour la première, c'est le service public sans une limitation géographique, tandis que pour la deuxième, l'espace géographique déterminé gagne de l'importance[3]. Ainsi, lorsqu'on parle des établissements publics pour

---

[1] V. sur cette question, İ. Ö. KABOĞLU, *Anayasa hukuku dersleri : (genel esaslar)*, *op. cit.*, p. 129. Concernant l'exemple de la Virginie ou de la Californie aux États-Unis, v. M. ÖKMEN et B. PARLAK, *op. cit.*, p. 11 ; A. ULUSOY et T. AKDEMİR, *op. cit.*, p. 46. Ces derniers rappellent aussi que les collectivités locales administratives, dans un État fédéré d'une fédération, n'ont pas encore un pouvoir législatif ou judiciaire.

[2] İ. GİRİTLİ et J. SARMAŞIK, *op. cit.*, p. 43 ; E. TEZİÇ, *op. cit.*, p. 127 ; Ş. KARATEPE, *op. cit.*, 15-16 ; İ. GİRİTLİ, P. BİLGEN et T. AKGÜNER, *op. cit.*, p. 185 ; S. S. ONAR, *İdare hukukunun umumi esasları*, *op. cit.*, pp. 463-464 ; Ş. GÖZÜBÜYÜK, *op. cit.*, p. 96 ; R. KELEŞ, *Yerinden yönetim ve siyaset*, *op. cit.*, p. 25.

[3] V. Ş. KARATEPE, *op. cit.*, p. 80 ; Ş. GÖZÜBÜYÜK et T. TAN, *op. cit.*, p. 163 ; M. GÜNDAY, *op. cit.*, p. 61 ; S. S. ONAR, *İdare hukukunun umumi esasları*, *op. cit.*, p. 464 ; N. TORTOP, *op. cit.*, p. 12.

la première, l'on vise les « administrations locales »[1] ou les « collectivités territoriales » pour la deuxième.

En réalité, l'on peut dire que les établissements publics ont la personnalité morale de droit public et une autonomie administrative à l'égard de l'État central, comme les collectivités territoriales. Cependant, certains auteurs estiment que dans le cadre de la décentralisation fonctionnelle ou technique, l'autonomie administrative est attribuée au service public défini, tandis qu'elle appartient aux collectivités situées sur une partie locale du territoire national dans le cadre de la décentralisation territoriale[2].

L'on peut dire que dans le cadre de la décentralisation fonctionnelle ou technique, il est question de « besoins techniques »[3]. Comme son nom l'indique, elle nécessite une connaissance technique ou une spécialité technique pour l'exercice de certains services publics par un mécanisme distinct de l'État central[4]. Cependant, l'on constate que la doctrine turque parle d'une autre perspective en ce qui concerne la décentralisation territoriale. En effet, certains auteurs affirment que les collectivités territoriales, dans le cadre de la décentralisation territoriale, sont des « réalités sociologiques »[5]. À ce propos, l'on peut parler de « besoins démocratiques »[6]. Ainsi, en partant des élections des conseils des collectivités territoriales, il est possible de faire un accent sur une perspective politique et sur la volonté de la libre administration concernant la décentralisation territoriale[7].

Par ces explications, précisons que nous allons nous intéresser à la décentralisation administrative « territoriale » autour de la question de la structure unitaire en droit turc.

---

[1] Même si la doctrine turque utilise souvent ce terme de l'administration locale, la signification est la même que celle du terme de collectivité territoriale, utilisé en droit français, et nous utiliserons ce dernier terme au lieu de l'administration locale.

[2] V. S. S. ONAR, *İdare hukukunun umumi esasları*, *op. cit.*, p. 464 ; R. ŞENGÜL, *op. cit.*, p. 9.

[3] N. TORTOP, *op. cit.*, p. 12 ; S. S. ONAR, *İdare hukukunun umumi esasları*, *op. cit.*, p. 465.

[4] V. M. GÜNDAY, *op. cit.*, p. 63 ; M. ÖKMEN et B. PARLAK, *op. cit.*, p. 12 ; İ. GİRİTLİ, P. BİLGEN et T. AKGÜNER, *op. cit.*, p. 185.

[5] Ş. GÖZÜBÜYÜK, *op. cit.*, p. 96 ; Ş. GÖZÜBÜYÜK et T. TAN, *op. cit.*, p. 163 ; O. CAN, art. cit., pp. 57-58.

[6] İ. GİRİTLİ, P. BİLGEN et T. AKGÜNER, *op. cit.*, p. 185 ; A. ULUSOY et T. AKDEMİR, *op. cit.*, p. 48 ; S. S. ONAR, *İdare hukukunun umumi esasları*, *op. cit.*, p. 465.

[7] V. Ş. GÖZÜBÜYÜK, *op. cit.*, p. 97. V. aussi R. ŞENGÜL, *op. cit.*, pp. 9-10.

En droit turc, certaines expressions peuvent avoir le même sens que le terme la décentralisation en droit français. Néanmoins, il faut préciser que la doctrine turque est loin d'être unanime sur cette utilisation. Certains auteurs précisent que si l'expression de « yerinden yönetim »[1] désigne les administrations locales ou les collectivités territoriales, l'expression de « adem-i merkeziyetçilik »[2] signifie la décentralisation.

Le système de la décentralisation administrative consiste à conférer aux personnes morales de droit public de l'État central l'exercice des services publics et des fonctions administratives. Par conséquent, il n'y a pas un seul centre qui exerce ces compétences administratives. La doctrine turque affirme aussi qu'il s'agit de plusieurs centres auxquels certaines compétences administratives sont transférées dans ce système[3]. D'ailleurs, certains auteurs estiment que la décentralisation est « un antidote » pour le système de la centralisation administrative qui prévoit que toutes les compétences administratives s'exercent par un seul centre[4]. Précisons que, sauf certaines compétences régaliennes qui doivent s'exercer par l'État central, la décentralisation administrative est une réponse aux besoins locaux[5].

Concernant les éléments constitutifs de la décentralisation administrative, l'on a remarqué que la doctrine turque explique le sujet en faisant référence à la doctrine française. Sıddık Sami ONAR se réfère aux explications de Marcel WALINE, et précise que les composants de la décentralisation administrative peuvent être divisés en trois catégories. Selon l'auteur, il faut y avoir une reconnaissance de la personnalité morale de droit public aux collectivités décentralisées, les organes de ces personnes morales doivent être sélectionnés par les

---

[1] C'est une expression qui signifie, mot à mot, « administration locale ». Elle est consacrée à l'art. 123 de la Constitution turque, et elle est définie par la doctrine comme étant la décentralisation connue en droit français.

[2] Il s'agit d'une expression utilisée dans un langage plus ancien en Turquie. Ce terme signifie en français, mot à mot, l'absence de la centralisation. Certains auteurs considèrent que cette expression est plus compatible avec la décentralisation, v. Y. YAYLA, *İdare hukuku*, *op. cit.*, p. 233 et note n° 510.

[3] V. M. GÜNDAY, *op. cit.*, p. 61 ; R. C. DERDİMAN, *op. cit.*, pp. 84-85 ; V. K. BİLGİÇ, « Türkiye'de Yerelleşme Sorunları », *in* V. K. BİLGİÇ (dir.), *Değişik yönleriyle yerelleşme*, Ankara, Seçkin Yayıncılık, 2009, pp. 113-130, spéc., p. 126 ; M. A. ÇUKURÇAYIR, *Yerel yönetim : kuram, kurum ve yeni yaklaşımlar*, Konya, Çizgi Kitabevi, 2011, p. 108.

[4] V. R. ŞENGÜL, *op. cit.*, p. 5.

[5] V. M. GÜNDAY, *op. cit.*, pp. 61-62 ; R. ŞENGÜL, *op. cit.*, p. 4.

populations intéressées, et il faut leur attribuer un pouvoir décisionnel[1]. Rappelons que pour définir les éléments constitutifs de la décentralisation administrative, les expressions employées par Sıddık Sami ONAR sont les mêmes utilisées par d'autres auteurs turcs[2].

De qui précède, l'on peut déduire que le premier critère de la décentralisation administrative est l'existence d'une personnalité morale de droit public distincte[3] et que la décentralisation administrative ne peut exister sans une telle personnalité morale[4]. Cela veut dire qu'on fait face à mécanisme « à l'extérieur de l'organisation de l'État central »[5], qui se concrétise par l'existence de personnes morales de droit public distinctes de la personnalité morale de l'État central[6].

À ce propos, si l'on considère que la centralisation administrative nécessite une « hiérarchie » dans l'organisation de l'État central, l'on peut dire que la décentralisation permet que ces personnes morales distinctes résident à l'extérieur de la hiérarchie de l'État central, comme l'affirme la doctrine[7]. C'est-à-dire qu'il n'y a pas de contrôle hiérarchique exercé par les agents de l'État central sur ces personnes morales distinctes. En réalité, il existe un contrôle général de l'État central sur ces mécanismes[8]. Ainsi, la tutelle administrative exercée par l'État central sur les collectivités décentralisées en droit turc constitue un « contrôle extérieur »[9] par rapport au contrôle hiérarchique.

---

[1] V. sur cette question, S. S. ONAR, *İdare hukukunun umumi esasları*, *op. cit.*, pp. 466-468.

[2] V. sur ces éléments constitutifs, V. VERSAN, *op. cit.*, p. 86 ; Y. YAYLA, *İdare hukuku*, *op. cit.*, p. 237. Certains auteurs fassent aussi référence à Marcel WALINE, en expliquant ces éléments constitutifs, v. İ. GİRİTLİ, P. BİLGEN et T. AKGÜNER, *op. cit.*, pp. 186-187 et note n° 165. Les mêmes informations, v. İ. GİRİTLİ, *Türkiye'nin idari yapısı : kamu yönetimi teşkilatı*, İstanbul, Der Yayınları, 2001, pp. 14-15.

[3] V. İ. GİRİTLİ et J. SARMAŞIK, *op. cit.*, pp. 42-43 ; E. TEZİÇ, *op. cit.*, p. 127 ; H. EROĞLU, *op. cit.*, p. 139.

[4] V. S. DERBİL, *op. cit.*, p. 291.

[5] K. GÖZLER, *Anayasa hukukunun genel teorisi*, *op. cit.*, p. 481 ; E. TEZİÇ, *op. cit.*, p. 126 ; Ş. KARATEPE, *op. cit.*, p. 15.

[6] V. M. GÜNDAY, *op. cit.*, p. 63.

[7] V. S. S. ONAR, *İdare hukukunun umumi esasları*, *op. cit.*, p. 462 ; İ. GİRİTLİ et J. SARMAŞIK, *op. cit.*, p. 42.

[8] V. S. S. ONAR, *İdare hukukunun umumi esasları*, *op. cit.*, p. 462 ; H. EROĞLU, *op. cit.*, p. 139.

[9] S. S. ONAR, *İdare hukukunun umumi esasları*, *op. cit.*, p. 468.

Il est important de préciser que la reconnaissance d'une personnalité morale distincte aux collectivités décentralisées concerne aussi l'autonomie[1]. Metin GÜNDAY affirme que « la décentralisation territoriale signifie une autonomie reconnue aux collectivités résidant dans une partie déterminée du territoire pour pourvoir leurs besoins communs »[2].

En effet, certains auteurs mettent l'accent sur l'autonomie des collectivités décentralisées grâce à leurs personnalités morales propres[3]. Şeref GÖZÜBÜYÜK admet aussi que l'autonomie forme l'élément constitutif essentiel de la décentralisation[4]. Selon l'auteur, la reconnaissance de la personnalité morale aux collectivités décentralisées est l'élément obligatoire de cette autonomie. Pour lui, les trois éléments constitutifs de la décentralisation administrative sont tous relatifs à l'autonomie reconnue aux collectivités décentralisées[5].

Précisons que le sujet de l'autonomie est discuté en doctrine turque. Ainsi, Atilla NALBANT parle de trois types d'autonomie. D'après lui, l'autonomie peut être « administrative », « politique » et « fédérative » ; l'autonomie fédérative existe dans les fédérations, tandis que l'autonomie « politique » existe dans les États régionaux et enfin l'autonomie « administrative » se trouve dans les États unitaires[6]. L'auteur relève également que l'autonomie est une règle essentielle pour parler de la notion de la décentralisation territoriale et que cette autonomie ne peut être qu'administrative dans l'État unitaire et qu'elle est limitée par le principe de l'unité de l'administration[7].

Dans le cadre de l'autonomie administrative, un débat doctrinal existe entre l'autonomie et l'indépendance. Pour certains, les collectivités décentralisées prennent leurs décisions indépendamment de l'État central, et elles constituent des entités indépendantes dans un

---

[1] Sur la question de « l'autonomie territoriale » au niveau administratif, v. R. KELEŞ, *Yerinden yönetim ve siyaset, op. cit.,* p. 54 et suiv. V. aussi G. KOZANOĞLU, *Üniter devlet modelinde mahalli idarelerin özerkliği ilkesi*, Ankara, Adalet Yayınevi, 2015.

[2] M. GÜNDAY, *op. cit.,* p. 63.

[3] V. K. GÖZLER, *Anayasa hukukunun genel teorisi, op. cit.,* p. 481 ; İ. Ö. KABOĞLU, *Anayasa hukuku dersleri : (genel esaslar), op. cit.,* p. 120 ; N. TORTOP, *op. cit.,* p. 11.

[4] Ş. GÖZÜBÜYÜK, *op. cit.,* p. 97.

[5] *Ibid.,* pp. 97-98.

[6] Pour ces discussions, v. A. NALBANT, *Üniter devlet : bölgeselleşmeden küreselleşmeye, op. cit.,* pp. 38-47.

[7] *Ibid.,* pp. 232-233.

cadre déterminé à l'égard de l'État central[1]. Mais, à notre sens, cette capacité des collectivités territoriales à prendre des décisions indépendamment de l'État central ne veut pas dire que ces autorités sont complètement indépendantes. D'autres auteurs considèrent qu'il s'agit ici d'une autonomie (administrative) et non pas d'indépendance, de sorte que cette autonomie est aussi bien limitée[2].

Comme nous l'avons précédemment indiqué, dans l'État unitaire l'autonomie reconnue aux collectivités décentralisées est vraiment limitée au domaine administratif. Aussi, l'on peut dire que cette autonomie des collectivités décentralisées est encadrée par les lois. Şeref GÖZÜBÜYÜK rappelle, à cet égard, l'existence d'un contrôle de tutelle en droit turc, et estime que l'autonomie des collectivités décentralisées est en « proportion inverse » avec la tutelle administrative et que quand la tutelle administrative augment, l'autonomie de ces collectivités baisse[3].

Il convient de noter, au sujet de la personnalité morale distincte et de l'autonomie des collectivités décentralisées, que cette autonomie est aussi financière. En effet, les collectivités décentralisées ont leurs propres budgets dans l'État unitaire turc[4]. Selon certains auteurs turcs, c'est la reconnaissance de la personnalité morale aux collectivités décentralisées qui leur permet d'avoir leurs propres budgets[5]. Donc, l'on peut parler d'une autonomie financière ou « budgétaire »[6] des collectivités décentralisées dans le système de la décentralisation administrative, et cette autonomie budgétaire est considérée comme un

---

[1] V. Ş. KARATEPE, *op. cit.,* pp. 15-16, et p. 55. Dans le même sens, v. Z. TOPRAK, *op. cit.,* p. 13. Sur cette discussion sur l'indépendance des collectivités décentralisées à l'égard de l'État central, v. İ. GİRİTLİ, P. BİLGEN et T. AKGÜNER, *op. cit.,* pp. 186-187. V. aussi İ. GİRİTLİ, *op. cit.,* pp. 14-15.

[2] V. Y. YAYLA, *Anayasa hukuku : ders notları*, İstanbul, Filiz, 1986, p. 33. Dans ce sens, v. R. KELEŞ, *Yerinden yönetim ve siyaset, op. cit.,* p. 54. Ce dernier distingue l'autonomie des collectivités territoriales et de l'indépendance. V. aussi A. NALBANT, *Üniter devlet : bölgeselleşmeden küreselleşmeye*, *op. cit.,* p. 233.

[3] Ş. GÖZÜBÜYÜK, *op. cit.,* p. 98. Dans le même sens, v. R. C. DERDİMAN, *op. cit.,* p. 89.

[4] V. K. GÖZLER, *Anayasa hukukunun genel teorisi, op. cit.,* p. 481 ; E. TEZİÇ, *op. cit.,* p. 126 ; İ. GİRİTLİ et J. SARMAŞIK, *op. cit.,* p. 42 ; Ş. KARATEPE, *op. cit.,* p. 16.

[5] V. Ş. GÖZÜBÜYÜK, *op. cit.,* p. 97 ; M. GÜNDAY, *op. cit.,* p. 63.

[6] En droit turc, ce terme est utilisé aussi à côté du terme de « financière ».

résultat de la reconnaissance de la personnalité morale à ces collectivités[1].

Dans le cadre des éléments constitutifs de la décentralisation administrative territoriale, nous avons relevé la nécessité d'une élection des organes des collectivités décentralisées par les habitants d'une localité du territoire national. La doctrine turque est unanime sur cette nécessité et considère que la détermination de ces organes par une élection locale est un caractère essentiel de la décentralisation administrative territoriale[2]. D'ailleurs, la désignation de ces organes par l'État central serait sans aucune utilité du point de vue de la pensée de la démocratie locale.

Aussi, il convient de préciser que l'attribution du pouvoir de prendre des décisions librement aux collectivités décentralisées constitue un autre élément constitutif de la décentralisation administrative territoriale en doctrine turque.

À ce sujet, il est nécessaire de dire que les pouvoirs et les compétences attribuées aux collectivités décentralisées ne peuvent jamais aller au-delà d'un champ administratif, de sorte que ces collectivités ne peuvent pas exercer un pouvoir relevant des domaines législatif ou judiciaire. Cette règle est rappelée par la doctrine turque, qui considère que dans un État unitaire les collectivités décentralisées n'ont que des compétences administratives ou exécutives[3]. Il en résulte que même si les collectivités territoriales exercent plusieurs fonctions en faveur d'une population habitant une partie locale du territoire, elles ne représentent pas cette population au niveau politique. D'ailleurs, une telle représentation engendre l'existence des collectivités territoriales « politiques » dans le cadre de la décentralisation politique[4].

Quant aux débats sur les avantages et les inconvénients de la décentralisation administrative en doctrine turque[5], cette doctrine

---

[1] V. S. S. ONAR, *İdare hukukunun umumi esasları*, *op. cit.*, p. 468 ; İ. GİRİTLİ, P. BİLGEN et T. AKGÜNER, *op. cit.*, p. 187.

[2] V. İ. Ö. KABOĞLU, *Anayasa hukuku dersleri : (genel esaslar)*, *op. cit.*, p. 120 ; K. GÖZLER, *Anayasa hukukunun genel teorisi*, *op. cit.*, p. 481 ; M. GÜNDAY, *op. cit.*, p. 63.

[3] V. M. GÜNDAY, *op. cit.*, p. 61 ; İ. GİRİTLİ et J. SARMAŞIK, *op. cit.*, p. 42 ; K. GÖZLER, *Anayasa hukukunun genel teorisi*, *op. cit.*, p. 481 ; A. ULUSOY et T. AKDEMİR, *op. cit.*, p. 47 ; M. ÖKMEN et B. PARLAK, *op. cit.*, p. 11.

[4] V. A. ULUSOY et T. AKDEMİR, *op. cit.*, p. 46.

[5] V. S. S. ONAR, *İdare hukukunun umumi esasları*, *op. cit.*, p. 470 et suiv. ; Ş. KARATEPE, *op. cit.*, p. 16 et suiv. ; H. EROĞLU, *op. cit.*, pp. 141-142 ; R. C.

estime que même si la décentralisation administrative permet une procédure de bureaucratie plus courte et plus facile, et même si elle est plus démocratique par rapport au principe de la centralisation, puisque les populations locales participent aux élections des organes des collectivités territoriales, elle peut néanmoins causer certains déséquilibres concernant la gestion des services publics sur toute la partie du territoire. En d'autres termes, elle peut porter atteinte à l'unité et l'égalité de la gestion des services publics. Bien plus, certains autres affirment que l'application excessive de ce principe de la décentralisation peut susciter aussi certaines atteintes à « l'unité de l'État ». À cet égard, Sıddık Sami ONAR relève qu'une telle application très forte de la décentralisation porte atteinte non seulement à l'unité de l'État, mais favorise également une transition au fédéralisme[1].

Sur ce point, l'on constate que d'autres auteurs parlent aussi d'une telle atteinte à la structure étatique unitaire, ou à l'unité nationale de l'État parmi les inconvénients de la décentralisation administrative[2].

En revanche, selon d'autres auteurs, l'idée selon laquelle une très forte décentralisation porte atteinte à l'unité politique de l'État a perdu sa véracité aujourd'hui[3]. Ainsi, Şeref GÖZÜBÜYÜK estime que seulement les représentants de l'État central ont toujours une réticence vis-à-vis de l'idée d'une forte décentralisation dans l'organisation administrative[4].

Il est à noter que ni le système de la décentralisation administrative, ni l'existence des collectivités territoriales ne sont incompatibles avec la structure unitaire de l'État.[5] Néanmoins, cette doctrine rappelle les

---

DERDİMAN, *op. cit.,* pp. 89-90 ; M. GÜNDAY, *op. cit.,* pp. 65-66 ; İ. GİRİTLİ, P. BİLGEN et T. AKGÜNER, *op. cit.,* pp. 188-189 ; M. ÖKMEN et B. PARLAK, *op. cit.,* p. 14 ; R. ŞENGÜL, *op. cit.,* pp. 11-12 ; Ş. GÖZÜBÜYÜK, *op. cit.,* pp. 98-99.

[1] S. S. ONAR, *İdare hukukunun umumi esasları, op. cit.,* p. 470. V. dans le même sens, H. EROĞLU, *op. cit.,* pp. 141-142. Cet auteur parle aussi du risque d'anarchie qui peut survenir dans l'hypothèse d'une application excessive de la décentralisation dans un État unitaire. Néanmoins, il convient de préciser que cet auteur nous donne ces exemples comme une probabilité extrême.

[2] R. C. DERDİMAN, *op. cit.,* p. 90 ; M. GÜNDAY, *op. cit.,* p. 65-66 ; İ. GİRİTLİ, P. BİLGEN et T. AKGÜNER, *op. cit.,* pp. 188-189 ; M. ÖKMEN et B. PARLAK, *op. cit.,* p. 14 ; R. ŞENGÜL, *op. cit.,* pp. 11-12.

[3] V. Ş. KARATEPE, *op. cit.,* pp. 17-18.

[4] Ş. GÖZÜBÜYÜK, *op. cit.,* p. 99.

[5] V. K. GÖZLER, *Anayasa hukukunun genel teorisi, op. cit.,* pp. 481-482 ; E. TEZİÇ, *op. cit.,* p. 127.

limites de la décentralisation en précisant que les compétences des collectivités territoriales proviennent de la volonté de l'État central[1] et que les collectivités décentralisées doivent exercer leurs compétences dans le cadre des lois promulguées par cette volonté étatique[2].

À notre sens, si on imagine un système de la décentralisation sans limite, il sera possible de discuter sur la possibilité de la transformation de la structure unitaire de l'État. Ainsi, une partie de la doctrine turque cite les exemples italien et espagnol et précise qu'en appliquant excessivement le principe de la décentralisation, ces États ont créé une structure différente par rapport à celles dans les États unitaires[3]. Nous allons parler ultérieurement des exemples italien et espagnol au sujet de la régionalisation, mais le plus important ici est que la décentralisation dans un État unitaire doit avoir des limites afin que sa structure puisse être protégée.

D'ailleurs, nous avons indiqué jusqu'ici, comme règle générale, que la décentralisation ne peut exister qu'en matière administrative dans l'État unitaire. En effet, cette règle explique jusqu'où la décentralisation peut aller dans cette forme d'État, et l'on peut dire que ce sont les lois qui encadrent la décentralisation et qui déterminent ses limites dans un État unitaire.

Cette idée est en relation avec notre étude sur la règle de l'unité du pouvoir législatif en tant que critère essentiel de la forme d'État unitaire, dans la mesure où si la détention de ce pouvoir appartient à un seul centre de décisions sur tout le territoire national, les limites du système d'organisation décentralisée seront déterminées par ce même centre unique dans cette forme d'État.

À la lumière de ce qui précède, l'on peut dire que l'unité du pouvoir législatif apparaît comme une « limite » à la décentralisation dans les États unitaires[4]. Donc, la détention unique du pouvoir législatif par

---

[1] V. K. GÖZLER, *Anayasa hukukunun genel teorisi*, *op. cit.*, p. 482.

[2] V. E. TEZİÇ, *op. cit.*, p. 127.

[3] V. İ. GİRİTLİ et J. SARMAŞIK, *op. cit.*, p. 43. V. également A. NALBANT, *Üniter devlet : bölgeselleşmeden küreselleşmeye*, *op. cit.*, pp. 290-335. Etudiant la régionalisation en Italie et en Espagne, ce dernier auteur parle du pouvoir législatif des régions italiennes et et des communautés autonomes espagnoles. Pour lui, il existe une « régionalisation politique » dans ces États. L'auteur estime que les exemples italien et espagnol sont les modèles d'État régional.

[4] V. A. NALBANT, *Üniter devlet : bölgeselleşmeden küreselleşmeye*, *op. cit.*, pp. 239-244. L'auteur précise que l'unité du pouvoir législatif qui résulte du principe d'indivisibilité de l'État et le contrôle de tutelle exercé sur les collectivités territoriales

l'État sur toutes les parties du territoire national prive les collectivités territoriales des pouvoirs normatifs initiaux et originaires face à ceux de l'État central.

La question des limites de la décentralisation dans l'État unitaire, a été abordée par la doctrine turque qui estime qu'il s'agit d'une « limitation géographique »[1] sur le territoire national du point de vue de la décentralisation administrative « territoriale », de sorte que les collectivités territoriales ne peuvent exercent leurs compétences que sur cette partie limitée et déterminée du territoire national. Précisons qu'il s'agit ici de limites techniques et que dans le cadre de notre étude, nous nous intéressons à l'encadrement de la décentralisation par les lois.

D'ailleurs, plusieurs auteurs turcs estiment que même si les collectivités territoriales décentralisées peuvent exister dans un État unitaire, elles ne peuvent exercer leurs compétences que selon les procédures déterminées par les lois. Ils ajoutent que c'est la limitation de la décentralisation par les lois qui est la garantie de la structure unitaire de l'État[2]. Ainsi, l'on peut dire que ces collectivités décentralisées ont une liberté d'agir limitée. C'est l'État central qui a le pouvoir originaire pour déterminer la relation entre l'État et les collectivités locales, et il détermine cette relation par les lois[3].

Aussi, l'État central peut créer des collectivités territoriales et peut les supprimer encore « par les lois ». De même, comme il peut attribuer des compétences aux collectivités territoriales, il peut aussi les diminuer ou carrément les reprendre, mais, il peut le faire toujours par les lois promulguées par l'organe législatif de l'État[4].

Rappelons également, à ce propos, que l'encadrement de la décentralisation par les lois dans un État unitaire n'est pas à l'encontre du système de la décentralisation, au contraire il est en sa faveur. Ainsi, lorsque cet encadrement protège la structure unitaire de l'État, il assure la liberté d'administration des collectivités décentralisées « sans aucun obstacle jusqu'à cette limite » dans cette structure.

---

résultant du principe de l'unité de l'Administration sont deux limites essentielles à la décentralisation dans l'État unitaire turc.

[1] N. TORTOP, *op. cit.,* p. 12 ; R. ŞENGÜL, *op. cit.,* p. 9.

[2] V. İ. GİRİTLİ et J. SARMAŞIK, *op. cit.,* p. 43 ; E. TEZİÇ, *op. cit.,* p. 127 ; K. GÖZLER, *Anayasa hukukunun genel teorisi, op. cit.,* pp. 481-482 ; N. TORTOP, *op. cit.,* p. 12.

[3] V. R. ŞENGÜL, *op. cit.,* p. 8.

[4] V. S. S. ONAR, *İdare hukukunun umumi esasları, op. cit.,* p. 466 ; K. GÖZLER, *Anayasa hukukunun genel teorisi, op. cit.,* p. 482.

L'on peut rappeler, à ce propos, la décision de la Cour constitutionnelle turque du 22 juin 1988[1] qui prévoit que même si le système administratif décentralisé est limité par les lois, il faut admettre qu'aucune autre disposition ou décision ne peut empêcher le processus de ce système décentralisé. Ainsi, la Cour constitutionnelle a annulé une disposition législative qui prévoyait que les compétences des départements sont déterminées « par le Conseil des ministres ». La Cour ne permet pas ainsi la détermination des compétences des collectivités territoriales par un autre mécanisme que le législateur.

Outre la limite à la décentralisation indiquée ci-dessus, l'on peut dire que les mécanismes de contrôle de l'État central sur les collectivités décentralisées servent à contrôler le dépassement des limites prévues par les lois. Comme le soutiennent certains auteurs, l'on peut dire que dans l'État unitaire turc, « les mécanismes du contrôle…sont utiles à la détermination de la relation entre les décisions des collectivités territoriales et les limites déterminées par les lois »[2]. L'on constate qu'en droit turc les compétences de ces collectivités décentralisées sont déterminées par les lois et l'exercice de ces compétences est contrôlé par la tutelle administrative de l'État central[3]. Pour conclure, il convient de préciser que dans l'État unitaire turc, le système de la décentralisation est bien encadré par les lois et que les collectivités décentralisées agissent toujours dans le cadre des lois et sous le contrôle de l'État central[4].

Section 2
La décentralisation administrative, moyen de refus du fédéralisme dans l'État unitaire

Après avoir souligné que la décentralisation ne peut exister qu'au niveau administratif dans l'État unitaire, il faut ajouter aussi qu'il existe encore certains débats du point de vue de la proximité de la décentralisation avec le fédéralisme. En revanche, nous allons comprendre, au-dessous, que la décentralisation « administrative » est en réalité un moyen pour refuser le fédéralisme dans cette forme d'État.

---

[1] V. AYM (Cct), la décision du 22.6.1988, E. 987/18-K. 988/23, *RG (JORT)* 26.11.1988, n° 20001, p. 17, citée par Ş. GÖZÜBÜYÜK et T. TAN, *op. cit.*, p. 257 et note n° 129.

[2] R. ŞENGÜL, *op. cit.*, p. 8.

[3] Ş. KARATEPE, *op. cit.*, p. 55.

[4] Y. YAYLA, *Anayasa hukuku : ders notları*, *op. cit.*, p. 33.

Ainsi, nous allons parler initialement de la distinction entre la décentralisation administrative et le fédéralisme en partant de la doctrine française (**Paragraphe 1**), ensuite, nous allons traiter de l'incompatibilité de la décentralisation administrative avec le fédéralisme en doctrine turque (**Paragraphe 2**).

Paragraphe 1. La distinction entre la décentralisation administrative et le fédéralisme en doctrine française

Parlant du principe de l'unité et de l'indivisibilité, Constance GREWE souligne que « l'unité de l'État et l'indivisibilité de la République se réfèrent... à tout un ensemble de notions et de concepts étroitement enchevêtrés que très grossièrement on pourrait ramener à la devise : pas de fédéralisme et pas de corps intermédiaires »[1].

Néanmoins, il faut préciser que contrairement à la décentralisation, l'indivisibilité « conduit à la nécessité d'un droit uniforme »[2] dans l'État, mais d'un autre côté on sait qu'« après une première vague jurisprudentielle d'endiguement de la décentralisation, on assiste à la disparition presque complète de l'exigence de droit uniforme et d'un schéma institutionnel commun à chaque catégorie de collectivité territoriale »[3].

D'ailleurs, à notre sens, la décentralisation n'est pas très éloignée du fédéralisme. Certains auteurs pensent qu'il existe des similitudes entre le fédéralisme et la décentralisation « politique », notamment, dans le cadre de la division verticale du pouvoir étatique entre l'État fédéral et les États fédérés[4]. Comme nous l'avons déjà indiqué, dans un État unitaire il n'existe qu'une décentralisation « administrative ». Néanmoins, il est possible de s'interroger si la décentralisation administrative suscite l'évolution de l'État unitaire vers le fédéralisme ? Sinon, peut-on dire que la décentralisation administrative dans les États unitaires constitue un frein pour le fédéralisme ?[5] Quel sont les critères

---

[1] C. GREWE, « L'unité de l'État : entre indivisibilité et pluralisme », *RDP*, 1998, p. 1349.

[2] *Ibid.,* p. 1354.

[3] *Ibid.,* p. 1357.

[4] Comme nous l'avons déjà indiqué, parfois cette décentralisation administrative existe dans une fédération, mais au sein même des organisations des États fédérés.

[5] En réalité, le sujet que nous étudions est la décentralisation dans l'État unitaire. Rappelons que le fédéralisme n'est pas l'objet de notre recherche, néanmoins il sera évoqué chaque fois que cela est nécessaire pour la compréhension de notre sujet. Pour

de distinction de la décentralisation « administrative » de la structure fédérale ?

Il faut souligner, tout d'abord, que même si la décentralisation ne peut pas dépasser les limites d'une matière administrative dans un État unitaire, elle « implique le principe de l'autonomie des personnes morales. »[1] Jacques BAGUENARD se demande si « une telle autonomie peut-elle aller jusqu'à remettre en cause l'unité étatique et donner naissance à un État composé de type fédéral ? »[2]

Concernant la détermination d'un critère principal pour distinguer la décentralisation et le fédéralisme, faisant référence à la suppression de la tutelle administrative par les réformes de 1982, Thierry MICHALON précise que « la décentralisation n'apparaît nullement comme une catégorie juridique : cette notion n'est pas définie, son contenu s'avère excessivement hétérogène, et son principal critère par rapport au fédéralisme (l'annulation des actes des autorités locales par l'État) a disparu. »[3] Ainsi, selon l'auteur, si « les actes des autorités décentralisée ne sont plus annulables par des agents de l'État », cette situation signifie la disparition du « " critère décisif " de distinction de la décentralisation par rapport à un système fédéral. » [4]

La doctrine française rappelle, à ce sujet, la consécration constitutionnelle du principe de l'indivisibilité. En effet, quand on regarde la Constitution française, l'on constate que « tout d'abord, l'article 1er proclame que « *La France est une République indivisible* », ce qui fait de l'État français un État unitaire, l'indivisibilité s'opposant à tout fédéralisme. »[5] Selon des auteurs, ce principe d'indivisibilité distingue la décentralisation administrative dans l'État unitaire et le fédéralisme, puisque « la forme unitaire de l'État inscrite dans la Constitution et dans la tradition française, signifie que la création d'entités fédérées, ayant des compétences étatiques, législatives ou judiciaires est exclue, par principe radicalement. Seules, et dans la mesure où leurs compétences sont purement administratives, les

---

plus de détails concernant le fédéralisme, et les exemples de la fédération, v. G. BURDEAU, *op. cit.*, pp. 461-591.

[1] J. BAGUENARD, *op. cit.*, p. 17.

[2] *Ibid.*

[3] Th. MICHALON, « La décentralisation a-t-elle des limites juridiques ? », art. cit., p. 34.

[4] *Ibid.*, p. 37.

[5] A. GRUBER, *op. cit.*, p. 27.

collectivités décentralisées sont compatibles avec l'indivisibilité unitaire de l'État. »[1]

Des auteurs français admettent que « la doctrine se fait toujours le relais de cette approche, en affirmant, notamment à l'instar du doyen Vedel, que la République indivisible « exclut le fédéralisme » en ce sens que « les collectivités décentralisées ont des compétences purement administratives » »[2].

En réalité, il faut dire que la question du refus du fédéralisme par l'affirmation du caractère indivisible et unitaire de la République remonte à la Révolution de 1789. Ainsi, « le caractère unitaire de la République remonte à la Révolution qui vit le triomphe de la conception jacobine sur la conception girondine tendant au fédéralisme. »[3] De même, les Constitutions postérieures à la révolution ont affirmé que « *la République française est une et indivisible* ». Précisons que même si le principe d'unité et celui d'indivisibilité sont deux principes distincts, ils sont révélateurs du refus de la République française du fédéralisme.

Une partie de la doctrine française partage ces idées et considère que « l'unité est bien la condamnation du fédéralisme ; elle signifie que la France ne se compose que d'un seul État ou qu'il n'y a pas d'États dans l'État ; l'indivisibilité provient de J.-J. Rousseau qui en faisait un caractère non pas exactement de l'État mais de la souveraineté »[4]. Sur ce point, il ne faut pas oublier que « la souveraineté est dans la conception traditionnelle un attribut caractéristique de l'État ; il en résulte que l'indivisibilité de la souveraineté est aussi celle de l'État et qu'autant que l'unité de la République elle s'oppose au fédéralisme »[5].

De ce qui précède, l'on peut dire donc qu'il n'est pas possible d'évoquer des similitudes entre la décentralisation administrative et le fédéralisme puisque « la décentralisation ne peut donc conduire à donner à une collectivité territoriale la forme d'un État. »[6] Comme le précise Jacques BAGUENARD, « si l'on admet généralement qu'entre la décentralisation administrative et le fédéralisme politique existe une

---

[1] *Ibid.*, p. 28.

[2] F. LEMAIRE, *Le principe d'indivisibilité de la République : mythe et réalité, op. cit.*, p. 232 et note n° 48. V aussi G. VEDEL et P. DELVOLVÉ, *Droit administratif*, t. 2, Paris. PUF, 1992, p. 409.

[3] F. LUCHAIRE et Y. LUCHAIRE, *op. cit.*, p. 87.

[4] *Ibid.*

[5] *Ibid.*

[6] *Ibid.*

différence de nature, les collectivités décentralisées n'étant pas souveraines puisqu'elles ne disposent pas du pouvoir de décider librement ce que sera leur compétence »[1].

Néanmoins, même s'il s'agit d'une opposition au fédéralisme depuis la Révolution de 1789, Jacques CAILLOSSE souligne que « la reconnaissance progressive et jusque dans la Constitution de collectivités locales jouissant d'un pouvoir de libre administration a toujours été contenue par la peur d'un fédéralisme fatalement attentatoire à l'indivisibilité »[2].

Outre le principe d'indivisibilité de la République, le principe d'organisation décentralisée est aussi consacré par la Constitution. À cet égard, la doctrine française s'est posé la question de savoir si l'existence d'un tel principe dans la Constitution peut être considérée comme un « danger » et une évolution vers le fédéralisme ?

Cette question a été posée non seulement par la doctrine, mais aussi par les Cours suprêmes. Ainsi, certains auteurs estiment que « le « danger » évoqué par le Conseil d'État, dans son avis relatif à la réforme constitutionnelle du 28 mars 2003, à propos de l'introduction de la mention qualifiant de « décentralisée » l'organisation de la République, introduite par la réforme à la fin de l'article 1er de la Constitution. Ce danger a pu même dans ce cas porter un nom : le fédéralisme »[3].

Ainsi, l'on peut constater que la consécration du principe d'organisation décentralisée ne suscite pas un danger du fédéralisme et ne porte pas atteinte à la structure unitaire de l'État. En effet, « si elle est, pour reprendre l'expression du doyen Hauriou, une autre « manière d'être » de l'État, la décentralisation ne touche pas à l'« Être » étatique ; la logique décentralisatrice doit, en effet, composer avec des principes républicains faisant partie d'une tradition remontant à la 1re République »[4]. L'on peut ajouter que « si le caractère unitaire de l'État ne s'oppose

---

[1] J. BAGUENARD, *op. cit.*, p. 17. Georges BURDEAU partage l'idée selon laquelle il existerait une différence de nature entre ces deux notions, en soutenant qu'il rejoint « la position des auteurs qui entendent maintenir entre le fédéralisme et la décentralisation une différence de nature », v. G. BURDEAU, *op. cit.*, p. 532.

[2] J. CAILLOSSE, *Les "mises en scène" juridiques de la décentralisation : sur la question du territoire [en droit public] français*, *op. cit.*, p. 29.

[3] V. BRIANT, *L'action commune en droit des collectivités territoriales : contribution à l'étude des compétences exercées en commun par l'État et les collectivités territoriales*, Paris, L'Harmattan, 2009, p. 501.

[4] E. AUBIN et C. ROCHE, *L'essentiel du nouveau droit de la décentralisation*, Paris, Gualino, 2006, p. 21.

pas à l'existence d'une République décentralisée, il n'autorise pas une division de l'État qui reviendrait à créer une fédération sans le dire. »[1]

Nous partageons cette position de la doctrine, puisque la répartition de compétences entre l'État central et les collectivités décentralisées infra-étatiques dans l'État unitaire français est tout à fait différente par rapport à celle dans un État fédéral (fédération) ou celle dans un État régional. Suivant ce qui précède, nous allons donc traiter, d'abord, la différence de la modalité de la répartition de compétence et, ensuite, il sera nécessaire de parler des compétences ou des pouvoirs pouvant être attribués à une collectivité infra-étatique.

Concernant la répartition de compétence, Jean-Marie PONTIER distingue la décentralisation administrative dans un État unitaire et le fédéralisme. L'auteur relève que « la logique du fédéralisme est l'attribution de la compétence de principe aux États-membres. C'est en revanche la solution inverse qui est toujours consacrée dans les États unitaires décentralisés. La compétence de principe appartient à l'État. »[2]

Il en résulte donc, qu'il faut distinguer la compétence de droit commun, qui appartient aux entités fédérées dans une fédération, et les compétences attribuées par l'État central aux collectivités décentralisées infra-étatiques dans un État unitaire. Ainsi, l'on peut dire que « la répartition des compétences au sein d'un État décentralisé peut bien conférer de larges attributions aux collectivités territoriales ; dès lors qu'elle réserve au pouvoir central la connaissance de plein droit de toutes les questions qui n'ont pas été expressément attribuées aux organes décentralisés, l'on reste au stade de la décentralisation pure et simple. Pour qu'il y ait fédéralisme, une condition serait nécessaire : à savoir la compétence de pleine juridiction au profit des autorités établies à la tête des collectivités fédérées »[3]. Par une expression, plus facile à comprendre, l'on peut dire que « dans l'État fédéral, la compétence de droit commun appartient aux unités fédérées, qui délèguent certaines attributions à l'État central. L'État unitaire, au

---

[1] *Ibid.*

[2] J.-M. PONTIER, *L'État et les collectivités locales : la répartition des compétences, op. cit.*, p. 59.

[3] J.-L. QUERMONNE, *Recueil Dalloz,* 2ème cahier, chron., 1957, p. 5, cité par J. PAGE, *Du partage des compétences au partage de la souveraineté : des territoires d'outre-mer aux pays d'outre-mer*, Aix-en-Provence, Presses universitaires d'Aix-Marseille, 2001, p. 313 et note n° 1375.

contraire, a la compétence de ses compétences et détermine ce qu'il entend déléguer aux unités décentralisées. » [1]

De plus, l'on constate aussi certaines différences entre la décentralisation administrative et le fédéralisme relativement à la garantie de la répartition des compétences. Aussi, « dans le fédéralisme, la répartition des compétences entre l'État fédéral et les états membres fait l'objet de dispositions contenues dans la Constitution fédérale : les compétences des états membres sont ainsi garanties car la Constitution fédérale ne peut être modifiée qu'au moyen d'une procédure à laquelle participent les états membres. »[2] En revanche, dans l'État unitaire, la répartition des compétences entre l'État et les collectivités territoriales n'existe pas dans la Constitution. Dans ce type d'État, « la Constitution interdit de confondre la décentralisation comme technique de gestion administrative, et le fédéralisme comme organisation politique des pouvoirs. »[3]

En clair, « le système fédéral procède de la Constitution, qui prévoit des mécanismes de régulation entre les pouvoirs fédérés et le pouvoir fédéral, alors que la décentralisation dans un État unitaire est à l'initiative de l'État central et du Parlement national, sans qu'une modification constitutionnelle soit a priori nécessaire. »[4]

Suivant ces explications, l'on constate que même si la Constitution fédérale assure la répartition des compétences dans les fédérations, c'est « la loi » qui prend en charge cette fonction dans l'État unitaire. Sur ce point, une partie de la doctrine française souligne cette différence et précise que « la France est un État unitaire, et non un État fédéral, ce n'est pas la Constitution qui opère elle-même le partage des attributions réciproques de l'État et des collectivités décentralisées. C'est au législateur qu'il appartient de fixer les règles de la décentralisation dans les limites du strict respect de la Constitution, et en particulier de l'unité de l'État. »[5]

Précisons aussi que « le fait que, dans un État unitaire, les compétences des autorités territoriales soient fixées par la loi et que leur détermination soit entre les mains du législateur, interdit de voir dans

[1] A. ZELLER (avec P. STUSSI), *La France enfin forte de ses régions : glossaire engagé de la décentralisation*, Paris, Gualino, 2002, p. 269.
[2] N. DANTONEL-COR, *op. cit.*, p. 19.
[3] A. GRUBER, *op. cit.*, p. 25.
[4] A. ZELLER, *op. cit.*, p. 269.
[5] A. GRUBER, *op. cit.*, p. 28.

ces compétences des droits propres de la collectivité (doctrine du doyen Hauriou) »[1].

Comme nous l'avons déjà exposé, ce pouvoir du législateur montre que la décentralisation est bien encadrée dans l'État unitaire et que « contrairement aux États fédérés, les collectivités territoriales des États unitaires n'exercent que des compétences déléguées par le pouvoir politique national. Ce faisant, les compétences qui leur sont dévolues par le législateur sont d'« ordre administratif » »[2].

L'on constate que c'est le législateur qui a le pouvoir de déterminer les limites de la répartition des compétences entre l'État et les collectivités infra-étatiques dans l'État unitaire. Néanmoins, il faut s'interroger sur le fait de savoir si le législateur peut transformer la structure unitaire de l'État vers une structure fédérale par un transfert des compétences excessif aux collectivités territoriales ?

Partant de la jurisprudence du Conseil constitutionnel français, Jean-Marie PONTIER précise que « si le législateur dispose d'une certaine latitude d'action dans les transferts de compétences, il est en même temps strictement encadré par la jurisprudence constitutionnelle. Cet encadrement est encore plus strict s'agissant du respect de la nature administrative des collectivités locales. »[3] Selon l'auteur, « la France est un État unitaire et le législateur est impuissant pour la transformer en État fédéral. Les collectivités locales sont, en France, des institutions administratives (même si les élections des Conseils municipaux ont la nature d'élections politiques et non administratives) »[4].

Il convient de préciser, à ce propos, que la nature des compétences attribuées aux entités fédérées dans une fédération et aux collectivités décentralisées dans un État unitaire est différente. Les entités fédérées peuvent exercer des compétences législatives, ce qui revient à dire une attribution du pouvoir législatif à ces entités infra-étatiques dans une fédération. En revanche, dans un État unitaire, les compétences attribuées aux collectivités décentralisées ne sont que des compétences administratives.

Le sujet de la distinction entre la décentralisation administrative dans l'État unitaire et le fédéralisme confirme encore la validité de la règle de l'unité du pouvoir législatif en tant que condition *sine qua non* pour

---

[1] N. DANTONEL-COR, *op. cit.*, p. 18.

[2] A. HAQUET, *op. cit.*, p. 142.

[3] J.-M. PONTIER, « La situation d'ensemble des transferts de compétences », art. cit., p. 432.

[4] *Ibid.*

la forme d'État unitaire. L'on peut dire que même s'il existe un partage du pouvoir législatif dans les fédérations, il n'y a qu'un seul pouvoir législatif dans l'État unitaire.

Francis DELPÉRÉE estime, à ce propos, qu'« un État fédéral et un État unitaire peuvent être voisins. Ils vivent, cependant, sur deux planètes différentes. Le droit ne s'y décline pas de la même manière. »[1] Partant de l'exemple français et belge, l'auteur résume bien la distinction et considère que « dans l'État unitaire, la loi est générale, la loi est la même pour tous, soit qu'elle protège, soit qu'elle punisse, comme le dit la Déclaration française de 1789. Un citoyen habite Lille, Paris ou Bordeaux, peu importe. C'est la même loi, nationale, par définition, qui lui est applicable. Dans l'État fédéral, en revanche, la loi n'est plus la même pour tous. Le lieu où le citoyen réside — Bruxelles, Ostende ou Arlon — le rend sujet de trois lois différentes. Plusieurs législateurs sont à l'œuvre en même temps. »[2]

Si dans une fédération le partage du pouvoir législatif impose un partage des pouvoirs exécutif et judiciaire entre l'État fédéral et les entités fédérées, dans un État unitaire les compétences des collectivités décentralisées se limitent à la gestion administrative des affaires locales et excluent les pouvoirs législatif ou judiciaire. L'on peut dire que « le fédéralisme apparaît donc comme l'expression d'une organisation politique, alors que dans les États décentralisés, les affaires locales sont uniquement d'ordre administratif. »[3]

L'État unitaire français soulève d'autres interrogations au sujet de la décentralisation territoriale. En effet, la question de l'outre-mer pose toujours problème pour cet État. Ainsi, faut-il se demander si l'outre-mer français constitue une évolution vers le fédéralisme, et ce, compte tenu de la position de certaines collectivités territoriales ultramarines ?

Même si la doctrine pense que la décentralisation administrative dans l'État français se distingue bien du fédéralisme, il n'est pas faux de dire que la décentralisation est devenue « politique » concernant la Nouvelle-Calédonie et la Polynésie française.

À ce sujet, il faut admettre que la position de la Nouvelle-Calédonie ou de la Polynésie française n'est pas compatible avec la règle principale de l'unité du pouvoir législatif dans l'État unitaire. L'acceptation d'une telle compatibilité n'est pas possible compte tenu

---

[1] F. DELPÉRÉE, art. cit., p. 145.
[2] *Ibid.*
[3] N. DANTONEL-COR, *op. cit.*, p. 18.

du « véritable » pouvoir législatif ou du pouvoir « quasi législatif » de ces collectivités indiquées. Cependant, le cas de la Nouvelle-Calédonie ou de de la Polynésie française ne veut pas dire que l'État français va vers le fédéralisme. Car, il s'agit ici d'« exceptions à la règle principale ». En revanche, dans l'hypothèse où l'attribution du pouvoir législatif à toutes les autres collectivités territoriales constituerait une règle générale, l'idée de l'évolution vers le fédéralisme ou vers une autre forme d'État -comme modèle d'État régional- s'imposerait pour cet État unitaire.

Paragraphe 2. L'incompatibilité de la décentralisation administrative avec le fédéralisme en doctrine turque

Tout comme une partie de la doctrine française, certains auteurs turcs trouvent que la décentralisation « politique » s'assimile au fédéralisme. Comme nous l'avons indiqué, la décentralisation ne peut s'appliquer que sur un plan administratif dans l'État unitaire. Sur ce point, la décentralisation « administrative » est considérée comme un refus du fédéralisme. Nous allons étudier, dans ce qui suit, la position de la doctrine turque vis-à-vis de la décentralisation administrative et des différences de celle-ci à l'égard de certains principes essentiels du fédéralisme[1].

Selon la doctrine turque, l'application du système décentralisé d'une manière excessive dans l'organisation administrative d'un État unitaire engendre un risque du point de vue de la structure étatique unitaire. Sıddık Sami ONAR souligne qu'une décentralisation administrative « extrême » peut porter des atteintes à l'unité de l'État et ce danger peut conduire la structure unitaire de l'État vers le fédéralisme[2].

Certains auteurs rappellent l'hypothèse inverse, et pensent qu'il est possible qu'un État fédéral (fédération)[3] se transforme en un État

---

[1] Précisons que notre travail n'est pas d'analyser le sujet du fédéralisme. Ici, nous ne faisons qu'une distinction entre la décentralisation administrative dans l'État unitaire et les principes généraux du fédéralisme. Pour plus de détails concernant le sujet du fédéralisme en doctrine turque, v. O. UYGUN, *op. cit.* ; K. GÖZLER, *Devletin genel teorisi*, Bursa, Ekin, 3e éd., 2011, pp. 149-188.

[2] S. S. ONAR, *İdare hukukunun umumi esasları*, *op. cit.*, p. 470.

[3] Nous rajoutons entre guillemets le terme, parce que quand on dit État fédéral, l'on vise la fédération. C'est-à-dire pas seulement l'État fédéral dans une fédération, mais aussi les États fédérés. Néanmoins, on n'ignore pas que la fédération est appelée parfois État fédéral.

unitaire et que dans ce cas, les entités fédérées perdent leur indépendances à l'égard de l'État fédéral, et apparaissent comme des collectivités décentralisées administratives d'un État unitaire[1]. Pour certains, il est difficile de faire une distinction entre un État unitaire très fort décentralisé et une fédération, parce qu'il peut y avoir une répartition de compétences dans un État unitaire décentralisé qui ressemble à celle dans une fédération[2].

Selon Yıldızhan YAYLA, « ce qui est plus avancé du système de la décentralisation, c'est le fédéralisme » ; avant d'ajouter que si l'attribution des compétences aux collectivités locales ne peut pas être limitée, une évolution vers le fédéralisme pourra commencer[3].

İbrahim Özden KABOĞLU précise qu'« il n'y a pas d'une différence concernant l'essence du fédéralisme et de la décentralisation ». D'après lui, les organes sélectionnés, les compétences propres ou l'autonomie devant l'État central peuvent apparaître comme des points communs entre ces deux notions[4]. Néanmoins, l'auteur ajoute aussi que le fédéralisme est une organisation qui dépasse les limites de la décentralisation existant dans un État unitaire[5].

Kemal GÖZLER, quant à lui, estime que pour pouvoir parler de la mutation de la structure unitaire d'un État vers une autre forme, il faut non seulement une attribution des compétences aux collectivités décentralisées par « la Constitution », mais aussi que ces collectivités aient « le pouvoir de participation au processus de la révision de la Constitution »[6]. En effet, d'autres auteurs précisent que ces deux critères sont les plus apparents parmi les critères de distinction entre les entités fédérées d'une fédération et les collectivités locales dans un État unitaire[7].

Comme nous l'avons fait remarquer, dans le système administratif décentralisé d'un État unitaire les compétences sont attribuées « par les lois ». Ainsi, ce critère distingue la décentralisation administrative dans un État unitaire et le fédéralisme. Ainsi, Kemal GÖZLER explique

[1] Y. YAYLA, *Anayasa hukuku : ders notları*, *op. cit.*, p. 36 ; M. ERDOĞAN, *op. cit.*, pp. 13-14.
[2] K. GÖZLER, *Anayasa hukukunun genel teorisi*, *op. cit.*, p. 493.
[3] Y. YAYLA, *İdare hukuku*, *op. cit.*, p. 237.
[4] İ. Ö. KABOĞLU, *Anayasa hukuku dersleri : (genel esaslar)*, *op. cit.*, p. 133.
[5] *Ibid.*
[6] K. GÖZLER, *Anayasa hukukunun genel teorisi*, *op. cit.*, p. 482.
[7] Y. YAYLA, *İdare hukuku*, *op. cit.*, p. 237.

aussi que la répartition des compétences entre l'État central et les collectivités territoriales dans un État unitaire est une répartition moins contraignante par rapport à une répartition des compétences entre l'État fédéral et les entités fédérées dans une fédération. Selon l'auteur, contrairement à la première qui est faite « par les lois », la seconde est réalisée par la Constitution dans une fédération, de sorte que les compétences attribuées à ces entités fédérées ne sont plus reprises par l'État fédéral[1].

Rappelons, à ce sujet, que même si elles disposent d'une personnalité morale distincte de l'État, les collectivités décentralisées ne peuvent exercer que des compétences administratives dans un État unitaire, donc, elles ne peuvent pas avoir des compétences législatives et judiciaires[2]. La doctrine admet que les compétences législatives et judiciaires des entités fédérées permettent facilement la distinction de ces dernières des collectivités décentralisées dans un État unitaire[3].

Par conséquent, l'on peut dire que le système de la répartition des compétences dans les fédérations et dans l'État unitaire est bien diffèrent, et par ricochet, la décentralisation administrative est bien différente du fédéralisme.

Analysant les réformes de la décentralisation dans l'État unitaire français et l'évolution vers le fédéralisme, Ruşen KELEŞ s'est demandé si le changement des réformes de 1982 a suscité une transition à une structure fédérale dans l'État unitaire français[4] ? Toujours au sujet du modèle français, l'auteur s'est interrogé également s'il s'agit d'une décentralisation administrative ou d'« un fédéralisme administratif »[5]. D'après lui, ce qui existe en France à partir de 1982, ce n'est pas « un

---

[1] K. GÖZLER, *Anayasa hukukunun genel teorisi*, *op. cit.*, p. 493. Sur la question de la répartition des compétences dans les fédérations et pour les critères indiqués, v. même ouvrage, p. 515 et suiv. Pour les mêmes sujets, v. İ. Ö. KABOĞLU, *Anayasa hukuku dersleri : (genel esaslar)*, *op. cit.*, p. 129 et suiv. ; O. UYGUN, *op. cit.*, p. 146 et suiv. Pour plus de détails sur la distinction entre la décentralisation administrative dans l'État unitaire et le fédéralisme, v. K. GÖZLER, *Devletin genel teorisi*, *op. cit.*, pp. 146-147. Sur la répartition des compétences par les Constitutions dans les fédérations, v. O. UYGUN, *op. cit.*, p. 146 et suiv.

[2] İ. GİRİTLİ, P. BİLGEN et T. AKGÜNER, *op. cit.*, p. 184.

[3] Y. YAYLA, *Anayasa hukuku : ders notları*, *op. cit.*, p. 35 ; K. GÖZLER, *Anayasa hukukunun genel teorisi*, *op. cit.*, p. 493.

[4] R. KELEŞ, *Fransa ve İspanya'da yerinden yönetim*, Ankara, Türk Belediyecilik Derneği, 1994, pp. 44-46.

[5] *Ibid.*

fédéralisme politique », mais il se demande encore si l'expression de « fédéralisme administratif » est plus utile au lieu de la décentralisation administrative dans l'État unitaire français.

En doctrine turque, l'on constate les mêmes débats indiqués au-dessus dans le cadre de la réforme constitutionnelle de 2003 en France[1]. Ainsi, certains auteurs s'interrogent sur le fait de savoir si cette réforme constitutionnelle de 2003 a conduit à une évolution de la structure unitaire vers la fédération ou vers l'État régional[2] ?

Néanmoins, ni la réforme de 1982, ni la consécration du principe d'organisation décentralisée dans la Constitution française en 2003 n'ont changé la structure unitaire de l'État français. En effet, l'évolution de la décentralisation dans un État unitaire ne signifie pas la suppression des limites applicables à la décentralisation et une transition à une autre forme d'État. Soulignons que la crainte d'une telle évolution vers le fédéralisme a toujours empêché une vraie réforme de la décentralisation en Turquie, comme le soutiennent certains auteurs[3].

Quant à l'expression « fédéralisme administratif », l'on pense qu'il existe certaines différences entre les États unitaires français et turc. Si les réformes de la décentralisation ont supprimé la tutelle administrative dans l'État unitaire français, ce n'est pas le cas en Turquie où la tutelle est consacrée dans la Constitution. L'on peut déduire que l'organisation administrative décentralisée de l'État unitaire français est plus avancée par rapport à celle en Turquie. Cela étant dit, le système en France n'apparaît pas comme un fédéralisme administratif.

L'on peut ajouter, à ce sujet, que cette suppression de la tutelle administrative en France et le transfert de l'exécutif départemental et régional au profit d'un élu local démontrent que l'État unitaire français est désormais un État unitaire décentralisé. Nous allons exposer dans le chapitre suivant que le système mixte - regroupant la décentralisation

---

[1] Nous allons traiter avec plus de détails les réformes de la décentralisation dans le cadre de la mutation des États unitaires français et turc dans la partie suivante.

[2] R. ŞENGÜL, *op. cit.*, pp. 148-149.

[3] Y. YAYLA, *İdare hukuku*, *op. cit.*, pp. 236-237. V. sur cette question, pour une étude comparée entre la Turquie et la France, B. ORAN, « Fransa'da ve Türkiye'de Üniter Devlet Sorunu », disponible sur le lien : https://baskinoran.com/makale/FransadaveTurkiyedeUniterDevletSorunu.pdf Baskın ORAN qualifie le modèle français d'État unitaire « démocratique » et parle de l'exagération du souci de la protection de la structure unitaire de l'État en Turquie. V. sur cette question, Y. HEPER, *Beka kaygısı : devletin ülkesi ve milletiyle bölünmez bütünlüğü*, İstanbul, On İki Levha Yayıncılık, 2015.

et la centralisation - est aussi bien effectif au niveau administratif des États unitaires. Donc, la question de l'État unitaire semi-décentralisé ou semi-centralisé se pose en Turquie et en France.

CHAPITRE 3
La théorie de la semi-décentralisation dans l'organisation administrative de l'État unitaire : l'État unitaire semi-décentralisé ou semi-centralisé ?

Nous avons traité des principes de la centralisation et de la décentralisation autour de la structure unitaire et nous avons vu que même si la centralisation est le seul principe sur le plan « politique » dans l'État unitaire, l'organisation administrative de cette forme d'État peut se varier d'une administration centralisée à une administration décentralisée. Néanmoins, il est à noter qu'un système « hybride », dans lequel coexistent le principe de la centralisation et le principe de la décentralisation, est appliqué aussi dans l'organisation administrative de ce type d'État. Ce système apparaît comme « la semi-décentralisation »[1].

En effet, comme nous l'avons déjà précisé, un système administratif centralisé ne présente pas une vraie facilité pratique, et la décentralisation y apparaît comme son remède. Toutefois, cela ne veut pas dire que l'État unitaire peut abandonner complètement le principe de la centralisation administrative. Précisons que la concomitance de ces deux principes -la centralisation administrative et la décentralisation administrative- est bien possible. Il conviendra d'analyser, tout d'abord, la possibilité de la concomitance de ces deux principes dans l'État unitaire (**Section 1**), et ensuite la mise en œuvre d'un système mixte déconcentré et décentralisé dans cette forme d'État (**Section 2**).

Section 1
La concomitance des principes de la centralisation et de la décentralisation : semi-décentralisation ou semi-centralisation ?

L'on pense qu'il est possible de dire qu'au sein de l'organisation administrative des États unitaires, les principes de la centralisation et de la décentralisation existent simultanément. Nous allons nous intéresser, dans ce qui suit, à cette dualité des deux principes en droit français (**Paragraphe 1**), et ensuite en droit turc (**Paragraphe 2**).

---

[1] Ch. EISENMANN, *op. cit.*, p. 87 et suiv.

Paragraphe 1. La consécration de la dualité des principes de la centralisation et de la décentralisation en droit français

Le principe de la centralisation existe toujours en France. Comme l'indique Roland DEBBASCH, « le message révolutionnaire et républicain est donc clair, l'État unitaire implique une seule volonté politique matérialisée par un ordre constitutionnel unique et une organisation territoriale uniforme. »[1] En effet, l'existence du principe de la centralisation « administrative » n'était pas autre chose que le résultat d'une telle volonté politique. Cependant, la décentralisation en matière administrative était inévitable dans le système d'organisation administrative française. C'est pour cela, ces deux principes coexistent au niveau administratif dans l'État unitaire français.

De qui précède, l'on peut se demander si les principes de centralisation et de décentralisation sont opposés ou au contraire complémentaires ?

Pour Maurice HAURIOU, la décentralisation administrative est une modalité d'organisation « qui constitue le contrepoids de la centralisation »[2]. Pour certains, « centralisation et décentralisation constituent deux pôles contraires, symboles de l'affrontement permanent entre l'Un et le Multiple, exemples institutionnels de l'incessant combat entre l'unité et la diversité. Leur produit dialectique prend la forme d'une synthèse approximative et par nature évolutive. »[3]

En revanche, si on admet que ces deux principes sont des pôles contraires, comment peut-on définir le système hybride ? Il faut souligner, à cet égard, qu'on regrette l'absence d'un « concept qui exprime un équilibre entre la centralisation et la décentralisation »[4] et que « l'erreur est peut-être d'admettre que la décentralisation s'oppose à la centralisation, et de dire que dans la mesure où elle ne serait pas centralisée une administration serait décentralisée. »[5]

Faisant référence aux idées de Charles EISENMANN, Jacques CAILLOSSE précise que « C. Eisenmann réfute, depuis le

---

[1] R. DEBBASCH, « L'indivisibilité de la République et l'existence de statuts particuliers en France », *RFDC*, 1997, n° 30, p. 364.

[2] M. HAURIOU, *Précis de droit administratif et de droit public, op. cit.,* p. 84.

[3] J. BAGUENARD, *op. cit.,* p. 101.

[4] J.-M. PONTIER, *L'État et les collectivités locales : la répartition des compétences, op. cit.,* pp. 22-23.

[5] *Ibid.,* p. 23.

droit, l'opposition centralisation/décentralisation (...) L'auteur ne met pas en doute l'aptitude du binôme centralisation/décentralisation à rendre parfaitement compte de deux modèles authentiques d'organisation territoriale de l'administration. »[1]

D'ailleurs, il faut dire que l'expression de « contrepoids » adoptée par Maurice HAURIOU exprime le refus de l'opposition entre la centralisation administrative et la décentralisation administrative. Maurice HAURIOU explique que la concomitance de ces deux principes engendre un système équilibré et que « l'organisation du pouvoir qui réside dans l'institution administrative est dominée par deux forces ou deux tendances, qui se font équilibre l'une à l'autre, mais qui peuvent s'équilibrer en des combinaisons infiniment variées. Ces deux tendances sont : la centralisation qui est la force propre du gouvernement de l'État et la décentralisation qui est la force par laquelle la nation réagit contre le gouvernement de l'État. »[2]

En effet, nous pensons qu'il faut admettre que l'évolution de la pensée centraliste mène à affirmer cette concomitance des deux principes. Rappelons que « pour Littré il y a plus d'un siècle (1866) la décentralisation était un néologisme, aujourd'hui c'est une nécessité ; pour Littré encore c'était une « destruction » (de la centralisation) ; aujourd'hui c'est la construction d'un nouveau type de société. Ceci témoigne de l'évolution des idées et des institutions. »[3]

Selon certains auteurs, « l'unité de l'État n'empêche pas la diversité des organisations administratives, qui se distinguent ainsi de l'organisation du pouvoir politique, autour de deux notions classiquement opposées mais qui peuvent être complémentaires, la centralisation et la décentralisation. La France de la Ve République est à la fois centralisée et décentralisée, comme le proclame l'article 1er de la Constitution révisée en 2003. »[4]

---

[1] J. CAILLOSSE, *Les "mises en scène" juridiques de la décentralisation : sur la question du territoire [en droit public] français*, *op. cit.*, p. 48.

[2] M. HAURIOU, *Précis de droit administratif et de droit public, op. cit.*, p. 71.

[3] F. LUCHAIRE et Y. LUCHAIRE, *op. cit.*, p. 17.

[4] M. VERPEAUX et L. JANICOT, *Droit public : pouvoirs publics et action administrative, op. cit.*, p. 219. Même si l'article 1er ne parle que d'une organisation « décentralisée », notre étude montre bien que l'organisation administrative de l'État unitaire français n'a jamais renoncé au principe de la centralisation administrative.

Mais comment se définit-il ce système hybride ? L'État unitaire « semi-centralisé »[1], ou l'État unitaire « semi-décentralisé » ? [2]

Charles EISENMANN parle d'un système « qui associe à égalité centralisation et décentralisation n'est ni centralisation ni décentralisation, faute d'être l'un plus que l'autre. Moitié l'un, moitié l'autre, il constitue un tiers système, original, non par ses éléments composants certes, mais par leur mode ou formule de combinaison, irréductible tant à l'un qu'à l'autre des deux systèmes simples qui y entrent, — une troisième solution majeure du problème, à mi-chemin des deux premières »[3]. L'auteur parle, en fait, de la « semi-décentralisation » [4].

La définition donnée par l'auteur confirme notre analyse, à savoir que l'État unitaire consacre simultanément la centralisation et la décentralisation. Ainsi, l'on peut dire que ce système est semblable au système de la semi-décentralisation. L'auteur estime que « la semi-décentralisation consiste à faire dépendre l'entrée en vigueur des normes d'une double décision libre, prise l'une par l'organe central, l'autre par l'organe décentralisé, de la provoquer ou de ne pas l'empêcher ; en d'autres termes, à attribuer et à l'organe central et à l'organe décentralisé un pouvoir discrétionnaire de concourir ou de s'opposer à l'entrée en vigueur des normes. »[5]

D'autres auteurs y voient comme « un système hybride qualifié par Charles Eisenmann »[6]. D'après eux, ce système hybride « ne se résume pas à la juxtaposition élémentaire de la centralisation et de la décentralisation mais se construit dans la combinaison des deux principes. Ici, le processus d'émission des normes applicables à une portion déterminée du territoire national est une œuvre commune où interviennent à égalité une autorité décentralisée et un organe de représentation du Centre. »[7]

L'on peut déduire donc que la semi-décentralisation est vraiment une troisième forme d'organisation *sui generis* dans laquelle coexistent les

---

[1] V. sur cette question, F.-X. AUBRY, *La décentralisation contre l'État : l'État semi-centralisé*, Paris, LGDJ, 1992.

[2] En partant de la théorie de la semi-décentralisation de Charles EISENMANN.

[3] Ch. EISENMANN, *op. cit.*, p. 89.

[4] *Ibid.*

[5] *Ibid.*, p. 96.

[6] J. BAGUENARD, *op. cit.*, p. 56.

[7] J. CAILLOSSE, *Les "mises en scène" juridiques de la décentralisation : sur la question du territoire [en droit public] français*, *op. cit.*, p. 50.

principes de la centralisation et de la décentralisation. Selon Jacques CAILLOSSE, ce système hybride permet de « nier le couple centre-périphérie puisqu'il combine les traits de chacun des deux éléments, sans s'y réduire. Ici, il n'y a plus ni national, ni local puisque le propre de la semi-décentralisation réside dans la confusion du centre et de la périphérie. »[1]

À notre sens, cette définition du système de la semi-décentralisation est bien conforme au système dans lequel il existe une certaine concomitance des principes de la centralisation et de la décentralisation. En effet, ce système apparaît comme une troisième solution distincte des systèmes centralisé et celui décentralisé. Néanmoins, l'on constate que cette définition a été ignorée par la doctrine classique.

Pour Charles EISENMANN, « tous les auteurs, croyons-nous, professent sans discussion ni hésitation qu'il en comporte deux, celles précisément qu'en indique l'intitulé même : la centralisation, la décentralisation. L'idée d'une troisième solution possible — la semi-décentralisation — ne les effleure pas ; ils ignorent complètement cette notion. »[2]

Il faut ajouter aussi que cette situation continue encore aujourd'hui. Comme le précise Jacques CAILLOSSE, « cette catégorie, que la pensée classique continue d'ignorer, bouscule les schémas intellectuels dont dépend notre perception du « local » dans le système global du territoire unitaire de l'État. Entre ce qui est appréhendé comme central, ou national - en tout cas, comme supra-local, et ce qui peut se désigner comme franchement local (des affaires, des intérêts, des besoins, des circonstances, des décisions, etc.), la semi-décentralisation fait surgir un autre espace »[3].

Il en résulte que les principes de la centralisation la décentralisation ne peuvent fonctionner séparément dans les États unitaires français et turc, et ce, même si l'article 1er de la Constitution française ne consacre

---

[1] *Ibid.*, p. 49.

[2] Ch. EISENMANN, *op. cit.*, p. 139. L'auteur reprend cette critique dans d'autres pages et précise que « pour la doctrine classique, il n'existe, en dehors de la centralisation, qu'une autre solution principale : la décentralisation. Elle s'enferme dans l'alternative simple : centralisation ou décentralisation. Tout règlement qu'elle ne tient pas pour centralisation doit donc nécessairement être, à ses yeux, décentralisation. Que devient alors cette troisième solution, ce troisième groupe de systèmes que nous avons appelés la semi-décentralisation ? », *ibid.*, p. 156.

[3] J. CAILLOSSE, *Les "mises en scène" juridiques de la décentralisation : sur la question du territoire [en droit public] français*, *op. cit.*, pp. 48-49.

que le principe de l'organisation décentralisée. En effet, il existe toujours des mécanismes de contrôle de l'autorité étatique, et le système administratif français n'a jamais renoncé au principe de la centralisation administrative. Ainsi, comme le relève Jean-Marie PONTIER, « c'est ce qui caractérise les collectivités décentralisées en France : ces collectivités n'ont pas la possibilité d'édicter des règles en toute liberté, elles sont soumises à un contrôle, à une volonté d'une autorité étatique. Cette situation qui caractérise les personnes publiques autres que l'État en France est la semi-décentralisation c'est-à-dire « un règlement du pouvoir de consentement son attribution conjointe à un organe central et à un organe décentralisé ». Pourquoi alors continuer à parler de décentralisation ? »[1]

Partant de la position de Jean-Marie PONTIER, l'on peut comprendre que tous les auteurs n'ignorent pas ce système de la semi-décentralisation. Donc, on se demande si l'article 1er de la Constitution française doit consacrer le principe de la semi-décentralisation ? D'ailleurs, ne faut-il pas consacrer dans cet article également le principe de la centralisation ?

Paragraphe 2. La dualité des principes de la centralisation et de la décentralisation en droit turc

Dans le cadre de la question posée ci-dessus, l'on constate que l'article 123, alinéa 2 de la Constitution turque consacre la concomitance des principes de la centralisation et de la décentralisation et précise que « *l'organisation et le fonctionnement de l'administration sont basés sur les principes de la centralisation et de la décentralisation* ».

De même, la doctrine turque estime que ces deux principes « se complètent mutuellement »[2]. L'on peut dire donc que la consécration constitutionnelle de la centralisation et de la décentralisation vise à associer ces deux systèmes différents sur un axe équilibré[3].

En Turquie, certains auteurs considèrent que la centralisation administrative n'est pas tout à fait compatible avec les fondements de

---

[1] J.-M. PONTIER, *L'État et les collectivités locales : la répartition des compétences, op. cit.,* p. 23.

[2] İ. GİRİTLİ, P. BİLGEN et T. AKGÜNER, *op. cit.,* p. 176 ; Ş. GÖZÜBÜYÜK et T. TAN, *op. cit.,* p. 161.

[3] H. EROĞLU, *op. cit.,* pp. 134-135.

la démocratie, puisque les affaires locales sont gérées par l'État central dans ce système et que « ce qui est le champ sur lequel la base initiale de la démocratie apparaît, c'est l'espace locale »[1].

De telle façon, les auteurs turcs affirment que le système de la centralisation, à lui seul, ne peut réaliser qu'une efficacité limitée et ne permet pas d'obtenir un grand succès[2]. C'est pour cette raison l'on peut dire, comme nous l'avons déjà précisé, que la décentralisation administrative constitue un remède aux inconvénients du principe de la centralisation administrative.

Kemal GÖZLER estime, à ce propos, qu'aujourd'hui « un État unitaire purement centralisé » ne peut exister puisque le système de la décentralisation administrative est appliqué dans tous les États unitaires[3]. D'après lui, il est inutile de parler de distinction entre l'État unitaire centralisé et l'État unitaire décentralisé, ainsi, la seule variation de l'État unitaire qui peut exister est « l'État unitaire décentralisé »[4].

Mais, est-ce que l'admission de seule variation dite décentralisée de l'État unitaire ne signifie pas le rejet de la concomitance des principes de la centralisation administrative et la décentralisation administrative ?

En effet, l'État unitaire turc n'a jamais renoncé au principe de la centralisation au niveau de son organisation administrative. Ainsi, la doctrine turque affirme que même si la centralisation administrative pose des difficultés dans la pratique, il n'est pas possible de renoncer complètement à ce principe[5]. Atilla NALBANT précise qu'en l'absence de transfert des pouvoirs d'un organe central aux organes décentralisés, il est impossible de parler de la décentralisation et que par conséquent celle-ci est une notion liée à la centralisation[6]. D'après Vakur VERSAN, la meilleure solution est d'associer, dans un seul système, les principes de la centralisation et de la décentralisation, c'est le

---

[1] S. S. ONAR, *İdare hukukunun umumi esasları, op. cit.,* pp. 448-449. Dans le même sens et pour la démocratie locale en Turquie, v. S. YILDIRIM, *Yerel yönetim ve demokrasi : kavramlar, yaklasimlar*, Ankara, Toplu Konut İdaresi Başkanlığı, 1993.

[2] S. YILDIRIM, *op. cit.,* p. 90.

[3] K. GÖZLER, *Anayasa hukukunun genel teorisi, op. cit.,* pp. 483-484 .

[4] *Ibid.* V. aussi dans le même sens, K. GÖZLER, *Devletin genel teorisi, op. cit.,* p. 137.

[5] V. S. S. ONAR, *İdare hukukunun umumi esasları, op. cit.,* p. 450 ; H. EROĞLU, *op. cit.,* p. 13.

[6] V. A. NALBANT, *Üniter devlet : bölgeselleşmeden küreselleşmeye, op. cit.,* p. 32.

système que certains États appliquent dans ses organisations administratives[1].

Faut-il le rappeler, l'idée dominante en doctrine française est que ces principes sont complémentaires. La doctrine turque admet cette même idée et affirme que ces deux principes ne sont pas opposés, et qu'à l'inverse ils peuvent s'appliquer simultanément dans la même organisation administrative, comme c'est le cas dans plusieurs États modernes[2].

Arif PAYASLIOĞLU précise, à ce propos, qu'il ne s'agit pas d'une « distinction binaire » et que ces deux systèmes sont « deux extrémités d'un seul paramètre »[3]. De telle façon, on trouve des auteurs qui affirment la réalité de la concomitance des principes de la centralisation et de la décentralisation au niveau administratif mais indiquent, en même temps, que certains États qui appliquent ce système hybride donnent la prédominance à l'un de ces principes[4].

Ainsi, les auteurs turcs admettent que l'État unitaire turc donne la prédominance au principe de la centralisation dans son organisation administrative. L'on peut dire donc que le principe de la décentralisation administrative constitue un principe secondaire au principe de la centralisation administrative[5].

La prédominance du principe de la centralisation administrative dans l'organisation administrative turque est illustrée, entre autres, par l'existence d'un contrôle très strict de l'État central sur les autorités décentralisées. Comme nous l'avons déjà expliqué, si « le contrôle administratif » s'exerce sur les collectivités territoriales dans l'État unitaire français, la tutelle administrative continue toujours dans l'État unitaire turc.

Certains auteurs expliquent ce glissement de balance vers la centralisation administrative comme une « méfiance du centre contre la périphérie »[6]. Cette méfiance remonte à l'époque de l'Empire ottoman

---

[1] V. VERSAN, *op. cit.,* p. 77.

[2] Dans le même sens, v. Ş. GÖZÜBÜYÜK et T. TAN, *op. cit.,* p. 161 ; H. EROĞLU, *op. cit.,* p. 134 ; Z. TOPRAK, *op. cit.,* p. 18 ; İ. GİRİTLİ et J. SARMAŞIK, *op. cit.,* p. 42 ; V. VERSAN, *op. cit.,* p. 74 ; Ş. KARATEPE, *op. cit.,* p. 9 ; Ş. GÖZÜBÜYÜK, *op. cit.,* p. 94. Ce dernier donne l'exemple de Monaco, en faisant remarquer que même si son territoire est limité, les deux principes précités y sont applicables.

[3] A. PAYASLIOĞLU, *op. cit.,* pp. 12-13.

[4] Ş. KARATEPE, *op. cit.,* p. 7.

[5] R. C. DERDİMAN, *op. cit.,* p. 85 ; Ş. GÖZÜBÜYÜK et T. TAN, *op. cit.,* p. 161.

[6] B. ERYILMAZ, *op. cit.,* p. 105 ; M. ÖKMEN et B. PARLAK, *op. cit.,* p. 375.

et indique le modelé d'une administration centralisé forte qui a été hérité de l'Empire à la République turque. Il convient de dire que « l'impulsion de la protection des principes généraux de la République et de l'unité de la nation » était toujours efficace dans la République turque[1].

Dans ce cadre, Bilal ERYILMAZ précise qu'en Turquie l'État central a toujours voulu limiter les compétences des collectivités territoriales et que les politiciens pensent que « l'éloignement de la centralisation administrative est contraire à ses intérêts politiques »[2], notamment du point de vue de la gestion des ressources financières. Donc, selon l'auteur, la centralisation administrative est utilisée dans l'État unitaire turc comme un moyen de contrôle sur la périphérie. Autrement dit, ce ne sont pas des raisons techniques qui ont nécessité l'application de ce principe à côté du principe de la décentralisation, mais des « raisons politiques »[3]. D'ailleurs, pour la doctrine turque, c'est l'État central qui a permis l'avancement de la décentralisation et ce grâce à la mise en place de certaines autorités décentralisées[4].

À la lumière de ces explications, s'il est nécessaire d'évaluer le système administratif en Turquie, précisons que l'idée selon laquelle il n'existe qu'une seule variété de l'État unitaire -l'État unitaire décentralisé[5]- n'est pas très utile. En réalité, l'on peut dire qu'il est impossible de trouver un État unitaire purement centralisé au niveau administratif, mais, cela ne veut pas dire qu'il existe une seule variété, en l'occurrence un État unitaire décentralisé. Ainsi, on ne peut pas

[1] V. K. BİLGİÇ, « Türk Yerel Yönetimleri Üzerine Bir Değerlendirme », *in* V. K. BİLGİÇ (dir.), *Değişik yönleriyle yerelleşme*, *op. cit.*, pp. 37-47, spéc., p. 39.

[2] B. ERYILMAZ, *op. cit.*, pp. 14-15.

[3] *Ibid.*, p. 105 ; M. ÖKMEN et B. PARLAK, *op. cit.*, p. 375.

[4] V. A. U. TÜRKBAĞ, art. cit., p. 312. L'auteur cite l'exemple des États-Unis, et juge qu'il s'agit d'un avancement de l'idée de la décentralisation dans les États-Unis. Donc, l'essentiel est la décentralisation dans cet État, le contraire de la situation qui prévaut dans la République turque. En réalité, l'on pense que les États-Unis, comme fédération, ne sont pas tout à fait comparables à un État unitaire, comme la Turquie. Néanmoins, il s'agit d'un bon constat du point de vue de l'apparition de l'idée de la décentralisation, dans la mesure où celle-ci n'est pas apparue d'elle-même en Turquie, c'était plutôt la volonté de l'État central. Pour le même constat, v. R. ŞENGÜL, *op. cit.*, pp. 150-151. D'après l'auteur, l'apparition des collectivités territoriales n'était pas le résultat des revendications populaires, mais d'une validation du pouvoir central en Turquie.

[5] V. K. GÖZLER, *Anayasa hukukunun genel teorisi*, *op. cit.*, pp. 483-484.

ignorer l'application du principe de la centralisation administrative dans l'État unitaire turc.

À notre sens, en Turquie, il ne peut pas y avoir ni un État unitaire purement centralisé au niveau administratif, ni purement décentralisé, mais une coexistence de ces deux systèmes. D'ailleurs, certains auteurs parlent d'« un système intermédiaire » dans lequel coexistent les deux principes[1]. Donc, l'on peut dire que le système administratif qui existe actuellement en Turquie peut être qualifié de semi-décentralisation.

Pour conclure, il convient de préciser, comme certains auteurs, que la Turquie consacre « un système centralisé modéré ou allégé »[2]. En effet, pour ces auteurs, qui admettent l'existence du principe de la décentralisation administrative, la règle est prédominance du principe de la centralisation administrative. À cet égard, Şükrü KARATEPE relève qu'il s'agit d'« un système mixte dont la perspective centraliste est prédominante »[3]. Donc, il n'est pas inutile de se demander encore si la République turque est un État unitaire semi-décentralisé, ou un État unitaire « semi-centralisé » ? [4]

Section 2
Le système mixte déconcentré et décentralisé dans l'État unitaire

Notre étude nous montre qu'il existe toujours une concomitance entre le principe de la centralisation et celui de la décentralisation au sein de l'organisation administrative des États unitaires. Un système mixte déconcentré et décentralisé apparaît comme un résultat d'une telle concomitance. Nous allons traiter dans ce qui suit, d'abord, de la coexistence de la décentralisation et de la déconcentration en droit français (**Paragraphe 1**), ensuite, nous ferons de même en droit turc (**Paragraphe 2**).

[1] A. PAYASLIOĞLU, *op. cit.*, p. 13. Nous avons déjà vu que l'auteur voyait ces deux principes comme deux extrémités d'un paramètre. L'auteur relève l'existence d'un tel système intermédiaire, qui comprend les deux ensembles, mais qui se rapproche, en même temps, à l'un de ces principes.

[2] V. VERSAN, *op. cit.*, p. 192 ; H. EROĞLU, *op. cit.*, p. 145.

[3] Ş. KARATEPE, *op. cit.*, p. 7.

[4] V. sur cette question, F.-X. AUBRY, *La décentralisation contre l'État : l'État semi-centralisé, op. cit.*

Paragraphe 1. La coexistence de la décentralisation et de la déconcentration en droit français

Nous avons déjà expliqué qu'il n'est ni pratique ni possible de concentrer tous les pouvoirs dans un système administratif centralisé et que « la déconcentration des pouvoirs » était un allègement du principe de la centralisation administrative par une délégation des pouvoirs aux agents locaux de l'État central. Aussi, malgré cette déconcentration des pouvoirs, l'insuffisance du principe de la centralisation administrative a conduit à l'application du principe de la décentralisation au niveau administratif. Mais, précisons que le système d'organisation décentralisée ne nécessite pas d'écarter le système d'organisation déconcentrée dans un État unitaire. Ces deux systèmes peuvent fonctionner ensemble. Toutefois, la déconcentration applicable dans le cadre du principe de la centralisation administrative doit être distinguée de la décentralisation.

En effet, comme la déconcentration, la décentralisation constitue « une administration proche des administrés, plus directe, d'une administration de terrain, à la fois plus efficace pour répondre aux besoins et plus rapide pour décider et agir sans remonter au niveau central pour chaque décision et pour chaque acte. » [1]

Pour mieux expliquer le point commun qui lie ces deux systèmes, la doctrine française utilise l'expression de la « décentration »[2] qui signifie la décentration des pouvoirs. Faisant référence aux idées de Jacques CHEVALLIER, Georges DUPUIS estime que « décentrer revient à prendre en compte la périphérie de l'appareil administratif. Il s'agit de « mettre en évidence que, par-delà les différences qui les séparent, les processus de déconcentration et de décentralisation relèvent d'un même mouvement fondamental de déplacement du pouvoir du centre vers la périphérie et produisent un certain nombre d'effets identiques » »[3]. Le même auteur ajoute que « sans doute, Jacques Chevallier, dans ce texte et dans d'autres, s'appuie-t-il sur une constatation assez évidente - il y a en matière de déconcentration comme de décentralisation, un mouvement des administrations centrales vers des institutions périphériques »[4]. Comme l'on peut constater, la déconcentration et la décentralisation se fondent en réalité

---

[1] A. GRUBER, *op. cit.,* p. 18.
[2] G. DUPUIS, *op. cit.,* p. 89.
[3] *Ibid.*
[4] *Ibid.*

sur la même idée au fond, mais constituent deux modalités complétement différentes.

Il faut dire que même s'il y a des points communs entre déconcentration et décentralisation, elles sont « dominées par des différences de nature, qui s'expliquent par le fait que, si ces deux techniques permettent bien de réaliser une répartition territoriale de l'administration, chacune d'elles concerne une administration différente, administration d'État pour la déconcentration, administration locale pour la décentralisation. » [1]

Georges BURDEAU rappelle, à ce propos, que « la déconcentration allège la structure de l'État centralisé sans méconnaître son principe. Elle s'oppose à la décentralisation en ce que les autorités investies du pouvoir de décisions demeurent les représentants du gouvernement central, sont nommées et révoquées par lui, mettent en œuvre sa puissance et reçoivent de lui les instructions et les directives. » De telle façon, l'auteur ajoute aussi que « ce qui a parfois favorisé la confusion entre décentralisation et déconcentration c'est l'existence d'un cadre local de compétence. Mais la ressemblance est superficielle car, tandis que les agents « déconcentrés » commandent au nom de l'État, les organes décentralisés statuent au nom de la collectivité secondaire dont ils procèdent. » [2]

Quant au fonctionnement de ces deux systèmes différents, l'on peut dire, pour la décentralisation, que « les collectivités territoriales, région, département, commune, dotées de la personnalité morale et d'une autonomie financière et de décision, ont un organe délibérant (conseil régional, conseil général, conseil municipal) élu au suffrage universel et un exécutif élu au sein de cet organe délibérant. Leurs compétences sont fixées par le législateur. Elles ne sont pas soumises à un contrôle hiérarchique mais au contrôle de la légalité de leurs actes », tandis que dans le cadre de la déconcentration, « le Gouvernement fixe les compétences qu'il délègue aux échelons territoriaux de l'État (région et département, les compétences assumées au niveau de l'arrondissement l'étant par délégation du niveau départemental) qui restent soumis à son contrôle hiérarchique. » [3]

Faut-il le rappeler, la distinction entre la centralisation et la décentralisation ne pose pas de difficultés. En effet, sur le plan

---

[1] A. GRUBER, *op. cit.*, p. 18.
[2] G. BURDEAU, *op. cit.*, p. 363.
[3] A. LARANGÉ, *op. cit.*, p. 4.

juridique, si la décentralisation nécessite que la gestion des intérêts locaux soit assurée par des organes élus exerçant leurs fonctions indépendamment du pouvoir central, les agents locaux sont nommés par l'État central dans le cadre de la déconcentration. Il faut noter que les collectivités territoriales ou les établissements publics disposent de la personnalité juridique, et ce même si les autorités déconcentrées existent à l'intérieur de l'organisation centrale. Cette dernière a une grande importance, parce que « la décentralisation postule que l'État reconnaît en son sein l'existence de personnes publiques secondaires, investies d'une certaine autonomie et dotées à cette fin de compétences et de ressources », tandis que « la notion de « déconcentration » n'envisage qu'une seule personne morale, l'État ; elle consiste à conférer des pouvoirs de décision à des agents de l'État implantés sur l'ensemble du territoire national »[1].

Par ailleurs, « les deux notions sont parfois mises en opposition sur le plan politique, la déconcentration pouvant apparaître comme une sorte de substitut à la décentralisation de la part d'un État qui hésite à, ou qui refuse de, s'engager dans une politique de décentralisation. »[2] Annie GRUBER trouve, à ce propos, que « la différence essentielle entre la déconcentration et la décentralisation est en effet d'ordre politique et tient au statut des organes qui bénéficient de la redistribution du pouvoir : dans le cadre de la déconcentration, ces organes sont le reflet fidèle et l'instrument docile du pouvoir central ; dans celui de la décentralisation, ils ont leur identité propre et jouissent dc plus d'autonomie. » [3]

Force est de constater que c'est la différence de la déconcentration de la décentralisation et leur application simultanée dans la même organisation administrative qui donnent lieu au système hybride dont nous avons parlé au début de ce titre. Ce système complexe veut dire la superposition ou la concomitance des principes de la centralisation et de la décentralisation au niveau administratif. Peut-être que cette concomitance ne peut être rencontrée dans tous les pays.

D'après Jean-Marie PONTIER, cette concomitance distingue le système d'organisation administratif français de celui appliqué dans d'autres pays. Cet auteur considère que « le principal obstacle à une harmonisation des concepts français et étrangers en ce domaine vient

---

[1] J. FERSTENBERT, F. PRIET et P. QUILICHINI, *op. cit.*, p. 63.
[2] *Ibid.*, p. 64.
[3] A. GRUBER, *op. cit.*, p. 18.

de la distinction traditionnellement faite en France entre la décentralisation et la déconcentration. Cette distinction, qui paraît évidente et fondamentale pour la majorité de la doctrine ne se retrouve pas toujours dans la doctrine juridique des autres pays. » [1] De plus, « cela est si vrai que cette dualité de notions juridiques n'existe pas partout dans le monde. En d'autres termes, la distinction entre déconcentration et décentralisation, qui nous paraît s'imposer avec la force de l'évidence, ne se retrouve pas dans tous les pays »[2]. Notons que l'État unitaire français n'est pas le seul État qui permet l'application d'un système déconcentré et décentralisé. De même, en s'inspirant du modèle français, l'État unitaire turc a consacré un tel système mixte dans son organisation administrative.

Nous l'avons déjà vu, la déconcentration se distingue de la décentralisation puisqu'elle reste dans le cadre du principe de la centralisation administrative. Donc, il est important de se demander comment ces deux peuvent fonctionner dans la même organisation administrative ?

À ce sujet, la doctrine française estime que même si ces deux notions sont distinctes, elles ne sont pas opposées. Certains auteurs rappellent que « longtemps les deux notions furent opposées ; la déconcentration était souvent considérée comme un substitut à la décentralisation ; ou tout au moins comme un préalable à une possible décentralisation. Les lois de décentralisation allaient inverser ce lien. Les deux notions ne sont désormais plus substituables ; la déconcentration est devenue le corollaire de la décentralisation. »[3]

Il convient de souligner qu'avec la réforme de 1982, la déconcentration a gagné beaucoup en importance. En 1981, Gaston DEFFERRE, Ministre de l'intérieur et de la décentralisation, disait que « la décentralisation doit être complétée par une réforme de la déconcentration des décisions de l'État »[4]. À ses yeux, il était nécessaire

---

[1] J.-M. PONTIER, *L'État et les collectivités locales : la répartition des compétences, op. cit.,* pp. 19-20.

[2] J.-M. PONTIER, « La réforme territoriale et le couple déconcentration-décentralisation », *in* N. KADA (dir.), *De la réforme territoriale à la réforme de l'État*, Presses universitaires de Grenoble, 2011, pp. 271-293, spéc., p. 271.

[3] O. DIEDERICHS et I. LUBEN, *op. cit.,* p. 3.

[4] V. J.O. Déb. A.N., 27 juillet 1981, p. 318, cité dans N. MERLEY, *Conception et administration du territoire en France métropolitaine*, Presses universitaires d'Aix-Marseille, Faculté de droit et de science politique, 1998, p. 173 et note n° 540.

qu'à chaque niveau de décentralisation corresponde un niveau de déconcentration aussi fort.

Selon Jean-Pierre SUEUR, « la déconcentration est le corollaire de la décentralisation. Elle signifie l'adaptation de nos institutions et de notre administration aux exigences de notre temps. »[1] Et la raison de cette concomitance était simple, « il faut qu'il y ait cohérence entre décentralisation et déconcentration, de façon à permettre l'instauration d'un dialogue et d'une coopération encore plus fructueux entre élus des collectivités et représentants locaux de l'État. »[2]

Précisons que le schéma actuel de l'organisation administrative de l'État unitaire français consacre cette dualité. Autrement dit, « l'administration territoriale en France repose donc sur un mélange original de décentralisation et de déconcentration, caractérisé par une très forte présence des services de l'État. »[3] Néanmoins, cette dualité est toujours restée dans la limite de la structure unitaire de l'État. D'ailleurs, la doctrine française admet que « la superposition de l'administration d'État à l'administration décentralisée qui caractérise notre administration, met en œuvre deux techniques de gestion : déconcentration et décentralisation, sans rompre l'unité fondamentale de l'État »[4]. On dit que « communes, départements et régions ont un régime juridique très semblable, fondé sur le « modèle français » combinant décentralisation et déconcentration et renforcé par le caractère unique de la souveraineté. »[5] Donc cette dualité sert à protéger cette structure unitaire de l'État. À cet égard, il faut se demander si la décentralisation pourrait être freinée par la déconcentration ?

Concernant cette dualité[6], Jean-Marie PONTIER donne l'exemple d'« Algol », une étoile double, en soulignant que « dans le cas d'une étoile double la variation apparente de luminosité est due à la rotation

---

[1] De l'« intervention » de Jean-Pierre SUEUR, *in* A. DELCAMP et G. GILBERT, *La décentralisation dix ans après : Actes du colloque organisé au Palais du Luxembourg, [Paris], les 5 et 6 février 1992, op. cit.*, pp. 110-116, spéc., p. 111.

[2] *Ibid.*

[3] A. LARANGÉ, *op. cit.*, p. 3.

[4] A. GRUBER, *op. cit.*, p. 27.

[5] J. GIRARDON, *Les collectivités territoriales*, Paris, Ellipses, 2011, p. 7.

[6] Pour plus de détails sur ce sujet en doctrine française, v. N. KADA, « Déconcentration et décentralisation : une fable contemporaine », *in* S. REGOURD, J. CARLES et D. GUIGNARD (dir.), *Réformes et mutations des collectivités territoriales, op. cit.*, pp. 239-253.

de ces deux étoiles indissociables, de même la déconcentration et la décentralisation ne se peuvent comprendre l'une sans l'autre » [1].

L'auteur estime aussi que la déconcentration et la décentralisation sont « deux notion non séparées »[2]. Même s'il estime que « la terminologie consacre une distinction que confirme l'observation de la réalité administrative: les deux notions de décentralisation et de déconcentration doivent être différenciées, parce qu'elles correspondent à des réalités distinctes »[3], l'auteur rejette l'existence d'une opposition entre ces deux notions, en ajoutant que « la célèbre formule « on n'administre bien que de près », que l'on trouve déjà dans l'exposé des motifs du décret de 1861, et qui correspond aux exigences d'une bonne administration, peut s'appliquer aussi bien à la décentralisation qu'à la déconcentration et ne permet guère de distinguer l'une de l'autre. »[4] À ses yeux, « un examen un peu attentif de la déconcentration et de la décentralisation fait litière de la prétendue opposition entre elles, elle fait apparaître des zones grises, des situations dans lesquelles la distinction s'atténue, voire disparaît, la complexité des cas de figure réels démentant l'apparente et fausse simplicité de l'opposition. »[5]

Précisons aussi que cette dualité a fait l'objet de certaines critiques. Ainsi, Adrien ZELLER se demande « Que faut-il en penser au fond au regard des principes mêmes de la décentralisation ? Déconcentration et décentralisation sont-elles si complémentaires que l'on veut bien le dire ? »[6], avant d'ajouter qu'« une plus grande déconcentration peut conduire, si on n'y prend garde, non pas à accompagner la décentralisation, mais à la doublonner, voire à l'étouffer »[7]. Pour cet auteur, la déconcentration est consacrée pour contrôler la décentralisation. D'après lui « si la décentralisation suppose la dévolution de pouvoirs et de compétences de l'État central à des collectivités locales pourvues d'une autonomie juridique et financière, la déconcentration, elle, est un

---

[1] J.-M. PONTIER, « La réforme territoriale et le couple déconcentration-décentralisation », art. cit., p. 271.
[2] *Ibid.,* p. 272.
[3] *Ibid.*
[4] *Ibid.,* p. 273.
[5] *Ibid.,* p. 279.
[6] A. ZELLER, *op. cit.,* p. 89.
[7] *Ibid.*

mode d'organisation interne qui se borne à transférer certaines prérogatives à des représentants locaux dans les territoires »[1].

Se prononçant sur la dualité de la déconcentration et de la décentralisation en France, Jacques BAGUENARD affirme que « la déconcentration peut être perçue comme le complément indispensable de la décentralisation. Mais, aussi intense soit-elle, la déconcentration demeure, dans ses principes, un aménagement technocratique de la centralisation, non une remise en cause de celle-ci. » [2] Mais, il est nécessaire de se demander, sur ce point, comment peut-on dénommer ce système hybride ? Outre l'État unitaire centralisé et l'État unitaire décentralisé, s'agit-il ici d'une autre variété de cette forme d'État ?

Autour de la question de la concomitance de la déconcentration et de la décentralisation, Jacques CAILLOSSE emploie l'expression la « déconcentralisation »[3] et précise que « rien d'étonnant à ces variations lexicales dès lors que la loi du 6 février 1992 relative à l'« administration territoriale de la République » énonce dès son article 1er que cette dernière « est assurée par les collectivités territoriales et par les services déconcentrés de l'État » »[4].

En définitive, ce système administratif ne correspond ni à la centralisation, ni à la décentralisation, de sorte que « les institutions déconcentrées de l'État et les administrations de collectivités territoriales deviennent les deux composantes nécessaires d'une seule et même « administration territoriale de la République » »[5].

Paragraphe 2. La coexistence de la décentralisation et de la déconcentration en droit turc

Tout comme la doctrine française, la doctrine turque admet que la déconcentration et la décentralisation administrative rapprochent « l'administration des administrés »[6]. Cela étant, il existe « des différences essentielles de nature » entre la décentralisation

---

[1] *Ibid.* V. aussi, N. MERLEY, *op. cit.,* pp. 172-175.

[2] J. BAGUENARD, *op. cit.,* p. 16.

[3] V. sur ce terme, J. CAILLOSSE, *Les "mises en scène" juridiques de la décentralisation : sur la question du territoire [en droit public] français, op. cit.,* p. 57. L'auteur fait référence à ce sujet à Jacques MOREAU, v. p. 57 et note n° 13.

[4] *Ibid.*

[5] *Ibid.*

[6] H. EROĞLU, *op. cit.,* p. 143.

administrative et la déconcentration qui est l'une des modalités de la centralisation administrative[1].

Comme le souligne İbrahim Özden KABOĞLU, si certaines « raisons techniques » sont efficaces pour la déconcentration, pour la décentralisation administrative il est possible de parler de « raisons politiques »[2].

Concernant les différences entre les autorités déconcentrées et les collectivités territoriales décentralisées, Kemal GÖZLER précise que contrairement aux premières, les secondes jouissent d'une personnalité morale de droit public distincte de l'État central. Aussi, les collectivités territoriales bénéficient d'un budget propre et distinct, à la différence des autorités déconcentrées. De plus, les agents des autorités déconcentrées sont désignés par l'État central, alors que les organes des collectivités territoriales sont élus. Enfin, si les autorités déconcentrées sont soumises à un pouvoir hiérarchique, les collectivités territoriales décentralisées sont soumises à un contrôle de tutelle, selon le droit turc[3]. Donc, l'on peut dire que cette distinction est similaire à celle opérée en droit français, sauf en ce qui concerne la tutelle, puisqu'en droit français les collectivités territoriales sont soumises à un « contrôle administratif ».

À la lumière de ces explications, l'on peut dire qu'il existe une importante différence du point de vue des pouvoirs exercés dans le cadre de ces deux systèmes, dans la mesure où la déconcentration ne permet qu'une délégation de pouvoirs aux autorités déconcentrées qui exercent ces pouvoirs « au nom de l'État », et la décentralisation administrative, quant à elle, prévoit une autonomie administrative qui permet aux autorités décentralisées de prendre ses propres décisions « au nom des habitants de la localité »[4].

---

[1] S. S. ONAR, *İdare hukukunun umumi esasları*, *op. cit.*, p. 465. Sur le même sujet, v. H. EROĞLU, *op. cit.*, p. 143 ; İ. Ö. KABOĞLU, *Anayasa hukuku dersleri : (genel esaslar)*, *op. cit.*, p. 122. Ce dernier estime que cette différence ne peut pas être considérée comme une différence de degré, mais plutôt comme une différence de nature.

[2] İ. Ö. KABOĞLU, *Anayasa hukuku dersleri : (genel esaslar)*, *op. cit.*, p. 121.

[3] K. GÖZLER, *Anayasa hukukunun genel teorisi*, *op. cit.*, pp. 482-483.

[4] V. sur cette question, S. S. ONAR, *İdare hukukunun umumi esasları*, *op. cit.*, p. 465. Sur le même sujet, v. H. EROĞLU, *op. cit.*, p. 143 ; İ. Ö. KABOĞLU, *Anayasa hukuku dersleri : (genel esaslar)*, *op. cit.*, p. 122 ; İ. GİRİTLİ, *op. cit.*, p. 13 ; İ. GİRİTLİ, P. BİLGEN et T. AKGÜNER, *op. cit.*, p. 186.

Comme en France, en Turquie la déconcentration et la décentralisation administrative sont différentes. Et, l'on constate que dans ces deux pays, il existe une coopération entre ces deux mécanismes différents.

Sur ce point, İbrahim Özden KABOĞLU précise que « même s'il s'agit d'une évolution vers un système administratif qui donne la priorité à la décentralisation dans les États unitaires aujourd'hui, il faut admettre aussi que le système de la déconcentration n'est pas évité »[1]. D'ailleurs, d'après lui, il est possible de dire qu'on peut obtenir un profit de l'existence d'un tel système administratif déconcentré concurrent avec le système administratif décentralisé[2]. Autrement dit, cette concomitance permet de construire un système équilibré qui comprend ces deux modalités d'organisation administrative[3].

En effet, la Constitution turque prévoit un système administratif décentralisé et déconcentré. Ainsi, l'article 127 intitulé « *Administrations locales* » est consacré à l'organisation des collectivités territoriales, et l'article 126 alinéa 2 précise que « *l'administration des départements est fondée sur le principe de la déconcentration* »[4].

Selon Erdoğan TEZİÇ, ces deux articles expliquent, en effet, que lorsque la consécration des collectivités décentralisées écarte les inconvénients du principe de la centralisation administrative, l'on arrive à un système déconcentré équilibré ne portant pas atteinte à l'unité de l'administration[5].

Comme nous l'avons déjà précisé, sous le titre du principe de la centralisation, l'on peut dire que le principe de la centralisation s'applique dans toute l'organisation administrative de l'État unitaire turc. Et la Constitution turque consacre un système déconcentré qui constitue une modalité de la centralisation administrative au niveau des

---

[1] İ. Ö. KABOĞLU, *Anayasa hukuku dersleri : (genel esaslar)*, *op. cit.*, p. 121.

[2] *Ibid.* L'auteur cite l'exemple des régions françaises, ainsi que les autorités déconcentrées et celles décentralisées qui peuvent fonctionner en accord dans l'État unitaire français.

[3] *Ibid.*

[4] La consécration constitutionnelle du principe précité est ancienne. Nous avons déjà précisé que l'article 108 de la Constitution de 1876 précisait aussi que « *l'administration des départements est basée sur les principes de la déconcentration et de la séparation des fonctions* (décentralisation) ». Concernant les débats sur les principes consacrés dans cet article, v. B. A. GÜLER, *Türkiye'nin yönetimi : yapı*, *op. cit.*, pp. 250-252.

[5] E. TEZİÇ, *op. cit.*, p. 127.

départements. À cet égard, l'on peut déduire que l'organisation administrative de l'État unitaire turc consacre les principes de la déconcentration et de la décentralisation, comme c'est le cas en France.

En somme, l'État français et l'État unitaire turc ont adopté un système administratif mixte qui englobe la déconcentration et la décentralisation. Cependant, le fort centralisme dans l'organisation administrative turque pose toujours des difficultés pour la mise en œuvre d'une vraie réforme en droit positif de cet État dans le cadre du système administratif décentralisé.

CONCLUSION DE LA PREMIÈRE PARTIE

Dans le cadre de cette première partie, nous avons tenté de démontré que la mutation de l'État unitaire permet l'existence des différentes variations de cette forme d'État. Nous avons également constaté que la centralisation est un principe indéniable « au niveau politique » dans tous les États unitaires. Quant à l'organisation administrative, l'on a relevé qu'il existe différents modes d'organisation. Un État unitaire peut être centralisé ou décentralisé. Aussi, l'on peut trouver un système mixte appelé semi-décentralisé ou semi-centralisé résultant de la concomitance du principe de la centralisation et de la décentralisation. Cependant, tous ces différents modes ne concernent que l'organisation administrative. Ainsi, est-il clair que la décentralisation ne peut résider qu'au niveau administratif dans l'État unitaire.

DEUXIÈME PARTIE

Décentralisation et régionalisation en droits positifs français et turc

Dans le cadre de notre étude de l'État unitaire, nous avons étudié la décentralisation sous les chapitres précédents, et nous avons démontré que la décentralisation est l'un des événements les plus importants ayant permis la mutation de la structure unitaire de l'État au niveau administratif. Sous cette partie, nous allons voir qu'en droit positif les réformes de la décentralisation ont opéré la mutation de la structure unitaire « typique » ou « classique » vers une structure unitaire « atypique » ou « moderne », sans transformer la forme de l'État.

Toutefois, il faut souligner que « cette décentralisation, malgré ces caractéristiques de base communes, est très variable d'un État unitaire à un autre. L'étendue et la nature des compétences transférées, le degré et la nature du contrôle pratiqué par les organes centraux (contrôle d'opportunité ou de légalité, *a priori* ou *a posteriori*, administratif ou juridictionnel) ainsi que l'importance des ressources propres sont autant de critères permettant d'aller d'une décentralisation minimale à un quasi-fédéralisme. »[1] De sorte que plusieurs États unitaires se sont transformés en une nouvelle forme d'État par une très forte décentralisation régionale (régionalisation) en dépassant les limites de la décentralisation « administrative » et en attribuant le pouvoir législatif vers ses entités infra-étatiques. Donc, la transformation de la structure étatique unitaire par la régionalisation « politique » confirme, en même temps, l'idée essentielle de la nécessite de l'unité du pouvoir législatif en tant que condition *sine qua non* pour la forme d'État unitaire.

Dans ce cadre, nous allons étudier, tout d'abord, le processus de la décentralisation en droit positif français (**Chapitre 1**). Ensuite, nous traiterons de la décentralisation turque, entre consécration constitutionnelle et ambiguïté au niveau législatif (**Chapitre 2**). Enfin, il conviendra d'aborder le sujet de la régionalisation (la décentralisation régionale) dans l'État unitaire (**Chapitre 3**).

---

[1] A.-M. LE POURHIET, *op. cit.*, pp. 19-20.

CHAPITRE 1
Le processus de la décentralisation en droit positif français

Il convient de rappeler que le mouvement de la décentralisation n'a pas débuté en 1982 en France. En réalité, il existe plusieurs « grandes dates de la décentralisation »[1], avant et après cette date. Mais, notre étude s'intéressera seulement à trois périodes apparentes et, dans la mesure où il nous est impossible d'indiquer tous les apports de ces réformes dans l'organisation administrative française, nous allons traiter de ces réformes du point de vue de la forme d'État unitaire. De cette manière, nous allons voir que même s'il y a eu plusieurs changements structurels, certaines limites de cette forme d'État qu'on dit unitaire persistent encore.

Dans ce qui suit, il sera d'abord question de la réforme de 1982-1986 par rapport à la structure unitaire de l'État français (**Section 1**). Il conviendra ensuite d'aborder la réforme de 2003 et de traiter les effets de la constitutionnalisation de la décentralisation dans cet État (**Section 2**). Et nous allons enfin examiner le processus depuis 2010 (**Section 3**).

Section 1
La réforme de 1982-1986 autour de la structure unitaire de l'État français

Selon Arnaud HAQUET, « dans une perspective positiviste, il est tout à fait possible d'affirmer que le concept d'État unitaire doit être réinterprété au regard de l'évolution du droit de la décentralisation. »[2] Il convient de dire donc que les réformes de la décentralisation suscitent non seulement une évolution du concept de la décentralisation, mais aussi une mutation de la structure étatique. D'ailleurs, l'on constate que l'État unitaire français, depuis les lois de décentralisation de 1982, est en « pleine mutation », de sorte qu'il s'agit d'une transition de l'État unitaire semi-décentralisé à un État unitaire décentralisé par la réforme de 1982-1986.

---

[1] Pour un schéma bref et utile, v. M. VERPEAUX et C. RIMBAULT, *op. cit.*, p. 12 et suiv., sous le titre : « Les grandes dates de la décentralisation ».
[2] A. HAQUET, *op. cit.*, p. 147.

En fait, la décentralisation dans l'État unitaire français n'est pas apparue avec la loi du 2 mars 1982[1], relative « aux droits et libertés des communes, des départements et des régions », appelée en doctrine « l'acte I de la décentralisation »[2]. Cela étant dit, cette loi a apporté un grand changement à la décentralisation, dans la mesure où elle a opéré un vrai transfert de pouvoirs et de compétences vers les collectivités locales sans pour autant impacter leurs structures et organisations.

Il faut rappeler aussi les lois du 7 janvier 1983 et du 22 juillet 1983 relatives à « la répartition des compétences entre les communes, les départements, les régions et l'État »[3], qui ont assuré les premiers transferts de compétences vers les collectivités territoriales. Ainsi, l'on constate que « la région est plutôt une collectivité tournée vers l'avenir puisqu'elle est principalement chargée du développement économique et de l'aménagement du territoire. Le département peut être perçu comme une collectivité gestionnaire dont la compétence fondamentale est l'aide et l'action sanitaire et sociale. Enfin, la commune demeure la collectivité de proximité ; elle offre des services quotidiens aux habitants et se préoccupe de l'urbanisme. »[4]

Par ailleurs, le statut du personnel chargé de mettre en œuvre la décentralisation a été déterminé par la loi du 26 janvier 1984[5], et l'on peut dire, à ce propos, que la fonction publique territoriale a été instaurée grâce à cette loi.

Dans le cadre de la réforme de la décentralisation, l'on constate qu'il existe plusieurs textes juridiques dans cette période, mais le plus important est la loi du 2 mars 1982 relative aux droits et libertés des communes, des départements et des régions, qui a demeuré l'une des plus grandes réformes institutionnelles en France et a constitué le point

---

[1] Loi n° 82-213 du 2 mars 1982 relative aux droits et libertés des communes, des départements et des régions, *JORF* du 3 mars 1982, p. 730.

[2] J. BAGUENARD, *op. cit.*, p. 19 ; J. GIRARDON, *op. cit.*, p. 14 ; M. VERPEAUX et C. RIMBAULT, *op. cit.*, pp. 9, 13 et 42 ; N. FERREIRA, *Le devenir des collectivités territoriales*, Paris, Gualino, 2012, p. 154.

[3] Loi n° 83-8 du 7 janvier 1983, relative à la répartition de compétences entre les communes, les départements, les départements, les régions et l'État, *JORF* du 9 janvier 1983, p. 215 ; Loi n° 83-663 du 22 juillet 1983 complétant la loi n° 83-8 du 7 janvier 1983, relative à la répartition des compétences entre les communes, les départements, les régions et l'État, *JORF* du 23 juillet 1983, p. 2286.

[4] N. DANTONEL-COR, *op. cit.*, p. 17.

[5] Loi n° 84-53 du 26 janvier 1984 portant dispositions statutaires relatives à la fonction publique territoriale, *JORF* du 27 janvier 1984, p. 441.

de départ d'autres textes complémentaires. Par ailleurs, la loi de 1982, qui est un « véritable texte fondateur de la réforme décentralisatrice, a redéfini l'identité des acteurs »[1].

En réalité, il convient de préciser qu'il existe plusieurs changements au niveau local non seulement en France, mais aussi dans plusieurs États en Europe dans les années 80. À ce sujet, certains auteurs pensent que « par rapport aux évolutions territoriales qui ont marqué les années 80 dans la plupart des grands pays de la Communauté, la décentralisation française apparaît, à cet égard, des plus timides. »[2]

Pour sa part, Gérard MARCOU estime qu'« un regard au dehors de nos frontières suffit pour s'apercevoir que les collectivités locales des autres pays européens donnent lieu également à de nombreuses réformes - ou projets de réforme, car tous n'aboutissent pas mais témoignent d'interrogations et de remises en cause. »[3]

Précisons, en effet, que les exemples ne sont pas limitatifs. Pendant cette période, certains pays européens, « dotés d'une organisation institutionnelle héritée du modèle administratif français (comme la Belgique ou l'Italie), se sont engagés résolument sur la voie d'un changement de *nature* de l'État (la transformation de la Belgique en État fédéral et de l'Italie en État régional) »[4]. Malgré de tels changements dans les autres pays, « le mouvement de décentralisation ne s'est inscrit en France que dans une logique de réaménagement interne à l'État centralisé, respectueuse de sa constitution unitaire. »[5]

Jean-Marc OHNET soutient que « la remise en cause du principe de l'application uniforme de la loi sur l'ensemble du territoire national (et donc la question d'une éventuelle multiplication de statuts territoriaux particuliers, adaptés à la diversité des réalités locales) n'est apparue que récemment, et fort timidement, dans le débat public et demeure une question tabou »[6].

---

[1] J. BAGUENARD, *op. cit.*, pp. 24-25.
[2] J.-M. OHNET, *op. cit.*, p. 10.
[3] G. MARCOU, « Les collectivités locales en Europe : Réformes et continuités », art. cit., p. 313. Sur la question des collectivités territoriales en Europe, v. également, G. MARCOU, « Les collectivités locales dans les constitutions des États unitaires en Europe », *in Les Nouveaux Cahiers du Conseil constitutionnel*, 2014/1, n° 42, pp. 63-87, disponible sur le lien : https://www.cairn.info/revue-les-nouveaux-cahiers-du-conseil-constitutionnel-2014-1-page-63.htm
[4] J.-M. OHNET, *op. cit.*, p. 11.
[5] *Ibid.*
[6] *Ibid.*

Toutefois, l'on ne peut pas ignorer le grand changement de l'organisation étatique qu'a connu la France grâce aux réformes mises en place entre 1982 et 1986. Donc, il faut se demander si la République française a dépassé les limites de l'État unitaire ? Ou bien ce changement étatique a-t-il permis le passage d'un État unitaire « classique » ou « typique » à un État unitaire « moderne » ou « atypique », sans transformer la structure unitaire ?

L'on peut dire, à ce sujet, qu'« adoptées à partir de 1982, les « lois Defferre » (ministre de l'intérieur et de la Décentralisation de l'époque) correspondent à la volonté politique de la gauche, alors au pouvoir, de réaliser une profonde décentralisation de l'administration française. »[1] En faisant référence à l'article 3 de la Déclaration des droits de l'homme et du citoyen, qui pose le principe de la souveraineté nationale, Michel DEBRÉ - ancien premier ministre – précisait que « c'est ce texte fondamental qui différencie la décentralisation et le démembrement. La décentralisation s'arrête où commence l'exercice de la souveraineté nationale. Le démembrement commence lorsque l'exercice de la souveraineté nationale devient impossible »[2].

Nous pensons que les réformes de décentralisation de 1982-1986 et le nouveau système établi en France à partir de la loi du 2 mars 1982 ne peuvent pas être comparés avec le démembrement. Néanmoins, l'on admet que la loi du 2 mars 1982, relative aux droits et libertés des communes, des départements et des régions a bien suscité un profond bouleversement de la répartition des pouvoirs au profit des acteurs locaux. En effet, il faut admettre qu'à partir de cette date, « le territoire n'est plus administré par l'État à titre principal. Les lois décentralisatrices qui se sont succédé depuis 1982 donnent aux collectivités territoriales de larges possibilités d'action »[3].

D'après Jacques CHEVALLIER, « la réforme de 1982 modifie profondément la position de l'État dans le système d'organisation territoriale. »[4] Donc, l'on peut dire que le changement de la position de l'État dans le système administratif territorial modifie la relation entre l'État et les collectivités territoriales. Le même auteur estime que « la

---

[1] M. VERPEAUX et C. RIMBAULT, *op. cit.,* pp. 8-9.

[2] L'expression de Michel DEBRÉ citée par R. DEBBASCH, *Le principe révolutionnaire d'unité et d'indivisibilité de la République : essai d'histoire politique, op. cit.,* p. 415 et note n° 30.

[3] N. MERLEY, *op. cit.,* p. 134.

[4] J. CHEVALLIER, « Rapport introductif », préc., p. 106.

réforme a entraîné la transformation des modes de relations entre l'État et les collectivités locales » et qu'« on a quitté l'ancien contexte de dépendance qui caractérisait traditionnellement en France ces relations : non seulement les collectivités locales se sont emparées résolument des nouvelles compétences qui leur étaient transférées, mais encore la construction de véritables politiques locales »[1].

Une série de questions se pose : comment cette réforme a opéré le changement dans la relation entre l'État et les collectivités ? Quels sont les points essentiels affectés ? Et comment s'insère ce nouveau système dans la structure unitaire de l'État ?

Pour notre étude de l'État unitaire, on peut évoquer trois points essentiels dans le cadre de la réforme de 1982 : la suppression de la tutelle administrative et financière sur les collectivités territoriales, le transfert de l'exécutif départemental et régional au profit d'un élu local, et la transformation de la région en collectivité territoriale.

Sur ce point, la réforme de 1982 a mis fin au système classique de la tutelle et l'a remplacé par un nouveau mécanisme, en l'occurrence « le contrôle administratif ». En réalité, même si le préfet n'exerce plus de contrôle *a priori* et sur l'opportunité des actes des collectivités, un contrôle *a posteriori* existe toujours, mais uniquement sur légalité de ceux-ci. Donc, le préfet ne peut saisir que le tribunal administratif dans un délai de deux mois pour l'annulation d'un acte illégal.

Il convient de rappeler qu'avant la réforme de 1982, le préfet exerçait une tutelle administrative et financière directe sur les actes des collectivités locales et disposait du pouvoir d'annuler les actes des autorités locales jugés illégaux ou inopportuns. Autrement dit, il s'agissait d'une tutelle *a priori* sur ces actes avant qu'ils ne deviennent exécutoires.

Cependant, depuis la loi de 1982, le préfet ne peut plus statuer en opportunité quant à la conformité des actes locaux. En effet, la loi de 1982 a retiré entièrement le pouvoir d'annuler du préfet, et il ne peut que déférer les actes des autorités au tribunal administratif. Ainsi, le contrôle se limite désormais à l'appréciation de la seule légalité, à charge pour le juge administratif, saisi par le préfet d'un acte estimé illégal.

Mais, s'agit-il ici, d'une suppression de la tutelle par la réforme de 1982 ou de la mise en place d'une tutelle *a posteriori* ?

---

[1] *Ibid.*, p. 107.

Pour répondre à cette question, certains auteurs jugent qu'« il convient de se garder de tirer une conclusion trop hâtive de l'intitulé de la loi de 1982, en affirmant qu'une tutelle légère s'est substituée à une tutelle pesante. En effet, la loi n'a fait que prolonger l'évolution antérieure dans le sens d'une limitation du contrôle de tutelle, mais en aucun cas elle ne le supprime, ce qui serait d'ailleurs contraire à la Constitution. Allégée, la tutelle subsiste, assurée par les préfets de département et par les préfets de région. »[1]

En effet, l'on peut constater qu'il s'agit d'un « allègement » de la tutelle administrative par la réforme de 1982, mais l'important est de savoir s'il y a un « allégement simple », qui nous offre la possibilité d'affirmer que la tutelle perdure toujours malgré cette réforme, ou s'il faut admettre qu'il s'agit d'un « allégement réel » ?

Certains auteurs pensent qu'il s'agit d'un « allégement sensible de la tutelle »[2] et que « la loi du 2 mars 1982 restreint sensiblement le champ d'application du contrôle de légalité, en dressant la liste des actes dont la transmission à l'autorité de tutelle est obligatoire en raison de leur importance particulière : actes unilatéraux (délibérations, arrêtés réglementaires...) ou contrats (marchés, contrat d'emprunts...). »[3] De plus, il faut ajouter qu'« avant de saisir le tribunal (ce qu'il peut faire dans les deux mois) le préfet est dans l'obligation d'informer les collectivités, par une lettre d'observation des illégalités qu'il aura décelées. Cette disposition a pour objet de favoriser le dialogue entre représentant de l'État et les collectivités qu'il contrôle. »[4]

Rappelons, à ce propos, que la loi de 2 mars 1982 prévoit que « les actes des collectivités locales sont exécutoires de plein droit ». Toutefois, cette disposition a été déclarée non conforme à l'article 72 de la Constitution par le Conseil constitutionnel dans sa décision du 25 février 1982, n° 82-137 DC, et une modification a été introduite par la loi du 22 juillet 1982[5] qui impose la transmission en préfecture des actes

---

[1] J.-L. BOEUF et M. MAGNAN, *op. cit.,* p. 45.

[2] C. COUINTET-HAUTIER, « La mise en œuvre de la décentralisation », *in* M.-L. PAVIA (dir.), *Les transferts de compétences aux collectivités territoriales : aujourd'hui et demain ?*, Paris, L'Harmattan, 2010 pp. 70-75, spéc., p. 70.

[3] *Ibid.*

[4] *Ibid.*

[5] Loi n° 82-623 du 22 juillet 1982 modifiant et complétant la loi n° 82-213 du 2 mars 1982 relative aux droits et libertés des communes, des départements et des régions et précisant les nouvelles conditions d'exercice du contrôle administratif sur les actes des

les plus importants, afin que le préfet puisse être utilement informé et vérifier leur conformité à la légalité.

À notre sens, la réforme a assuré « un allégement réel »[1] de la tutelle administrative puisque « la réforme opérée par la loi générale du 2 mars 1982 modifiée poursuit deux objectifs simultanés, à savoir l'interdiction du contrôle d'opportunité et la suppression du contrôle *a priori,* lesquels contribuent plus généralement à la réduction du contrôle non juridictionnel. »[2]

Suivant le raisonnement de Jacques CAILLOSSE, l'on peut dire qu'« avec l'entrée en vigueur de la loi du 2 mars 1982, c'est le climat juridique qui change. Et la juridiction administrative s'y montre au total fort sensible. Elle prend volontiers appui sur cette nouvelle donne pour justifier des décisions locales qu'en d'autres temps elle aurait sans doute annulées »[3], et que l'objectif de ce changement était de surmonter le problème de contrôle d'opportunité. Ainsi, « le juge administratif n'est en effet que le juge du droit. Il ne saurait, en conséquence, étendre son contrôle sur le terrain de l'opportunité, sauf à se transformer lui-même en administrateur, méconnaissant ce faisant le principe constitutionnel de la séparation des pouvoirs. »[4]

En clair, la réforme a contribué au développement local s'agissant du nouveau système administratif territorial, et « la suppression de la tutelle s'inscrit dans la logique de la réforme qui vise l'affirmation d'une plus large autonomie locale. » [5]

L'analyse de la nouvelle terminologie permet de remarquer que la modification du terme de la tutelle préfectorale *a priori* par un contrôle juridictionnel de légalité *a posteriori* révèle que « les collectivités locales deviennent des personnes majeures pouvant exercer pleinement leurs droits et non des incapables majeurs ou des mineurs qu'il conviendrait de maintenir sous tutelle. »[6]

---

autorités communales, départementales et régionales, *JORF* du 23 juillet 1982, p. 2347.

[1] O. GOHIN *et al.*, *op. cit.,* p. 556.

[2] *Ibid.*

[3] J. CAILLOSSE, *Les "mises en scène" juridiques de la décentralisation : sur la question du territoire [en droit public] français*, *op. cit.,* p. 42.

[4] O. GOHIN *et al.*, *op. cit.,* p. 556.

[5] J. MONTAIN-DOMENACH et C. BREMOND, *Droit des collectivités territoriales*, Grenoble, Presses universitaires de Grenoble, 2007, p. 34.

[6] J. BAGUENARD, *op. cit.,* p. 59.

Vis-à-vis de cette situation, l'on peut dire que cette réforme a démontré que « la relation entre l'administration d'État et l'administration décentralisée n'est pas une relation d'ordre ou de commandement, une relation de ce type supprime toute autonomie »[1]. En revanche, si on analyse ce sujet dans le cadre de l'étude de l'État unitaire, l'on ne peut pas omettre qu'une « surveillance de l'État » persiste toujours. Ainsi, cette réforme n'a pas modifié la « relation de surveillance destinée à éviter la rupture de l'unité nationale et l'éclatement en fédéralisme »[2].

Rappelons que « le rôle de cette surveillance est d'assurer la cohérence globale de l'administration nationale. Jusqu'en 1982, cette surveillance était définie par la tutelle, qui permettait au représentant de l'État d'exercer un large contrôle sur les actes des collectivités locales dans le cadre des lois : contrôle *a priori* et *a posteriori,* de légalité et d'opportunité. La loi du 2 mars 1982 a profondément modifié le cadre de cette surveillance en supprimant le contrôle de l'opportunité. »[3]

Donc, dire que la réforme de 1982 vise une plus large autonomie pour les collectivités territoriales ne signifie pas « que l'État soit désormais placé hors du jeu local et privé de tout moyen d'influence sur les stratégies locales »[4] puisque « l'État a conservé, par le biais du contrôle administratif et financier, un droit de regard et un pouvoir de supervision sur la gestion locale. »[5]

Il en résulte que la réforme de 1982 était un carrefour pour l'État unitaire français. En effet, même si l'État assure encore une surveillance sur la gestion locale et garde toujours son pouvoir de supervision par le contrôle administratif, il faut admettre que la décision définitive sur les actes des collectivités décentralisée – en cas de contrôle - n'appartient qu'au juge, donc un agent de l'État central ne peut pas l'exercer.

Précisons, à ce sujet, que cette transformation de la relation entre l'État et les collectivités locales concerne bien le statut du préfet. Ainsi, cette réforme a suscité un grand changement sur le rôle du préfet, puisque ce dernier a perdu son pouvoir de contrôle de tutelle administrative sur les actes des collectivités décentralisées.

---

[1] A. GRUBER, *op. cit.,* p. 25.

[2] *Ibid.*

[3] *Ibid.,* p. 26.

[4] J. CHEVALLIER, « Rapport introductif », préc., p. 107.

[5] *Ibid.*

Abordant le sujet, Jacques CAILLOSSE estime que « la situation ouverte par la loi du 2 mars 1982 obéissait à une volonté politique de décentralisation qui s'énonçait ainsi : en substituant aux tutelles préfectorales un contrôle juridictionnel (à la demande du représentant de l'État ou de toute personne intéressée) on abandonne un modèle institutionnel qui mettait le préfet en situation de pouvoir agir librement »[1]. Il convient de dire que « le préfet, représentant de l'État, est devenu un intermédiaire: il ne tranche pas quant à la légalité d'un acte, il saisit ou non le tribunal administratif et se transforme ainsi en autorité de saisine. »[2]

En réalité, l'on constate que la suppression du pouvoir de contrôle de tutelle du préfet n'était pas le seul changement ayant touché son statut. Comme nous l'avons déjà indiqué au-dessus, la réforme de 1982 a prévu aussi le transfert de l'exécutif départemental et régional au profit d'un élu local. C'est-à-dire que le préfet a perdu, en même temps, sa position en tant que détenteur du pouvoir exécutif dans les départements et les régions.

On voit que la réforme a entrainé « la fin du système de l'exécutif d'État et la constitution de véritables services dans les départements et les régions »[3]. Ainsi, avant 1982, le préfet assurait l'exécution des décisions du conseil général et après cette date, cette fonction a été attribuée au président du conseil général (départemental, aujourd'hui) dans les départements. Le département était une collectivité territoriale avant la réforme de 1982, parce qu'il avait un organe délibérant élu au suffrage universel direct appelé conseil général, mais depuis cette réforme de 1982, il est devenu une collectivité de « plein exercice ». Cette réforme a prévu que le président du conseil général est élu parmi les membres du conseil général. C'est-à-dire que les mesures prises par le conseil général (départemental, aujourd'hui) ne sont plus exercées par un agent désigné par l'État central, mais par agent un « élu », en l'occurrence le chef de l'administration départementale.

Quant à la région, même si le pouvoir exécutif a été transféré immédiatement aux régions avec la loi de 1982, il fallu attendre 1986, date à laquelle la région est devenue une vraie collectivité territoriale puisque les conseillers régionaux devraient être élus au suffrage universel.

---

[1] J. CAILLOSSE, *Les "mises en scène" juridiques de la décentralisation : sur la question du territoire [en droit public] français*, *op. cit.*, p. 71.
[2] J. BAGUENARD, *op. cit.*, p. 59.
[3] J. CHEVALLIER, « Rapport introductif », préc., p. 106.

Force est de constater que la loi de 1982 a réduit les pouvoirs du préfet dans l'organisation décentralisée et a transféré la fonction exécutive des régions et des départements à « des autorités élues » (au président du conseil régional et au président du conseil général). L'objectif était de favoriser la démocratie locale et la participation des citoyens à la gestion de l'administration locale. Ainsi, comme le souligne bien Jean-Bernard AUBY, « on a souvent dit que les réformes des années 1980 avaient été faites « pour les élus ». Certains ont même ajouté : pour les « grands » élus. Assez rapidement, cependant, s'est imposée l'idée selon laquelle il fallait aussi renforcer le fonctionnement démocratique des institutions locales, en donnant davantage la parole aux citoyens, comme en accroissant les droits de l'opposition dans les assemblées locales. »[1]

L'on peut dire donc que le transfert de la fonction exécutive du préfet au profit des « autorités élues » a constitué une « rupture avec l'une des caractéristiques traditionnelles de l'administration locale garantit une séparation plus nette entre pouvoir déconcentré et autorités locales et modifie les conditions du système *politico-administratif local,* en favorisant une plus large indépendance des acteurs locaux vis-à-vis de l'autorité préfectorale. »[2]

En somme, ce transfert était l'un des grands changements opérés par la réforme de 1982 touchant la relation entre l'État et les collectivités décentralisées, de sorte que l'organisation de l'administration territoriale de l'État a pris sa nouvelle forme par cette réforme au niveau législatif.

Il convient de souligner que « la loi du 2 mars 1982 transfère le pouvoir exécutif du préfet au président de conseil général sans modification constitutionnelle. »[3]

À ce sujet, certains auteurs estiment que « la méthode mise en œuvre par le nouveau ministre de l'intérieur, Gaston Defferre, se veut pragmatique. L'expérience a clairement montré qu'il était impossible de procéder par voie de réforme trop ambitieuse et qu'il était nécessaire d'obtenir préalablement l'adhésion des élus locaux. La voie constitutionnelle n'est pas évoquée et la réforme est confiée au législateur. »[4]

---

[1] J.-B. AUBY, *op. cit.*, p. 93.

[2] J. MONTAIN-DOMENACH et C. BREMOND, *op. cit.,* p. 33.

[3] T. FRINAULT, *Le pouvoir territorialisé en France*, Rennes, Presses universitaires de Rennes, 2012, p. 72.

[4] J. MONTAIN-DOMENACH et C. BREMOND, *op. cit.,* p. 32.

Voyons maintenant la troisième innovation majeure de la réforme de 1982, à savoir la transformation de la région en collectivité territoriale.

Avant la réforme de 1982, la région était non seulement une circonscription administrative, mais aussi une personne morale décentralisée en tant qu'établissement public depuis la loi du 5 juillet 1972. Et la loi de 1982 a assuré sa transformation en collectivité territoriale de plein exercice. Cependant, l'on peut dire que la région a gagné son autonomie administrative en 1986. En effet, la première élection de l'assemblée délibérante, du conseil régional au suffrage universel direct a été organisée le 16 mars 1986.

Précisons que nous allons étudier la région en tant que collectivité territoriale dans un autre chapitre séparé sous le titre de la régionalisation (décentralisation régionale)[1]. Ici, nous abordons la modification législative opérée par la réforme de la décentralisation de 1982 dans le cadre de notre étude de l'État unitaire.

À ce propos, il convient de préciser qu'« au nom du principe d'unité et d'indivisibilité, plusieurs parlementaires de l'opposition se sont opposés, en 1981, au projet de décentralisation présenté par la nouvelle majorité d'alors. »[2]

En réalité, la réforme de 1982 n'était pas la première tentative afin que la région soit une collectivité territoriale de plein exercice. Ainsi, avant la réforme de 1982, l'on constate que le référendum de 1969 sur la transformation des régions en collectivités territoriales de plein exercice a abouti à un échec à cause des hésitations parmi le peuple.

Précisons que la réforme de 1982 était une réponse à l'échec du referendum de 1969. Ainsi, « le grand mérite de la loi Defferre est en réalité tout autre. Ce mérite est de constituer un geste fort à travers un texte éminemment politique qui entend marquer une rupture franche avec les hésitations, les atermoiements et les ambiguïtés que les majorités précédentes avaient cru devoir entretenir trop longtemps à la suite de l'échec du texte référendaire de 1969 sur la transformation des régions en collectivités territoriales de plein exercice »[3].

Dès lors, l'on peut dire que les changements opérés par la réforme de 1982 ont permis la transition d'un système administratif beaucoup plus centralisé – notamment si l'on prend en compte le système ancien

---

[1] Deuxième partie, Chapitre 3.

[2] R. DEBBASCH, *Le principe révolutionnaire d'unité et d'indivisibilité de la République : essai d'histoire politique*, *op. cit.*, p. 415.

[3] O. GOHIN *et al.*, *op. cit.*, p. 547.

dans lequel les collectivités locales étaient directement soumises à l'État central — à un système administratif décentralisé.

Donc, même si nous avons déjà précisé au début de cette section qu'en France la décentralisation n'est pas apparue en 1982, l'on constate que la réforme de 1982 a établi des piliers nécessaires pour une organisation administrative décentralisée dans l'État unitaire français.

Une partie de la doctrine française estime que la loi du 2 mars 1982 a non seulement renforcé l'autonomie des collectivités locales mais a mis en place de « nouveaux principes institutionnels [introduisant] une rupture avec la logique antérieure. »[1]

Toutefois, l'on doit dire que ce qui a été affecté par cette réforme, ce n'était pas la forme d'État mais « le centralisme ». Donc, cette réforme n'a pas affecté la structure unitaire de l'État, elle a visé uniquement le centralisme fort. En effet, certains auteurs rappellent que « la loi de 1982, qui conserve le cadre d'un État unitaire, brise définitivement la structure centralisée qui était, au plan intérieur la traduction du principe de souveraineté absolue de l'État »[2].

En réalité, l'on peut admettre que « comme l'observait avec pertinence le rapport *Vivre-ensemble* (…) la centralisation n'est pas réductible à un ensemble d'institutions et de normes qu'il serait possible d'abolir par loi ou par décret ; « *elle constitue un phénomène historique, qui ne procède plus depuis longtemps d'une volonté politique consciente et délibérée, mais qui forme système* » »[3].

Mais, l'on constate en même temps que « la réforme portant décentralisation semblait indispensable aux dysfonctionnements induits par un trop grand centralisme de l'appareil administratif et mis en avant dans le rapport « Vivre ensemble » rédigé en 1976 à la demande de Valéry Giscard d'Estaing, alors président de la République. »[4]

D'ailleurs, la réforme de 1982 n'était pas autre chose que l'affirmation au niveau législatif d'une volonté du changement proclamée par le rapport « Vivre ensemble ». Ainsi, « la nécessité de transférer des compétences à des entités locales autonomes par rapport à l'État, d'ériger une diversité de centres de décision pour mieux répondre aux besoins de la population, [a abouti] au vote de la loi du 2

---

[1] J. MONTAIN-DOMENACH et C. BREMOND, *op. cit.*, p. 32.

[2] N. BAVEREZ, « La décentralisation, l'Europe et l'État », p. 138, cité par N. MERLEY, *op. cit.*, p. 146 et note n° 451.

[3] A. ZELLER, *op. cit.*, p. 221 et note n° 3.

[4] N. FERREIRA, *op. cit.*, p. 8.

mars 1982 relative aux « droits et libertés des communes, des départements et des régions », instaurant la décentralisation. »[1] Et donc, « la décentralisation de 1982 a donné un grand coup de boutoir à l'État centralisé »[2].

L'on peut constater, à ce sujet, que la suppression de la tutelle administrative et l'aménagement du contrôle de légalité avaient pour objectif de rompre avec une centralisation forte. Ainsi, Jean-Bernard AUBY souligne qu'« il s'agissait donc d'une parfaite expression de la volonté de rupture avec l'ordre centralisateur précédent. En même temps, le contrôle de légalité était bien perçu comme une contrepartie essentielle des pouvoirs nouveaux et de l'autonomie accrue que les collectivités locales se voyaient conférer. L'idée était en somme, d'assurer par un bon mécanisme, accordé à l'air du temps, le respect par des collectivités territoriales ayant conquis un grand surcroît d'autonomie, des disciplines générales de l'État de droit. »[3]

Selon certains auteurs, « la nouvelle législation de 1982 a ainsi opéré un changement considérable, même s'il n'était pas à proprement parler révolutionnaire »[4], néanmoins, « la portée de ce changement ne doit pas être exagérée. »[5]

Expliquant sa pensée, Jean-Bernard AUBY estime que « le contrôle de légalité n'a jamais donné satisfaction. Il fait l'objet de critiques récurrentes, de la part des autorités nationales comme de la part des élus locaux eux-mêmes. Les responsables locaux le trouvent versatile et peu fiable. »[6]

En effet, d'après certains auteurs, « en 1982, le législateur avait clairement entendu substituer à la tutelle jugée trop contraignante et trop peu respectueuse de l'autonomie locale, un contrôle juridictionnel de légalité dont le caractère a posteriori et l'extériorité, semblaient devoir présenter plus de garanties »[7]. Toutefois, pour d'autres, « contrairement aux apparences, ce contrôle n'est pas dans la pratique

---

[1] *Ibid.*

[2] A. ZELLER, *op. cit.*, p. 221.

[3] J.-B. AUBY, *op. cit.*, p. 115.

[4] O. GOHIN *et al.*, *op. cit.*, p. 548.

[5] *Ibid.*

[6] J.-B. AUBY, *op. cit.*, p. 115.

[7] J.-C. HÉLIN, « Le Préfet, les élus et le juge, réflexion sur le contrôle de légalité des actes locaux », *in* A. DELCAMP et G. GILBERT, *La décentralisation dix ans après : Actes du colloque organisé au Palais du Luxembourg, [Paris], les 5 et 6 février 1992, op. cit.*, pp. 117-127, spéc., p. 117.

très différent des anciens mécanismes de tutelle; il se révèle même par certains côtés plus pénétrant et plus redoutable. »[1]

Ainsi, même si la tutelle administrative a été supprimée, le préfet est dans l'obligation d'informer les collectivités, avant de saisir le tribunal, par une lettre d'observation des illégalités. Donc, ce dialogue entre le représentant de l'État – le préfet — et les collectivités territoriales n'est pas autre chose qu'une solution pour surmonter le contrôle administratif, quand il sera nécessaire.

À cet égard, Jacques CHEVALLIER précise que le développement de la phase administrative du contrôle de légalité « a marqué un retour inattendu aux pratiques anciennes de dialogue préventif entre le préfet et les élus : tous les acteurs se sont retrouvés d'accord pour éviter autant que possible le recours au juge »[2].

Comme le relève la doctrine française, l'on peut dire qu'il s'agissait seulement d'un allégement de la tutelle. À ce propos, il convient de dire que « l'allégement des tutelles, le renforcement des moyens financiers, l'apparition d'une nouvelle génération d'élus davantage tournés vers l'action (…) permettent de quitter partiellement l'ancien contexte d'assujettissement au pouvoir central. Mais, en fait, tous ces progrès visent à résoudre le problème de l'autonomie locale sans grande rupture, le cadre constitutionnel de l'État unitaire n'étant jamais mis en cause. »[3]

D'ailleurs, Jacques CAILLOSSE affirme que cette réforme n'a pas vraiment affecté ni la nature de l'État, ni le centralisme. D'après cet auteur, « l'analyse des réformes de la décentralisation initiées par les lois Defferre montre que rien d'essentiel n'a changé dans la nature de l'État : le vieux legs historique du centralisme n'a pas été substantiellement entamé et le mode d'organisation institutionnelle du territoire continue d'en reproduire les marques. »[4]

En clair, l'État « demeure investi de la compétence de la compétence »[5]. Autrement dit, la réforme de 1982 n'a pas affecté la

---

[1] J. CHEVALLIER, « Rapport introductif », préc., p. 107.

[2] *Ibid.* V. également sur cette question, J.-C. HÉLIN, « Le Préfet, les élus et le juge, réflexion sur le contrôle de légalité des actes locaux », art. cit., p. 117 et suiv.

[3] B. FAURE, *Droit des collectivités territoriales, op. cit.*, p. 425.

[4] J. CAILLOSSE, « Une question récurrente : le « retour de l'État » dans les réformes de décentralisation », *in* P. CHRETIEN, N. FERREIRA et L. JANICOT (dir.), *L'État dans ses relations avec les collectivités territoriales*, Paris, Cergy-Pontoise, Lextenso éditions-LEJEP, 2011, pp. 55-68, spéc., p. 58.

[5] *Ibid.*, pp. 58-60.

compétence de l'État au niveau politique. Mais, en toute hypothèse, il faut admettre que l'aménagement du contrôle de légalité a affecté l'unité de l'Administration de l'État puisque le pouvoir de contrôle définitif n'appartient plus au représentant de l'État au niveau local.

À notre sens, soit par le représentant de l'État -le préfet-, soit par le juge administratif, ce qui est important dans le cadre de notre étude de la structure unitaire de l'État, c'est l'existence permanente d'un contrôle exercé par l'État sur les collectivités territoriales. Ainsi, « dans un État unitaire, la décentralisation s'accompagne nécessairement d'un contrôle de l'État sur les actes des autorités locales. »[1] D'ailleurs, l'on constate dans la réforme de 1982 que le pouvoir de contrôle de l'État existe toujours, c'est seulement le détenteur de ce pouvoir qui a changé.

Dès lors, l'on se demande si la structure unitaire de l'État français n'a connu aucun changement ? La réponse est claire, l'État unitaire semi-décentralisé a cédé sa place à l'État unitaire décentralisé. Autrement dit, « l'État unitaire classique » a été transformé à un « État unitaire moderne » à partir de cette réforme. Mais, ce changement ne concerne que le système administratif. Donc, l'on peut dire que même si la réforme de 1982 a vraiment suscité un grand changement dans le système administratif français, le cadre de l'État unitaire est toujours conservé.

Rappelons, à ce sujet, que le Conseil constitutionnel à travers ses décisions, était toujours le garant de la structure de l'État. L'on peut citer à titre d'exemple la célèbre décision du 25 février 1982[2].

D'ailleurs, même s'il n'existait pas une révision constitutionnelle pendant cette réforme de 1982, il est indéniable que le Conseil constitutionnel avait déterminé les limites de la décentralisation avec le législateur. À ce sujet, Félicien LEMAIRE souligne qu'« en l'absence de modifications constitutionnelles significatives, il semble logique que le Conseil constitutionnel conforte l'approche traditionnelle. En ce sens, le principe d'indivisibilité apparaît comme une limite à la liberté des collectivités territoriales, que le juge utilise, telle une règle d'interprétation ou une norme de référence de l'État unitaire, dans son

[1] A. ROUX, *Droit constitutionnel local,* Paris, Economica, 1995, p. 72.

[2] Cons. const., n° 82-137 DC du 25 février 1982, loi relative aux droits et libertés des communes, des départements et des régions, *JORF* du 3 mars 1982, p. 759. v. http://www.conseil-constitutionnel.fr/decision/1982/82-137-dc/decision-n-82-137-dc-du-25-fevrier-1982.7990.html

contrôle de la détermination législative des pouvoirs locaux. »[1] André ROUX, quant à lui, considère que « la décentralisation même poussée jusqu'à son extrême limite ne saurait remettre en cause l'indivisibilité de la République. »[2]

Concernant la fixation des limites du cadre unitaire, l'on peut dire que la décision du 25 février 1982 « illustre de manière fort significative cette position du juge toute orientée vers l'affirmation du caractère unitaire de l'État, lorsqu'il déclare que les droits des collectivités territoriales sont limités par « les règles supérieures de droit par lesquelles la Constitution adoptée par le peuple français a proclamé l'indivisibilité de la République (...) ». Dès cette première étape de la décentralisation, c'était déterminer la position de principe du Conseil constitutionnel qui veut que même si la portée exacte du principe d'indivisibilité de la République n'est pas définie, le caractère unitaire de l'État doit toujours être privilégié. »[3]

Suivant ces explications, il convient de préciser que la réforme de 1982 a une place très importante dans l'histoire de l'aménagement de la décentralisation dans l'État unitaire français. L'on peut aussi citer la loi du 6 février 1992 relative à l'administration territoriale de la République[4], la loi du 12 juillet 1999 relative au renforcement et à la simplification de la coopération intercommunale, dite « Loi Chevènement »[5], en tant que mesures importantes mises en place entre la réforme de 1982 et la révision constitutionnelle de 2003[6].

Comme l'a affirmé Jacques BAGUENARD, après la réforme de 1982, il a fallu attendre « 1992 pour que le chantier de la décentralisation soit législativement réouvert, mais sur des voies connexes concernant la promotion de la démocratie locale et contribuant à impulser l'intercommunalité. »[7] Il faut rappeler que la loi du 6 février 1992 a accordé aux citoyens un droit à l'information et à la

---

[1] F. LEMAIRE, *Le principe d'indivisibilité de la République : mythe et réalité, op. cit.*, p. 241.

[2] A. ROUX, *Droit constitutionnel local, op. cit.*, p. 63.

[3] F. LEMAIRE, *Le principe d'indivisibilité de la République : mythe et réalité, op. cit.*, p. 241 et note n° 76. V. aussi, J. BAGUENARD, *op. cit.*, pp. 102-103.

[4] Loi d'orientation n° 92-125 du 6 février 1992 relative à l'administration territoriale de la République, *JORF* n° 33 du 8 février 1992, p. 2064.

[5] Loi n° 99-586 du 12 juillet 1999 relative au renforcement et à la simplification de la coopération intercommunale, *JORF* n° 160 du 13 juillet 1999, p. 10361.

[6] V. pour les autres dispositions entre la réforme de 1982 et la révision constitutionnelle de 2003, M. VERPEAUX et C. RIMBAULT, *op. cit.*, p. 13.

[7] J. BAGUENARD, *op. cit.*, p. 19.

participation aux décisions politiques locales. De plus, cette loi a assuré le renforcement de la coopération locale, de sorte que la coopération entre collectivités territoriales est consacrée par cette loi. Ainsi, elle a permis la création de nombreux liens entre communes pour cette coopération, dite « intercommunalité ».

L'intercommunalité qui signifie les différentes formes de coopération existante entre les communes permet aux communes de se regrouper au sein d'un établissement public, soit pour assurer certaines prestations, soit pour élaborer de véritables projets de développement économique, d'aménagement ou d'urbanisme. À cet égard, Gérard MARCOU estime qu'« aussi bien sur le plan historique que sur le plan institutionnel, c'est donc la commune qui constitue en France la matrice de la décentralisation territoriale »[1]. L'on comprend l'importance de cette innovation dans le cadre du processus de l'approfondissement de la décentralisation dans l'État unitaire français.

Outre la loi du 6 février 1992, l'on peut citer la loi du 12 juillet 1999, dite « Loi Chevènement ». Gérard MARCOU souligne qu'« alors que dans d'autres pays européens, c'est la ville qui a été à la base de la décentralisation, c'est en France la commune rurale qui est restée le référentiel de l'institution communale. »[2] L'auteur ajoute que « compte tenu de cet héritage, la plus importante réforme de la décentralisation des dernières années n'est pas la révision constitutionnelle de 2003, ni la loi sur les responsabilités locales du 13 août 2004, mais la loi Chevènement de 1999 qui a permis, en quelques années, de réaliser la réforme territoriale par la constitution des intercommunalités à fiscalité propre. »[3]

D'ailleurs, Jean-Claude NÉMERY reprend l'idée de Gérard MARCOU en expliquant que « l'acte II de la décentralisation incluant la réforme constitutionnelle du 28 mars 2003 relative à l'organisation décentralisée de la République, la loi du 13 août 2004 relative aux libertés et responsabilités locales et les textes qui suivirent, est pratiquement muet sur l'évolution de notre organisation territoriale. Communes, départements, régions, reçoivent de nouvelles

---

[1] G. MARCOU, « La réforme territoriale. Analyse du nouveau projet de réforme des collectivités territoriales », *in* J.-C. NÉMERY (dir.), *Quelle nouvelle réforme pour les collectivités territoriales françaises ?*, Paris, L'Harmattan, 2010, pp. 21-79, spéc., p. 26.

[2] *Ibid.*

[3] *Ibid.*

compétences mais restent figées dans leur définition originelle. »[1] Selon l'auteur, « l'acte II de la décentralisation n'est donc pas une réforme des structures territoriales »[2] et « pourtant durant ces quelques années, le processus de développement de l'intercommunalité issu de la loi « Chevènement » du 12 juillet 1999 s'accélère, au point de couvrir la presque totalité du territoire, de nouvelles catégories d'EPCI. »[3]

Rappelons également que « les développements des années 1980 et 1990 ont dessiné les traits nouveaux du système français d'administration territoriale. Tout d'abord, les nombreuses législations sectorielles qui ont tiré les conséquences de la décentralisation ou qui ont introduit des politiques nouvelles ont laissé à l'État les moyens juridiques et budgétaires de conduire des politiques nationales formant le cadre des politiques locales. »[4]

Il convient de préciser qu'il existe plusieurs innovations dans le cadre de l'approfondissement de la décentralisation entre la réforme de 1982 et la révision constitutionnelle de 2003. L'importance du sujet de l'intercommunalité, par exemple, est indiscutable dans ce cadre. Cependant, il faut savoir que notre objectif n'est pas d'étudier la décentralisation dans tous ses aspects au niveau des réformes de structure territoriale.

Notre objectif est d'examiner le sujet de la décentralisation et l'approfondissement de celle-ci dans le cadre de l'évolution de la structure unitaire de l'État. Dans ce cadre, l'on constate qu'il existe une volonté du changement vers un système beaucoup plus décentralisé depuis la réforme de 1982. La réforme réalisée par la loi du 2 mars 1982 et celles qui l'ont suivie étaient vraiment des carrefours pour l'aménagement de la décentralisation dans l'État unitaire français, et la réforme de 2003 en tant que deuxième vague de la décentralisation a consacré cette volonté du changement au niveau constitutionnel en 2003.

---

[1] J.-C. NÉMERY, « Réflexions sur l'acte II de la décentralisation », *in* J. FIALAIRE et E. MONDIELLI (dir.), *L'homme, ses territoires, ses cultures : mélanges offerts à André-Hubert Mesnard*, Paris, LGDJ, 2006, pp. 275-283, spéc., p. 275.

[2] *Ibid.*

[3] *Ibid.*

[4] G. MARCOU, « Décentralisation : Quelle Théorie de l'État ? », *in* G. MARCOU et H. WOLLMANN (dir.), *Réforme de la décentralisation, réforme de l'État. Régions et villes en Europe :* [colloque du GRALE, Assemblée nationale, 22 au 23 janvier 2004], Paris, CNRS, 2004, p. 238.

Dans ce qui suit, nous allons nous intéresser à la valeur ajoutée de la révision constitutionnelle de 2003 s'agissant de la consécration du principe de l'organisation décentralisée dans la Constitution pour l'État unitaire français.

Section 2
La révision constitutionnelle de 2003 et la structure unitaire de l'État français

Dans le cadre de l'aménagement de la décentralisation dans l'État unitaire français, nous allons étudier, au-dessous, la réforme initiée en 2003 appelée « l'acte II de la décentralisation » par certains auteurs français[1]. Dans ce cadre, l'on constate que la loi constitutionnelle n° 2003-276 du 28 mars 2003[2] a modifié plusieurs dispositions constitutionnelles.

L'on peut dire que si la réforme de 1982 a constitué un carrefour pour le développement de la décentralisation, la réforme de 2003, quant à elle, a consacré le principe d'organisation décentralisée au niveau constitutionnel. Ainsi, « pour la première fois, la décentralisation est constitutionnalisée et ce, dès le premier article de la Loi fondamentale qui fixe les grands caractères de la République. Cette place accordée à la décentralisation n'est pas seulement riche de symbole, elle est également hautement significative sur le plan juridique »[3].

Cette réforme constitutionnelle de 2003 a opéré des changements au plan administratif et a été considérée comme une réforme politique, et non comme une simple réforme administrative[4].

---

[1] J. BAGUENARD, *op. cit.*, p. 20 ; M. VERPEAUX et C. RIMBAULT, *op. cit.*, p. 10 ; N. FERREIRA, *op. cit.*, p. 10 ; G. CHAVRIER, « Les nouveaux mots de la décentralisation : analyse rhétorique d'une réforme », *in* M.-L. PAVIA (dir.), *Les transferts de compétences aux collectivités territoriales : aujourd'hui et demain ?*, *op. cit.*, p. 150 ; J.-C. NÉMERY, « Réflexions sur l'acte II de la décentralisation », art. cit., p. 275 ; J. FERSTENBERT, F. PRIET et P. QUILICHINI, *op. cit.*, p. 6.

[2] Loi constitutionnelle n° 2003-276 du 28 mars 2003, relative à l'organisation décentralisée de la République, *JORF* n° 75 du 29 mars 2003, p. 5568.

[3] J. FERSTENBERT, F. PRIET et P. QUILICHINI, *op. cit.*, p. 71.

[4] Dans ce sens, v. G. MARCOU, « Présentation », *in* G. MARCOU et H. WOLLMANN (dir.), *Réforme de la décentralisation, réforme de l'État. Régions et villes en Europe :* [colloque du GRALE, Assemblée nationale, 22 au 23 janvier 2004], *op. cit.*, pp. 9-11, spéc., p. 9.

L'on peut dire, qu'il s'agit d'« une volonté désormais constitutionnalisée »[1] visant la mise en place d'une organisation administrative « décentralisée ». En effet, l'article 1er de la Constitution dispose que « *La France est une République indivisible, laïque, démocratique et sociale. Elle assure l'égalité devant la loi de tous les citoyens sans distinction d'origine, de race ou de religion. Elle respecte toutes les croyances. Son organisation est décentralisée.* » L'on peut s'interroger, à ce propos, si la forme de l'État français se rapproche d'une structure étatique fédérale ou régionale ?

Arnaud HAQUET précise que « la logique d'un État unitaire n'est donc pas celle d'un État fédéral. Les collectivités territoriales françaises ne sont pas autonomes. Elles se trouvent placées dans une position de dépendance », mais, l'auteur ajoute en même temps que « bien évidemment, ces affirmations doivent être modérées depuis que la loi constitutionnelle du 28 mars 2003 a fait de l'État français une République dont « l'organisation » est « décentralisée » »[2].

À ce sujet, comparant l'organisation décentralisée de l'État français avec celle de l'État belge, Francis DELPÉRÉE se demande si « la révision constitutionnelle qui s'est produite en France en 2003 a pour effet de rapprocher et, pourquoi pas, de réconcilier les deux voisins ? Les structures des deux États et les comportements de leurs dirigeants sont-ils voués à présenter à l'avenir plus d'analogie ? »[3] L'auteur précise aussi que « la Constitution révisée veut faire de la France un État unitaire décentralisé. Ou, ce qui n'est pas tout à fait la même chose, un État unitaire et décentralisé. Elle entend en même temps exorciser le spectre de l'État régional et, pis encore, de l'État fédéral. »[4]

---

[1] J. BAGUENARD, *op. cit.,* p. 18.

[2] A. HAQUET, *op. cit.,* pp. 144-145.

[3] F. DELPÉRÉE, art. cit., p. 145.

[4] *Ibid.,* p. 146. L'on peut constater le même refus de la structure de l'État fédéral ou de l'État régional dans le rapport de Michel PIRON en février 2006 : « l'affirmation du principe d'un nouvel État décentralisé dans la Constitution ne s'inscrit en aucun cas dans le contexte d'un prétendu fédéralisme, même asymétrique, qui conduirait à la disparition de l'État-nation en France, ni dans celui d'un État régionalisé. Si l'équilibre territorial des pouvoirs peut s'en trouver modifié - c'est l'objet de notre réflexion -, il ne s'agit en aucun cas d'une remise en cause de l'État unitaire », v. sur cette question, Assemblée nationale, *L'équilibre territorial des pouvoirs*, Rapport d'information n° 2881 (12e législature) de M. Michel PIRON, fait au nom de la Commission des lois constitutionnelles, de la législation et de l'administration générale de la République, déposé le 22 février 2006, disponible sur le lien : http://www.assemblee-nationale.fr/12/rap-info/i2881.asp

En réalité, une partie de la doctrine française estime que « dans un État fédéral, les compétences des différentes composantes sont définies et assurées par la constitution elle-même ; ce que la révision de 2003 n'a pas fait. La loi constitutionnelle de mars 2003 ne détermine pas directement ces compétences, la libre administration est mise en œuvre dans les conditions prévues par la loi ainsi que le pouvoir réglementaire des collectivités »[1]. Par ailleurs, il ne faut pas oublier qu'en France, « les régions n'ont pas de pouvoir législatif comme dans un État régionalisé, mais disposent d'un simple pouvoir d'adaptation. »[2] Donc, l'on peut dire que cette réforme de 2003 « a donné vie à une réforme en cours d'approfondissement, préservant l'unité mais ménageant la diversité. »[3]

Suivant la doctrine, l'on se demande si le principe d'organisation décentralisée est incompatible avec le principe d'indivisibilité de la République ? Nous pensons que même si la réforme de 2003 a inséré un nouveau principe constitutionnel portant sur « l'organisation décentralisée », la République reste « indivisible ».

Expliquant sa pensée, Jacques BAGUENARD estime que « cette reconnaissance constitutionnalisée présente un double intérêt : elle place symboliquement la décentralisation comme un principe républicain fondamental, inclus dans le bloc de constitutionnalité ; elle le protège simultanément, puisque revenir sur cette affirmation exigerait une révision constitutionnelle. »[4] De son côté, Félicien LEMAIRE affirme que « dans la mesure où la réforme de 2003 constitutionnalise le principe de décentralisation, en le situant dans le même article que les principes fondateurs de la République, nombreux même sont ceux qui craignent aujourd'hui une diminution de l'autorité juridique du principe d'indivisibilité, du fait du caractère irréversible donné au processus de décentralisation. »[5]

Précisons, à ce propos, que cette situation a fait l'objet de critique et ce bien avant l'adoption de la révision constitutionnelle en 2003. Ainsi, « les parlementaires se sont fait l'écho de cette préoccupation lors de l'examen du projet de loi constitutionnelle. Cette inquiétude a conduit

---

[1] E. AUBIN et C. ROCHE, *op. cit.,* p. 23.
[2] *Ibid.*
[3] J. BAGUENARD, *op. cit.,* p. 21.
[4] *Ibid.,* p. 20.
[5] F. LEMAIRE, *Le principe d'indivisibilité de la République : mythe et réalité, op. cit.,* p. 249.

plus de soixante sénateurs à saisir le Conseil constitutionnel de la loi constitutionnelle relative à l'organisation décentralisée de la République, en estimant que l'adjonction faite à l'article 1er de la Constitution (« Son organisation est décentralisée ») « paraît peu compatible avec l'indivisibilité de la République [...] » »[1].

Face aux multiples critiques, le Conseil constitutionnel, dans sa décision 2003-469 DC du 26 mars 2003, a décidé de se déclarer incompétent pour statuer sur la conformité à la Constitution d'une révision constitutionnelle, et a donc refusé de contrôler la constitutionnalité de la révision de 2003. Ainsi, le Conseil ne s'est pas exprimé sur la concomitance du principe d'organisation décentralisée avec celui d'indivisibilité de la République ou sur un équilibre éventuel entre ces deux principes.

Quant à la doctrine, les auteurs français soutiennent que la consécration constitutionnelle du principe d'organisation décentralisée ne veut pas dire que le principe d'indivisibilité de la République a été transformé. Francis DELPÉRÉE relève que « la loi constitutionnelle n° 2003-276 du 28 mars 2003 s'inscrit, en effet, dans une perspective précise. L'article 1er de la Constitution de la Ve République affirme que « la France est une République indivisible ». Cette disposition n'est pas corrigée. Elle est « complétée », ce qui est différent. Le même article 1er n'hésite pas à proclamer que cette République indivisible doit désormais bénéficier d'une « organisation... décentralisée » »[2].

Il en résulte que l'objectif principal de cette réforme n'était pas de transformer la structure unitaire de l'État. Les politiciens déclaraient aussi leurs volontés de ne pas changer la forme de l'État. Ainsi, « le Premier ministre présentait « une politique significative et forte de décentralisation », mais il voulait aussi rassurer : « Ce que nous construisons, ce n'est pas le désengagement de l'État [...]. La décentralisation permettra à l'État de se concentrer sur ses responsabilités propres au niveau local [...]. L'État sera plus fort sur ses missions nationales » »[3].

Toutefois, selon certains auteurs, même si la réforme de 2003 n'a pas changé la structure unitaire, elle a affecté l'organisation de l'État. Comme le souligne bien Gérard MARCOU, « c'est sans aucun doute

---

[1] *Ibid.*

[2] F. DELPÉRÉE, art. cit., p. 145.

[3] V. G. MARCOU, « Décentralisation : Quelle Théorie de l'État ? », art. cit., p. 235.

l'un des objectifs des auteurs de la réforme : changer l'État par la décentralisation. »[1]

Abordant la question du processus de la décentralisation dans le cadre de la réforme de 2003, Géraldine CHAVRIER considère que « le caractère impérieux de l'objectif assigné à l'acte II de la décentralisation [...] a conduit l'exécutif à tenir un discours de rupture. Mais les oppositions suscitées par ce discours, liées à la crainte d'une libéralisation rampante par le dépérissement de l'État, d'une inégalité croissante par l'autonomie locale, et d'une atteinte à l'unité de l'État, ont conduit en retour à une certaine prudence terminologique »[2].

Dès lors, si la réforme de 2003 n'avait pas pour objectif le désengagement de l'État ou la transformation de la structure unitaire vers une forme fédérale ou régionale, quelle est sa valeur ajoutée ? Olivier GOHIN estime, à ce sujet, qu'« on a déjà lu et entendu que, sur le fond, la réforme ainsi entreprise ne change rien et donc ne sert à rien : il s'agirait, en somme, d'une révision constitutionnelle à droit constant. »[3] L'auteur ajoute qu'« on est dans l'idée contraire que, si la nouvelle rédaction du titre XII de la Constitution de 1958 s'inscrit bien dans la continuité de l'État unitaire, elle vise, néanmoins, à casser le moule de l'uniformité en permettant d'élargir les marges dont le droit administratif doit disposer pour la mise en œuvre de la nouvelle République décentralisée »[4].

Nous pensons que cette réforme était l'affirmation constitutionnelle de la volonté proclamée en 1982 au niveau législatif et qu'il s'agissait d'une continuité. Et comme l'a affirmé Arnaud HAQUET, « lentement, mais sûrement, l'État « girondin » se substitue donc à l'État « jacobin », ce qui suppose une interprétation différente de la Constitution. »[5]

Suivant ces explications, l'on constate que la consécration constitutionnelle des principes de l'organisation décentralisée et d'indivisibilité de l'État a permis la réalisation d'un bon équilibre entre ces deux principes. En d'autres termes, le principe d'indivisibilité de la

---

[1] G. MARCOU, « Présentation », préc., p. 9.

[2] G. CHAVRIER, « Les nouveaux mots de la décentralisation : analyse rhétorique d'une réforme », art. cit., p. 150.

[3] O. GOHIN, « La révision du titre XII : pouvoir constituant et jurisprudence constitutionnelle », *in* Y. GAUDEMET et O. GOHIN, *La République décentralisée*, Paris, Panthéon-Assas-LGDJ, 2004, pp. 25-41, spéc., p. 25.

[4] *Ibid.*

[5] A. HAQUET, *op. cit.*, p. 147, l'auteur exprime cette phrase en prenant en compte ces deux réformes.

République constitue une limite qui encadre cette organisation décentralisée.

C'est ce que soutient une partie de la doctrine qui pense que « bien que la loi constitutionnelle du 28 mars 2003 ait ajouté, dans ce même article 1er, que l'organisation de la République est décentralisée, cette affirmation ne remet pas en cause le caractère indivisible de la République. D'une certaine manière, elle implique même que la France n'est ni un État fédéral ni un État « autonomique » comme l'Espagne ; elle n'est « que » décentralisée, ce qui n'est pas contradictoire avec le fait qu'elle soit aussi indivisible. »[1]

Il convient de faire remarquer, à ce sujet, que la réforme initiée en 2003 n'a pas modifié seulement l'article 1er de la Constitution, mais également son article 72[2]. Ainsi, cette révision constitutionnelle a inscrit « la région » dans les collectivités territoriales de la République[3]. L'on peut citer d'autres changements opérés par la réforme de 2003, comme la constitutionnalisation du pouvoir réglementaire au profit de collectivités territoriales, l'interdiction de la tutelle d'une collectivité sur une autre et la création du « chef de file »[4].

Outre ces innovations, l'on constate que trois lois organiques consacrées au droit à l'expérimentation pour les collectivités territoriales, au référendum local et à l'autonomie financière ont complété cette révision constitutionnelle : la loi organique n° 2003-705 du 1er août 2003 (les modalités d'organisation des référendums décisionnels locaux)[5], la loi organique n° 2003-704 du 1er août 2003

---

[1] Y. JÉGOUZO et M. VERPEAUX, « Les collectivités territoriales », *in* P. GONOD, F. MELLERAY et P. YOLKA (dir.), *Traité de droit administratif,* t. I, Paris, Dalloz 2011, pp. 269-332, spéc., p. 306.

[2] V. pour cette révision constitutionnelle et tous les articles changés et tous les articles ajoutés: https://www.legifrance.gouv.fr/affichTexte.do?cidTexte=JORFTEXT000000601882&dateTexte=&categorieLien=id V. également, http://www.conseil-constitutionnel.fr/conseil-constitutionnel/francais/la-constitution/les-revisions-constitutionnelles/revisions-constitutionnelles-de-mars-2003.16268.html

[3] Nous allons parler de l'importance de cette consécration constitutionnelle de la région, en tant que collectivité territoriale, sous les chapitres suivants de notre étude dans le cadre du sujet de la régionalisation.

[4] Pour un tableau utile concernant la situation jusqu'à la révision constitutionnelle de 2003 et les modifications par cette révision, v. J.-L. BOEUF et M. MAGNAN, *op. cit.,* pp. 50-51.

[5] Loi organique n° 2003-705 du 1er août 2003, relative au référendum local, *JORF* n° 177 du 2 août 2003, p. 13218.

(l'expérimentation)[1] et la loi organique n° 2004-758 du 29 juillet 2004 (l'autonomie financière des collectivités territoriales)[2]. L'on peut également citer la loi n° 2004-809 du 13 août 2004 relative aux libertés et responsabilités locales[3], qui a énuméré l'ensemble des nouvelles compétences transférées par l'État aux collectivités locales.

Dans le cadre des libertés et responsabilités locales, on observe que les fondements de la démocratie locale ont été établis avant la réforme de 2003 dans l'État unitaire français, et la réforme de 1982 confirme cette observation.

Gérard MARCOU précise, à ce sujet, qu'« annoncée comme une nouvelle décentralisation, la réforme en exprime en effet une vision nouvelle, mais le projet de loi sur les responsabilités locales s'inscrit dans une certaine mesure dans la continuité de la réforme de 1982-1983. »[4] Mais, l'on doit dire que le renforcement de la démocratie locale française a gagné une nouvelle dimension avec la réforme de 2003. D'ailleurs, en partant de la révision de 2003 et de la loi du 13 août 2004, relative aux libertés et responsabilités locales, Jean-Claude NÉMERY précise que cette réforme « semblait achever un long cycle d'approfondissement de la démocratie locale. »[5]

Dans ce cadre, l'on peut dire que le référendum local et le droit de pétition favorisent la démocratie locale. Ainsi, le nouvel article 72-1 de la Constitution a permis aux électeurs de demander par voie de pétition l'inscription à l'ordre du jour d'une assemblée délibérante d'une question de sa compétence, dans les conditions fixées par la loi. Par ailleurs, dans les conditions qui ont été fixées par la loi organique du 1er août 2003, cet article a permis aussi à l'assemblée délibérante ou à l'exécutif de toute collectivité territoriale de soumettre à la décision des

---

[1] Loi organique n° 2003-704 du 1er août 2003, relative à l'expérimentation par les collectivités territoriales, *JORF* n° 177 du 2 août 2003, p. 13217.

[2] Loi organique n° 2004-758 du 29 juillet 2004, prise en application de l'article 72-2 de la Constitution relative à l'autonomie financière des collectivités territoriales, *JORF* n° 175 du 30 juillet 2004, p. 13561.

[3] Loi n° 2004-809 du 13 août 2004, relative aux libertés et responsabilités locales, *JORF* n° 190 du 17 août 2004, p. 14545.

[4] G. MARCOU, « Décentralisation : Quelle Théorie de l'État ? », art. cit., pp. 235-236.

[5] J.-C. NÉMERY, « Les mutations de la démocratie locale », *in* S. REGOURD, J. CARLES et D. GUIGNARD (dir.), *Réformes et mutations des collectivités territoriales*, *op. cit.*, pp. 47-53, spéc., p. 47.

électeurs par référendum tout projet de délibération ou tout projet d'acte de sa compétence.

De ce qui précède l'on peut dire que cette réforme a introduit « la démocratie directe dans la démocratie locale »[1]. Ainsi, « les procédés de démocratie directe sont en réalité inscrits dans plusieurs dispositions nouvelles : l'article 72-1 nouveau comprend ainsi deux alinéas relatifs, en apparence, à la consultation directe des électeurs. Il s'agit, en réalité, de deux mécanismes bien distincts de votation, l'un qui aboutit à une décision, l'autre qui devrait rester une simple consultation dont les contours ne sont pas tracés dans la loi constitutionnelle. »[2]

Précisons que ces innovations concernent non seulement les collectivités territoriales situées en métropole, mais aussi celles situées outre-mer. Comme l'a souligné Michel VERPEAUX, « la Constitution nouvelle consacre aussi une place importante à la démocratie directe dans les collectivités situées outre-mer. Dans la France d'outre-mer, le consentement des « *populations* » a souvent été une revendication essentielle avant tout changement institutionnel, soit que l'on espère que cette consultation accélère celui-ci, soit qu'elle l'empêche. »[3] L'auteur ajoute qu'« il est alors logique de trouver, aux articles 72-4 et 73, des mécanismes de consultation qui permettent de vérifier le consentement des électeurs avant un certain nombre de décisions engageant l'avenir de ces collectivités. Il n'est pas excessif de prétendre que le droit de l'outre-mer est à l'origine du renouveau de la réflexion sur la démocratie locale. »[4]

Dans le cadre de la loi constitutionnelle du 28 mars 2003, l'on peut signaler une autre innovation est relative à l'autonomie financière des collectivités territoriales françaises[5]. Il convient de dire que ce sujet est lié au principe de libre administration des collectivités territoriales, et que « l'introduction de garanties constitutionnelles de l'autonomie financière des collectivités territoriales représente un approfondissement de la libre administration. »[6]

---

[1] V. sur cette question, G. MARCOU, « Décentralisation : Quelle Théorie de l'État ? », art. cit., p. 246.

[2] M. VERPEAUX, « Le référendum local outre-mer », *in* Y. GAUDEMET et O. GOHIN, *La République décentralisée*, *op. cit.*, pp. 93-109, spéc., p. 93.

[3] *Ibid.*, p. 94.

[4] *Ibid.*

[5] Pour ce sujet en général, v. L. TARTOUR, *L'autonomie financière des collectivités territoriales en droit français*, Paris, LGDJ-Lextenso éd., 2012.

[6] G. MARCOU, « Décentralisation : Quelle Théorie de l'État ? », art. cit., p. 246.

Au sujet de la relation entre l'État et les collectivités territoriales, la réforme a mis « en place un nouveau cadre financier (article 72-2 de la Constitution), qui marque un tournant dans l'histoire du système de financement des collectivités territoriales et dans les relations financières entre l'État et les collectivités. Elle précise, en effet, le principe de libre administration en consacrant l'autonomie financière des collectivités territoriales, en recettes comme en dépenses, et en élevant la péréquation en objectif à valeur constitutionnelle. »[1]

Jusqu'à la révision constitutionnelle de 2003, les bases financières de la libre administration des collectivités territoriales étaient seulement au nombre des principes fondamentaux déterminés par la loi. Ainsi, l'article 34 de la Constitution prévoyait que « *La loi détermine les principes fondamentaux [..] de la libre administration des collectivités territoriales, de leurs compétences et de leurs ressources* ». Mais, la révision constitutionnelle de 2003 a prévu la possibilité de disposer librement de certaines ressources et l'exercice d'un pouvoir fiscal, dans les conditions fixées par la loi[2].

Comme l'a relevé Laurence TARTOUR, « le principe d'autonomie financière des collectivités territoriales n'a été consacré que tardivement en droit français, il aura fallu attendre la révision constitutionnelle du 28 mars 2003. Mais cette consécration, certes tardive, s'est exprimée au plus haut niveau. »[3]

Dans le cadre des innovations de la réforme 2003, l'on peut parler aussi du droit à l'expérimentation[4]. Cette possibilité d'expérimentation

---

[1] C. COUINTET-HAUTIER, « La mise en œuvre de la décentralisation », art. cit., p. 72.

[2] V. l'art. 72-2 de la Constitution.

[3] L. TARTOUR, *op. cit.,* p. 1. Mais l'auteur ajoute à la suite de cette expression indiquée au-dessus que « malgré un ancrage constitutionnel, ce principe d'autonomie financière des collectivités territoriales demeure fragilisé. En effet, il constitue un enjeu à la fois politique et financier qui se révèle au travers des débats et des réformes du droit constitutionnel et du droit public financier. »

[4] V. sur cette question, G. DRAGO, « Le droit à l'expérimentation », *in* Y. GAUDEMET et O. GOHIN, *La République décentralisée, op. cit.,* pp. 65-85. V. également, G. CHAVRIER, « L'expérimentation locale : vers un État subsidiaire ? », *in* G. MARCOU et H. WOLLMANN (dir.), *Réforme de la décentralisation, réforme de l'État. Régions et villes en Europe :* [colloque du GRALE, Assemblée nationale, 22 au 23 janvier 2004], *op. cit.,* pp. 43-52 ; F. CROUZATIER-DURAND, « Réflexions sur le concept d'expérimentation législative (à propos de la loi constitutionnelle du 28 mars 2003 relative à l'organisation décentralisée de la République) », *RFDC*, n° 56, 2003/4, pp. 675-695, disponible sur lien :

n'est « qu'un élément de ce changement constitutionnel. Mais cette ouverture normative est majeure dans la mesure où elle ouvre, selon que ses promoteurs seront audacieux, de larges possibilités d'évolution normative et institutionnelle. »[1]

Le droit à l'expérimentation est consacré aux articles 37-1 et 72, alinéa 4 de la Constitution. Aux termes de la première disposition : « *La loi et le règlement peuvent comporter, pour un objet et une durée limitées, des dispositions à caractère expérimental.* » Selon la seconde disposition : « *Dans les conditions prévues par la loi organique, et sauf lorsque sont en cause les conditions essentielles d'exercice d'une liberté publique ou d'un droit constitutionnellement garanti, les collectivités territoriales ou leurs groupements peuvent, lorsque, selon le cas, la loi ou le règlement l'a prévu, déroger, à titre expérimental et pour un objet et une durée limitées, aux dispositions législatives ou réglementaires qui régissent l'exercice de leurs compétences.* »

Il est à noter que l'article 37-1 prévoit l'expérimentation législative et réglementaire faite par l'État, et que l'article 72 alinéa 4 consacre l'expérimentation législative et règlementaire faite par les collectivités territoriales.

Géraldine CHAVRIER explique que « l'article 37.1 de la Constitution au terme duquel « la loi et le règlement peuvent comporter, pour un objet et une durée limitées, des dispositions à caractère expérimental » ne concerne que l'État. »[2]. L'auteur ajoute qu'« il serait cependant erroné d'en conclure qu'il est totalement étranger à l'objet de la réforme. En effet, s'il est vrai que la consécration constitutionnelle de son droit à expérimenter doit permettre à l'État de se réformer de l'intérieur, elle doit surtout autoriser un désengagement pragmatique de l'État par l'expérimentation de sa propre subsidiarité, à l'occasion des transferts expérimentaux de compétences aux collectivités territoriales »[3].

Sur ce point, nous nous intéressons notamment à l'article 72 alinéa 4, puisque cet article concerne directement la relation entre l'État et les collectivités territoriales, une relation qui a une grande importance dans le cadre de l'étude de l'État unitaire.

---

https://www.cairn.info/revue-francaise-de-droit-constitutionnel-2003-4-page-675.htm

[1] G. DRAGO, art. cit., p. 84.

[2] G. CHAVRIER, « L'expérimentation locale : vers un État subsidiaire ? », art. cit., p. 46.

[3] *Ibid.*

S'agissant de la possibilité de l'expérimentation aux collectivités territoriales françaises, il convient de dire que même si l'expérimentation est exclue lorsque sont en cause les conditions essentielles de l'exercice d'une liberté publique ou d'un droit constitutionnellement garanti, la réforme de 2003 ouvre la porte de discussion sur le terme de « l'expérimentation locale ». Guillaume DRAGO précise, à ce sujet, que « le sens de l'expérimentation locale est ici de permettre à une collectivité territoriale, ou à un groupement de collectivités, de solliciter de l'État, législateur ou pouvoir réglementaire, la possibilité d'expérimenter un dispositif nouveau, dans le but non d'instaurer à terme un système dérogatoire à la loi commune mais de future généralisation à l'ensemble des collectivités territoriales. »[1]

Il convient de rappeler, sur ce point, la règle principale de l'unité du pouvoir législatif en tant que condition « sine qua non » pour l'État unitaire, et il faut se demander si une telle expérimentation « législative » faite par les collectivités territoriales affecte-t-elle l'unité du pouvoir législatif dans l'État unitaire français ?

L'on peut dire qu'il s'agit d'une « acceptation de la diversité territoriale du droit et des institutions »[2] dans le cadre de l'expérimentation locale. Partant de l'article 72 alinéa 4 de la Constitution, Gérard MARCOU estime que « l'ouverture de la Constitution devait permettre de rompre avec l'uniformité française. C'est ce que visent l'expérimentation normative des collectivités territoriales »[3]. Et comme l'a bien souligné Guillaume DRAGO, « l'expérimentation locale est un peu la revanche des Girondins révolutionnaires sur l'esprit jacobin et centralisateur »[4] et « dans l'architecture générale de la réforme constitutionnelle, l'expérimentation participe surtout au bouleversement des compétences entre les autorités de l'État et entre celles-ci et les collectivités territoriales. »[5]

De qui précède, l'on peut penser que l'expérimentation est un obstacle à l'unité du pouvoir législatif dans l'État unitaire. Néanmoins, ce droit n'est pas illimité pour les collectivités territoriales, comme le prévoit l'article 72 alinéa 4 de la Constitution. En partant de cet article,

---

[1] G. DRAGO, art. cit., p. 75.

[2] G. MARCOU, « Décentralisation : Quelle Théorie de l'État ? », art. cit., p. 242.

[3] *Ibid.*

[4] G. DRAGO, art. cit., p. 74.

[5] *Ibid.,* p. 85

on peut voir facilement qu'« une collectivité territoriale ne peut être candidate à une expérimentation que dans le cadre d'une loi votée qui en fixe l'objet et les conditions. En outre, l'expérimentation ne peut conduire à la pérennisation d'un droit particulier à une collectivité territoriale ; elle débouche nécessairement sur l'abandon ou la généralisation de l'expérimentation ou, en tout cas, de l'un des dispositifs expérimentaux. La dérogation à l'unité de la loi ne peut donc être que temporaire »[1].

Dès lors, l'on peut déduire que « l'article 72, alinéa 4 concerne bien l'expérimentation par les collectivités territoriales mais ce sont les autorités de l'État qui en définissent le cadre et l'autorisent. »[2]

Au sujet de la réforme de 2003, certains auteurs précisent que « l'unité du régime juridique des libertés publiques se trouve ainsi pleinement préservée, ce qui tend à conforter le caractère unitaire de l'État »[3] et que « la révision constitutionnelle de 2003 a bien confirmé cette limite : le droit qui peut être conféré aux collectivités territoriales de déroger à titre expérimental aux règlements et aux lois ne peut s'exercer lorsque sont en cause « les conditions essentielles d'exercice d'une liberté publique ou d'un droit constitutionnellement garanti » (art. 72 C.). »[4]

En définitive, peut-être que l'expérimentation locale est arrivée aux lignes rouges, par contre les limites de l'État unitaire sont encore protégées ; l'unité du pouvoir législatif de l'État unitaire n'a pas été affectée par l'expérimentation locale, innovation importante de la réforme de 2003.

---

[1] G. MARCOU, « Décentralisation : Quelle Théorie de l'État ? », art. cit., p. 242. Concernant les limites de l'expérimentation locale, v. aussi: G. DRAGO, art. cit., p. 77. Selon ce dernier, « les limites de l'expérimentation locale sont fixées dans la Constitution, à l'article 72. Elles sont contenues d'abord dans la loi ou le règlement d'habilitation. Hors de ce cadre prédéterminé, pas d'expérimentation possible. La deuxième limite tient à l'objet et à la durée, limités dans le temps. On retrouve ici une condition générale du droit expérimental. L'objet de la dérogation doit concerner les dispositions législatives ou réglementaires qui régissent l'exercice des compétences des collectivités territoriales, et seulement celles-là. »

[2] G. DRAGO, art. cit., p. 66.

[3] A. ROUX, « Les limites constitutionnelles à une nouvelle évolution de la décentralisation », *in* M.-L. PAVIA (dir.), *Les transferts de compétences aux collectivités territoriales : aujourd'hui et demain ?*, *op. cit.*, pp. 131-145, spéc., p. 136.

[4] *Ibid.*

Nous avons étudié, jusqu'ici, la révision constitutionnelle de 2003, dite « l'acte II de la décentralisation » et André ROUX se demandait si « un acte III de la décentralisation [était-il] constitutionnellement envisageable (à Constitution constante évidemment) et, dans l'affirmative, quelles [étaient] les limites infranchissables ? »[1]

Voyons, donc, la période suivant cette révision constitutionnelle de 2003 dans le cadre de notre étude de l'État unitaire.

Section 3
Le processus de la décentralisation dans l'État unitaire français depuis 2010

La réforme de la décentralisation depuis 2010 a été très riche, mais il ne faut pas s'étonner vis-à-vis de ces réformes successives, « elles sont plurielles car elles ont été tributaires des alternances politiques à compter de 2007. »[2]

Dans ce cadre, il est utile d'analyser, dans un premier temps, la loi du 16 décembre 2010 en tant qu'« acte I de la recentralisation » (**Paragraphe 1**), puis dans un second temps, nous allons démontrer que le climat politique a permis la mise en place d'une nouvelle réforme dite « l'acte III de la décentralisation » (**Paragraphe 2**). Néanmoins, il convient de préciser que nous n'aborderons pas en détails les « grandes dates de la décentralisation »[3], notre analyse se limite à l'étude de la décentralisation dans le cadre de la structure étatique unitaire.

Paragraphe 1. La loi du 16 décembre 2010 : « l'acte I de la recentralisation » ?

Nous avons déjà démontré, dans le cadre du processus de la décentralisation dans l'État unitaire français, que la réforme de 2003 « semblait achever un long cycle d'approfondissement de la démocratie locale. »[4] En revanche s'agissant de la réforme de 2010, Jean-Claude NÉMERY se demandait si cette réforme « marque-t-elle un revirement

---

[1] *Ibid.* p. 131.
[2] M. VERPEAUX, *Les collectivités territoriales*, Paris, Dalloz, 5e éd., 2015, p. 55.
[3] Pour plus de détails sur ces sujets, et pour une liste utile, v. M. VERPEAUX, C. RIMBAULT et F. WASERMAN, *Les collectivités territoriales et la décentralisation*, Paris, La Documentation française, 8e éd., 2015, p. 14 et suiv.
[4] J.-C. NÉMERY, « Les mutations de la démocratie locale », art. cit., p. 47.

spectaculaire des récentes conceptions constitutionnelles sur la République décentralisée ou bien sommes-nous en présence d'un nouvel approfondissement de la démocratie locale ? »[1]

Sur ce point, certains auteurs français soulignent qu'« au regard de la méthode mise en œuvre, tout d'abord, cette réforme « vient d'en haut ». Elle trouve son origine dans la seule volonté de l'État, et même plus précisément dans la seule volonté du président de la République et non du gouvernement. »[2] Il faut préciser qu'il y avait plusieurs raisons pour défendre la nécessité de cette réforme, notamment la crise économique et financière qui avait frappé la France et aussi les pays européens.

Comme l'a bien résumé André ROUX, « la réforme des collectivités territoriales n'était donc pas liée dans l'esprit de Nicolas Sarkozy à une conception particulière de la décentralisation mais à la nécessité de réduire les dépenses publiques »[3].

Force est de constater que le processus a commencé par la loi n° 2009-1673 du 30 décembre 2009 de finances pour 2010[4], ayant supprimé la taxe professionnelle en mettant en place la contribution économique territoriale, et par la loi n° 2010-1563 du 16 décembre 2010, portant réforme des collectivités territoriales[5].

Il convient de rappeler aussi, à ce sujet, le rapport intitulé « Il est temps de décider » du Comité Balladur remis le 5 mars 2009 qui comportait vingt propositions[6]. Ces dernières visaient le renforcement des régions et celui des intercommunalités en réduisant le nombre de collectivités territoriales, notamment en favorisant les regroupements volontaires des régions et des départements et en permettant aux intercommunalités de se transformer en communes nouvelles. Il

---

[1] *Ibid.*, p. 48.

[2] De l'avant-propos de l'ouvrage : P. CHRETIEN, N. FERREIRA et L. JANICOT (dir.), *L'État dans ses relations avec les collectivités territoriales*, *op. cit.*, p. IX.

[3] A. ROUX, *La décentralisation : droit des collectivités territoriales*, Paris, LGDJ-Lextenso, 2016, p. 23.

[4] *JORF* n° 0303 du 31 décembre 2009, p. 22856.

[5] *JORF* n° 0292 du 17 décembre 2010, p. 22146.

[6] Rapport du Comité pour la réforme des collectivités locales au Président de la République en date du 5 mars 2009, *JORF* n° 0055 du 6 mars 2009, p. 4161. Pour le texte originel, v. https://www.legifrance.gouv.fr/affichTexte.do?cidTexte=JORFTEXT000020347348 V. sur l'analyse de ce rapport en doctrine, M. VERPEAUX, « Le rapport Balladur sur la réforme des collectivités locales, des raisons et des solutions », *RFDA*, mai-juin 2009, pp. 407-418. Pour une brève explication sur les propositions du comité Balladur, v. aussi A. ROUX, *La décentralisation : droit des collectivités territoriales*, *op. cit.*, pp. 46-47.

s'agissait de plusieurs fusions de régions pour aboutir à une quinzaine sur le territoire national. Aussi, l'on peut citer la clarification de la répartition des compétences entre l'État et les collectivités territoriales, par la suppression de la clause générale de compétence de la région et du département ; la création des « conseillers territoriaux », par la fusion des conseillers régionaux et départementaux. Ainsi, l'on peut dire que la loi du 16 décembre 2010 s'est inspirée du rapport du Comité Balladur.

Par ailleurs, il faut remarquer que la loi du 16 décembre 2010 a modifié les rapports entre les communes et les intercommunalités. Ainsi, a-t-elle facilité l'achèvement et la rationalisation de la carte intercommunale en obligeant chaque commune à adhérer à un établissement public de coopération intercommunale, et en encourageant la fusion de groupements de communes. Trois nouveaux échelons sont créés : les métropoles, les pôles métropolitains et les communes nouvelles. De plus, ce texte a prévu aussi la création des « conseillers territoriaux » et la suppression de la clause générale de compétence pour le département et la région.

Expliquant sa pensée, à cet égard, Gérard MARCOU estime que « le projet de réforme est ambitieux. C'est la première fois qu'un projet vise une réorganisation aussi fondamentale du système français d'administration territoriale. » [1] Selon l'auteur, « si la réforme est menée à son terme, les communes historiques auront perdu leur autonomie par leur intégration dans un réseau d'établissements publics de coopération intercommunale (EPCI) préparant leur fusion dans des « communes nouvelles », et les conseils régionaux auront absorbé les conseils généraux par l'intermédiaire des « conseillers territoriaux » »[2].

Il faut souligner que « les critiques de la loi du 16 décembre 2010 se sont surtout focalisées sur la création du « conseiller territorial » », et l'on constate que « la suppression de la clause de compétence générale des régions et des départements fut aussi vivement contestée. »[3]

---

[1] G. MARCOU, « La réforme territoriale. Analyse du nouveau projet de réforme des collectivités territoriales », art. cit., p. 23.

[2] *Ibid.* V. concernant la réforme de 2010 autour de la question de la nouvelle apparence des régions, G. MARCOU, « Quel avenir pour la Région en France : décentralisation ou autonomies régionales ? », *in* A. LUCARELLI et M. VERPEAUX, *Régionalisme italien et régionalisme français : aspects constitutionnels, administratifs et fiscaux*, Paris, L'Harmattan, 2012, pp. 151-181.

[3] A. ROUX, *La décentralisation : droit des collectivités territoriales*, *op. cit.*, p. 49.

En ce qui concerne la création du « conseiller territorial », l'on peut dire que « l'objectif était de rationaliser les rapports entre les départements et les régions en créant un élu commun, le conseiller territorial, qui aurait été élu dans des cantons redessinés. »[1] Ainsi, la loi du 16 décembre 2010 a visé un grand rapprochement entre département et région pouvant aller jusqu'à « la fusion » entre ces deux entités. Autrement dit, « la question se posera de maintenir deux collectivités, alors qu'elles disposent des mêmes organes et des mêmes élus qui gèrent l'ensemble des compétences. L'évolution logique sera à l'unification structurelle, à l'unique collectivité disposant des attributions des deux collectivités, une sorte de grande région qui aura ainsi absorbé les structures et les attributions des départements. »[2] C'est pourquoi Nelly FERREIRA se demandait : « à travers le rapprochement des élus d'un côté, et des assemblées de l'autre, les catégories, notamment de départements et de régions tendent à se ressembler et sans doute à se rassembler, cette confusion annonçant peut-être une prochaine fusion ? »[3]

Michel VERPEAUX précise, à ce sujet, que « l'existence prévue d'une seule élection pour désigner deux assemblées distinctes peut être de nature à méconnaître l'exigence posée à l'alinéa 3 de l'article 72 selon lequel les collectivités s'administrent par des « conseils élus », ce qui peut sous-entendre que chaque collectivité doive disposer d'une assemblée qui lui soit propre. »[4] Par ailleurs, il faut se demander si la création du conseiller territorial est compatible avec les principes généraux de la décentralisation administrative dans l'État unitaire français ?

En effet, « la mise en place d'un élu unique siégeant aux deux assemblées de deux catégories de collectivités pouvait être considérée comme portant atteinte au principe de libre administration des

---

[1] M. VERPEAUX, C. RIMBAULT et F. WASERMAN, *Les collectivités territoriales et la décentralisation*, *op. cit.*, p. 12.

[2] N. FERREIRA, *op. cit.*, p. 128. De même, nous avons relevé précédemment que Gérard MARCOU a fait remarquer aussi que « les conseils régionaux auront absorbé les conseils généraux par l'intermédiaire des « conseillers territoriaux » », v. G. MARCOU, « La réforme territoriale. Analyse du nouveau projet de réforme des collectivités territoriales », art. cit., p. 23.

[3] N. FERREIRA, *op. cit.*, p. 128.

[4] M. VERPEAUX, « Les projets de loi de réforme des collectivités territoriales en cours », *in* P. CHRETIEN, N. FERREIRA et L. JANICOT (dir.), *L'État dans ses relations avec les collectivités territoriales*, *op. cit.*, pp. 45-53, spéc., p. 52.

collectivités, à la notion constitutionnelle de catégorie de collectivité territoriale, à l'interdiction de la tutelle d'une collectivité sur une autre, à la liberté de scrutin et enfin à la représentation des collectivités par le Sénat. »[1] Pour cette raison la création du poste de conseiller territorial, peut être considérée comme une « atteinte au principe de libre administration des collectivités » [2], puisque ce dernier principe « semble impliquer que chaque collectivité soit gérée par une assemblée spécifique, composée d'élus également spécifiques, interdisant donc que deux catégories de collectivités soient administrées par les mêmes élus. »[3] Précisons encore que la création du poste de conseiller territorial, qui aurait siégé à partir de 2014 selon la loi du 16 décembre 2010, n'a pas pu être réalisée en raison du changement de la majorité parlementaire après les élections de 2012.

Quant à la suppression de la clause générale de compétence – ou, la clause de compétence générale –, il est utile d'indiquer l'importance de faire un choix entre la clause générale de compétence et la spécialisation des compétences des collectivités territoriales[4]. Parce que, ce choix suscite, en même temps, la différenciation de la répartition des compétences entre l'État central et les collectivités territoriales.

L'on peut dire que « la clause générale de compétence signifie qu'il est accordé à la collectivité qui en est bénéficiaire une capacité d'intervention générale, sans qu'il soit nécessaire de procéder à une énumération de ses attributions. Elle repose sur les "affaires de la collectivité" ou l'intérêt public local. »[5] Et c'est certes que « s'il est un débat au cœur de la décentralisation qui déchaîne les passions, c'est bien celui de l'enchevêtrement et de la nécessaire clarification des compétences et partant la question du maintien de la clause de

---

[1] N. FERREIRA, *op. cit.,* p. 126.

[2] *Ibid.,* p. 128.

[3] *Ibid.*

[4] Au sujet de la distinction entre « compétence générale » et « spécialisation », v. J.-M. PONTIER, *La décentralisation française : évolutions et perspectives*, Issy-les-Moulineaux, LGDJ-Lextenso, 2016, p. 83 et suiv. V. également, M. VERPEAUX et L. JANICOT, *Droit des collectivités territoriales*, Paris, PUF, 3e éd., 2015, pp. 340-345.

[5] La définition est tirée sur ce site internet « vie publique », v. http://www.vie-publique.fr/decouverte-institutions/institutions/collectivites-territoriales/competences-collectivites-territoriales/qu-est-ce-que-clause-generale-competence.html

compétence générale ou de la consécration d'une définition pure et parfaite des blocs de compétences. »[1]

Cette clause trouve sa source pour les communes dans la loi municipale de 5 avril 1884 qui avait prévu en son article 61 que « *le conseil municipal règle par ses délibérations les affaires de la commune* », et elle a été étendue en 1982 aux autres collectivités territoriales (départements et régions). Il faut ajouter que cette clause avait pour objectif la protection des compétences exercées par les collectivités territoriales contre les interventions de l'État central. Comme l'a affirmé la doctrine, « la clause générale de compétence présente le grand avantage, conquis progressivement au XIXe siècle, de donner une compétence générale aux collectivités locales et de ne plus procéder par une énumération, forcément limitative, des compétences. »[2]

Outre les points évoqués précédemment, l'on peut ajouter que « la clause générale de compétence se comprend comme la liberté reconnue à une collectivité territoriale d'intervenir en toute matière pour répondre à un intérêt public local »[3]. Mais que faut-il entendre par un « intérêt public local » ?

En effet, il est nécessaire de préciser que « les difficultés liées à l'identification de l'intérêt public local, la clause générale de compétence est apparue aux yeux de certains comme l'une des causes principales de l'enchevêtrement des compétences des collectivités territoriales. »[4] Donc, l'on peut dire que « supprimer la clause générale de compétence pour les départements et les régions apparaissait *a priori* comme une réponse évidente et logique au besoin de répartir de manière lisible et rationnelle les compétences entre les différents niveaux d'administration territoriale, ainsi qu'un moyen de maîtriser la dépense publique locale. »[5]

D'ailleurs, l'on constate que par le biais de la loi du 16 décembre 2010, le législateur a tenté de réaliser une véritable spécialisation des compétences des collectivités territoriales afin de

---

[1] S. CREUSOT, *Une nouvelle organisation décentralisée de la République*, Paris, LGDJ-, Lextenso, 2012, p. 139.

[2] M. VERPEAUX et L. JANICOT, *Droit des collectivités territoriales*, *op. cit.*, p. 340.

[3] G. MARCOU, « La réforme territoriale. Analyse du nouveau projet de réforme des collectivités territoriales », art. cit., p. 69.

[4] M. VERPEAUX et L. JANICOT, *Droit des collectivités territoriales*, *op. cit.*, pp. 342-343.

[5] *Ibid.*

mettre fin à cet enchevêtrement des compétences des collectivités territoriales. Cela a suscité un bouleversement dans le système de la répartition des compétences entre l'État central et les collectivités territoriales car le législateur a prévu la suppression de la clause de compétence générale pour les départements et les régions. Ainsi, la loi du 16 décembre 2010 a limité les compétences des départements et des régions et non des communes.

À ce sujet, certains auteurs estiment que « la commune devait conserver cette compétence afin de faire face, en tant que collectivité de proximité, aux besoins des administrés qui pourraient ne pas être prévus par la loi. »[1] L'on peut se demander, ici, si cette différenciation de l'exercice de cette compétence générale porte atteinte au principe de l'égalité des catégories de collectivités territoriales ?

Précisons, à ce propos, que « les trois catégories disposant jusqu'alors de la même appréhension de leurs compétences à travers la clause générale, celle-ci paraissait être un de leurs critères. Or, en la supprimant pour deux des trois catégories, la loi porte atteinte à l'homogénéité, donc à l'existence même de ce critère et dilue encore la notion de catégorie. »[2] L'on peut donc admettre que « l'existence concurrente de collectivités dotées de la compétence générale, les communes, et de collectivités qui en seraient dépourvues, les départements et les régions, serait en outre de nature à porter atteinte à l'unité même de la notion même de collectivité territoriale. »[3]

En effet, le Conseil constitutionnel français, dans sa décision du 9 décembre 2010, a affirmé qu'il n'y avait aucune atteinte au principe de libre administration des collectivités. De même, il a déclaré que la clause générale de compétence pouvait être modifiée ou supprimée par le législateur, puisqu'elle n'était pas un principe constitutionnel.

Peut-être que le législateur a voulu régler les problèmes de l'enchevêtrement des compétences des collectivités territoriales en supprimant cette clause générale en 2010, mais des auteurs français se demandaient si la clause générale de compétence était la « cause de tous les maux ? » [4]

---

[1] M. VERPEAUX, *Les collectivités territoriales*, *op. cit.*, p. 130.

[2] N. FERREIRA, *op. cit.*, p. 159.

[3] M. VERPEAUX, « Les projets de loi de réforme des collectivités territoriales en cours », art. cit., p. 52.

[4] V. sur cette question, N. FERREIRA, *op. cit.*, p. 154.

Ainsi, « à supposer que l'on parvienne à définir strictement des compétences exclusives et à supprimer la clause générale de compétence, est-on sûr que le résultat en serait heureux ? »[1] De son côté, Nelly FERREIRA s'interrogeait aussi : « jusqu'où pourrait alors aller le législateur dans la limitation des compétences des collectivités ? Que doit être cette capacité d'initiative pour respecter le principe de libre administration ? »[2]

Certains auteurs précisent que « la suppression de la compétence générale des départements et des régions n'est certainement pas le remède miracle que l'on a bien voulu présenter durant les débats parlementaires préalables à l'adoption de la loi du 16 décembre 2010. Il existe bien d'autres causes à l'imbrication des compétences locales et au manque d'efficacité de l'action locale qui en résulte. »[3] Pour d'autres, « il est rare que l'État n'intervienne pas, en tant que décideur, co-financeur, ou en choisissant l'orientation à suivre, la politique à mener, voire en faisant primer l'intérêt national si nécessaire. »[4] Donc, cette clause « n'a jamais signifié que les collectivités territoriales avaient une compétence générale, ou de principe »[5].

Jacques CAILLOSSE précise, à ce propos, que les usages de cette clause « ne remettent pas en cause le principe de notre droit politique, puisqu'ils s'exercent sur le fondement d'une autorisation donnée par avance, par le Centre ! C'est que la clause, comme on l'a fait justement valoir, n'a rien de l'expression d'une sorte de droit naturel dont relèverait le local. C'est l'État qui en garde la manœuvre. »[6]

Il convient de faire remarquer que la réforme de 2010 constituait « selon les uns (…) un acte III de la décentralisation ou, selon les autres, (…) un acte I de la recentralisation »[7]. L'on comprend l'utilité de la dénomination de l'acte I « recentralisation ». En effet, la doctrine française précise que « les conseils généraux et régionaux pourraient se trouver privés de conseillers qui leur soient propres, ce qui va dans le

---

[1] G. MARCOU, « La réforme territoriale. Analyse du nouveau projet de réforme des collectivités territoriales », art. cit., p. 71.

[2] N. FERREIRA, *op. cit.,* p. 166.

[3] O. GOHIN *et al.*, *op. cit.,* p. 146.

[4] N. FERREIRA, *op. cit.,* p. 155.

[5] G. MARCOU, « La réforme territoriale. Analyse du nouveau projet de réforme des collectivités territoriales », art. cit., pp. 69-70.

[6] J. CAILLOSSE, « Une question récurrente : le « retour de l'État » dans les réformes de décentralisation » art. cit., p. 59.

[7] M. VERPEAUX et L. JANICOT, *Droit des collectivités territoriales*, *op. cit.,* p. 83.

sens d'une moindre décentralisation. Dans le même ordre d'idée, la suppression de la clause générale de compétence pour les départements et les régions pourrait s'avérer contraire au principe de libre administration et par là même aboutir à une forme de recentralisation. »[1]

Abordant cette question, Michel VERPEAUX considère que « la répartition des compétences n'échappe pas à la critique de la recentralisation. La suppression de la clause générale de compétence pour les départements et les régions ravive les craintes d'un retour des compétences à la fois imposées par l'État et réduites à la gestion de services coûteux et insuffisamment compensés. »[2]

Compte tenu des innovations de la réforme de 2003 qu'on avait déjà traitées, l'on peut admettre qu'« alors que la réforme de 2003 avait créé la procédure d'expérimentation pour tenter d'introduire quelque souplesse dans un régime d'uniformité considéré comme peu compatible avec la prise en compte des besoins locaux, la loi de 2010 pourrait être vue comme un retour en arrière, avec des compétences identiques et limitées pour tous ! »[3].

Comme nous nous sommes attelés à l'expliquer jusqu'ici, en partant des expressions des auteurs français, nous pouvons considérer la loi du 16 décembre 2010 comme « l'acte I de la re-centralisation »[4]. Ainsi, cette réforme « impliquait que l'on s'interroge sur l'éventuel passage d'un État décentralisé à un État recentralisé ou, plus précisément, que l'on établisse un bilan de l'état du droit antérieur à ces réformes. »[5]. En d'autres termes, « le thème de la « recentralisation » conduit à s'interroger enfin sur la place à donner à l'article 1er de la Constitution,

---

[1] De l'avant-propos de l'ouvrage : P. CHRETIEN, N. FERREIRA et L. JANICOT (dir.), *L'État dans ses relations avec les collectivités territoriales*, *op. cit.*, p. IX.

[2] M. VERPEAUX, « Les projets de loi de réforme des collectivités territoriales en cours », art. cit., p. 52.

[3] N. FERREIRA, *op. cit.*, p. 165.

[4] V. sur l'utilisation de ce terme, l'avant-propos de l'ouvrage : P. CHRETIEN, N. FERREIRA et L. JANICOT (dir.), *L'État dans ses relations avec les collectivités territoriales*, *op. cit.*, pp. VIII-IX ; M. VERPEAUX, « Les projets de loi de réforme des collectivités territoriales en cours », art. cit., p. 46 ; M. VERPEAUX et C. RIMBAULT, *op. cit.*, p. 11.

[5] De l'avant-propos de l'ouvrage : P. CHRETIEN, N. FERREIRA et L. JANICOT (dir.), *L'État dans ses relations avec les collectivités territoriales*, *op. cit.*, p. VIII.

tel qu'il a été modifié par la loi constitutionnelle n° 2003-276 du 28 mars 2003 relative à l'organisation décentralisée de la République. »[1]

Jean-Claude NÉMERY précise que « cette nouvelle réforme des collectivités territoriales privilégie la recherche de l'efficacité de notre organisation territoriale au détriment de l'approfondissement continu de la démocratie locale engagé depuis la révolution. En ce sens, cette mutation est plus une rupture qu'une évolution. »[2]. L'auteur, en parlant de « l'institution d'un nouvel élu local, le conseiller territorial, qui siégera à la fois au sein du conseil régional et au sein du conseil général de son département d'élection » et de « la suppression de la clause de compétence générale des départements et des régions, sauf en matière de sports et de culture », estime qu'« aucune de ces deux dispositions ne renforce véritablement la démocratie locale. »[3]

À la lumière des développements précédents, l'on constate un « retour de l'État » dans ces réformes de décentralisation[4]. Ce retour de l'État et la « recentralisation » ont été toujours critiqués par les opposants à la réforme. En effet, si l'on se rappelle l'article 1er de la Constitution, certains auteurs pensent que « la France [doit] être décentralisée, une quelconque recentralisation ne peut pas être admise ni, surtout, juridiquement possible sans méconnaître cet article 1er. »[5]

Pour conclure, la réforme de 2010 était un « acte manqué »[6] puisque plusieurs innovations apportées par cette loi n'ont pas pu être réalisées en raison du changement politique de 2012. Ainsi, la nouvelle catégorie d'élu local - le conseiller territorial - devant remplacer à la fois les conseillers généraux et les conseillers régionaux est supprimée. Quant à la suppression de la clause générale de compétence pour les

---

[1] M. VERPEAUX, « Les projets de loi de réforme des collectivités territoriales en cours », art. cit., p. 46.

[2] J.-C. NÉMERY, « Les mutations de la démocratie locale », art. cit., p. 53.

[3] *Ibid.*, p. 50. V. également, B. FAURE, « La loi du 16 décembre 2010 de réforme des collectivités territoriales : L'arnaque et le territoire », *in* S. REGOURD, J. CARLES et D. GUIGNARD (dir.), *Réformes et mutations des collectivités territoriales*, *op. cit.*, pp. 39-45, spéc., p. 42. Bertrand FAURE affirme aussi que « si la « suppression » de la clause de compétence générale ressemble à un affaiblissement de la démocratie locale en ce qu'elle manifeste le mépris de l'homme organisé en société locale, l'association départements-région s'apparenterait plutôt à un détournement de cette démocratie locale. »

[4] J. CAILLOSSE, « Une question récurrente : le « retour de l'État » dans les réformes de décentralisation » art. cit., p. 55.

[5] M. VERPEAUX, « Les projets de loi de réforme des collectivités territoriales en cours », art. cit., p. 46.

[6] A. ROUX, *La décentralisation : droit des collectivités territoriales*, *op. cit.*, p. 45.

départements et les régions, précisons que cette clause a été rétablie, mais a été supprimée encore une fois par les réformes suivantes.

Voyons, à présent, les changements intervenus après 2010 et la nouvelle étape de la décentralisation qualifiée par la doctrine de « l'Acte III de la décentralisation ».

Paragraphe 2. La nouvelle réforme dite « acte III de la décentralisation » en France

Dans le cadre des élections présidentielles de 2012, « François Hollande, dans son programme, proposait le vote d'une loi sur le renforcement de la démocratie et des libertés locales qui devait prévoir notamment l'abrogation du conseiller territorial, une clarification des compétences et le renforcement de celles des régions. Il souhaitait mettre en place un *« pacte de confiance et de solidarité »* entre l'État et les collectivités locales pour garantir le niveau des dotations. »[1] Cependant, il n'existerait pas un « consensus exact » sur ce changement voulu, notamment si l'on prend en compte la loi du 16 décembre 2010.

Il convient de faire remarquer qu'il n'est pas évident de trouver un vrai consensus entre les partis politiques sur la décentralisation. Autrement dit, « il serait excessif de parler de consensus politique, tant l'idée de compromis officialisés et stabilisés est étrangère à la culture politique française (...). On assiste donc aussi en matière de décentralisation à de farouches et rituelles batailles, médiatiques et, parlementaires, où l'opposition du moment est dans son rôle de critique, voire de harcèlement »[2].

À ce sujet, André ROUX estime que « les critiques se sont focalisées notamment sur la création et le mode d'élection du « conseiller territorial » qui devait succéder en 2014 aux conseillers régionaux et généraux et il n'est pas étonnant que lors de la campagne pour les élections présidentielles et législatives de 2012 les candidats et partis de gauche aient proposé l'abrogation de la loi du 16 décembre 2010. »[3] Donc, après les élections de 2012 et la victoire de François HOLLANDE, la loi du 16 décembre 2010 n'était désormais qu'une réforme manquée. Ainsi, la nouvelle majorité de l'Assemblée nationale, après l'élection présidentielle de mai 2012 et des élections législatives

---

[1] *Ibid.*, p. 25.

[2] *Ibid.*, p. 27 et note n° 43.

[3] *Ibid.*

de juin 2012, a mis fin à plusieurs des innovations portées par la réforme de 2010.

Avant d'évoquer l'acte III de la décentralisation, il est nécessaire d'indiquer, à travers la loi du 17 mai 2013 relative à l'élection des conseillers départementaux, des conseillers municipaux et des conseillers communautaires, et modifiant le calendrier électoral[1], que « la majorité présidentielle et gouvernementale issue des élections du printemps 2012 a tout d'abord fait adopter la loi du 17 mai 2013 qui a abrogé le conseiller territorial et l'a remplacé par un conseiller départemental élu selon un mode de scrutin novateur, le scrutin binominal paritaire dans le cadre de cantons élargis. »[2]

Aussi, suite aux élections de 2012, la clause générale de compétence pour les départements et les régions a été rétablie par la loi n° 2014-58 du 27 janvier 2014 relative à la « modernisation de l'action publique territoriale et d'affirmation des métropoles » (MAPTAM)[3]. Mais, la loi n° 2015-991 du 7 août 2015, portant nouvelle organisation territoriale de la République (NOTRe)[4], a encore supprimé cette clause pour les départements et les régions.

Concernant le maintien de la clause générale de compétence en faveur des communes, nous nous sommes déjà interrogés si la réforme de 2010 portait atteinte à l'égalité des catégories de collectivités territoriales ; la loi du 7 août 2015 soulève les mêmes questions. Jean-Marie PONTIER précise, à ce sujet, qu'« il est possible de dire que le maintien de la compétence générale est une reconnaissance indirecte de la singularité des communes parmi les collectivités territoriales, de leur place unique dans l'ordonnancement juridique »[5]. L'auteur ajoute, en même temps, que « le maintien de la compétence générale des communes ne présente guère d'inconvénients parce que celles-ci sont de plus en plus dépossédées de leurs compétences au profit d'établissements de coopération, que ce maintien n'est qu'une façade. Les deux points de vue sont vrais en même temps. »[6]

---

[1] *JORF* n° 0114 du 18 mai 2013, p. 8242.

[2] M. VERPEAUX, *Les collectivités territoriales*, *op. cit.*, p. 57.

[3] *JORF* n° 0023 du 28 janvier 2014, p. 1562.

[4] *JORF* n° 0182 du 8 août 2015, p. 13705.

[5] J.-M. PONTIER, *La décentralisation française : évolutions et perspectives*, *op. cit.*, p. 83.

[6] *Ibid.*

Cependant, d'autres auteurs y voient comme une remise en cause de la distinction entre collectivités territoriales et établissements publics de coopération intercommunale. Comme l'a affirmé André ROUX, « la suppression de la clause générale de compétence des régions et des départements par la loi NOTRe du 7 août 2015 contribue à relativiser davantage encore la distinction entre collectivités territoriales et établissements publics territoriaux. »[1]

Quant à la position du Conseil constitutionnel, nous avons déjà précisé qu'il avait décidé, dans sa décision du 9 décembre 2010, que le principe de libre administration n'a pas été méconnu par cette suppression pendant la réforme de 2010, ainsi a-t-il jugé que la clause générale de compétence n'était pas un principe constitutionnel. L'étude de la décision n° 2015-717 DC du 6 août 2015[2], nous révèle que le Conseil constitutionnel ne s'est pas opposé à la suppression à nouveau de cette clause par la loi du 7 août 2015[3].

L'on peut dire que le rétablissement de cette clause par la loi du 27 janvier 2014 (MAPTAM) était « une promesse de campagne électorale » faite par le candidat devenu président de la République, François HOLLANDE autour de l'élection présidentielle de 2012[4]. Par ailleurs, il faut rappeler que « la clause de compétence générale avait été supprimée par la majorité de droite en 2010, ce qui avait suscité alors de vigoureuses protestations de l'opposition de gauche. Celle-ci, devenue majoritaire, l'avait logiquement rétablie par la loi MAPTAM du 27 janvier 2014 »[5]. Toutefois, la suppression à nouveau de cette clause pour les départements et les régions par la loi du 7 août 2015 est étonnante, puisqu'elle était contraire à la loi MAPTAM.

Jean-Marie PONTIER précise, à ce sujet, que « cette inconstance législative ne peut qu'inquiéter car, d'une part, elle révèle une absence de véritable vision politique de la part des pouvoirs publics, d'autre part, l'instabilité législative est toujours préjudiciable, l'état du droit

---

[1] A. ROUX, *La décentralisation : droit des collectivités territoriales*, *op. cit.*, p. 73.
[2] Relative à la loi portant nouvelle organisation territoriale de la République, *JORF* n° 0182 du 8 août 2015, p. 13777.
[3] V. M. VERPEAUX et L. JANICOT, *Droit des collectivités territoriales*, *op. cit.*, p. 345.
[4] Pour plus de détails sur cette question, v. *Ibid.*, p. 84. V. aussi M. VERPEAUX, *Les collectivités territoriales*, *op. cit.*, pp. 57 et 130.
[5] A. ROUX, *La décentralisation : droit des collectivités territoriales*, *op. cit.*, p. 52.

devenant de plus en plus difficile à connaître et ne pouvant que désorienter les élus locaux comme le corps social. »[1]

De son côté, André ROUX trouve que les dispositions ambiguës du législateur ne doivent pas étonner pendant cette période parce que la genèse de l'acte III de la décentralisation était d'ailleurs « un parcours chaotique »[2]. Le sujet de la clause générale de compétence a été donc aussi influencé par cette absence de consensus à l'intérieur du pouvoir politique.

Précisons que l'acte III de la décentralisation est le résultat de certaines hésitations non seulement entre la droite et la gauche, mais aussi à l'intérieur de la gauche. Comme le précise André ROUX, « fin mars 2013, le Premier ministre Jean-Marc Ayrault décidait de découper en trois parties le projet de loi, comportant 124 articles, préparé sous la responsabilité de madame Lebranchu, ministre de la Réforme de l'État et de la Décentralisation. Ce texte avait notamment suscité l'opposition quasi unanime des sénateurs socialistes qui l'avaient jugé « indigeste ». »[3] Donc, l'on peut dire que « le déroulement de l'acte III de la décentralisation fut également marqué par quelques hésitations et revirements de la part de l'exécutif. »[4]

Il est à noter que cette nouvelle étape de la décentralisation dite « acte III » comprend trois dispositions importantes au niveau législatif, à savoir la loi du 27 janvier 2014 de modernisation de l'action publique territoriale et d'affirmation des métropoles (MAPTAM), la loi du 7 août 2015 portant nouvelle organisation territoriale de la République (NOTRe) et aussi la loi n° 2015-29 du 16 janvier 2015 relative à la délimitation des régions, aux élections régionales et départementales et modifiant le calendrier électoral[5].

Faut-il le rappeler, la loi du 27 janvier 2014 a permis le renforcement de l'intercommunalité et des métropoles, la clarification des compétences des collectivités territoriales et le rétablissement de la clause générale de compétence des départements et des régions. Selon cette loi, l'État pouvait déléguer par convention l'exercice de certaines de ses compétences à une collectivité territoriale ou à un établissement

---

[1] J.-M. PONTIER, *La décentralisation française : évolutions et perspectives*, *op. cit.*, p. 82.

[2] V. A. ROUX, *La décentralisation : droit des collectivités territoriales*, *op. cit.*, p. 50 et suiv.

[3] *Ibid.*, pp. 50-51.

[4] *Ibid.* p. 51.

[5] *JORF* n° 0014 du 17 janvier 2015, p. 777.

public de coopération intercommunale à fiscalité propre qui en fait la demande. De plus, cette loi a consacré la notion de collectivités « chefs de file » et elle a amplifié le phénomène de métropolisation avec la création de trois grandes métropoles (Paris, Lyon, Aix-Marseille).

La loi du 16 janvier 2015, relative à la délimitation des régions, a prévu la réduction du nombre de régions françaises métropolitaines de vingt et une régions à douze (si l'on prend en compte la Corse, de vingt-deux à treize), en fusionnant certaines d'entre elles par deux ou par trois. Ainsi, l'on peut dire que la carte régionale a été redessinée par cette loi du 16 janvier 2015. Précisons que nous allons étudier cette loi dans le cadre du sujet de l'expérience française de la régionalisation dans les chapitres suivants[1]. Ici, il convient de dire que cette loi a été très critiquée au motif qu'elle a été élaborée « sans concertation ni consultation des conseils régionaux et départementaux »[2].

Quant à la loi du 7 août 2015 portant nouvelle organisation territoriale de la République (NOTRe), elle a marqué la fin de la réforme territoriale dite « l'acte III » de la décentralisation et avait pour objectif principal la clarification des compétences et le développement des régions et des intercommunalités.

Michel VERPEAUX estime, à ce propos, que « le droit des collectivités territoriales a subi, depuis une trentaine d'années, des bouleversements importants, dont la dernière étape est constituée par la loi du 7 août 2015 portant Nouvelle organisation territoriale de la République (NOTRe). »[3] Selon l'auteur, « cette loi devrait être le dernier acte d'un ensemble de lois qui transcendent les deux quinquennats de M. Sarkozy et de M. Hollande, marquant une relative continuité dans la volonté de mener une réforme des collectivités territoriales susceptible de s'inscrire dans une certaine durée. »[4]

Il convient de préciser que même s'il existait certaines objections de la gauche sur la réforme initiée en 2010, l'on peut constater une continuité de la volonté de la suppression de la clause générale de compétence pour les départements et les régions dans le cadre de la loi du 7 août 2015. Ainsi, cette clause a été à nouveau supprimée. Donc, l'on peut dire que les critiques sur la suppression de la clause, que nous

---

[1] Deuxième partie, Chapitre 3

[2] A. ROUX, *La décentralisation : droit des collectivités territoriales*, *op. cit.*, pp. 57-58.

[3] M. VERPEAUX, *Les collectivités territoriales*, *op. cit.*, p. 1.

[4] *Ibid.*

avons déjà indiquées au-dessus concernant la réforme manquée de 2010, sont toujours valables pour cette période.

Néanmoins, l'on peut dire que malgré la suppression de la clause générale de compétence, les missions des régions françaises sont définies de manière très large[1] dans la mesure où elles disposent toujours de compétences exclusives en matière de développement économique. Aussi, « comme les régions, les départements ne bénéficient plus de la clause générale de compétence. Mais, alors que leur existence même avait été initialement remise en cause, ils conservent l'essentiel de leurs attributions »[2], puisque le département constitue toujours la collectivité chef de file en matière d'action sociale, d'autonomie des personnes, de solidarité des territoires, des ports et des transports des enfants handicapés.

Enfin, il est à noter, dans le cadre de cette loi du 7 août 2015 (NOTRe), que la suppression des départements a été annoncée pour 2021 par les politiciens dans les discours politiques, mais l'on constate, à ce sujet, que cette loi maintient le rôle des départements et le confirme dans le domaine de l'action sociale et de la solidarité[3].

Nous avons tâché d'analyser jusqu'ici le processus de l'aménagement de la décentralisation en droit positif français dans le cadre de notre étude de l'État unitaire. Dans ce cadre, l'on peut dire que « l'analyse des réformes successives de la décentralisation, depuis les lois de 1982, et l'abus des métaphores théâtrales (acte I, acte II... - combien d'actes, et quel dénouement : tragique ou comique ?) donnent à penser que cette succession de réformes est une singularité française, symptôme d'un malaise, dans un système administratif sorti de la centralisation mais qui ne parvient pas à trouver une nouvelle stabilité »[4].

En fait, les réformes ont continué et vont probablement continuer dans l'État unitaire français ; donc elles ne sont pas limitées par celles indiquées ci-dessus. Ainsi, il est possible de parler de la Circulaire du

---

[1] Dans ce sens, v. A. ROUX, *La décentralisation : droit des collectivités territoriales*, *op. cit.*, p. 60.

[2] *Ibid.*, p. 61.

[3] V. sur cette question, *Ibid.*, p. 76. V. aussi J.-M. PONTIER, *La décentralisation française : évolutions et perspectives*, *op. cit.*, p. 42.

[4] G. MARCOU, « Les collectivités locales en Europe : Réformes et continuités », art. cit., p. 313.

Premier ministre datée du 12 juin 2019[1] sur l'administration territoriale de l'État, qui est relative aux répartitions des compétences entre l'État et les collectivités, à la réorganisation des services déconcentrés et aux pouvoirs de gestion aux responsables déconcentrés. De plus, il est possible d'indiquer la loi du 2 août 2019[2] relative à la création d'une nouvelle collectivité territoriale *sui generis*, la Collectivité européenne d'Alsace, par fusion des deux départements du Bas-Rhin et du Haut-Rhin. En outre, l'on peut rappeler la loi du 27 décembre 2019[3] relative à l'engagement dans la vie locale et à la proximité de l'action publique (loi EVL), qui concerne les communes, le renforcement des pouvoirs des maires et l'amélioration des conditions d'exercice des mandats locaux. Par ailleurs, l'on peut parler de la loi du 21 février 2022[4] relative à la différenciation, la décentralisation, la déconcentration et portant diverses mesures de simplification de l'action publique locale (loi 3DS). Cette dernière prévoit aussi un changement concernant le transfert de compétences vers les collectivités territoriales.

Précisons qu'il est impossible de traiter tous ces réformes avec tous les détails dans ce travail et que notre objectif est d'évaluer les réformes territoriales dans le cadre de la structure unitaire de l'État. Donc, nous avons tâché d'analyser ci-dessus les grandes dates de la décentralisation par ses effets sur la structure unitaire étatique de la France.

Il est probable qu'il existera plusieurs autres réformes dans l'avenir sur l'organisation administrative décentralisée de cet État. L'on pourra constater parfois une très forte décentralisation au niveau administratif, mais certaines réformes dites « acte de la re-centralisation » pourront apparaître. L'on comprend que le changement du climat politique est aussi important dans le cadre de l'orientation du système administratif. Mais, la décentralisation est désormais indispensable dans l'État unitaire français.

Il convient de souligner que « droite et gauche ne s'opposent plus désormais sur la nature même de la décentralisation. Les débats portent

---

[1] Circulaire du 12 juin 2019 relative à la mise en œuvre de la réforme de l'organisation territoriale de l'État, *JORF* n°0135 du 13 juin 2019, texte n° 2.

[2] Loi n° 2019-816 du 2 août 2019 relative aux compétences de la Collectivité européenne d'Alsace, *JORF* n°0179 du 3 août 2019, texte n° 1.

[3] Loi n° 2019-1461 du 27 décembre 2019 relative à l'engagement dans la vie locale et à la proximité de l'action publique, *JORF* n°0301 du 28 décembre 2019, texte n° 1.

[4] Loi n° 2022-217 du 21 février 2022 relative à la différenciation, la décentralisation, la déconcentration et portant diverses mesures de simplification de l'action publique locale, *JORF* n°0044 du 22 février 2022, texte n° 3.

aujourd'hui davantage sur les modalités de la décentralisation »[1]. Aussi, l'on peut affirmer que « les collectivités territoriales jouent un rôle essentiel dans la modernisation et dans la mise en œuvre des politiques publiques. Elles favorisent le rapprochement entre les citoyens et les services publics. La décentralisation est un principe d'organisation administrative qui, sans remettre en cause l'unité de la Nation, enrichit la vie démocratique »[2].

Force est de constater que les réformes portant sur l'organisation décentralisée en France se limitent au niveau administratif. Autrement dit, « malgré les réformes intervenues, il paraît en effet difficile de considérer qu'on assiste à un bouleversement des rapports entre l'État et les collectivités territoriales. Sans doute parce que la décentralisation ne concerne en réalité que l'organisation administrative de l'État et non son organisation politique toujours fondée sur le principe de la centralisation politique. »[3] L'on peut dire que « si l'on peut effectivement dire que la France constitue sur le plan constitutionnel un État décentralisé, il demeure qu'elle est avant tout un État unitaire. Son organisation administrative peut bien faire l'objet d'aménagements, l'essentiel du trait unitaire subsiste puisqu'une volonté politique unique s'impose. »[4]

De son côté, Jacques CAILLOSSE estime que « conduite depuis le droit l'analyse des réformes de la décentralisation initiées par les lois Defferre montre que rien d'essentiel n'a changé dans la nature de l'État »[5].

Il en résulte donc que l'État demeure le seul détenteur du pouvoir législatif et « c'est le législateur lui-même qui aurait ouvert une sorte d'espace vide ou virtuel au bénéfice des collectivités locales, en leur reconnaissant le pouvoir d'y intervenir pour répondre aux exigences imprévisibles des besoins locaux. »[6]

Pour conclure ce chapitre, l'on peut déduire que les réformes peuvent opérer quelques changements sans affecter la nature de l'État.

---

[1] A. ROUX, *La décentralisation : droit des collectivités territoriales*, *op. cit.*, p. 29.
[2] N. DANTONEL-COR, *op. cit.*, p. 22.
[3] F. LEMAIRE, *Le principe d'indivisibilité de la République : mythe et réalité*, *op. cit.*, p. 260.
[4] *Ibid.*, p. 261.
[5] J. CAILLOSSE, « Une question récurrente : le « retour de l'État » dans les réformes de décentralisation » art. cit., p. 58.
[6] *Ibid.*, p. 59.

Dès lors, il ne s'agissait qu'une modification profonde de l'État unitaire « classique » vers un État unitaire « moderne ».

Le chapitre suivant sera consacré à l'étude du système administratif décentralisé de l'État unitaire turc et nous verrons que plusieurs tentatives de réformes n'ont pas été achevées dans cet État unitaire « classique » ou « typique », en raison de la peur de l'atteinte à la structure unitaire de l'État.

CHAPITRE 2
La décentralisation turque, entre consécration constitutionnelle et ambiguïté au niveau législatif

Nous allons étudier la décentralisation en droit positif turc dans ce chapitre. Dans ce cadre, nous nous intéresserons, dans un premier temps, à la consécration constitutionnelle du principe d'organisation administrative décentralisée en Turquie. Autrement dit, il sera question d'une approche constitutionnelle de la décentralisation en droit turc (**Section 1**). Dans un second temps, nous verrons qu'en Turquie, malgré les évolutions enregistrées, il existe une décentralisation ambiguë puisque le processus d'aménagement de la décentralisation reste inachevé (**Section 2**).

Section 1
L'approche constitutionnelle de la décentralisation en droit turc

Tout comme en France, l'organisation administrative de l'État turc consacre le principe d'organisation décentralisée. Ce principe existait avant la fondation de la République turque en 1923, depuis l'Empire ottoman[1]. En réalité, les dates de l'aménagement de la décentralisation en droit turc sont parallèles à celles en France. Néanmoins, en droit turc, on assiste à une rapidité dans le cadre de la consécration du principe d'organisation décentralisée au niveau constitutionnel[2]. Ainsi, l'on constate que la consécration constitutionnelle de ce principe est plus ancienne en droit turc qu'en droit français. En effet, si le principe a été clairement adopté en 2003 au niveau constitutionnel dans l'État unitaire français, la décentralisation existait depuis la première Constitution turque de 1876 [3]. Cependant, il convient de préciser qu'il existe un

---

[1] Il faut préciser que selon la doctrine, il existe une continuité entre l'Empire ottoman et la République turque, donc nous allons prendre en compte le processus dans l'Empire comme celui en droit turc.

[2] Pour une brève information concernant le principe de la décentralisation et les collectivités territoriales dans les Constitutions turques, v. R. KELEŞ, *Yerinden yönetim ve siyaset, op. cit.,* pp. 163-170. Mais, nous allons traiter en détail la décentralisation au niveau constitutionnel en Turquie sous ce chapitre.

[3] Même si cette Constitution existait avant la fondation de la République turque, c'est-à-dire pendant l'Empire ottoman, la doctrine turque admet qu'il existe une continuité entre ces deux États, et considère la Constitution de 1876 comme la Première dans le cadre du droit turc.

débat sur la signification exacte du principe consacré dans cette Constitution de 1876 [1].

Précisons que pour mieux comprendre la décentralisation en droit positif turc, il faut rappeler ses origines. La Constitution de 1876 organisait, dans ses articles 108-112, la relation entre l'État central et l'administration locale.

En effet, l'article 108 de la Constitution de 1876, disposait que « *Le système d'administration du département est fondé sur les principes de la déconcentration et de la séparation des fonctions…* ». Pour Birgül Ayman GÜLER, ce texte a conduit à des débats politiques vifs concernant le système de la décentralisation, et ce, depuis l'époque de l'Empire ottoman[2].

Il convient de préciser que le premier principe, qui signifie clairement la déconcentration en droit français, n'a soulevé aucun débat. Quant au deuxième principe, même si certains auteurs estiment que cette Constitution ne contenait pas de dispositions sur le principe de la décentralisation[3], la majorité de la doctrine turque s'accorde pour dire que le principe de la séparation des fonctions signifiait la décentralisation[4]. Sıddık Sami ONAR affirme, à ce propos, que le terme de la décentralisation qui n'existait pas dans les Constitutions de 1876, de 1921 et de 1924, était semblable au principe de la séparation des fonctions[5].

En effet, un lien existe entre le système prévu par le principe de la séparation des fonctions et le principe d'organisation décentralisée dans la mesure où la loi temporaire de 1913 prévoyait que les départements sont des collectivités territoriales qui fonctionnent dans le cadre du principe de la séparation des fonctions.

---

[1] Pour le système de l'organisation étatique et le système administratif prévu par cette Constitution de 1876, v. A. NALBANT, *Üniter devlet : bölgeselleşmeden küreselleşmeye*, *op. cit.*, pp. 144-149.

[2] B. A. GÜLER, *Türkiye'nin yönetimi : yapı*, *op. cit.*, p. 250.

[3] B. ERYILMAZ, *op. cit.*, pp. 51-52, l'auteur précise que cette Constitution n'a pas consacré le principe de la décentralisation. À ses yeux, le principe de la décentralisation se distingue du principe de la séparation des fonctions qui existait dans l'article 108 de la Constitution de 1876.

[4] Dans ce sens, v. R. ŞENGÜL, *op. cit.*, p. 39 ; M. ÖKMEN et B. PARLAK, *op. cit.*, p. 132 ; B. A. GÜLER, *Türkiye'nin yönetimi : yapı*, *op. cit.*, pp. 250-252, Birgül Ayman GÜLER explique que les lois promulguées après l'établissement de cette Constitution ont démontré que ce principe signifiait le principe de la décentralisation.

[5] S. S. ONAR, *İdare hukukunun umumi esasları*, *op. cit.*, p. 600.

Donc, l'on peut dire que le principe d'organisation décentralisée a été consacré dans la Constitution de 1876, mais, cette Constitution utilisait le terme de « séparation des fonctions » au lieu de décentralisation.

Quant à la Constitution de 1921, l'on constate que ce texte ne contenait pas de dispositions portant sur le principe de l'organisation décentralisée ou du principe de « la séparation des fonctions » qui existait déjà dans la Constitution de 1876. En réalité, la Constitution de 1921 était très courte et ne comprenait que 23 articles. Mais, comme le fait remarquer la doctrine turque, l'on doit préciser que cette Constitution de 1921 était la Constitution qui a accordé la plus grande importance au renforcement de la décentralisation dans l'histoire constitutionnelle turque. Selon certains auteurs, elle a prévu un système d'organisation décentralisée au niveau des départements qui n'existe pas encore aujourd'hui[1].

Atilla NALBANT fait remarquer, à ce propos, que lorsqu'elle a prévu une centralisation politique, la Constitution de 1921 a consacré concernant le système administratif, un seul principe qui était « l'autonomie administrative ». Donc, selon l'auteur, cette Constitution a mis en place un système administratif décentralisé très avancé[2]. Au sujet de la même question, Zerrin TOPRAK trouve que le système établi par cette Constitution de 1921 accordait une autonomie administrative qui n'est pas prévue dans le système d'organisation décentralisée d'aujourd'hui[3].

À ce sujet, nous partageons la position de la doctrine puisque cette Constitution accordait la personnalité morale pour les départements et opérait une certaine distinction entre le département (collectivité territoriale) et le préfet, de sorte que le chef de l'exécutif dans le premier n'était pas le préfet mais un élu du conseil général (contrairement à la situation actuelle)[4]. Ainsi, le préfet ne jouissait pas d'une double casquette dans le cadre de la Constitution de 1921. Par ailleurs, même si le préfet était encore le représentant de l'État dans les départements, son pouvoir d'intervention au conseil général (ou départemental) était

---

[1] Dans ce sens, v. M. ÖKMEN et B. PARLAK, *op. cit.*, p. 121 ; R. ŞENGÜL, *op. cit.*, p. 40.

[2] V. A. NALBANT, *Üniter devlet : bölgeselleşmeden küreselleşmeye*, *op. cit.*, pp. 180-191.

[3] Z. TOPRAK, *op. cit.*, pp. 61-62.

[4] Nous allons voir au-dessous que le chef de l'exécutif est, ajourd'hui, le préfet dans le département.

très limité (articles 11-14). Dès lors, l'on peut dire que l'organisation décentralisée est née d'une initiative de cette Constitution de 1921.

Quant à la Constitution de 1924, première Constitution après la fondation de la République turque en 1923, la doctrine précise que si la Constitution de 1921 a donné beaucoup plus d'importance à l'aménagement de la décentralisation dans le système administratif, la Constitution de 1924 n'a pas adopté la même conception décentralisatrice[1]. En effet, même si l'article 91 prévoyait que « *les services des départements sont administrés selon les bases du principe de la déconcentration et de la séparation des fonctions* », l'on ne trouve pas d'autres dispositions relatives aux collectivités territoriales ou à un système administratif décentralisé dans la Constitution de 1924.

Selon Tarkan OKTAY, malgré la consécration constitutionnelle du principe de la séparation des fonctions, l'absence d'une disposition qui détermine le cadre de l'interprétation de ce principe conférait au législateur une liberté pour la nomination des organes des collectivités territoriales[2]. D'ailleurs, cette Constitution de 1924 a évité la règle de la Constitution de 1921 selon laquelle le chef de l'exécutif du département en tant que collectivité territoriale était le président élu du conseil général[3]. De même, le principe d'autonomie administrative initié par la Constitution de 1921 n'existait pas dans la Constitution de 1924. Dans ce cadre, Atilla NALBANT estime que la Constitution de 1924 a établi un système de « recentralisation »[4].

La Constitution de 1961, quant à elle, contenait des expressions plus nettes. Ainsi, son article 112 alinéa 1er a clairement consacré le principe de l'organisation décentralisée, en prévoyant que « *l'organisation et le fonctionnement de l'administration sont basés sur les principes de la centralisation et de la décentralisation.* »[5] Cet article, placé sous le titre de « l'Administration », démontrait que cette Constitution a adopté le principe de la décentralisation comme un principe général pour toute l'organisation administrative de la République turque, contrairement

---

[1] A. H. AYDIN, *Türk kamu yönetimi : sistemi, niteliği, örgütü, sorunları*, Ankara, Seçkin, 2011, p. 235 ; A. ULUSOY et T. AKDEMİR, *op. cit.*, p. 164 ; M. ÖKMEN et B. PARLAK, *op. cit.*, p. 121.

[2] V. T. OKTAY, *Yerel yönetim reformu sonrasında il özel idareleri*, İstanbul, Hayat Yayıncılık, 2010, pp. 45-46.

[3] V. sur ce sujet, R. ŞENGÜL, *op. cit.*, p. 41.

[4] V. A. NALBANT, *Üniter devlet : bölgesellleşmeden küreselleşmeye*, *op. cit.*, pp. 191-198.

[5] L'original de l'article 112 alinéa 1er en turc: « *İdarenin kuruluş ve görevleri merkezden yönetim ve yerinden yönetim esaslarına dayanır.* »

aux Constitutions précédentes qui ne parlaient que du principe de la séparation des fonctions au niveau des départements. Ainsi, les collectivités territoriales consacrées au niveau constitutionnel étaient, désormais, le département, la municipalité et le village selon l'article 116 de la Constitution de 1961.

L'article 116 portait sur l'organisation des élections des collectivités territoriales et leur contrôle. L'alinéa 1er de cet article prévoyait que « *les administrations locales sont des personnes morales publiques qui répondent aux besoins collectifs locaux de la population des départements, des municipalités et des villages, dont les organes de décision générale sont élus par le peuple* ». Son alinéa 3 affirmait, quant à lui, que « *le contrôle relatif à l'acquisition et à la perte de la qualité d'organe d'une administration locale ne s'exerce que par la voie judiciaire* »[1]. Enfin, le dernier alinéa de cet article, qui prévoyait des moyens financiers correspondant aux fonctions des administrations locales, disait que la relation entre l'État et les collectivités territoriales est règlementée par la loi, donc, cet article empêchait en même temps les interventions de l'État central sur cette relation par une autre disposition que la loi.[2].

Selon Ergun ÖZBUDUN, la Constitution de 1961 a mis en place une certaine innovation concernant le principe de la décentralisation. L'auteur parle d'une « division verticale du pouvoir » entre l'État central et la périphérie consacrée dans les démocraties libérales[3]. Précisons qu'il n'est pas question ici d'une division verticale « au niveau politique » ; mais d'une vraie répartition des compétences entre l'État central et les collectivités territoriales, contrairement aux Constitutions précédentes.

Donc, l'on peut dire que dans le cadre de la Constitution de 1961, le principe de la décentralisation a connu un aménagement plus net. À cet égard, certains auteurs affirment que cette Constitution de 1961 était plus démocratique par rapport à son époque contemporaine, notamment concernant les collectivités territoriales. Néanmoins, ces auteurs ajoutent que malgré les dispositions décentralisatrices dans cette

---

[1] Notre traduction. Il est possible de trouver quelques autres traductions qui comprennent différentes expressions.

[2] V. dans ce sens, T. OKTAY, *Yerel yönetim reformu sonrasında il özel idareleri*, *op. cit.*, p. 47.

[3] E. ÖZBUDUN, *Türk anayasa hukuku*, Ankara, Yetkin Yayınları, 2002, p. 42.

Constitution, l'organisation administrative turque n'a pas pu échapper d'un système trop centralisé à cette époque-là [1].

Enfin, l'on peut citer la Constitution actuelle de 1982 qui a adopté plusieurs dispositions concernant le système d'organisation décentralisée. Cependant, ce texte a posé des limites à la décentralisation comme la tutelle administrative.

Selon l'article 123 de cette Constitution : « *L'administration constitue un tout du point de vue de son organisation et de ses fonctions et est réglementée par la loi. L'organisation et le fonctionnement de l'administration sont basés sur les principes de la centralisation et de la décentralisation. La personnalité morale publique ne peut être conférée que par la loi ou en vertu d'une compétence attribuée par elle de manière expresse.* »

Certains auteurs affirment que la consécration constitutionnelle du principe de la décentralisation dans cet article constitue une extension du principe de la démocratie prévue à l'article 2 (article inaltérable) de la Constitution de 1982[2].

Quant aux collectivités territoriales, l'on peut dire que la Constitution de 1982 adopte des dispositions presque similaires à celles de la Constitution de 1961, mais certaines différences apparaissent entre les conceptions décentralisatrices, notamment en ce qui concerne les collectivités territoriales, ou les administrations locales[3].

D'après l'article 127 de la Constitution de 1982 : « *Les administrations locales sont des personnes morales publiques constituées en vue de répondre aux besoins collectifs locaux de la population des départements, des municipalités et des villages, dont les principes de constitution sont précisés par la loi et dont les organes de décision, également déterminés par la loi, sont élus au suffrage direct* [4].

---

[1] Dans ce sens, v. M. ÖKMEN, « Türkiye'de Merkezî Yönetim-Yerel Yönetim İlişkileri ve Yerel Yönetimlerin Yeniden Yapılandırılması », *in* R. BOZLAĞAN et Y. DEMİRKAYA (dir.), *Türkiye'de yerel yönetimler*, Ankara, Nobel Yayın Dağıtım, 2008, pp. 45-83, spéc., p. 52. V. également, M. ÖKMEN et B. PARLAK, *op. cit.*, p. 122.

[2] O. CAN, art. cit., p. 54.

[3] Sur les différences entre la Constitution de 1961 et celle de 1982 concernant les collectivités territoriales et le principe de la décentralisation, v. R. KELEŞ, *Yerinden yönetim ve siyaset, op. cit.*, pp. 165-170.

[4] Comme c'est indiqué dans la note de bas de page suivante, cette traduction existe dans plusieurs dossiers, mais d'après nous, l'expression de cet alinéa n'est pas tout à

L'organisation, les fonctions et les attributions des administrations locales sont réglementées par la loi conformément au principe de la décentralisation. »

Par ailleurs, l'alinéa 5 de cet article prévoit que *« l'administration centrale a le droit d'exercer une tutelle administrative sur les administrations locales dans le cadre des principes et modalités définis par la loi, en vue d'assurer l'accomplissement des services locaux conformément au principe d'unité de l'administration, la cohésion au sein des services publics et la sauvegarde de l'intérêt général et de veiller à ce que les besoins locaux soient satisfaits d'une manière appropriée.* »[1]

Il ressort de la disposition précédente que son alinéa 1er a déterminé trois types de collectivités territoriales -comme l'a fait la Constitution de 1961- qui sont les départements, les municipalités et les villages. Précisons encore, sur ce point, que le terme de « la municipalité » est une expression utilisée par la Constitution et par les autres dispositions juridiques en droit turc, et que même s'il est possible de trouver quelques différences, cette institution est bien similaire aux communes en droit français.

À ce propos, en doctrine turque, plusieurs auteurs emploient le terme de « commune » en ce qui concerne ce second type de collectivité territoriale dite « municipalité ». Ruşen KELEŞ considère que les municipalités ont le même statut que les communes en droit français[2],

---

fait correcte. En effet, il faut ajouter le terme « électeurs » à la fin de cette traduction. Nous allons expliquer ce point lorsque nous aborderons la question des élections locales.

[1] Il est possible de trouver cette traduction sur plusieurs sites internet. Par exemple, v. au sujet de la Constitution turque de 1982 et les autres documents juridiques importants relatifs à cet État : http://mjp.univ-perp.fr/constit/tr1982.htm V. également, concernant la traduction de l'article 127 et le développement des collectivités territoriales turques, D. TEZCAN, « L'expérience turque du droit des collectivités locales », (article en français) *in Prof. Dr. Mahmut Tevfik Birsel'e armağan*, İzmir, Dokuz Eylül Üniversitesi Yayını, 2001, pp. 667-673. Par contre, d'après nous, il existe toujours certains manques que nous avons tenté de combler au besoin dans nos traductions.

[2] R. KELEŞ, *Fransa ve İspanya'da yerinden yönetim*, *op. cit.*, p. 18, Ruşen KELEŞ parle des collectivités territoriales françaises, et utilise le terme « commune » entre parenthèse pour signifier le terme de « Belediye » en turc. D'autres auteurs utilisent aussi le terme de « belediye » en turc pour signifier le terme de « la commune » en français, v. A. NALBANT, *Üniter devlet : bölgeselleşmeden küreselleşmeye*, *op. cit.*, pp. 60, 88, 90, 104-114, etc. Par contre, nous rappelons le constat de Sıddık Sami

et précise que les communes françaises sont beaucoup plus nombreux par rapport aux municipalités turques, parce qu'il n'existe pas une collectivité territoriale dite « village » en droit français. D'après cet auteur, le statut de la commune en droit français englobe également les lieux d'habitation qui sont au niveau des villages en droit turc[1]. De même, Sıddık Sami ONAR utilise le terme de « commune » pour les municipalités et pour les villages en tant que collectivités territoriales dans l'État turc[2].

Suivant les développements précédents, l'on peut constater que les collectivités territoriales dans l'État unitaire turc englobent les départements, les municipalités et les villages. Néanmoins, il faut préciser que certains auteurs parlent d'un quatrième type de collectivité territoriale, à savoir « les municipalités métropolitaines »[3], et ce, en partant de l'article 127 selon lequel « *La loi peut prévoir des modes d'administration particuliers en ce qui concerne les grands centres urbains* ». Notons que les municipalités métropolitaines ne sont que des modes d'institutions spéciales prévues pour les métropoles et ne sont pas considérées comme un autre type de collectivité territoriale que les municipalités en droit turc[4].

Aussi, faut-il préciser que l'énumération des collectivités territoriales dans la Constitution est une garantie constitutionnelle initiale, de sorte que vis à vis de cette consécration, le pouvoir politique ne peut ni supprimer ni modifier le régime applicable aux collectivités territoriales et par conséquent, le législateur ne peut pas affecter ces administrations locales qui sont des institutions constitutionnelles[5].

D'après l'analyse de l'article 127, l'on peut constater aussi que la Constitution turque reconnaît à ces collectivités territoriales une

---

ONAR qui affirme que les communes françaises sont équivalentes non seulement aux municipalités (belediye en turc), mais aussi aux villages (köy en turc) en droit turc, v. S. S. ONAR, *İdare hukukunun umumi esasları*, *op. cit.*, p. 600.

[1] R. KELEŞ, *Fransa ve İspanya'da yerinden yönetim*, *op. cit.*, p. 18.

[2] S. S. ONAR, *İdare hukukunun umumi esasları*, *op. cit.*, p. 600, Sıddık Sami ONAR, en disant qu'en turc « komün idareleri olan köy ve belediye », considère les villages et les municipalités dans le même cadre que les communes en droit français.

[3] Dans ce sens, v. A. POLATOĞLU, *op. cit.*, p. 95. L'auteur distingue les municipalités métropolitaines des municipalités normales, donc selon lui, il faut parler de quatre différents types de collectivités territoriales en droit turc.

[4] V. concernant cette idée, R. ŞENGÜL, *op. cit.*, p. 115. V. aussi note n° 236 à la même page.

[5] F. DEMİRKOL, *op. cit.*, pp. 12-13.

personnalité morale distincte de celle de l'État, un pouvoir de prendre des décisions exécutives et prévoit également l'organisation des élections concernant les organes décisionnels de ces autorités. Autrement dit, le texte constitutionnel confirme implicitement le principe de l'autonomie administrative des collectivités décentralisées[1].

En effet, même en l'absence d'une consécration explicite de l'expression « autonomie administrative », au sujet des collectivités territoriales dans la Constitution turque, l'on peut dire cette autonomie existe implicitement à l'article 127[2]. De même, pour certains auteurs, l'article 127 confirme implicitement le principe de l'autonomie « financière » des collectivités territoriales[3].

En réalité, il convient de faire remarquer que des dispositions similaires existaient déjà dans la Constitution de 1961. Néanmoins, la Constitution de 1982 comporte quelques différences, à savoir le second alinéa de l'article 127 qui prévoit que « *L'organisation, les fonctions et les attributions des administrations locales sont réglementées par la loi conformément au principe de la décentralisation* ». Outre l'article 123, l'on constate que le constituant a employé une deuxième fois le principe de la décentralisation à l'article 127 concernant les collectivités territoriales. Donc, selon certains auteurs turcs, à travers le terme « *conformément au principe de la décentralisation* », le constituant protège l'autonomie administrative des collectivités territoriales contre les interventions de l'État central. À ce sujet, la Cour constitutionnelle turque a annulé la disposition qui visait le transfert de certaines compétences des municipalités au Ministère des travaux publics et du logement[4].

D'autres auteurs estiment que l'expression *« conformément au principe de la décentralisation* » de l'alinéa 2 de l'article 127 implique non seulement la garantie de l'autonomie administrative des collectivités territoriales, mais aussi la nécessité d'organiser des élections locales[5].

Au sujet des élections locales, il existe une différence entre la Constitution de 1982 et celle de 1961. En effet, l'article 127 alinéa 3 prévoit une période de cinq ans pour les élections locales, même si la Constitution de 1961 prévoyait que la période des élections locales était

---

[1] Ş. GÖZÜBÜYÜK, *op. cit.,* p. 178.

[2] F. DEMİRKOL, *op. cit.,* pp. 17 et 23 ; Ş. GÖZÜBÜYÜK, *op. cit.,* p. 178.

[3] F. DEMİRKOL, *op. cit.,* p. 20.

[4] V. sur cette question, A. ULUSOY et T. AKDEMİR, *op. cit.,* p. 166.

[5] F. DEMİRKOL, *op. cit.,* p. 14.

déterminée par la loi. Une autre différence est l'expression ambiguë de l'article 127 de la Constitution de 1982 concernant les élections locales, en l'occurrence l'expression « les électeurs » utilisée en parlant de l'élection des organes de décisions des collectivités territoriales.

Aux termes de l'article 127, alinéa 1er de la Constitution : « *les administrations locales sont des personnes morales publiques constituées en vue de répondre aux besoins collectifs locaux de la population des départements, des municipalités et des villages, dont les principes de constitution sont précisés par la loi et dont les organes de décision, également déterminés par la loi, sont élus par les électeurs.* »[1] Faut-il le rappeler, la Constitution de 1961 prévoyait que « *les organes généraux de décision sont élus par le peuple* », mais celle de 1982 emploie le terme d'« électeurs ». Selon certains auteurs qui reprochent l'absence du terme « peuple », il est possible de déterminer quelques groupes ou certaines assemblées en tant qu'« électeurs » et donc, ce terme est un peu complexe[2]. À notre sens, il faut se référer à l'alinéa 3 qui prévoit que « *les élections aux administrations locales ont lieu tous les cinq ans et selon les principes énoncés à l'article 67.* » Ce dernier précise que « *les élections et les référendums se déroulent sous l'administration et le contrôle du judiciaire et selon les principes du suffrage libre, égal, secret, à un seul degré, universel et moyennant comptage et dépouillement publics du scrutin. Néanmoins, la loi arrête des dispositions adéquates pour permettre aux citoyens turcs se trouvant à l'étranger d'exercer leur droit de vote.* » Donc, l'on peut déduire que c'est le peuple qui élira les organes de décisions[3] des collectivités territoriales par le biais du suffrage universel direct.

[1] Il existe quelques autres traductions, mais d'après nous il s'agit de la traduction la plus juste. Il convient de faire remarquer que le terme « suffrage direct » ("doğrudan seçim" en turc) n'existe pas dans l'article 127, et il est remplacé par l'expression des « électeurs » ("seçmenler" en turc).

[2] Z. ÇOKER, « Anayasa ve yerel yönetimler », *in Güneydoğu ve yerel yönetimler sempozyumu : 26-27 Ekim 1994*, Diyarbakır, GAP Belediyeler Birliği, 1994, pp. 91-99, spéc., pp. 91-92. V. aussi A. ULUSOY et T. AKDEMİR, *op. cit.*, p. 165.

[3] Il existe un débat sur la différence entre la Constitution de 1982, qui parle d'« organes de décision » des collectivités territoriales, et la Constitution de 1961, qui parlait d'« organes généraux de décision » dans le cadre des élections locales. Donc, à côté des conseils généraux et municipaux, il est possible de comprendre que les « commissions » des collectivités territoriales doivent être élues par le biais du suffrage universel direct selon la Constitution de 1982, puisqu'elle vise ces deux organes par l'expression « organes de décision ». Mais, actuellement, les commissions ne sont pas élues par le biais du suffrage universel direct en Turquie. Donc, on est face

Aussi, l'on constate que l'alinéa 4 de l'article 127 n'est pas rédigé comme l'article 116 de la Constitution de 1961 qui précisait, en son alinéa 3, que « *le contrôle relatif à l'acquisition et à la perte de la qualité d'organe d'une administration locale ne s'exerce que par la voie judiciaire* ». En effet, l'alinéa 4 de l'article 127 de la Constitution de 1982 prévoit « une mesure temporaire » pour le contrôle des organes des collectivités territoriales, à savoir « *le règlement des contestations relatives à l'acquisition de la qualité d'organe élu d'une administration locale et à la perte de cette qualité est soumis à un contrôle judiciaire. Toutefois, les organes des administrations locales ou leurs membres à l'encontre desquels une enquête ou des poursuites ont été engagées pour une infraction commise dans l'exercice de leurs fonctions peuvent, à titre provisoire, être suspendus de leur fonction par le ministre de l'Intérieur, jusqu'à la décision juridictionnelle définitive* ».

D'après certains auteurs turcs, la règle essentielle est encore protégée dans la Constitution de 1982, et ce contrôle est toujours fait par la voie judiciaire. Ainsi, le pouvoir du ministre de l'Intérieur n'est qu'une mesure temporaire jusqu'à la décision juridictionnelle définitive[1]. Or, pour d'autres, la suspension des fonctions des organes élus d'une collectivité territoriale par le ministre de l'Intérieur ne peut pas être défendue à l'égard des principes démocratiques, de sorte que ce pouvoir peut être utilisé à mauvais escient par le pouvoir politique[2].

Précisons aussi que la différence la plus importante entre les Constitutions de 1961 et de 1982 concerne la tutelle administrative consacrée à l'alinéa 5 de l'article 127 de cette dernière. En effet, un tel mécanisme de contrôle de tutelle n'existait pas dans la Constitution de 1961. La Constitution de 1982 fait une référence au principe de la décentralisation dans deux articles différents, mais consacre la tutelle administrative à l'égard de la liberté d'agir des collectivités territoriales. Et, il faut préciser que les objectifs et le contenu de ce contrôle sont larges[3] et indéfinis, puisque l'alinéa 5 de l'article 127 précise que la

---

à une violation de la Constitution. Sur ces questions, v. T. OKTAY, *Yerel yönetim reformu sonrasında il özel idareleri*, *op. cit.*, p. 48 ; R. ŞENGÜL, *op. cit.*, pp. 42-43 ; A. ULUSOY et T. AKDEMİR, *op. cit.*, p. 165.

[1] R. ŞENGÜL, *op. cit.*, p. 43.

[2] R. KELEŞ, *Fransa ve İspanya'da yerinden yönetim*, *op. cit.*, p. 96. Dans ce sens, v. F. DEMİRKOL, *op. cit.*, p. 25.

[3] V. T. OKTAY, *Yerel yönetim reformu sonrasında il özel idareleri*, *op. cit.*, p. 49 ; R. ŞENGÜL, *op. cit.*, p. 43. Ces auteurs soulignent aussi que le champ d'application de la tutelle administrative est très large selon l'expression de l'article 127.

tutelle administrative s'exerce « *en vue d'assurer l'accomplissement des services locaux conformément au principe d'unité de l'administration, la cohésion au sein des services publics et la sauvegarde de l'intérêt général et de veiller à ce que les besoins locaux soient satisfaits d'une manière appropriée.* »

À cet égard, certains auteurs affirment que la tutelle administrative indiquée dans cet article, en raison de ses objectifs indéfinis, limite les possibilités de la libre administration des collectivités territoriales[1] et peut empêcher le fonctionnement du système d'organisation décentralisée. D'autres estiment que la consécration de la tutelle administrative dans cette Constitution est l'obstacle la plus important à la démocratie locale[2].

Pour conclure, l'on peut dire que la Constitution de 1982 n'a pas changé le système ancien, elle a justement consacré au niveau constitutionnel ce type mécanisme de contrôle qui existait déjà[3]. Il convient de préciser que même si la Constitution de 1961 n'a pas consacré le contrôle de tutelle, elle ne l'interdisait pas. Ainsi, l'État central avait le pouvoir du contrôle de tutelle sur les collectivités territoriales pendant la période de cette Constitution de 1961 selon les autres dispositions juridiques. Mais, l'on constate clairement qu'en consacrant la tutelle administrative « *en vue d'assurer l'accomplissement des services locaux conformément au principe d'unité de l'administration* », la Constitution de 1982 a donné la priorité à la structure unitaire de l'État à l'égard du système d'organisation décentralisée[4]. D'ailleurs, Bilal ERYILMAZ estime que ces nouvelles dispositions constitutionnelles relatives à la tutelle administrative sont « un recul » par rapport au système de la décentralisation prévu par la Constitution de 1961[5].

L'on pense que même s'il existait un contrôle de tutelle avant la Constitution de 1982, la consécration constitutionnelle de la tutelle administrative ne peut pas être ignorée dans le cadre de l'avancement

---

[1] R. ŞENGÜL, *op. cit.,* p. 44.

[2] Z. ÇOKER, « Anayasa ve yerel yönetimler », art. cit., p. 91 ; M. ÖKMEN, « Türkiye'de Merkezî Yönetim-Yerel Yönetim İlişkileri ve Yerel Yönetimlerin Yeniden Yapılandırılması », art. cit., p. 55 ; A. ULUSOY et T. AKDEMİR, *op. cit.,* p. 164.

[3] A. ULUSOY et T. AKDEMİR, *op. cit.,* p. 166.

[4] R. ŞENGÜL, *op. cit.,* pp. 43-44.

[5] B. ERYILMAZ, *op. cit.,* pp. 28-29.

de la décentralisation, de sorte qu'il est désormais impossible de supprimer ou de changer le contenu et les objectifs de ce mécanisme de contrôle sur les collectivités territoriales sans révision constitutionnelle[1].

Finalement, l'on peut préciser, concernant la question de décentralisation en Turquie, que l'existence d'une forte tutelle administrative a été toujours critiquée par la doctrine avant les réformes de 2004-2005[2]. Cependant, même si celles-ci ont opéré certains changements dans ce cadre, les dispositions qu'elles ont adoptées ont été toujours annulées par la Cour constitutionnelle turque, en raison de l'existence de la tutelle administrative dans la Constitution.

Le cheminement précédent nous permettra de constater, qu'en Turquie, les résultats des réformes constitutionnelles de la décentralisation restent très limités par rapport au droit français et que le constituant donne toujours la priorité à la protection de la structure unitaire de l'État à l'égard du système administratif décentralisé.

Section 2
Une décentralisation ambiguë et des réformes inachevées

Après une analyse du processus de l'aménagement de la décentralisation turque au niveau constitutionnel, on arrive au sujet des réformes au niveau législatif dans l'État unitaire turc. Nous allons nous intéresser, dans cette section, aux réformes inachevées au niveau législatif concernant les compétences des collectivités territoriales turques. Nous allons voir qu'en droit turc, l'on assiste à une évolution timide du principe d'organisation décentralisée par rapport au droit français. Et la raison de l'échec des réformes de la décentralisation en

---

[1] Précisons que plusieurs propositions ont été mises en place pour l'établissement d'une nouvelle Constitution en Turquie par plusieurs mécanismes civiles, et ces propositions prévoyaient la suppression de la tutelle administrative dans l'organisation administrative turque. En revanche, ni l'établissement d'une nouvelle Constitution, ni une révision constitutionnelle relative à la suppression de la tutelle administrative n'ont été réalisées en Turquie. V. sur ces propositions, H. T. FENDOĞLU, « Üniter devlet », disponible sur ce lien : http://www.hasantahsinfendoglu.com/dokumanlar/makaleler/UNITER_DEVLET.pdf

[2] Ş. GÖZÜBÜYÜK, *op. cit.*, p. 179.

droit turc est toujours la même, en l'occurrence la peur d'atteinte à la structure unitaire de l'État[1].

Ces réformes ont été inspirées par le modèle de décentralisation française, notamment à partir de la période des Tanzimat (« réorganisation » ou « réformes » en français) en 1839. Il faut préciser, à ce propos, que la doctrine turque parle de trois périodes dans l'histoire du système administratif turc : la période allant de la construction de l'Empire ottoman jusqu'à la Déclaration impériale de Gülhane du 3 novembre 1839 (hatti-chérif de Gulhané ou Tanzimat), la période des Tanzimat jusqu'à la fondation de la République turque en 1923 et la période après la fondation de la République[2].

Même s'il est impossible d'ignorer une continuité entre l'Empire ottoman et la République turque, nous excluons de notre analyse le modèle *sui generis* de la structure étatique de l'Empire. À cet égard, Atilla NALBANT précise que l'Empire ottoman était un modèle plus proche de l'État régional en raison de ses « provinces privilégiées (États vassaux) » et ses « communautés religieuses »[3]. Donc, il s'agissait d'une décentralisation « politique » dans l'Empire. Toutefois, l'on constate qu'en vue de construire un État-nation, une action en faveur du centralisme avait commencé pendant l'Empire ottoman, avant la fondation de la République turque, ainsi, l'on peut affirmer que le centralisme a été entamé dans l'Empire par les réformes de Mahmut II (sultan ottoman 1785-1839)[4]. Parallèlement à ce centralisme, l'on trouve une évolution vers la décentralisation administrative dans l'Empire par le biais des réformes de la période des Tanzimat. Dans ce

---

[1] Pour une critique, v. cette analyse comparée entre la Turquie et la France, B. ORAN, « Fransa'da ve Türkiye'de Üniter Devlet Sorunu », préc. Baskın ORAN critique l'exagération de la peur d'atteinte à la structure unitaire de l'État en Turquie. V. aussi sur cette question, Y. HEPER, *op. cit.*

[2] S. S. ONAR, *İdare hukukunun umumi esasları*, *op. cit.*, p. 489.

[3] Atilla NALBANT précise que l'Empire ottoman était un État régional en raison de l'existence des provinces privilégiées (États vassaux) et des communautés religieuses, et estime que même si la Constitution de 1876 a prévu le principe d'indivisibilité de l'État, ces provinces privilégiées et ces communautés religieuses étaient les preuves d'une décentralisation « politique » dans l'Empire. Mais, la Constitution de 1921 a mis fin à cette décentralisation politique en instituant une centralisation politique qui exclut les privilèges des communautés religieuses et des provinces privilégiées, v. A. NALBANT, *Üniter devlet : bölgeselleşmeden küreselleşmeye*, *op. cit.*, pp. 144-147, 154-174, et 183-184.

[4] V. A. NALBANT, *Üniter devlet : bölgeselleşmeden küreselleşmeye*, *op. cit.*, p. 119 et suiv. Selon l'auteur, l'Empire ottoman était un État régional, mais un centralisme évident a commencé par les réformes de Mahmut II, v. pp. 129-131.

cadre, nous allons étudier, d'abord, la période des Tanzimat jusqu'à la fondation de la République et l'influence française durant cette période (**Paragraphe 1**) ; ensuite, la période après la fondation de la République jusqu'à la réforme de 2003-2005 (**Paragraphe 2**) et, enfin, les réformes de la décentralisation de 2003-2005 (**Paragraphe 3**).

Paragraphe 1. La période des Tanzimat jusqu'à la fondation de la République et l'influence française

Il faut souligner l'importance de la période des Tanzimat dans le cadre de notre sujet de la décentralisation. La doctrine turque admet qu'« avec cette déclaration solennelle, le sultan reconnaissait de son propre gré une série de droits individuels à tous les sujets ottomans. À partir de cette date, les sultans se sont orientés vers l'Europe et ont essayé de l'imiter en vue de devenir un pays européen. Ils introduisent dans le système ottoman une série de législations, essentiellement françaises, qui créent quelquefois la dualité des législations, comme en droit civil par exemple. D'autre part, une réforme administrative accompagna cette réception des codes européens. Les collectivités locales comme les mairies et les départements furent également un des fruits de cette réforme administrative »[1].

À cet égard, İlber ORTAYLI précise que dans l'Empire ottoman, les collectivités territoriales ont apparu au 19eme siècle[2]. Dès lors, l'on peut dire que la doctrine turque est unanime sur le fait que l'histoire des collectivités territoriales a commencé grâce aux réformes initiées durant la période de la Déclaration impériale des Tanzimat de 1839[3].

---

[1] D. TEZCAN, art. cit., p. 668.

[2] Concernant le développement des collectivités territoriales dans l'Empire ottoman, v. İ. ORTAYLI, *Tanzimat devrinde Osmanlı mahalli idareleri (1840-1880)*, Ankara, Türk Tarih Kurumu, 2e éd., 2011.

[3] Sur ce constat, v. İ. ORTAYLI, *op. cit.,* p. 15 ; B. ERYILMAZ, *op. cit.,* p. 18 ; H. ERKUL, *Türkiye'de yerel yönetimler*, Ankara, Detay Yayıncılık, 2010, p. 22 ; R. ŞENGÜL, *op. cit.,* p. 25 ; T. OKTAY, *Yerel yönetim reformu sonrasında il özel idareleri, op. cit.,* p. 23 ; T. GÖKSU *et al.*, « Osmanlıdan günümüze yerel yönetimlerin gelişimi », *in* V. K. BİLGİÇ (dir.), *Değişik yönleriyle yerelleşme, op. cit.,* pp. 11-35, spéc., p. 11. Pour cette période des Tanzimat, v. A. NALBANT, *Üniter devlet : bölgeselleşmeden küreselleşmeye, op. cit.,* pp. 131-144, Atilla NALBANT parle non seulement des réformes de la décentralisation administrative, mais aussi des essais de la construction d'une centralisation « politique » dans l'Empire ottoman pendant cette période. Ainsi, par exemple, parlant du système du département, il note que lorsqu'il assurait l'aménagement d'un système administratif décentralisé, ce

En effet, il faut préciser que le mouvement de « l'occidentalisation » dans l'Empire ottoman pendant cette période des Tanzimat était le fait le plus important qui a engendré la création des collectivités territoriales[1].

En abordant cette période des Tanzimat, il est nécessaire de parler de certains débats qui se déroulaient entre les partisans d'une centralisation forte dans l'administration et ceux qui défendaient la nécessité d'un système décentralisé au niveau administratif pour une meilleure administration dans le territoire de l'Empire. À ce propos, il convient de faire remarquer que c'est le Prince Sabahaddin qui a lancé l'idée de la nécessité d'un système décentralisé dans l'organisation administrative pendant cette période[2]. Aussi, l'on trouve plusieurs auteurs turcs qui traitent les pensées du Prince Sabahaddin dans le cadre du sujet de la décentralisation[3].

En réalité, l'idée décentralisatrice du Prince Sabahaddin était une réponse à la volonté d'une organisation administrative autoritaire et centralisée de M. Ahmed Rıza[4]. Il faut dire que le Prince Sabahaddin, pendant son séjour à Paris, était inspiré par l'école française de « la Science sociale » suivant la méthode de F. Le Play, et il a adopté les principes de cette école pour trouver des solutions aux problèmes de

---

système servait également à la construction d'une centralisation politique dans l'Empire.

[1] B. ERYILMAZ, *op. cit.*, p. 18 ; M. ÖKMEN et B. PARLAK, *op. cit.*, p. 99 ; H. ERKUL, *op. cit.*, p. 22 ; T. GÖKSU *et al.*, art. cit., p. 13.

[2] Pour une mieux administration, le Prince Sabahaddin défendait non seulement l'idée de la nécessité d'une organisation décentralisée, mais aussi l'idée de « l'initiative privée », v. sur ce sujet, R. KELEŞ, « Avrupa'ya uyum sağlama sürecinde Türkiye'de yerel yönetimler », *in* N. FALAY *et al.* (dir.), *Türkiye'de yerel yönetimlerin sorunları ve geleceği*, Ankara, Seçkin Yayıncılık, 2009, pp. 11-26, spéc., p. 24. Pour l'expression propre du Prince concernant ses idées décentralisatrices, v. M. ÖKMEN et B. PARLAK, *op. cit.*, p. 107.

[3] B. A. GÜLER, *Türkiye'nin yönetimi : yapı, op. cit.*, pp. 250-251 ; R. KELEŞ, *Yerinden yönetim ve siyaset, op. cit.*, p. 125 ; M. ÖKMEN et B. PARLAK, *op. cit.*, pp. 106-107. Pour les idées du Prince et sa vie personnelle, v. également, A. İSLAMOĞLU, « Teşebbüs-i şahsi ve adem-i merkeziyet düşüncesi bağlamında Prens Sabahattin », *in Hüseyin Hatemi'ye armağan,* İstanbul, Vedat Kitapçılık, 2009, pp. 1987-2005. V. aussi, R. AKKAYA, « Prens Sabahaddin'de teşebbüs-i şahsi kavramı ve Osmanlı toplumu », *in Prof. Dr. İlhan Akın'a armağan,* İstanbul, İstanbul Üniversitesi Hukuk Fakültesi, 1999, pp. 37-52.

[4] H. YAYMAN, *Türkiye'nin idari reform tarihi*, Ankara, Turhan, 2008, pp. 61 et 326. V. aussi, M. ÖKMEN, « Türkiye'de Merkezî Yönetim-Yerel Yönetim İlişkileri ve Yerel Yönetimlerin Yeniden Yapılandırılması », art. cit., p. 49.

l'Empire ottoman[1]. Même si le Prince Sabahaddin était un des membres de la dynastie ottomane, ses idées étaient contraire à la dynastie et faisait partie des Jeunes-Turcs[2], mais il s'opposait tout de même aux idées décentralisatrices pouvant mener à l'autonomie (politique) dans l'Empire[3].

Plusieurs auteurs turcs soulignent l'influence française durant cette période et estiment que le modèle français a été adopté pour la création des collectivités territoriales[4]. Néanmoins, il faut préciser que le pouvoir politique dans l'Empire voulait adopter lors de cette période non seulement le système décentralisé, mais aussi le système centralisé en France[5]. Ainsi, selon Tarkan OKTAY, les collectivités territoriales ont été créées par une volonté de construire un système beaucoup plus « centralisé » par rapport à l'ancien et même si cette situation peut être vue comme un paradoxe, c'était parce que les services publics locaux s'exerçaient auparavant par des organisations locales privées. Donc, le pouvoir politique voulait assembler toute l'organisation centrale et locale dans une seule organisation administrative étatique[6]. C'est la raison pour laquelle les collectivités territoriales ont été créées parallèlement à un système fort centralisé.

Bilal ERYILMAZ confirme cette idée, en soutenant que l'objectif de l'Empire, à travers la création des collectivités territoriales, était l'existence des collectivités territoriales sous la surveillance de l'autorité centrale puisque les organes exécutifs de ces collectivités n'étaient pas élus, mais nommés par l'État[7]. Donc, l'on peut dire que même si le modèle français a été adopté dans cette période, il est apparu

---

[1] R. AKKAYA, art. cit., pp. 37-38.

[2] Un groupe nationaliste réformateur dans l'Empire ottoman qui était inspiré par l'influence française.

[3] V. sur ces informations, v. A. İSLAMOĞLU, art. cit., pp. 1988-1991.

[4] B. ERYILMAZ, *op. cit.*, p. 32 ; T. GÖKSU *et al.*, art. cit., p. 11 ; R. ŞENGÜL, *op. cit.*, p. 30. V. également, İ. ORTAYLI et T. AKILLIOĞLU, « Le Tanzimat et le modèle français : mimétisme ou adaptation ? », *in* H. BATU et J.-L. BACQUE-GRAMMONT (dir.), *L'Empire ottoman, La République de Turquie et la France*, éd. ISIS, 1986, pp. 197-208 ; H. YAYMAN, *op. cit.*, p. 60.

[5] H. YAYMAN, *op. cit.*, p. 60 ; R. ŞENGÜL, *op. cit.*, p. 30.

[6] V. sur cette question, T. OKTAY, *Yerel yönetim reformu sonrasında il özel idareleri*, *op. cit.*, p. 23.

[7] Pour ces idées, v. B. ERYILMAZ, *op. cit.*, pp. 18-19.

dans l'Empire ottoman un modèle *sui generis* qui a affecté le système administratif décentralisé de la République turque[1].

Dans ce cadre, les premières dispositions relatives à la décentralisation ont été adoptées et concernaient notamment la municipalité, le département et les villages dans cette période des Tanzimat jusqu'à la fondation de la République turque.

Il faut préciser que les municipalités ont été créées entre 1854 et 1856 grâce à la relation établie avec les pays occidentaux[2]. Les personnes européennes habitant à Istanbul encourageaient la création de collectivités territoriales pour assurer les services publics[3]. Ainsi, la première municipalité (ou on dit la mairie) a été créée à Istanbul en tant que municipalité métropolitaine[4] (en turc: İstanbul Şehremaneti) en 1855 par un décret (ou notification) daté du 16 août 1855[5]. La création de cette collectivité territoriale a été inspirée par le système des communes françaises[6].

Cependant, le maire et les membres du conseil départemental de cette collectivité territoriale appelée « Şehremaneti » étaient nommés par l'administration centrale. À cet égard, la doctrine turque souligne que cette collectivité ne disposait pas d'une autonomie administrative et ne semblait pas aux collectivités territoriales qui existent actuellement dans la République turque[7].

Durant cette période, avec la première municipalité métropolitaine, l'on trouve également la première municipalité d'arrondissement à Istanbul qui a été créée en 1858 par le règlement (ou décret) de 27 janvier 1858[8] et l'on peut dire que la création de cette collectivité territoriale a été aussi inspirée par le système occidental puisque

[1] Dans ce sens, v. M. ÖKMEN, « Türkiye'de Merkezî Yönetim-Yerel Yönetim İlişkileri ve Yerel Yönetimlerin Yeniden Yapılandırılması », art. cit., p. 48 ; T. GÖKSU *et al.*, art. cit., p. 34.

[2] N. TORTOP, *op. cit.,* p. 1.

[3] B. ERYILMAZ, *op. cit.,* p. 38.

[4] Bilal ERYILMAZ précise que cette institution de « İstanbul Şehremaneti » semble bien au modèle des municipalités métropolitaines créées par la loi de 1984, v. *Ibid.,* p. 42.

[5] V. sur ce décret, *Ibid.,* p. 64. Pour plus de détails sur « İstanbul Şehremaneti », v. S. S. ONAR, *Hauriou'nun müessese nazariyesinin izahı ve bazı müesseselerimize tatbiki*, Ankara, Yeni Cezaevi Matbaası, 1941, pp. 18-19 ; İ. ORTAYLI, *op. cit.,* p. 132 et suiv. ; B. ERYILMAZ, *op. cit.,* pp. 38-40, et aussi p. 61 et suiv.

[6] R. ŞENGÜL, *op. cit.,* p. 31.

[7] İ. ORTAYLI, *op. cit.,* p. 136 ; M. ÖKMEN et B. PARLAK, *op. cit.,* p. 113.

[8] En turc : « 1858 Altıncı Daire-i Belediye Nizamatı ».

l'arrondissement de « Beyoglu-Galata » était un arrondissement à Istanbul dans lequel plusieurs étrangers résidaient[1].

Plus encore, le modèle français a même inspiré le nom. En effet, ayant été créée à Beyoglu-Galata, cette municipalité d'arrondissement s'appelait comme la municipalité la plus célèbre à Paris, à cette époque-là, en l'occurrence « le Sixième Arrondissement »[2]. Par ailleurs, dans cette municipalité de Sixième Arrondissement à Beyoglu-Galata, le français était la langue officielle avec le turc et donc les correspondances et le fonctionnement du Sixième Arrondissement se réalisaient en turc et en français[3].

Dans le cadre de l'organisation et le fonctionnement de cette municipalité[4], les membres de cette collectivité territoriale étaient désignés par l'administration centrale. Des auteurs turcs soulignent qu'à travers la création du 6ème arrondissement, l'objectif n'était pas de renforcer la démocratie locale puisque les organes de cette collectivité territoriale n'étaient pas élus et que l'État central exerçait un contrôle fort sur cette collectivité territoriale[5].

Outre la création de cette municipalité à Istanbul, la loi des municipalités dans les villes de 1877 avait prévu la création des municipalités dans chaque chef-lieu de ville et dans chaque arrondissement. Rappelons que la Constitution de 1876 a consacré le principe d'organisation décentralisée, ainsi, cette loi de 1877 était basée sur ce principe. En vertu de ce texte, les conseils municipaux ont été élus et les municipalités avaient la personnalité morale, tandis que le

---

[1] V. B. ERYILMAZ, *op. cit.,* p. 39. Précisons qu'il existait certaines critiques dans le cadre de l'imitation du système occidental. Le système de la municipalité a été considéré comme un moyen utile seulement pour les étrangers. Le chroniqueur de cette période parlait de cette municipalité de Beyoglu-Galata comme une institution « infortunée » et critiquait la création de celle-ci, v. sur ce sujet, S. S. ONAR, *Hauriou'nun müessese nazariyesinin izahı ve bazı müesseselerimize tatbiki*, *op. cit.,* p. 21.

[2] V. İ. ORTAYLI, *op. cit.,* p. 144. Comme le cite İlber ORTAYLI, selon l'énumération des arrondissements d'Istanbul, Beyoglu-Galata n'était pas le 6ème dans cette époque-là ; ce nom a été choisi justement en raison de l'influence française. V. aussi sur ce sujet, B. ERYILMAZ, *op. cit.,* p. 39 ; T. GÖKSU *et al.*, art. cit., p. 11.

[3] İ. ORTAYLI, *op. cit.,* p. 146 ; N. TORTOP, *op. cit.,* p. 2 ; B. ERYILMAZ, *op. cit.,* p. 40 ; M. ÖKMEN et B. PARLAK, *op. cit.,* p. 113.

[4] Pour plus de détails sur cette collectivité, v. İ. ORTAYLI, *op. cit.,* p. 142 et suiv. ; B. ERYILMAZ, *op. cit.,* p. 65 et suiv. ; R. ŞENGÜL, *op. cit.,* p. 32 et suiv.

[5] Pour ce constat, v. İ. ORTAYLI, *op. cit.,* p. 144 ; R. ŞENGÜL, *op. cit.,* p. 33.

maire était toujours nommé par l'État central[1]. Cette loi était en vigueur jusqu'en 1930, c'est-à-dire jusqu'après la fondation de la République turque.

Ces changements ont conduit l'État à la création du département en tant que collectivité territoriale[2] par le biais du règlement (ou décret) relatif aux départements de 1864 et de la loi provisoire de l'administration générale des départements de 1913[3]. La doctrine turque précise, à ce sujet, que le passage au « système de département » dans l'administration territoriale était parmi les innovations les plus importantes du règlement de 1864.

Ainsi, le territoire de l'Empire ottoman s'administrait par le système de la province (en turc : eyalet sistemi). Donc, ce règlement relatif aux départements de 1864, en créant les départements au lieu des provinces, a assuré ce passage du système de province au système de département[4]. De plus, un autre règlement relatif aux départements de 1871 a apporté certaines modifications au règlement de 1864[5] ayant démontré l'influence française sur l'organisation décentralisée turque. Selon des auteurs turcs, pendant cette création des départements, le modèle français a été adopté mais le système prévu par le règlement de 1864 était plus centraliste par rapport à celui en France[6].

---

[1] V. sur cette question, M. ÖKMEN et B. PARLAK, *op. cit.*, p. 113 ; B. ERYILMAZ, *op. cit.*, p. 42 ; İ. ORTAYLI, *op. cit.*, p. 163 ; D. TEZCAN, art. cit., p. 668 ; R. ŞENGÜL, *op. cit.*, p. 34.

[2] Le terme utilisé en droit turc pour signifier le département en tant que collectivité territoriale est « il özel idaresi », c'est-à-dire « l'administration spéciale du département » - mot à mot - en français. Il faut utiliser soit ce terme d'administration spéciale du département, soit le département en tant que collectivité territoriale pour faire une distinction entre cette institution et l'administration déconcentrée au niveau des départements. Ainsi, il s'agit d'une superposition de ces deux institutions dans les départements. Dans notre étude et à partir de cette section, nous allons utiliser en général le terme « département » pour signifier la collectivité territoriale au niveau du département.

[3] T. OKTAY, *Yerel yönetim reformu sonrasında il özel idareleri*, *op. cit.*, p. 30 ; Ş. KARATEPE, *op. cit.*, pp. 55-56 ; B. ERYILMAZ, *op. cit.*, pp. 49-53 ; D. TEZCAN, art. cit., p. 669 ; R. ŞENGÜL, *op. cit.*, p. 34.

[4] V. sur cette question, Ş. KARATEPE, *op. cit.*, pp. 55-56 ; R. ŞENGÜL, *op. cit.*, p. 35 ; B. ERYILMAZ, *op. cit.*, p. 47 ; M. ÖKMEN et B. PARLAK, *op. cit.*, p. 114.

[5] V. sur ces deux règlements, A. NALBANT, *Üniter devlet : bölgeselleşmeden küreselleşmeye*, *op. cit.*, pp. 135-138, et 140-144.

[6] B. ERYILMAZ, *op. cit.*, p. 47 ; M. ÖKMEN et B. PARLAK, *op. cit.*, p. 114. V. aussi A. NALBANT, *Üniter devlet : bölgeselleşmeden küreselleşmeye*, *op. cit.*, pp. 140-144, Atilla NALBANT soutient que le département français était un bon modèle

Jean MARCOU [1] précise, d'ailleurs, que l'objectif de ce règlement de 1864 n'était pas la décentralisation mais l'application d'un système centraliste[2]. À notre sens, il est vrai que ce règlement, en créant des départements au lieu des provinces, visait le renforcement du centralisme puisque le département n'était qu'une circonscription administrative en France dans cette date. Néanmoins, l'on constate que ce règlement, qui a prévu la mise en place d'un conseil général de département qui comprenait les membres élus parmi les personnes habitant dans le département concerné[3], a posé les fondements du département en tant que collectivité territoriale.

Force est de constater que ce département crée par le règlement de 1864 n'avait pas la personnalité morale. La doctrine turque admet que le département a gagné son vrai statut en tant que collectivité territoriale par la loi provisoire de 1913, qui a attribué la personnalité morale au département[4]. L'on constate ici aussi une influence française, dans la mesure où cette loi provisoire de 1913 était inspirée, d'après certains auteurs, de la loi de 1871 relative aux départements en France[5]. Cependant, il convient de relever que le département en tant que collectivité territoriale a été vu comme une institution auxiliaire dans l'Empire ottoman[6].

Enfin, précisons que le village qui est une collectivité territoriale dans la Constitution turque actuelle, a été considéré comme une

---

pour le système prévu par le règlement de 1864, mais il ne s'agissait pas d'une imitation directe du département français, il s'agissait d'une adaptation du modèle français au système du règlement de 1864.

[1] M. Jean MARCOU est spécialiste de la Turquie et professeur à Sciences Po Grenoble.

[2] J. MARCOU, « Les influences ottomanes et française sur le système territorial turc », *in Anatolia Moderna*, Maisonneuve, 1991, p. 280, cité par R. ŞENGÜL, *op. cit.*, p. 35 et note n° 121.

[3] Pour cette information, v. Ş. KARATEPE, *op. cit.*, pp. 55-56 ; B. ERYILMAZ, *op. cit.*, pp. 49-50.

[4] V. sur cette question, T. OKTAY, *Yerel yönetim reformu sonrasında il özel idareleri*, *op. cit.*, p. 39 ; B. ERYILMAZ, *op. cit.*, p. 53 ; R. ŞENGÜL, *op. cit.*, p. 37.

[5] R. ŞENGÜL, *op. cit.*, p. 37 et note n° 126. Pour une idée contraire et sur cette loi de 1913, v. A. NALBANT, *Üniter devlet : bölgeselleşmeden küreselleşmeye*, *op. cit.*, pp. 138-143. Atilla NALBANT admet l'influence française et précise qu'il y a plusieurs similarités entre cette loi de 1913 et la loi de 1871 relative aux départements en France, mais il y avait, en même temps, certaines différences entre ces deux.

[6] Dans ce sens, v. T. OKTAY, *Yerel yönetim reformu sonrasında il özel idareleri*, *op. cit.*, p. 41 ; B. ERYILMAZ, *op. cit.*, p. 129.

circonscription administrative - durant cette période des Tanzimat jusqu'à la fondation de la République - selon le règlement relatif aux départements de 1864. Néanmoins, ce règlement prévoyait que le village avait un conseil des sages (en turc : ihtiyar meclisi) et un chef rural (en turc : Muhtar) en qualité d'exécutif, élus parmi les habitants dans le village concerné. Ce règlement n'a pas reconnu une personnalité morale distincte aux villages, et la loi provisoire de 1913 a abrogé toutes les dispositions concernant les villages[1].

Il importe de préciser que pendant la période des Tanzimat, ont été posés les fondements de la décentralisation en droit turc permettant l'encadrement des collectivités territoriales par l'État central. Ainsi, le système administratif décentralisé de l'Empire ottoman a été consacré par la République turque.

Paragraphe 2. La période post-fondation de la République jusqu'à la réforme de 2003-2005

Durmuş TEZCAN explique que la période suivant la fondation de la République « commence par l'effondrement de l'Empire ottoman qui, avant de devenir l'homme malade de l'Europe sur le plan politique, avait été une des premières puissances mondiales pendant cinq siècles. Le système actuel aussi bien politique qu'administratif est le fruit de la guerre d'indépendance et de l'instauration du régime laïciste de Mustafa Kemal Atatürk »[2]. Le même auteur ajoute qu'« après le Traité de Lausanne, la république fut proclamée le 29 octobre 1923. À partir de cette date, on a fait des réformes importantes dans tous les domaines. On a admis entre autres la démocratie parlementaire, laïque et pluraliste basée sur les libertés individuelles et le suffrage universel. Une série de codes aussi bien en matière de droit privé qu'en matière de droit public ont été repris à l'occident en vue de remplacer l'ancien système basé essentiellement sur les règles religieuses. Le droit de vote pour les femmes est également introduit dès 1934, en d'autres termes bien avant une série de pays européens. »[3]

Toutefois, il faut rappeler que la doctrine turque admet qu'après la fondation de la République en 1923, le système d'organisation

[1] V. sur cette question, N. TORTOP, *op. cit.*, p. 5 ; M. ÖKMEN et B. PARLAK, *op. cit.*, p. 115 ; R. ŞENGÜL, *op. cit.*, p. 38 ; B. ERYILMAZ, *op. cit.*, p. 208.

[2] D. TEZCAN, art. cit., p. 669.

[3] *Ibid.*

administrative décentralisée établi dans l'Empire ottoman a été transféré comme un « héritage » à la République turque[1]. Donc, il faut préciser qu'un « système limité » a été délivré à la République turque du point de vue de l'organisation administrative décentralisée[2].

Sur ce point, il faut souligner que certaines nouvelles dispositions dans le cadre de la décentralisation ont été mises en place après la fondation de la République. Néanmoins, les auteurs turcs s'accordent pour dire que la République turque a lancé des réformes inachevées de décentralisation afin de ne pas porter atteinte à la structure unitaire de l'État[3].

Pour mieux cerner le sujet, il est nécessaire d'étudier les réformes inachevées de 2003-2005 en Turquie, portant sur l'organisation administrative décentralisée[4], mais avant cela il convient de s'intéresser aux lois relatives aux collectivités territoriales adoptées après la fondation de la République jusqu'au lancement des réformes de 2003-2005.

Après la fondation de la République, plusieurs dispositions ont été adoptées, à l'exemple de la loi relative aux villages de 1924, de la loi municipale datée de 1930 (n° 1580), de la loi relative aux municipalités métropolitaines de 1984 (n° 3030) et de la loi relative au département en tant que collectivité territoriale de 1987 (n° 3360).

Outre ces lois, l'on constate que « le Ministère de l'administration locale » a été établi en Janvier 1978, mais supprimé en novembre 1979[5].

---

[1] Dans ce sens, v. B. ERYILMAZ, *op. cit.,* p. 19, et aussi pp. 53-54 ; M. ÖKMEN, « Türkiye'de Merkezî Yönetim-Yerel Yönetim İlişkileri ve Yerel Yönetimlerin Yeniden Yapılandırılması », art. cit., p. 49 ; M. ÖKMEN et B. PARLAK, *op. cit.,* p. 116 ; V. K. BİLGİÇ, « Türkiye'de yerelleşme sorunları », art. cit., p. 114.

[2] O. ÇİTÇİ, *Yerel yöntimlerde temsil* : *belediye örneği*, Ankara, TODAİE yayınları, 1989, p. 60. Dans ce sens, v. V. K. BİLGİÇ, « Türk Yerel Yönetimleri Üzerine Bir Değerlendirme », art. cit., p. 38.

[3] B. ERYILMAZ, *op. cit.,* p. 20 ; V. K. BİLGİÇ, « Türk Yerel Yönetimleri Üzerine Bir Değerlendirme », art. cit., p. 45.

[4] Pour mieux analyser ces réformes, v. Ö. DİNÇER et C. YILMAZ, *Kamu yönetiminde yeniden yapılanma 1 : Değişimin yönetimi için yönetimde değişim*, Ankara, Başbakanlık, 2003, (sur internet : http://www.sp.gov.tr/upload/xSpKutuphane/files/ewRtI+Degisimin_Yonetimi_icin_Yonetimde_Degisim_2003_.pdf). V. aussi, Ö. DİNÇER *et al., Kamu yönetiminde yeniden yapılanma 2 : Kamu yönetimi temel kanunu tasarısı,* Ankara, Başbakanlık, 2003, (http://www.igb.gov.tr/Kutuphane/10%202003%20KYYY%20II.pdf).

[5] Donc, le Ministère n'a travaillé que pendant une durée très courte comme 22 mois dans l'État unitaire turc. Concernant ce ministère, v. R. KELEŞ, *Yerinden yönetim ve*

Par ailleurs, il est important de rappeler également certains rapports importants dans le cadre des collectivités territoriales pendant cette période, comme le rapport de MEHTAP[1] publié en 1963, le rapport du comité de la consultation des réformes administratives de 1971, le projet de KAYA[2] de 1988. Ce dernier projet avait pour objectif la création d'une collectivité territoriale au niveau des arrondissements (à côté des municipalités d'arrondissement), mais ce projet n'a pas été réalisé[3].

Certains auteurs estiment que les lois promulguées concernant les collectivités territoriales après la fondation de la République ne comprenaient que des dispositions relatives aux besoins quotidiens et que le système administratif hérité de l'Empire n'a pas été affecté par ces réformes[4].

En réalité, la loi provisoire de l'administration générale des départements de 1913 était en vigueur après la fondation de la République (en 1923) jusqu'à la promulgation de la loi relative au département en tant que collectivité territoriale datée de 1987 (n° 3360). Et il faut préciser aussi que la loi de 1987 ne prévoyait qu'un changement limité[5]. À ce propos, il convient de dire que le préfet était non seulement le représentant de l'État et l'exécutif dans les départements, mais aussi le président du conseil général de ces

---

siyaset, op. cit., pp. 490-495 ; H. ERKUL, *op. cit.*, p. 25 ; M. ÖKMEN et B. PARLAK, *op. cit.*, p. 361.

[1] En turc : Merkezi Hükümet Teşkilatı Araştırma Projesi, en français : Le projet de recherche de l'organisation du gouvernement central. Concernant ce projet, v. R. KELEŞ, *Yerinden yönetim ve siyaset, op. cit.*, pp. 485-488.

[2] En français : « Le projet de recherche de l'administration publique ». V. sur ce projet en doctrine turque, R. KELEŞ, *Yerinden yönetim ve siyaset, op. cit.*, pp. 505-511.

[3] V. sur ces rapports et ces projets de recherche, H. ERKUL, *op. cit.*, pp. 23-25 ; H. YAYMAN, *op. cit.*, pp. 37-38, et 233 et suiv., et aussi, pp. 246 et suiv. ; A. POLATOĞLU, *op. cit.*, p. 162 ; T. OKTAY, *Yerel yönetim reformu sonrasında il özel idareleri, op. cit.*, pp. 60-65 ; M. ÖKMEN et B. PARLAK, *op. cit.*, pp. 361-363 ; V. K. BİLGİÇ, « Türkiye'de yerelleşme sorunları », art. cit., p. 115. Concernant ces rapports, ces projets de recherche et les essais du renforcement du système administratif décentralisé en Turquie jusqu'aux réformes de 2003-2005, v. aussi R. KELEŞ, *Yerinden yönetim ve siyaset, op. cit.*, pp. 485-521.

[4] V. K. BİLGİÇ, « Türkiye'de yerelleşme sorunları », art. cit., p. 114.

[5] V. sur ce sujet, T. OKTAY, *Yerel yönetim reformu sonrasında il özel idareleri, op. cit.*, pp. 72-73, et aussi p. 76.

collectivités territoriales[1]. Notons que même si ce conseil général comprenait des membres élus, son président (le préfet) était nommé par l'État central, ce qui démontre l'ambiguïté du système d'organisation décentralisée dans les départements.

Sur ce point, l'on peut rappeler que les décisions de la Cour constitutionnelle, qui ont jugé que certaines dispositions de cette loi relative aux départements de 1987 étaient incompatibles avec les articles 123 et 127 de la Constitution[2], n'ont pas affecté le statut du préfet, notamment sa fonction de président dans le conseil général du département.

Quant à la loi municipale datée de 1930 (n° 1580), l'on constate qu'elle était en vigueur jusqu'aux réformes de la décentralisation de 2003-2005. Elle était donc la principale loi régissant les municipalités pendant environs 75 années. D'après certains auteurs, cette loi prévoyait que l'État central avait le pouvoir supérieur sur les collectivités territoriales, et ces dernières fonctionnaient dans un cadre déterminé par l'État central. Donc, l'on peut déduire que les collectivités territoriales ont été considérées pendant cette période comme des institutions secondaires[3]. En effet, l'un des principes les plus importants de cette loi de 1930 était l'établissement d'un contrôle très fort de l'État central sur les collectivités territoriales[4]. Sur ce point, selon Ramazan ŞENGÜL, cette loi n'a attribué qu'une autonomie administrative limitée aux municipalités afin de ne pas porter atteinte à la structure unitaire de l'État[5].

L'on peut citer aussi la loi relative aux municipalités métropolitaines de 1984 (n° 3030) qui constitue la loi la plus innovante concernant les

---

[1] En France, avant la réforme de 1982, même s'il s'agissait d'un titre uniquement honorifique, il y avait quand même un président du conseil général. Le président n'était pas le préfet.

[2] Sur l'annulation de l'article 2 de cette loi qui a prévu que le contenu des besoins locaux peut être déterminé par le cabinet ministériel, et l'annulation de la disposition relative à la composition du commission permanente du département qui prévoyait l'éxistence des membres non-élus, v. Ş. GÖZÜBÜYÜK et T. TAN, *op. cit.*, pp. 257-259.

[3] V. sur cette question, H. CANPOLAT, « Türkiye'de son dönem yerel yönetim reformlarının yeni kamu işletmeciliği ve küreselleşme bağlamında değerlendirilmesi », *in* N. FALAY *et al.* (dir.), *Türkiye'de yerel yönetimlerin sorunları ve geleceği*, *op. cit.*, pp. 27-61, spéc., p. 34.

[4] *Ibid.*

[5] R. ŞENGÜL, *op. cit.*, p. 76.

municipalités en Turquie après la fondation de la République jusqu'aux réformes de 2003-2005. Ainsi, certains auteurs précisent que cette loi qui se base sur l'article de 127 de la Constitution[1] a créé le quatrième type de collectivité territoriale : la municipalité métropolitaine[2]. En effet, il est évident que la Constitution de 1982 permet la création des municipalités métropolitaines, mais cette Constitution ne prévoit que des modes d'institution spéciaux prévus pour les métropoles. Ainsi, la municipalité métropolitaine n'est pas le quatrième type de collectivité territoriale, mais un type des municipalités[3].

Concernant les municipalités métropolitaines dans cette période[4], comme l'indique Bilal ERYILMAZ, il convient de préciser que cette loi peut être considérée comme le commencement d'une nouvelle conception dans le cadre de la décentralisation[5]. Aussi, selon certains auteurs, cette loi des municipalités métropolitaines a visé l'avancement de la démocratie locale[6].

Enfin, s'agissant des villages, l'on peut dire qu'ils ont existé comme des lieux d'habitation avant la création des municipalités et des départements et étaient inspirés par les communes françaises[7]. Outre la municipalité et le département, le droit turc a prévu un autre type de collectivité territoriale dans les villages qui ont des populations minimales[8]. En effet, la loi relative aux villages datant de 1924 (n° 442) a attribué aux villages une personnalité morale distincte et ainsi que le statut du troisième type de collectivité territoriale en droit turc.

Faut-il le rappeler, la loi de 1924 était la première loi relative aux collectivités territoriales après la fondation de la République en 1923. Ainsi, comme le relève Bilal ERYILMAZ, Mustafa Kemal ATATÜRK

---

1 Nous avons déjà parlé de cet article qui prévoit que « *La loi peut prévoir des modes d'administration particuliers en ce qui concerne les grands centres urbains* » (al. 3).

2 V. sur cette question, A. POLATOĞLU, *op. cit.,* p. 95.

3 Dans ce sens, v. R. ŞENGÜL, *op. cit.,* p. 115.

4 V. cet article en français, Y. ELICIN-ARIKAN, « Municipalités métropolitaines et municipalités d'arrondissement en Turquie », *in Cahiers d'études sur la Méditerranée orientale et le monde turco-iranien*, n° 24, 1997, pp. 71-104, disponible sur le lien : https://journals.openedition.org/cemoti/1463

5 B. ERYILMAZ, *op. cit.,* p. 24.

6 V. K. BİLGİÇ, « Türkiye'de yerelleşme sorunları », art. cit., p. 115.

7 M. ÖKMEN et B. PARLAK, *op. cit.,* p. 127.

8 V. concernant les villages, B. ERYILMAZ, *op. cit.,* p. 20. V. aussi S. S. ONAR, *İdare hukukunun umumi esasları, op. cit.,* p. 600. Nous avons précisé précédemment, que ce dernier auteur considère les villages et les municipalités en droit turc dans le même cadre que les communes en droit français.

et ses camarades donnaient une grande importance aux villages et aux paysans en raison de leurs contributions à la fondation de la République[1]. Par ailleurs, l'on constate que cette loi de 1924 est le seul texte législatif relatif aux villages jusqu'à aujourd'hui. C'est elle qui réglemente le statut du chef rural (en turc : Muhtar), élu comme l'exécutif du village, mais considéré comme un fonctionnaire exerçant ses fonctions sous la surveillance du sous-préfet. Donc, il est possible de dire que le village n'a pas une fonction au-delà d'une collectivité territoriale « symbolique » en droit turc[2].

De tout de ce qui précède, l'on peut constater qu'après la fondation de la République l'on fait face à une décentralisation « ambiguë », puisque le pouvoir supérieur et le contrôle fort de l'État central s'exercent sur les collectivités territoriales turques, notamment si l'on prend en compte le statut du préfet dans les départements.

Au sujet des réformes de 2003-2005, qui visaient à changer cette situation, l'on peut souligner l'importance de la Charte européenne de l'autonomie locale signée par la Turquie en 1988, même si elle a émis certaines réserves sur la Charte[3]. À ce propos, la doctrine turque a mis en exergue les conséquences de cette Charte concernant l'avancement de la décentralisation dans l'organisation administrative de la République turque[4]. Aussi, le processus d'adaptation à l'Union européenne a orienté la Turquie vers les réformes de la décentralisation de 2003-2005[5].

Paragraphe 3. Les réformes de la décentralisation de 2003-2005

Dans le cadre des réformes de la décentralisation en Turquie, les travaux de la réorganisation du système administratif ne sont pas

---

[1] Pour ces informations, v. B. ERYILMAZ, *op. cit.,* pp. 210-211.

[2] *Ibid.,* p. 20. Concernant les informations en français sur les villages en droit turc, v. D. TEZCAN, art. cit., pp. 669-670.

[3] Sur ces réserves et les commentaires, v. R. KELEŞ, *Yerinden yönetim ve siyaset, op. cit.,* pp. 59-62.

[4] V. sur ce sujet, Z. TOPRAK, *op. cit.,* p. 34 et suiv. ; R. ŞENGÜL, *op. cit.,* p. 19 et suiv. ; M. A. ÇUKURÇAYIR, *op. cit.,* p. 121 ; V. K. BİLGİÇ, « Türk Yerel Yönetimleri Üzerine Bir Değerlendirme », art. cit., pp. 45-46.

[5] V. sur ce constat, H. ERKUL, *op. cit.,* p. 22 ; M. ÖKMEN, « Türkiye'de Merkezî Yönetim-Yerel Yönetim İlişkileri ve Yerel Yönetimlerin Yeniden Yapılandırılması », art. cit., p. 68 et suiv.

achevés depuis longtemps, d'où le qualificatif « la symphonie sans fin »[1] qui colle à ce processus.

Certains auteurs estiment que jusqu'aux réformes de 2003-2005, il y avait une tendance vers un système administratif centralisé. Néanmoins, comme l'affirme la doctrine, il est possible de trouver une tendance vers l'idée décentralisatrice du Prince Sabahaddin par les réformes de 2003-2005[2].

Force est de constater que la pensée néolibérale a influencé la Turquie à partir des années 1980, et le processus d'adaptation de la Turquie à l'Union européenne a nécessité une grande réforme dans le cadre de l'organisation administrative[3]. Aussi, les réformes de 2003-2005 n'étaient que des résultats de ce climat du changement[4].

Comme nous allons le voir, les réformes de 2003-2005 ont été à l'origine de plusieurs innovations[5]. Cependant, nous allons démontrer que ces réformes sont restées inachevées afin de protéger la structure unitaire de l'État. Et plusieurs dispositions de ces réformes, notamment celles relatives à l'allégement de la tutelle administrative ont été annulées par la Cour constitutionnelle turque.

Pour mieux cerner le sujet, nous allons étudier respectivement l'échec de la loi n° 5227 du 15 juillet 2004 relative aux principes généraux et à la réorganisation de l'administration publique (**A**), la loi

---

[1] M. ÖKMEN, « Türkiye'de Merkezî Yönetim-Yerel Yönetim İlişkileri ve Yerel Yönetimlerin Yeniden Yapılandırılması », art. cit., p. 45 ; H. YAYMAN, *op. cit.,* p. 325 ; M. ÖKMEN et B. PARLAK, *op. cit.*, p. 368.

[2] V. sur ce constat, H. YAYMAN, *op. cit.,* p. 290.

[3] Pour une étude des reformes dans l'organisation administrative locale en Turquie, par l'analyse d'un juriste français, v. G. MARCOU, *Local government reform in Turkey. A legal appraisal based on European principles and standards*, Ankara, Ministry of the Interior / UNDP, octobre 2007, (77 pages, publié en anglais et en turc).

[4] V. sur cette observation, C. HAMAMCI, « Yerel Yönetimler ve Demokratikleşme Üzerine », *in* İ. SAYAN (dir.), *Prof. Dr. Kurthan Fişek için : Yönetim üzerine*, Ankara, Ankara Üniversitesi Yayınları, 2010, pp. 313-319, spéc., pp. 318-319 ; İ. GİRİTLİ, P. BİLGEN et T. AKGÜNER, *op. cit.,* p. 187 ; H. YAYMAN, *op. cit.,* p. 279 ; M. ÖKMEN, « Türkiye'de Merkezî Yönetim-Yerel Yönetim İlişkileri ve Yerel Yönetimlerin Yeniden Yapılandırılması », art. cit., pp. 45-46. V. pour le fondement philosophique de ces réformes, R. KELEŞ, *Yerinden yönetim ve siyaset, op. cit.,* pp. 521-524, Ruşen KELEŞ fait remarquer le même processus de l'adaptation de la Turquie à l'Union européenne, et l'adaptation du droit positif à la Charte européenne de l'autonomie locale.

[5] V. sur ces réformes, Ö. DİNÇER et C. YILMAZ, *Kamu yönetiminde yeniden yapılanma 1 : Değişimin yönetimi için yönetimde değişim, op. cit.* V. aussi, Ö. DİNÇER *et al., Kamu yönetiminde yeniden yapılanma 2 : Kamu yönetimi temel kanunu tasarısı, op. cit.*

n° 5302 du 22 février 2005 relative au département en tant que collectivité territoriale (**B**), la loi municipale n° 5393 du 3 juillet 2005 et la loi n° 5216 du 10 juillet 2004 relative aux municipalités métropolitaines (**C**). Enfin, il conviendra de présenter une vue d'ensemble des réformes de la décentralisation dans l'État unitaire turc (**D**).

A- L'échec de la loi n° 5227 du 15 juillet 2004 relative aux principes généraux et à la réorganisation de l'administration publique

Nous avons déjà indiqué que le processus de réformes dans l'organisation administrative en Turquie n'a pas visé un changement sur la centralisation administrative forte dans cet État unitaire jusqu'à l'année 2000. Mais, il faut dire que la loi n° 5227 du 15 juillet 2004, relative aux principes généraux et à la réorganisation de l'administration publique, a mis en place plusieurs innovations en faveur d'un système administratif décentralisé dans la République turque. En effet, cette loi a modifié le système établi de la répartition des compétences entre l'État central et les collectivités territoriales turques.

Après l'annonce de cette loi à l'opinion publique, certains journalistes ont estimé qu'elle a sonné « la fin de la symphonie sans fin », au moment où d'autres affirmaient que cette loi aurait pu mettre en danger l'unité de l'État[1].

Une partie de la doctrine estimait que la loi n° 5227 comprenait des dispositions importantes, relatives au fonctionnement de l'État central et des collectivités territoriales en Turquie, et qu'elle a visé une réforme qui aurait pu susciter un changement profond dans l'organisation administrative de cet État[2]. Toutefois, l'on peut dire qu'il existait certaines critiques qui émanaient de la presse et qui ne reflétaient pas la position de la doctrine.

Dans la doctrine plusieurs auteurs se sont opposés à l'adoption d'une telle loi, puisqu'elle a mis en danger le principe de l'unité de

---

[1] V. sur cette information, V. K. BİLGİÇ, « Türk Yerel Yönetimleri Üzerine Bir Değerlendirme », art. cit., p. 43.

[2] Dans ce sens, v. *Ibid.*, pp. 38-39 ; T. GÖKSU *et al.*, art. cit., p. 19 ; M. ÖKMEN et B. PARLAK, *op. cit.*, p. 377.

l'Administration. Ils ont estimé que la loi ouvrait la porte du fédéralisme et portait atteinte à la structure unitaire de l'État[1].

Quelles sont les dispositions ayant fait l'objet de critiques ? Premièrement, l'on constate que l'article 7 de la loi n° 5227 a prévu un nouveau système de répartition des compétences entre l'État central et les collectivités territoriales. Cet article a spécifiquement énuméré les compétences de l'État central (comme la justice, la défense, les affaires étrangères, etc.). L'article 8 disposait que « *toutes les compétences et les fonctions relatives aux besoins collectifs locaux s'exercent par les collectivités territoriales* ». Ainsi, l'on peut dire que la clause générale de compétence était favorable aux collectivités territoriales[2].

Aykut POLATOĞLU a critiqué les deux articles précités, en estimant que le système administratif turc est basé sur le principe de la centralisation et de la décentralisation en vertu de l'article 123 de la Constitution, mais cette loi a visé à empêcher l'application du principe de la centralisation dans l'organisation administrative. Le même auteur estime qu'il n'y a pas une définition exacte de l'expression « besoin collectif local » dans le cadre de cette loi qui, en énumérant les compétences et les fonctions de l'État central, a limité son domaine d'agir. C'est pour ces raisons que l'auteur affirme que cette loi était contraire à la Constitution et incompatible avec la structure unitaire de l'État. Pour lui, le système prévu par la loi n° 5227 est compatible avec la structure d'un État fédéral puisque la compétence générale de l'État central aurait été supprimée par les articles 7 et 8 de cette loi[3].

Nous pensons que la mise en place d'une clause générale de compétence au profit des collectivités territoriales n'entraîne pas un changement de la structure unitaire de l'État vers le fédéralisme. D'ailleurs, certains auteurs affirment que les critiques sur le danger contre la structure unitaire de l'État sont très exagérées dans le cadre de cette loi n° 5227[4]. Comme nous l'avons déjà précisé, dans les

---

[1] V. sur ce sujet, B. A. GÜLER, « İkinci Dalga: Siyasal ve Yönetsel Liberalizasyon (Kamu Yönetimi Temel Kanunu) », *in Kamu yönetimi reformu incelemeleri*, Ankara, Ankara Üniversitesi Siyasal Bilgiler Fakültesi, n° 59, novembre 2003, pp. 1-34, disponible sur lien : http://yonetimbilimi.politics.ankara.edu.tr/files/2013/09/Ozelsayi1.pdf ; v. aussi A. POLATOĞLU, *op. cit.,* pp. 163-169.

[2] V. sur ce sujet, Ş. GÖZÜBÜYÜK et T. TAN, *op. cit.,* p. 267 ; A. POLATOĞLU, *op. cit.,* pp. 163-164.

[3] Pour toutes les explications de l'auteur, v. A. POLATOĞLU, *op. cit.,* pp. 163-165.

[4] V. K. BİLGİÇ, « Türk Yerel Yönetimleri Üzerine Bir Değerlendirme », art. cit., p. 44.

fédérations, les États fédérés ont leurs propres pouvoirs législatifs, exécutifs et judiciaires. Or, la loi n° 5227 n'a pas attribué de compétences législatives ou juridictionnelles aux collectivités territoriales.

L'on peut également évoquer l'article 9 de la loi n° 5227, qui a prévu l'interdiction de l'organisation provinciale pour l'État central et les Ministères. Cet article prévoyait que « *l'administration centrale ne peut pas instituer une organisation au niveau local pour les services et les compétences qui existent dans le domaine de la responsabilité des collectivités territoriales* ». Les termes de l'article étaient clairs et visaient une protection des compétences des collectivités territoriales, en consacrant une nouvelle répartition des compétences entre l'État central et ces dernières[1].

Sur cet article, l'on peut dire que l'idée défendue était la proximité des services publics locaux à la population locale. En revanche, Birgül Ayman GÜLER estime que si les Ministères ne peuvent pas s'organiser dans la province, les préfets et les sous-préfets ne peuvent pas fonctionner dans les départements ou dans les arrondissements et que l'objectif de la proximité des services publics aux usagers peut être réalisé par le principe de la déconcentration[2].

Certes, certains Ministères à l'image de ceux de la Justice et de la Défense, ont été exclus de cette règle prévue par l'article 9 de la loi n° 5227, ils pouvaient donc s'organiser dans la province. En réalité, cet article mettait en place un véritable système décentralisé dans l'organisation administrative turque. Néanmoins, l'on pense qu'au lieu d'une telle interdiction d'organisation pour l'État central, une répartition très nette des compétences entre l'État central et les collectivités territoriales aurait pu être suffisante, parce que cette interdiction aurait pu affecter le principe de la déconcentration et celui de la centralisation administrative prévu à l'article 123 de la Constitution. Mais, il faut aussi admettre qu'un tel système administratif décentralisé prévu par l'article 9 de la loi n° 5227 pouvait être plus avancé par rapport à celui en droit français.

Suivant ces explications, l'on constate que cette loi prévoyait une grande réforme comparativement à l'organisation administrative ancienne de la République turque. Seulement, cette loi a été un échec

[1] V. sur ce sujet dans le cadre de cet article, A. POLATOĞLU, *op. cit.*, pp. 165-166 ; B. A. GÜLER, *Türkiye'nin yönetimi : yapı*, *op. cit.*, pp. 275-277.
[2] B. A. GÜLER, *Türkiye'nin yönetimi : yapı*, *op. cit.*, pp. 275-277.

complet parce qu'après son adoption en 2004 par l'assemblée nationale, le président de la République de l'époque, Ahmet Necdet SEZER a opposé son veto sur cette loi. Ce veto est justifié, tout d'abord, par le fait que la mise en place de la clause générale de compétence au profit des collectivités territoriales a été considérée contraire à la Constitution par le président de la République de l'époque. Ensuite, l'interdiction de l'organisation provinciale à l'État central pouvait affaiblir la fonction de celui-ci. À ce propos, selon Ahmet Necdet SEZER, cette loi n° 5227 entraînait le changement de la structure unitaire vers un système de la décentralisation au niveau « politique ». Aussi, d'après lui, cette loi prévoyait un modèle d'administration d'État qui n'était pas compatible avec la Constitution turque[1].

L'on constate que cette loi n° 5227 avait prévu aussi plusieurs innovations dans le cadre d'une nouvelle organisation décentralisée dans l'État unitaire turc, ainsi, la mise en place de la fonction du « commissaire public » était parmi ces innovations. Selon l'article 42 de cette loi, le commissaire public élu par le Conseil général du département avait pour mission le règlement des conflits portant sur les actes administratifs réalisés entre les collectivités territoriales et les autres personnes morales ou physiques. Cependant, ces innovations n'ont pas été réalisées en raison de l'échec de la loi n° 5227.

Précisons que l'échec de la loi n° 5227 a permis « la conception fondamentale » de la loi n° 5302, relative au département en tant que collectivité territoriale et de la loi municipale n° 5393[2]. Voyons, maintenant, les dispositions législatives relatives aux départements et aux municipalités dans l'État unitaire turc.

B- La loi n° 5302 du 22 février 2005 relative au département en tant que collectivité territoriale

Comme nous l'avons indiqué précédemment, le département[3] a été créé en 1864 et il a bénéficié de la personnalité morale par la loi provisoire de 1913. Même si la loi n° 3360 de 1987 s'est substituée à la loi provisoire de 1913, le pouvoir supérieur de l'État central a continué

---

[1] Sur ce sujet, v. Ş. GÖZÜBÜYÜK et T. TAN, *op. cit.*, pp. 267-268 ; H. CANPOLAT, art. cit., p. 40 ; A. POLATOĞLU, *op. cit.*, p. 163.

[2] Dans ce sens, v. Ş. GÖZÜBÜYÜK et T. TAN, *op. cit.*, p. 267 ; T. OKTAY, *Yerel yönetim reformu sonrasında il özel idareleri*, *op. cit.*, p. 77.

[3] Par le terme « département », il faut comprendre le département en tant que collectivité territoriale.

dans les départements. Ainsi, la loi de 1987 n'a jamais affecté le statut du préfet et son rôle dominant sur les organes du département. Mais, l'on constate que la loi n° 5302 du 22 février 2005 a prévu un grand changement.

Il convient de faire remarquer qu'une loi relative au département (en tant que collectivité territoriale) a été déjà adoptée par l'Assemblée nationale, en l'occurrence la loi n° 5197 du 24 juin 2004. Par contre, le président de la République de l'époque, Ahmet Necdet SEZER a opposé aussi son veto sur cette loi[1]. La motivation du veto du président de la République était le risque de passage d'une structure étatique unitaire à une structure décentralisée au niveau politique, puisque l'article 6 de cette loi n° 5197 prévoyait une clause générale de compétence au profit des départements en tant que collectivités territoriales, et qu'elle avait allégé aussi la tutelle administrative dans les départements[2].

En raison du veto précité, la loi n° 5302 du 22 février 2005, relative au département en tant que collectivité territoriale, a été adoptée par l'Assemblée nationale et elle contenait quasiment les mêmes dispositions que celles de la loi n° 5197 du 24 juin 2004. La doctrine a fait état de toutes les innovations induites par cette nouvelle loi[3], tout en affirmant que son objectif principal était de renforcer le principe de la décentralisation au niveau administratif en Turquie[4].

---

[1] C'était le même cas pour la loi n° 5227 du 15 juillet 2004 relative aux principes généraux et à la réorganisation de l'administration publique, dont nous avons parlé au-dessus. Précisons que les motivations du veto du président de la République sur la loi n° 5197 du 24 juin 2004 étaient pareilles : le danger sur la structure unitaire de l'État, le principe de l'unité de l'Administration et le mécanisme du contrôle de tutelle administrative. V. sur cette question, T. OKTAY, *Yerel yönetim reformu sonrasında il özel idareleri, op. cit.*, pp. 77-78 ; R. KELEŞ, *Yerinden yönetim ve siyaset, op. cit.*, pp. 525-526.

[2] V. sur ce sujet, T. OKTAY, *Yerel yönetim reformu sonrasında il özel idareleri, op. cit.*, pp. 77-78.

[3] Pour plus de détails concernant la loi n° 5302 du 22 février 2005, v. T. OKTAY, *Yerel yönetim reformu sonrasında il özel idareleri, op. cit.*, p. 77 et suiv. ; M. ÖKMEN et B. PARLAK, *op. cit.*, p. 134 et suiv. V. également pour le sujet du département en tant que collectivité territoriale, R. KELEŞ, *Yerinden yönetim ve siyaset, op. cit.*, pp. 171-217.

[4] Dans ce sens, v. T. OKTAY, *Yerel yönetim reformu sonrasında il özel idareleri, op. cit.*, p. 79 ; H. ATEŞ et M. ES, « Süreklilikten Değişime il Özel idareleri », *in* R. BOZLAĞAN et Y. DEMİRKAYA (dir.), *Türkiye'de yerel yönetimler, op. cit.*, pp. 205-222, spéc., p. 220.

L'on peut rappeler, à ce propos, l'importance du processus de l'adaptation de la Turquie à l'Union européenne et les nécessités de la Charte européenne de l'autonomie locale dans le cadre des réformes de 2003-2005 en Turquie. Et l'on constate les effets de ces deux événements sur la loi n° 5302 du 22 février 2005 qui visait à régulariser l'autonomie administrative attribuée aux départements en tant que collectivités territoriales[1].

À cet égard, même si la loi provisoire de 1913 et la loi de 1987 parlaient d'une personne morale publique qui a des compétences limitées et déterminées dans le département, l'article 3 de la loi n° 5302 a défini le département comme « *une personne morale publique qui a l'autonomie administrative et financière, qui est constituée en vue de répondre aux besoins collectifs locaux de la population du département dont les organes de décision sont déterminés par les électeurs* ». La doctrine turque attire l'attention sur cette définition, parce que cette loi a consacré pour la première fois la notion de « l'autonomie administrative et financière » dans la définition.

Ainsi, l'on constate que la nécessité d'une personnalité morale publique distincte de l'État central a été bien déterminée pour la première fois dans la définition de la loi n° 5302. Celle-ci est semblable à la définition prévue à l'article 127 relative aux collectivités territoriales de la Constitution, mais la définition législative va au-delà de la définition de l'article 127, puisqu'elle parle clairement de l'autonomie administrative et financière. Dès lors, l'autonomie administrative et financière du département ne peut pas être interprétée comme une atteinte au principe de l'unité de l'Administration qui existe dans l'article 123 de la Constitution[2].

Outre la notion de l'autonomie administrative et financière, l'on constate que la loi n° 5302 a prévu plusieurs changements importants dans le cadre de notre sujet. D'après certains auteurs, la clause générale de compétence (ou clause de compétence générale) a été mise en place au profit des départements en tant que collectivités territoriales par cette

---

[1] Dans ce sens, v. M. ÖKMEN et B. PARLAK, *op. cit.*, p. 149 ; H. ATEŞ et M. ES, art. cit., pp. 218-220.

[2] Sur la notion de l'autonomie administrative et financière dans le cadre de la définition de la loi n° 5302, v. Z. TOPRAK, *op. cit.*, p. 62 ; T. OKTAY, *Yerel yönetim reformu sonrasında il özel idareleri*, *op. cit.*, p. 79 ; A. ULUSOY et T. AKDEMİR, *op. cit.*, pp. 169-170 ; T. GÖKSU *et al.*, art. cit., p. 28.

loi[1]. Il est vrai que ce texte n'a pas énuméré limitativement les compétences des départements, il a seulement déterminé les domaines concernés[2]. Néanmoins, on ne peut pas affirmer que la clause générale de compétence a été mise en place au profit des départements puisqu'aucune disposition explicite ne l'a prévue. Par ailleurs, aucune disposition concernant la clause générale de compétence n'a été annulée par la Cour constitutionnelle malgré l'appel du président de la République.

Dans le cadre de la loi n° 5302, l'on trouve un changement concernant le statut des préfets. Ainsi, le préfet était non seulement le représentant de l'État, mais aussi le président du Conseil général du département et l'exécutif dans le département en tant que collectivité territoriale. En réalité, il s'agissait d'une situation similaire en France avant la réforme de 1982, sauf qu'en Turquie, le rôle du préfet était plus dominant et qu'en France, même si le président du Conseil général avait un titre uniquement honorifique, le président n'était pas le préfet.

D'ailleurs, ce statut du préfet en Turquie était toujours critiqué en doctrine turque[3]. L'existence d'une personne nommée par l'État central dans le Conseil général du département était contraire à l'article 127 de la Constitution qui prévoit que les organes de décision des collectivités territoriales doivent être élus par les électeurs[4].

Sur ce point, l'on peut dire que la loi n° 5302 a changé le statut du préfet en tant que président du conseil général du département, ainsi, cette loi a mis fin à la qualité de membre du préfet dans le Conseil général (art. 9-12). Cependant, l'on constate que le préfet est toujours le chef du département en tant que collectivité territoriale et le

[1] V. sur cette question, M. ÖKMEN et B. PARLAK, *op. cit.,* pp. 387-388 ; A. ULUSOY et T. AKDEMİR, *op. cit.,* p. 169.

[2] V. sur le même constat, T. OKTAY, *Yerel yönetim reformu sonrasında il özel idareleri, op. cit.,* pp. 79-80.

[3] Pour ce sujet et ces critiques, v. S. S. ONAR, *İdare hukukunun umumi esasları, op. cit.,* p. 603. V. également, İ. GİRİTLİ, *op. cit.,* p. 51 ; Ş. GÖZÜBÜYÜK et T. TAN, *op. cit.,* pp. 259-260 ; M. ÖKMEN et B. PARLAK, *op. cit.,* p. 149.

[4] Pour le même constat de l'incompatibilité avec cet article 127, v. H. ATEŞ et M. ES, art. cit., pp. 214-215. V. aussi, T. OKTAY, *Yerel yönetim reformu sonrasında il özel idareleri, op. cit.,* p. 82. D'ailleurs, la motivation de l'article 11 de la loi n° 5302 qui a mis fin au statut du préfet en tant que président de la République remarquait cette incompatibilité avec l'article 127 de la Constitution. V. sur la motivation de l'article 11 de la loi n° 5302, disponible sur le lien : http://mevzuat.tbmm.gov.tr/mevzuat/faces/kanunmaddeleri?_adf.ctrl-state=bkxlls18k_4&pkanunlarno=28007&pkanunnumarasi=5302

représentant de la personnalité morale de celui-ci selon l'expression de l'article 29 de la loi n° 5302. L'on peut dire également que cette loi n'a jamais affecté le statut du préfet en tant qu'exécutif dans cette collectivité territoriale[1].

La doctrine critique ce changement prévu par la loi n° 5302 concernant le préfet et estime que la suppression de la qualité de membre d'une personne nommée par l'État central afin de réorganiser le fonctionnement du Conseil général du département n'a pas affecté la fonction exécutive du préfet dans les départements. Donc, la fonction dominante du préfet continue puisqu'il est toujours le chef du département. À ce propos, les auteurs turcs admettent que cette situation n'est pas compatible avec l'autonomie administrative du département[2]. Selon Zerrin TOPRAK, malgré les changements portés au statut du préfet par cette loi, le département est toujours dans une période de transition pour devenir une vraie collectivité territoriale[3].

Toutefois, malgré les critiques concernant le changement prévu par la loi n° 5302, l'on peut citer une autre innovation portant sur le pouvoir de contrôle du préfet dans les départements, à savoir, toutes les décisions du conseil général du département devaient être approuvées initialement par le préfet avant leur application. Mais, la loi n° 5302, dans son article 15, a supprimé cette nécessité de l'approbation initiale du préfet. Ainsi, le préfet ne pouvait que renvoyer la décision au conseil général à renégocier. Et si le Conseil général acceptait la décision, elle devenait définitive. Donc, au besoin, le préfet ne pouvait que déférer cette décision définitive au tribunal administratif pour l'annulation de celle-ci conformément à l'article 15. Autrement dit, la loi n° 5302 a supprimé le pouvoir du contrôle de tutelle du préfet et a prévu le contrôle de légalité exercé par le juge administratif dans son article 15. Ainsi, l'on peut dire que le contrôle de légalité s'est substitué à la tutelle administrative dans les départements[4].

Faut-il le rappeler, en France la tutelle administrative a été supprimée en 1982, avant la promulgation de la loi n° 5302 en 2005 en

---

[1] V. sur le sujet du statut du préfet, T. OKTAY, *Yerel yönetim reformu sonrasında il özel idareleri*, *op. cit.*, pp. 82 et 86 ; Ş. GÖZÜBÜYÜK et T. TAN, *op. cit.*, p. 260 ; A. POLATOĞLU, *op. cit.*, p. 100 ; Z. TOPRAK, *op. cit.*, p. 63.

[2] A. POLATOĞLU, *op. cit.*, p. 100 ; M. ÖKMEN et B. PARLAK, *op. cit.*, p. 150.

[3] Z. TOPRAK, *op. cit.*, p. 67.

[4] Pour plus de détails concernant ce sujet, v. Ş. GÖZÜBÜYÜK et T. TAN, *op. cit.*, p. 260 ; A. ULUSOY et T. AKDEMİR, *op. cit.*, p. 171 ; A. POLATOĞLU, *op. cit.*, p. 99 ; H. ATEŞ et M. ES, art. cit., p. 217.

Turquie. Cependant, la tutelle administrative est consacrée dans la Constitution turque (art. 127). Donc, toutes les dispositions législatives qui prévoient l'allègement ou la suppression de ce contrôle de tutelle seront incompatibles avec la Constitution. D'ailleurs, le président la République de l'époque a saisi la Cour constitutionnelle au motif de l'incompatibilité de cette loi avec la Constitution. Selon lui, elle affaiblissait le statut du préfet dans le nouveau système et prévoyait l'allégement de la tutelle administrative et entraînait ainsi la transformation de la structure unitaire de l'État puisque l'unité de l'Administration était remise en cause[1].

Dans sa décision du 18 janvier 2007, la Cour constitutionnelle turque a annulé les termes de l'article 15 de la loi n° 5302 qui prévoyaient la suppression du pouvoir du contrôle de tutelle du préfet dans les départements et l'obligation de déférer au tribunal administratif les décisions définitives du Conseil général du département pour l'annulation[2].

En réalité, il faut dire qu'après l'annulation de certains termes de l'article 15, il est apparu « un vide juridique ». En clair, la tentative de la mise en place du contrôle de légalité était en échec, et donc la tutelle administrative qui s'exerce par le préfet continue toujours[3].

C- La loi municipale n° 5393 du 3 juillet 2005 et la loi n° 5216 du 10 juillet 2004 relative aux « municipalités métropolitaines »

Concernant les municipalités en Turquie, nous avons déjà vu qu'après la fondation de la République en 1923, la loi municipale n° 1580 de 1930 a été promulguée et restée en vigueur pendant 74 années, jusqu'en 2004. Puis, dans le cadre des réformes de 2003-2005, la loi municipale n° 5272 a été initialement adoptée par l'Assemblée nationale en 2004. Toutefois, elle a été annulée par la Cour constitutionnelle pour cause d'inconstitutionnalité formelle. Aussi, le

---

[1] V. sur cet appel du président de la République à la Cour constitutionnelle concernant la loi n° 5302, H. CANPOLAT, art. cit., pp. 40-41.

[2] La décision de la Cour constitutionnelle turque, 18/1/2007 E. 2005/32, K. 2007/3.

[3] Sur ces résultats après la décision de la Cour constitutionnelle, v. H. H. CAN, « Yeni yerel yönetim anlayışı », *in Yerel yönetim anlayışında yeni yaklaşımlar sempozyumu : 16 Aralık 2010*, İstanbul, Okan Üniversitesi Yayınları, 2010, pp. 163-181, spéc., pp. 170-172. V. aussi pour le constat du vide juridique, T. OKTAY, *Yerel yönetim reformu sonrasında il özel idareleri*, *op. cit.*, p. 83.

législateur turc a adopté la loi municipale n° 5393 du 3 juillet 2005, qui est en vigueur aujourd'hui[1].

Au sujet de la loi municipale n° 5393, certains auteurs estiment qu'il s'agit d'un « changement de mentalité » dans l'organisation administrative turque. Néanmoins, ce changement a fait l'objet de plusieurs critiques du point de vue de la protection de l'unité de l'Administration et de la structure unitaire de l'État[2].

L'article 3 de la loi n° 5393 définit la municipalité comme une « *personne morale publique qui dispose de l'autonomie administrative et financière* ». La doctrine turque affirme que par cette définition, le législateur a donné la priorité à l'autonomie administrative et financière des municipalités, ainsi a-t-il adapté la nouvelle organisation des collectivités territoriales au système prévu par la Charte européenne de l'autonomie locale[3].

Cette loi, qui fait l'accent sur l'autonomie administrative et financière des municipalités, a prévu une nouvelle répartition des compétences entre l'État central et les municipalités. Ainsi, a-t-elle consacré en son article 14 la clause générale de compétence au profit des municipalités. Mais le président de la République et plus de 110 députés parlementaires ont saisi la Cour constitutionnelle pour l'annulation de cette clause. Et, dans sa décision du 24 janvier 2007, la Cour constitutionnelle turque a annulé l'alinéa 2 de l'article 14 qui prévoyait cette clause au profit des municipalités[4].

La loi précitée a aussi prévu l'allégement de la tutelle administrative et l'instauration du contrôle de légalité. Ainsi, son article 23 a énoncé, en son alinéa 5, que « *le chef de l'administration territoriale peut déférer au tribunal administratif les décisions qu'il estime illégales* ». Selon cet article, le chef de l'administration territoriale, c'est-à-dire les

---

[1] Pour plus de détails concernant l'histoire du développement des municipalités en Turquie, v. T. OKTAY, « Belediyenin Tarihsel Gelişimi », *in* R. BOZLAĞAN et Y. DEMİRKAYA (dir.), *Türkiye'de yerel yönetimler*, *op. cit.*, p. 119 et suiv. V. également sur le sujet des municipalités en doctrine turque, R. KELEŞ, *Yerinden yönetim ve siyaset, op. cit.*, pp. 253-308.

[2] M. ÖKMEN et B. PARLAK, *op. cit.*, p. 389 ; M. ÖKMEN, « Türkiye'de Merkezî Yönetim-Yerel Yönetim İlişkileri ve Yerel Yönetimlerin Yeniden Yapılandırılması », art. cit., p. 72.

[3] V. sur cette question, M. ÖKMEN et B. PARLAK, *op. cit.*, p. 389 ; Z. TOPRAK, *op. cit.*, pp. 170-171 ; T. GÖKSU *et al.*, art. cit., p. 19.

[4] La décision de la Cour constitutionnelle turque du 24/1/2007, E. 2005/95, K. 2007/5. Sur ce sujet, v. également, O. CAN, art. cit., pp. 76-77.

préfets dans le département ou les sous-préfets dans les arrondissements ne pouvaient que déférer au juge administratif les décisions du Conseil municipal. Donc, l'on peut dire que le législateur a prévu, par le biais de la loi n° 5393, un contrôle de légalité s'exerçait par le juge administratif, en supprimant le pouvoir du contrôle de tutelle des préfets et des sous-préfets. Toutefois, dans sa décision du 4 février 2010, la Cour constitutionnelle turque a annulé cette disposition de l'article 23 alinéa 5[1]. En réalité, l'annulation de cette disposition a laissé un « vide juridique » – c'était le cas pour le contrôle des actes du département en tant que collectivité territoriale – aussi, faut-il se demander si le pouvoir du contrôle de tutelle continue toujours puisqu'il n'existe pas d'autre disposition relative au contrôle des décisions du Conseil municipal[2] ?

L'on peut citer également l'article 47 de cette loi n° 5393, qui permet à la suspension « provisoire » des organes des municipalités par le ministre de l'Intérieur. En clair, cette disposition n'est qu'une reprise de l'alinéa 4 de l'article 127 de la Constitution, qui dispose que : « *les organes des administrations locales ou leurs membres à l'encontre desquels une enquête ou des poursuites ont été engagées pour une infraction commise dans l'exercice de leurs fonctions peuvent, à titre provisoire, être suspendus de leur fonction par le ministre de l'Intérieur, jusqu'à la décision juridictionnelle définitive.* »

Précisons que cette disposition, utilisée fréquemment aujourd'hui en Turquie, soulève un débat doctrinal. En effet, avec la suspension provisoire des maires élus faisant l'objet d'un procès continu, une personne appelée « kayyum » en turc - administrateur ou curateur - est nommée à l'exécutif de certaines municipalités[3]. Certes, ce pouvoir de suspendre « provisoirement » peut s'exercer dans le cas d'un délit grave, mais l'utilisation de ce pouvoir par le ministre de l'Intérieur peut parfois avoir des visées politiques et ainsi porter atteinte à l'autonomie administrative des municipalités[4].

À cet égard, Ramazan ŞENGÜL précise qu'une telle suspension, même si elle est provisoire, est une tutelle sur les organes des municipalités[5]. Mais, en toute hypothèse, l'on peut dire que les

---

[1] La décision de la Cour constitutionnelle turque du 4/2/2010, E. 2008/27, K. 2010/29.
[2] V. sur cette question, H. H. CAN, art. cit., p. 174. Pour le constat du vide juridique, v. R. ŞENGÜL, *op. cit.,* pp. 161-162.
[3] V. sur ce sujet, Z. TOPRAK, *op. cit.,* p. 172.
[4] Dans ce sens, v. A. POLATOĞLU, *op. cit.,* p. 111.
[5] R. ŞENGÜL, *op. cit.,* pp. 156-157.

municipalités restent les collectivités territoriales les plus autonomes - au niveau administratif- par rapport aux autres en Turquie[1].

Dans le cadre des réformes de 2003-2005, outre la loi n° 5393 relative aux municipalités, il est utile de parler aussi de la loi n° 5216 du 10 juillet 2004 relative aux municipalités métropolitaines[2]. Rappelons qu'après la fondation de la République, la création des municipalités métropolitaines par la loi n° 3030 de 1984 a été vue comme un grand changement dans l'organisation administrative décentralisée, ce qui a amené certains auteurs à dire que les municipalités métropolitaines sont le quatrième type de collectivités territoriales[3].

À titre de rappel, cette loi du 10 juillet 2004 s'est substituée à la loi n° 3030 de 1984 dans le cadre des réformes de 2003-2005. Parmi ses dispositions phares, l'on peut citer son article 14 en vertu duquel a été effectué un changement concernant le contrôle de l'État central sur les municipalités métropolitaines. Aux termes de cet article, « *le chef de l'administration territoriale peut déférer au tribunal administratif les décisions qu'il estime illégales* ». Rappelons que la même disposition, contenue dans les lois précédentes, avait été annulée par la Cour constitutionnelle turque. Aussi, sans grande surprise, le juge constitutionnel turc a aussi annulé l'alinéa 5 de l'article 14 de la loi n° 5216 dans sa décision du 4 février 2010[4]. Par conséquent, la tentative d'allégement du pouvoir du contrôle de tutelle du chef de l'administration territoriale (le préfet dans les départements et le sous-préfet dans l'arrondissement), et de construire un contrôle de légalité a été encore un échec concernant les municipalités métropolitaines.

En outre, il est à noter que cette loi, qui a mis l'accent sur l'autonomie administrative et financière dans la définition des municipalités métropolitaines (article 3), est la seule loi pour laquelle le

---

[1] Dans ce sens, v. A. POLATOĞLU, *op. cit.*, p. 104.

[2] Pour plus de détails concernant la nouvelle situation des municipalités métropolitaines, v. Ş. GÖZÜBÜYÜK, *op. cit.*, p. 207 et suiv. ; R. ŞENGÜL, *op. cit.*, p. 113 et suiv. ; M. ÖKMEN et B. PARLAK, *op. cit.*, p. 203 et suiv. ; A. POLATOĞLU, *op. cit.*, p. 119 et suiv. ; T. GÖKSU *et al.*, art. cit., pp. 24-28.

[3] Nous avons déjà dit que les municipalités métropolitaines ne sont que des municipalités gérées par un mode d'institution spéciale prévu pour les métropoles. V. également, sur le sujet des « municipalités métropolitaines », son développement historique, la genèse de la pensée de créer de telles municipalités métropolitaines, R. KELEŞ, *Yerinden yönetim ve siyaset, op. cit.*, pp. 309-362.

[4] La décision de la Cour constitutionnelle turque du 4/2/2010, E. 2008/28, K. 2010/30. V. aussi sur cette question, H. H. CAN, art. cit., p. 176.

président de la République de l'époque, Ahmet Necdet SEZER, n'a pas opposé son veto. D'ailleurs, précisons qu'il n'est pas possible de trouver une disposition relative à la clause générale de compétence au profit des municipalités métropolitaines dans cette loi. Enfin, précisons que même si elle a fait l'objet de certaines modifications, la loi n° 5216 est toujours en vigueur.

D- Une vue d'ensemble des réformes de la décentralisation dans l'État unitaire turc

S'agissant de la position des collectivités territoriales dans l'organisation administrative turque, il y a eu plusieurs tentatives de réformes de la décentralisation. Mais, l'on constate aussi qu'il n'y a pas eu d'innovation pour ce qui concerne « les villages », par exemple[1]. Ainsi, la loi n° 442 de 1924 est toujours valide pour ce type de collectivités territoriales qui sont au nombre de 18000 villages actuellement, sachant qu'ils étaient plus de 34000 avant 2010.

Certains auteurs critiquent la position des villages, en soutenant qu'ils n'ont qu'une valeur « symbolique » en tant que collectivité territoriale dans le système administratif turc[2], et ajoutent aussi le département en tant que collectivité territoriale dans cette catégorie. Il ne reste donc que la municipalité qui sert le mieux à l'objectif du principe d'organisation décentralisée[3]. À ce propos, Bilal ERYILMAZ estime que les collectivités territoriales sont considérées comme des circonscriptions administratives liées à l'administration centrale en Turquie[4].

---

[1] V. plus de détails concernant le sujet des « villages », R. KELEŞ, *Yerinden yönetim ve siyaset, op. cit.*, pp. 219-252.

[2] V. sur ce constat, B. ERYILMAZ, *op. cit.*, p. 20 ; Ş. GÖZÜBÜYÜK, *op. cit.*, p. 215 ; R. ŞENGÜL, *op. cit.*, p. 135. Ajoutons qu'en raison de cette absence de fonctionnement des villages en tant que collectivité territoriale, certains auteurs proposent l'établissement d'une collectivité territoriale « au niveau des arrondissements » qui englobe les villages, v. Z. ÇOKER, « Tüsiad raporunda yer alan yerel yönetimler yasa tasarısının temel özellikleri », Juin 1997, n° 415, pp. 21-40. V. pour le débat sur la proposition de la création d'une telle collectivité territoriale « au niveau des arrondissements », R. KELEŞ, *Yerinden yönetim ve siyaset, op. cit.*, pp. 214-216.

[3] Dans ce sens, v. İ. Ö. KABOĞLU, *Anayasa ve toplum*, Ankara, İmge, 2000, p. 15 ; A. POLATOĞLU, *op. cit.*, p. 191.

[4] B. ERYILMAZ, *op. cit.*, p. 26.

L'on constate aussi que le processus de réforme de la décentralisation en Turquie est un véritable échec, résultant du « manque d'une tradition du système organisation décentralisée qui existe dans les pays occidentaux »[1] et de « la peur d'atteinte à la structure unitaire de l'État »[2].

Le principe d'organisation décentralisée a été certes consacré au niveau constitutionnel depuis longtemps en Turquie, mais il manque d'application dans la pratique. À ce sujet, Ahmet Ulvi TÜRKBAĞ précise que « le système est toujours discuté en théorie, mais l'application en pratique n'a pas une grande importance en Turquie »[3].

En revanche, selon certains auteurs, la raison la plus importante de l'échec de la réforme de la décentralisation dans l'État unitaire turc est l'absence d'une réforme constitutionnelle dans ce domaine.[4] Il est vrai que la suppression de tutelle administrative, par exemple, nécessiterait certainement une révision constitutionnelle en Turquie[5]. Rappelons que la tutelle administrative est un contrôle consacré dans l'article 127 de la Constitution turque.

En toute hypothèse, l'on peut constater vis-à-vis de cette situation en Turquie, qu'il existe un « centralisme rigide »[6] au niveau administratif. Ramazan ŞENGÜL considère que cette situation actuelle en Turquie semble bien à celle en France d'avant la réforme de 1982[7]. Il est vrai que la tutelle administrative existe actuellement en droit turc. Ainsi, le

---

[1] *Ibid.*, pp. 17-18, et p. 31 ; V. K. BİLGİÇ, « Türkiye'de yerelleşme sorunları », art. cit., p. 127.

[2] V. sur ce constat, R. KELEŞ, « Avrupa'ya uyum sağlama sürecinde Türkiye'de yerel yönetimler », art. cit., pp. 11-26, spéc., p. 20 ; B. ERYILMAZ, *op. cit.,* p. 108. Dans le cadre du sujet de la protection de la structure unitaire en Turquie, v. Y. HEPER, *op. cit.*

[3] A. U. TÜRKBAĞ, art. cit., p. 314.

[4] M. ÖKMEN et B. PARLAK, *op. cit.,* pp. 390-391 ; H. CANPOLAT, art. cit., pp. 53-54.

[5] En réalité, il est possible de trouver plusieurs propositions pour l'établissement d'un système administratif beaucoup plus décentralisé en Turquie, y compris la suppression de la tutelle administrative. Cependant, cela reste impossible faute d'une révision constitutionnelle pour supprimer la tutelle administrative. V. sur ces propositions, H. T. FENDOĞLU, « Üniter devlet », préc.

[6] Ş. GÖZÜBÜYÜK, *op. cit.,* p. 8 ; M. ÖKMEN et B. PARLAK, *op. cit.,* p. 395. V. aussi V. K. BİLGİÇ, « Türk Yerel Yönetimleri Üzerine Bir Değerlendirme », art. cit., p. 41. Ce dernier ajoute aussi que les collectivités territoriales sont toujours sous le contrôle rigide de l'État central en Turquie.

[7] V. R. ŞENGÜL, *op. cit.,* pp. 152-153.

préfet est toujours l'exécutif dans le département en tant que collectivité territoriale dans cet État unitaire. Alors, s'agit-il ici d'une semi-décentralisation pour cet État ?

Comme nous l'avons déjà précisé concernant la décentralisation française, notre travail n'était pas de traiter la décentralisation turque avec tous ses aspects sous ce chapitre. Mais, en analysant la décentralisation turque dans le cadre de notre étude de l'État unitaire, l'on s'est aperçu que la structure étatique unitaire est un obstacle au processus de l'aménagement de la décentralisation dans cet État et révèle, à la fois, les limites de la mutation de l'État unitaire « classique » ou « typique ». Ainsi, en partant des réformes de la décentralisation dans l'État unitaire turc, l'on peut dire que la structure unitaire de cet État ne permet pas la suppression de la tutelle administrative ou la mise en place de la clause générale de compétence en faveur des collectivités territoriales.

Ajoutons aussi, que même si la peur d'atteinte à la structure unitaire de l'État empêche un processus avancé de la décentralisation dans l'État unitaire « classique », il ne serait pas possible de prétendre que la structure unitaire de la République turque aurait été remise en cause en cas d'une suppression de la tutelle administrative ou de la mise en place de la clause générale de compétence au profit des collectivités territoriales. Faut-il le rappeler, selon notre thèse, la ligne rouge à ne pas franchir dans la forme d'État unitaire est l'unité de la détention du pouvoir législatif. Aussi, comme nous allons le voir, le dépassement de cette limite, c'est-à-dire l'existence d'une règle générale de l'attribution du pouvoir législatif aux entités infra-étatiques -par exemple vers les régions- pourrait mener à la transformation de la structure unitaire de l'État en une autre forme d'État.

CHAPITRE 3
La régionalisation dans l'État unitaire : une évolution vers une autre forme d'État ?

Nous avons déjà évoqué le sujet de la décentralisation dans les États unitaires français et turc en analysant la doctrine française et turque, mais aussi en parlant des réformes constitutionnelles et législatives, et nous avons relevé l'influence française sur l'organisation administrative décentralisée turque. Cependant, l'institution dite « région » différencie le système administratif français de celui de la République turque, puisque la région en tant que collectivité territoriale n'existe pas dans le système administratif turc.

Précisons que le sujet de la région et de la régionalisation est très important pour notre étude. Il convient de faire remarquer que certains États – comme l'Italie et l'Espagne - qui consacrent dans leurs Constitutions le principe d'indivisibilité ou de l'unité de l'État, se sont transformés en une nouvelle conception d'État distincte de l'État unitaire, en dépassant la limite de la régionalisation administrative et en permettant de l'attribution du pouvoir législatif à leurs régions ou à leurs entités infra-étatiques.

Nous allons analyser donc, tout d'abord, la région et la régionalisation (décentralisation régionale) dans l'État unitaire (**Section 1**), en se concentrant notamment sur le droit français. Ensuite, nous allons analyser l'hypothèse de l'attribution du pouvoir législatif et de l'autonomie politique aux régions et la forme d'État régional en tant qu'une nouvelle forme d'État (**Section 2**).

Section 1
La régionalisation (décentralisation régionale) dans l'État unitaire

Pour reprendre Gérard MARCOU, « la région, le régionalisme, la régionalisation ont donné lieu à une littérature immense, notamment dans les pays les plus concernés, et dans tous les domaines : science politique, géographie, économie régionale et économie publique, sociologie, droit public, etc. »[1] Dans la cadre de notre étude, nous allons examiner le sujet de la régionalisation dans une discipline juridique,

---

[1] Gérard MARCOU, Préface de l'ouvrage : C. BARTHÉLÉMY, *Le régionalisme institutionnel en Europe : droit comparé en Belgique, Espagne, Italie, Royaume-Uni, France,* Paris, L'Harmattan, 2009, p. 7.

plus précisément en droit public. Pour ce faire, nous allons analyser, dans un premier temps, la région en tant qu'un étrange paradoxe (**Paragraphe 1**), puisqu'il n'est pas facile de trouver une définition exacte pour cette institution. Ensuite, il sera nécessaire de distinguer la régionalisation du « régionalisme politique », puisque le contexte politique de cette dernière est proche du fédéralisme (**Paragraphe 2**).

Après avoir expliqué la régionalisation par une telle approche terminologique, nous verrons que l'expérience française de la régionalisation refuse le régionalisme politique et le fédéralisme (**Paragraphe 3**). Puis, il conviendra d'aborder la mise en œuvre de la régionalisation dans l'État unitaire français selon une approche historique et juridique (**Paragraphe 4**). Enfin, il sera utile de traiter le sujet de la région dans l'État unitaire turc et les débats que suscite la régionalisation dans cet État (**Paragraphe 5**).

Paragraphe 1. La région : l'objet d'un étrange paradoxe

D'après Gérard MARCOU, la région est « l'objet d'un étrange paradoxe »[1]. L'on peut affirmer, comme l'auteur, qu'il n'est pas facile de trouver une définition exacte pour cette institution appelée la région qui peut être analysée selon différentes perspectives. D'autre part, elle a « beaucoup plus de partisans que d'adversaires » et « il est connu que la politique régionale européenne a soutenu la régionalisation dans les États membres »[2].

Pour Michel VERPEAUX, « le terme de « région » sert à désigner des réalités géographiques fort différentes et le mot est souvent synonyme de « territoire », y compris en droit international pour qualifier une partie du monde. »[3] À ce propos, une portion du territoire national dans un État est considérée comme une région. Toutefois, il faut ajouter aussi qu'« elle est un territoire d'appartenance à la fois proche et suffisamment large pour autoriser la mise en cohérence, la synergie entre acteurs, mais aussi la correction des déséquilibres internes. »[4] Donc, d'un côté, l'on peut penser à une subdivision géographique du territoire national, mais de l'autre côté, il faut savoir que « la région est beaucoup plus qu'un espace géographique, c'est un

---

[1] G. MARCOU, « Les paradoxes de la région », art. cit., p. 1634.

[2] *Ibid.*

[3] M. VERPEAUX, *La région,* Paris, Dalloz, 2005, p. 1.

[4] A. ZELLER, *op. cit.,* p. 230.

territoire auquel tout un chacun peut s'identifier. « La région, en renforçant son identité, sans renier son appartenance à la Nation, peut désormais, mieux que l'État, établir le lien communautaire entre les hommes, quelles que soient la diversité de leurs origines, de leur culture, de leur situation dans la société. » »[1].

Selon une autre approche, la région se présente en tant qu'institution juridique et présente une difficulté de définition comme c'est le cas en France. À cet égard, Bruno REMOND se demande : « Vous avez dit « région », mais laquelle ? Le simple découpage territorial sans portée institutionnelle de 1960, la commission saisie pour avis par le préfet, le projet politique du général de Gaulle, l'organe fonctionnel de 1972 ou la toute nouvelle collectivité locale de 1982 ? Aussi le mot « région », en France, ne s'entend bien et ne se comprend correctement que précisé, institutionnellement et temporellement. »[2]

De son côté, Jacques MOREAU définit la région comme un « cadre commode d'administration économique », un « dénominateur commun des expériences de déconcentration » ou un « champ de la participation démocratique »[3]. Face à ces différentes fonctions de cette institution, « la genèse de la région en France montre que l'institution est étroitement liée à la politique d'aménagement du territoire ; une fois créée, ne répond-elle pas à d'autres exigences ? »[4]

Parmi ces fonctions diverses, l'expression de la région en tant que champ de participation démocratique retient notre attention, puisque l'essentielle de l'idée décentralisatrice au niveau administratif dans un État unitaire, ne résulte-elle pas de l'objectif de l'aménagement de la démocratie locale ? L'on constate que la région gagne une place plus importante au rang des collectivités territoriales dans le cadre du renforcement de la démocratie locale. D'ailleurs, « au moment où la France réfléchit à l'avenir de ses institutions, la région apparaît donc comme un espace démocratique pertinent pour conduire des politiques structurantes à mi-chemin des communes qui restent l'échelon de proximité irremplaçable et de l'État qui doit continuer à se recentrer sur

---

[1] *Ibid.*

[2] B. REMOND, *La région,* Paris, Montchrestien, 1999, p. 8.

[3] J. MOREAU, *Administration régionale, départementale et municipale,* 14e éd., Paris, Dalloz, 2004, p. 187.

[4] *Ibid.*

ses compétences régaliennes. »[1] Dès lors, l'on peut admettre que la région se présente, par cette perspective et dans le cadre de notre sujet, comme un acteur « incontournable de la décentralisation »[2].

Il faut ajouter que la région n'a pas une très longue histoire dans l'État unitaire français. Ainsi, comme le rappelle Michel VERPEAUX, « dans l'organisation administrative française, la région a une signification plus récente mais double. Elle constitue une circonscription de l'administration de l'État, dans le cadre de la déconcentration, et elle est aussi la collectivité territoriale la plus nouvelle, dans le cadre de la décentralisation. »[3] Précisons que dans le cadre de notre sujet, ce qui nous intéresse, est la région en tant qu'acteur de la décentralisation et la position de cet acteur à l'égard de l'État central.

Abordant le sujet de la région, Dominique TURPIN y voit comme un « cadre juridique » et ajoute que « l'apparition de ces nouvelles collectivités dans notre organisation administrative et notre droit public amène à s'intéresser successivement à leur "ancrage constitutionnel", à leur nature juridique et, enfin, à leur découpage territorial. »[4] L'auteur analyse ensuite « la mise en œuvre progressive de l'idée régionale sur les plans politique, historique et enfin juridique. » [5] D'après lui, la région est un cadre juridique, le régionalisme est un contexte politique, et la régionalisation est une perspective historique[6].

Nous allons donc traiter la régionalisation selon une approche historique en droit français ainsi que sa qualité en tant que moyen du refus de fédéralisme ou de régionalisme politique dans les paragraphes suivants. Mais, d'abord, voyons le régionalisme et la proximité de son contexte politique avec le fédéralisme.

Paragraphe 2. La proximité du contexte politique du régionalisme avec le fédéralisme

Concernant le régionalisme, il est nécessaire de souligner que cette expression touche différentes disciplines. Ainsi, par exemple en

---

[1] Jean-Pierre RAFFARIN, Préface de l'ouvrage : M.-J. TULARD, *La région,* Paris, LGDJ, 2008, p. 2.
[2] *Ibid.,* p. 118.
[3] M. VERPEAUX, *La région, op. cit.,* p. 1.
[4] D. TURPIN, *La région*, Paris, Economica, 1987, p. 44.
[5] *Ibid.,* p. 5.
[6] *Ibid.*, pp. 5 et suiv., 24 et suiv., et 44 et suiv.

économie, les exigences de l'économie moderne nécessitent une application du régionalisme dans le but de faciliter les échanges commerciaux entre les différents États. L'on peut trouver la même notion du régionalisme dans d'autres disciplines telles la littérature ou l'architecture.

En doctrine française, certains auteurs analysent cette notion sur deux plans séparés : sur le plan international et sur le plan national. D'après eux, « dans le monde contemporain, le phénomène régionaliste revêt des formes très distinctes selon qu'il se réalise au niveau international ou dans les limites d'une nation »[1]. Donc, le régionalisme peut être défini, sur le plan international, comme « une tendance à affirmer la solidarité et à promouvoir le développement d'un groupe de nations possédant des intérêts communs »[2]. Néanmoins, « c'est à l'intérieur du cadre national que la tendance régionaliste trouvera ses expressions les plus classiques. Cependant, les formes du régionalisme interne n'en seront pas moins variées, et il faudra notamment distinguer selon qu'elles s'inscrivent ou non dans l'ordonnancement constitutionnel. »[3]

L'on peut s'interroger, à ce propos, si le régionalisme est compatible avec une structure étatique unitaire ? En effet, « le fédéralisme est aussi une notion proche du régionalisme, plus proche même que ne l'est la décentralisation dans la mesure où le système fédéral vise la sauvegarde de l'autonomie des fédérés tout comme le régionalisme cherche à protéger le particularisme des régions par le respect de leur existence. »[4] Ainsi, le régionalisme ne peut être assimilé qu'avec une décentralisation « politique » résultant d'un « contexte politique »[5].

De plus, le régionalisme apparaît comme une division verticale du pouvoir politique, tel est le cas dans les fédérations. Dans le cadre de « la division verticale du pouvoir » certains auteurs estiment que « cette notion permet de présenter l'ordre juridique étatique lorsque nous constatons la présence d'un régionalisme institutionnel ; il existe alors un exercice régional de la souveraineté qui se traduit notamment par

[1] J. LANVERSIN *et al.*, *La région et l'aménagement du territoire dans la décentralisation*, Paris, Economica, 1989, p. 56.
[2] *Ibid.*, p. 52.
[3] *Ibid.*, p. 57.
[4] *Ibid.*, p. 54.
[5] D. TURPIN, *op. cit.*, p. 5.

des pouvoirs législatifs régionaux, comme c'est le cas dans les États fédéraux. »[1]

La doctrine donne l'exemple des États fédéraux dans lesquels un tel régionalisme politique a conduit à la création d'un État indépendant, par exemple, le cas du Québec par rapport au Canada. « Du fait des données politiques et constitutionnelles de la situation canadienne, du fait aussi de celles de la géographie et de l'étendue du territoire impliqué dans cette revendication, le mouvement québécois doit être qualifié de national, notamment parce qu'il vise la création d'un nouvel État indépendant. »[2]

En France également l'on trouve certaines tendances concernant le régionalisme dans l'histoire de cet État unitaire. Néanmoins, il ne s'agit que des « tendances » régionalistes minoritaires.

Sur ce point, l'on peut dire que le terme de régionalisme est apparu en France à partir de la seconde moitié du XIXe siècle[3]. Comme il a été rappelé « le mot "régionalisme" n'est apparu au *Littré* qu'en 1877, mais dès le 29 avril 1871, le député royaliste- légitimiste Raudot avait déposé devant l'Assemblée une proposition de loi portant création de 24 régions, combinant déconcentration et décentralisation. En 1895, le Comte de Lanjuinais, MM. d'Ailleres et de Ramel proposaient pour leur part de ressusciter les "élections" d'Ancien Régime sous la forme de 126 "subdivisions" regroupées en 23 grandes "régions". »[4]

Aussi, pendant cette époque, certains projets régionalistes réactionnaires visaient un changement au niveau politique de l'État français. Selon Jacques MOREAU, « le régionalisme, courant politique décentralisateur et mystique dans lequel communient assez étrangement les disciples de Proudhon et ceux de Maurras (la Fédération régionaliste française est fondée en 1900). »[5]

---

[1] C. BARTHÉLÉMY, *op. cit.,* p. 51. Cet auteur étudie « le régionalisme institutionnel ». En réalité, l'auteur fait une distinction entre cette notion et régionalisme politique dans son ouvrage (p. 20), mais il y a bien évidemment des similarités, notamment autour de la question du partage du pouvoir législatif entre l'État central et les régions ou les entités infra-étatiques.

[2] J. LANVERSIN *et al., op. cit.,* p. 60.

[3] Pour un article très utile concernant les idées régionalistes et le régionalisme en France au XIXe siècle, v. P. VIGIER, « Régions et régionalisme en France au XIXe siècle », *in* C. GRAS et G. LIVET, *Régions et régionalisme en France : du XVIIIe siècle à nos jours*, Paris, PUF, 1977, pp. 161-175.

[4] D. TURPIN, *op. cit.,* p. 10.

[5] J. MOREAU, *op. cit.,* p. 185.

Concernant la Fédération régionaliste française, nous savons que Jean CHARLES-BRUN a fondé en 1900 ce mouvement régionaliste qui a publié un Manifeste dans lequel il y avait un appel aux décentralisateurs, aux régionalistes et aux fédéralistes. Certes, il faudra aborder ces différents sujets, mais notre objectif principal est de traiter ces sujets d'un point de vue qui intéresse la structure unitaire de l'État. Donc, on se borne à faire référence à la doctrine française sur ce sujet en raison des limites de notre étude[1].

Par ailleurs, il faut rappeler ici, le principe fédératif de Proudhon qui était avant le mouvement de la Fédération régionaliste française. Ainsi, vis-à-vis de l'idée centralisatrice, « les premières voix discordantes furent sans doute celles d'Omalius d'Halloy, publiant en 1844 ses *Notes sur les divisions géographiques,* où il divise la France en sept "régions naturelles" elles-mêmes subdivisées en "pays", ou du président du Conseil d'État, Alexandre-François Vivien, dans ses *Études Administratives* de 1852 »[2]. En fait, l'on peut dire que « la figure la plus brillante du "régionalisme de gauche" est sans conteste Pierre-Joseph Proudhon, en particulier avec la parution, en 1863 de son ouvrage : *Du principe fédératif et de la nécessité de reconstituer le parti de la Révolution...*»[3].

Selon l'explication de Dominique TURPIN, « l'État, selon Proudhon, et ses continuateurs, Charles-Brun et la Fédération régionaliste française ou plus tard R. Lafont, "n'est qu'un empilement de régions qui acceptent, de manière révocable, de mettre un certain nombre d'attributions en commun", autrement dit de se fédérer, selon une perspective qui n'est pas, à certains égards, fondamentalement

---

[1] V. sur ce sujet, D. TURPIN, *op. cit.,* pp. 11-12 ; B. REMOND, *op. cit.,* p. 9 ; P. VIGIER, art. cit., p. 163 ; M. VERPEAUX, *La région, op. cit.,* p. 12. Il faut ajouter aussi qu'à cette époque-là, tous les partisans de la création des régions en France ne voulaient pas faire la France un État federal, v. cette citation dans cet article : F.-G. DREYFUS, « Le Général de Gaulle et la régionalisation : Le projet de loi référendaire du 27 avril 1969 », *in* C. GRAS et G. LIVET, *Régions et régionalisme en France : du XVIIIe siècle à nos jours, op. cit.,* pp. 575-585, spéc., p. 576 : « On le verra bien chez les démocrates populaires sous l'influence peut-être des démocrates-chrétiens alsaciens qui dès 1919 déclaraient : « Nous ne voulons pas une autonomie politique, nous voulons être, comme les autres, citoyens français d'une République unie et indivisible... Nous ne voulons pas faire de la France un État fédéral...» ».

[2] D. TURPIN, *op. cit.,* pp. 7-8.

[3] *Ibid.*

opposée à celle qui oriente l'œuvre de Charles Maurras, autre idéologue de régionalisme. »[1]

Même si l'on trouve des mouvements régionalistes et l'idée du régionalisme politique dans l'histoire française, ces idées n'ont été défendues que par des courants minoritaires et n'ont pas pu réussir à affecter la structure unitaire de l'État français. Ainsi, d'après Gérard MARCOU, « les mouvements régionalistes ont toujours été faibles dans toutes les régions, à l'exception notable de la Corse, et ils n'ont guère pesé sur les politiques nationales. »[2]

Par ailleurs, précisons aussi que le régionalisme apparaît comme une notion incompatible avec l'unité du pouvoir législatif que l'État unitaire exige, puisque « l'attribution de compétences législatives, sous différentes formes et avec une étendue plus ou moins large, est l'une des marques du régionalisme. »[3]

Enfin, rappelons que le régionalisme au niveau politique se présente dans plusieurs États européens, comme par exemple en Espagne ou en Italie, mais la tradition unitaire de l'État français continue toujours. La doctrine française souligne qu'« alors que dans la plupart des pays voisins, l'échelon régional s'est constitué en espace de représentation politique, le territoire régional a d'abord servi à délimiter en France une circonscription administrative de l'État, en même temps qu'un cadre de développement économique et d'aménagement, avant de devenir, tardivement, une collectivité territoriale. »[4]

Voyons maintenant, l'expérience française de la régionalisation, et analysons la position de la régionalisation face au régionalisme politique ou au fédéralisme.

Paragraphe 3. L'expérience française de la régionalisation : refus du régionalisme politique et du fédéralisme

Comme nous l'avons déjà précisé, le régionalisme politique n'est pas une idée compatible avec la structure étatique unitaire. Néanmoins,

---

[1] *Ibid.*, p. 8. V. aussi sur la même page, note n° 2. Pour l'idée maurrassienne du régionalisme, v. p. 8 et suiv.

[2] G. MARCOU, « L'expérience française de régionalisation (la décentralisation régionale dans l'État unitaire) », *in L'État de droit : mélanges en l'honneur de Guy Braibant*, Paris, Dalloz, 1996, p. 506.

[3] C. BARTHÉLÉMY, *op. cit.*, p. 299.

[4] M.-J. TULARD, *op. cit.*, p. 5.

quant à la régionalisation, et notamment si l'on prend en compte l'expérience française dans ce domaine, comme le souligne la doctrine, l'on peut dire que « la régionalisation a tué le régionalisme »[1].

En effet, l'expérience française témoigne que la régionalisation peut être vue, à la fois, en tant qu'un moyen du « rejet du fédéralisme et du régionalisme »[2]. Ainsi, « loin d'être une réponse à une revendication régionaliste », l'on peut constater que « l'origine des régions françaises explique qu'elles aient pu s'intégrer aussi facilement dans les cadres de l'État unitaire et y prendre une place importante. »[3]

Donc, l'on admet que « la régionalisation s'attache par essence aux États unitaires. On ne peut pas, à proprement parler, employer ce terme pour les États fédéraux, tant fédéralisme et régionalisation correspondent à « deux types d'arrangements institutionnels qui peuvent entrer dans des combinaisons différentes selon l'histoire et les conditions particulières de chaque pays ». En effet, le fédéralisme procède d'une union d'États, que ce soit par agrégation ou désagrégation. L'État unitaire ne consiste nullement en une union de régions. »[4]

En réalité, l'on peut affirmer qu'il existe une interdépendance entre la régionalisation et le régionalisme, de sorte qu'il est toujours possible de construire un lien aussi entre la régionalisation et la décentralisation politique. Toutefois, la régionalisation française qui ne dépasse pas le niveau administratif et qui nécessite l'absence du pouvoir législatif attribué aux régions sert au maintien de l'unité de loi et à la protection de l'unité de l'État (**A**). À ce sujet, l'expérience française de la régionalisation se distingue du régionalisme au niveau politique et du fédéralisme puisqu'elle s'inscrit dans le cadre de la décentralisation administrative territoriale dans l'État unitaire français (**B**).

A- La régionalisation : du maintien de l'unité de loi à la protection de l'unité de l'État

[1] G. MARCOU, « L'expérience française de régionalisation (la décentralisation régionale dans l'État unitaire) », art. cit., p. 506.
[2] *Ibid.*
[3] *Ibid.*
[4] L. DEPUSSAY, *La régionalisation des États unitaires*, Thèse, Université Paris XI, 2005, p. 77.

Certains auteurs parlent d'une « interdépendance entre régionalisme et régionalisation » et soulignent que « le régionalisme peut être une cause de la régionalisation, mais il n'existe pas de synonymie entre eux. La régionalisation constitue une sorte de "zonage institutionnel", réalisée dans une perspective interventionniste. » [1]

De telle façon, si l'on admet que la régionalisation fait partie de la décentralisation, l'on peut dire que « la décentralisation est naturellement en relation étroite avec le régionalisme, puisque cette dernière tendance peut s'analyser en termes de revendication décentralisatrice. La finalité n'est pas exactement identique, mais les moyens et les solutions préconisés par les tenants des deux courants se confondent largement. Il est vrai que si l'on peut être partisan de la décentralisation sans être adepte du régionalisme, l'inverse n'est guère concevable. » [2]

Donc, il est toujours possible d'évaluer la régionalisation du point de vue d'une perspective politique. Félicien LEMAIRE souligne, à ce propos, que « sans parler de décentralisation politique, la régionalisation véritable des pouvoirs n'est toujours pas en vue. »[3] En effet, « la régionalisation permet une reconnaissance institutionnelle des revendications régionales, tout en substituant à une uniformité paralysante une action publique différenciée selon les statuts régionaux. Elle constitue donc un procède d'aménagement de l'État unitaire. »[4] De sorte que si la régionalisation peut s'inscrire dans l'État unitaire, elle entraînerait sans doute une transformation du point de vue de la structure étatique. Ainsi, la différence entre l'État unitaire « classique » et « moderne » peut apparaître dans les limites de la forme d'État unitaire. Mais, selon les différentes modalités des fonctions des régions dans différents pays européens, l'on peut parler d'un dépassement des limites de cette forme d'État.

Aujourd'hui, l'on peut trouver des institutions appelées les régions dans certains États européens « dont les statuts et les pouvoirs sont au demeurant très diversifiés et reposent sur des modes d'organisation différents allant de l'État fédéral à l'État unitaire décentralisé. »[5]

---

[1] *Ibid.*, p. 25.
[2] J. LANVERSIN *et al.*, *op. cit.*, p. 54.
[3] F. LEMAIRE, *Le principe d'indivisibilité de la République : mythe et réalité*, *op. cit.*, p. 270.
[4] L. DEPUSSAY, *La régionalisation des États unitaires*, préc., p. 22.
[5] M.-J. TULARD, *op. cit.*, p. 111.

Cette diversité de régions affecte la définition de la régionalisation. Ainsi, l'on peut constater l'hétérogénéité des fonctions et des compétences des régions dans les États européens ; dans un pays, les régions n'ont que des compétences administratives, dans d'autres, les régions peuvent avoir des compétences législatives. Donc, « ce manque d'homogénéité nuit à l'élaboration d'une définition globale de la régionalisation. Il est déjà difficile d'établir une définition institutionnelle commune de la région ; celle de la régionalisation s'avère plus délicate encore. »[1] C'est la raison pour laquelle, « plusieurs critères peuvent être pris en considération pour apprécier le degré de régionalisation atteint par ces États. »[2]

Dans ce cadre, si on analyse la régionalisation française et ses critères, l'on peut constater l'unité du pouvoir législatif ou la détention unique de ce pouvoir sur toutes les parties du territoire national. Ainsi, l'on constate que la régionalisation française, selon cette règle, ne permet pas l'attribution du pouvoir législatif aux régions en tant que collectivités territoriales et de cette façon, la régionalisation ne porte pas atteinte au maintien de l'unité de loi sur le territoire français.

Néanmoins, certains États attribuent à leurs entités régionales un pouvoir législatif concurrent du pouvoir législatif national. Dans cette hypothèse, « il s'agit de la forme la plus avancée de la régionalisation, celle qui réforme l'État unitaire de la manière la plus profonde »[3]. Mais, cette attribution du pouvoir législatif aux régions entraîne-t-elle la transformation de la structure unitaire vers une autre forme d'État ?

Selon Gérard MARCOU, ce système indiqué est « la régionalisation politique (régionalisme institutionnel) »[4]. Précisons, à ce propos, que la régionalisation politique se distingue de la décentralisation régionale qui existe aujourd'hui dans l'État unitaire français. Ainsi, Gérard MARCOU estime que « sur le plan juridique, la régionalisation politique se caractérise, par rapport à la décentralisation régionale, par l'attribution d'un pouvoir législatif à une assemblée régionale, par des

---

[1] L. DEPUSSAY, *La régionalisation des États unitaires*, préc., p. 78.

[2] M.-J. TULARD, *op. cit.*, p. 111.

[3] L. DEPUSSAY, *La régionalisation des États unitaires*, préc., p. 91.

[4] G. MARCOU, *La régionalisation en Europe : situation, évolution et perspectives dans les États membres de l'Union européenne et dans les États candidats d'Europe centrale et orientale*, le rapport du GRALE (Groupement de Recherches sur l'Administration Locale en Europe) remis au Parlement européen, 1999, p. 26, disponible sur le lien : http://www.univ-paris1.fr/fileadmin/GRALE/PEregional1.pdf

compétences plus vastes dont le contenu est défini et garanti par la Constitution, ou tout au moins par un texte de nature constitutionnelle »[1].

Claire BARTHÉLÉMY adopte la même position et distingue le régionalisme institutionnel et la décentralisation administrative régionale, en disant que « l'autonomie législative permet de distinguer le régionalisme institutionnel de la décentralisation »[2]. L'auteur ajoute que la France en tant qu'État unitaire ne peut pas être un exemple convenable pour cette notion du régionalisme institutionnel[3].

Donc, comme l'on peut le comprendre, il existe une grande différence entre ces deux autour de la question de la forme d'État. Parce qu'« à la différence de la décentralisation régionale, la régionalisation politique affecte la structure de l'État et en modifie la constitution. »[4]

Il convient de dire, à ce propos, que la régionalisation française se distingue des autres par l'absence de l'attribution du pouvoir normatif initial ou du pouvoir législatif aux régions. Et comme nous l'avons déjà précisé, les collectivités territoriales ne peuvent avoir un pouvoir normatif « initial » dans l'État unitaire de sorte que les régions aussi n'ont pas tel pouvoir. D'ailleurs, dans le cas contraire, il faut dire que « détenir un pouvoir normatif initial reviendrait pour la région à se situer en dehors de l'ordonnancement juridique de l'État. De ce fait, les lois régionales ne seraient pas appréciables au regard des autres lois régionales et nationales ; il ne s'agirait plus d'ordres juridiques concurrents, mais hermétiques, issus de deux pouvoirs normatifs distincts. »[5]

Ainsi, si l'on compare les régions dans l'État unitaire avec les entités fédérées d'une fédération et les régions dans un État régional, l'on peut dire brièvement que les régions d'un État unitaire ne peuvent exercer ni un pouvoir normatif initial ni un pouvoir législatif concurrent de celui national. Autrement dit, « à la différence de ce qui se passe dans certains systèmes fédéraux ou quasi fédéraux, les régions n'ont pas la

---

[1] *Ibid.*

[2] C. BARTHÉLÉMY, *op. cit.,* pp. 220-222.

[3] *Ibid.* V. ces titres : « La France et l'interprétation stricte du principe d'unité politique de l'État : incompatibilité avec le régionalisme institutionnel » (pp. 76-85) et, « Italie, Espagne, Belgique: interprétation souple du principe d'unité politique de l'État laissant place au régionalisme institutionnel » (pp. 85-101).

[4] G. MARCOU, *La régionalisation en Europe : situation, évolution et perspectives...*, préc., p. 26.

[5] L. DEPUSSAY, *La régionalisation des États unitaires*, préc., p. 97.

compétence de leur compétence. Si l'organisation de la République est décentralisée, comme le proclame désormais la Constitution, le principe unitaire s'applique toujours et les compétences régionales (comme pour les autres collectivités) relèvent du domaine de la loi nationale, ainsi qu'en dispose l'article 34 de la Constitution. »[1] Donc, tout comme les autres collectivités territoriales, « les régions ne peuvent donc décider par elles-mêmes d'étendre ou restreindre les compétences que le législateur leur a confiées. »[2]

Suivant ces explications, l'on admet que la régionalisation française ne permet que l'existence de régions dépourvues de pouvoirs législatifs. Adrien ZELLER précise que le transfert du pouvoir législatif aux régions françaises « paraît à tous égards inadapté, pour plusieurs raisons » et que ce transfert du pouvoir législatif « cristalliserait inutilement une controverse sur un hypothétique avenir fédéral pour notre pays et bloquerait en réalité le processus de décentralisation. »[3]

L'on peut dire que l'aménagement de la régionalisation dans l'État unitaire français avait pour objectif la protection de la structure unitaire. C'est ce qu'affirmait Gaston DEFFERRE – dans le cadre de la réforme de la décentralisation de 1982 - en répondant à la question suivante : « Vous voulez donc réformer en profondeur l'État lui-même ? », Gaston DEFFERRE explique, d'abord, que la réforme ne concernait que la structure administrative, et ajoute que « c'est beaucoup plus qu'une réforme de l'État. Il faut transformer les structures administratives telles qu'elles ont été mises en place par Napoléon 1er, il y a plus d'un siècle, avant l'invention de l'électricité, du téléphone, du chemin de fer, de l'automobile, de l'avion et des ordinateurs. Et bien avant lui par Colbert. Depuis ces temps reculés, non seulement les gouvernements ne se sont pas acheminés vers la décentralisation mais ont accentué le centralisme et ses défauts. Il faut inverser complètement le courant (...) ». Et pour la question « trop de décentralisation ne risque-t-elle pas de mettre en péril l'unité nationale ? », Gaston DEFFERRE répond : « Au contraire. La régionalisation préservera cette unité »[4].

Tout comme Gaston DEFFERRE, Jean-Pierre RAFFARIN précise concernant le referendum de 1969 qu'« il en aura fallu du temps pour

---

[1] M.-J. TULARD, *op. cit.*, p. 72.

[2] *Ibid.*

[3] A. ZELLER, *op. cit.*, p. 207.

[4] Pour ces reportages en 1981 et pour ce sujet, v. P. MARTINAT, *Les régions*, Paris, LGDJ Lextenso, 2010, p. 18.

faire admettre que la régionalisation ne constituait pas une menace pour l'unité de la République et que la décentralisation ne représentait pas une étape sur la voie d'un modèle fédéral qui ne correspond pas, de toutes les manières, aux aspirations des Français. »[1] Donc, la régionalisation ou la décentralisation régionale dans l'État unitaire français sert à la protection de l'unité de l'État et selon certains auteurs, elle est même une « condition du maintien du caractère unitaire de l'État »[2].

Pour conclure, en France, « la transformation des régions en collectivités territoriales en application de la loi du 2 mars 1982 s'est accompagnée du rappel du principe de l'indivisibilité de la République. Elle ne remet pas en cause l'unité de la loi, à laquelle les régions sont soumises comme les autres collectivités territoriales. Ce sont ces deux principes qui excluent le fédéralisme et le régionalisme. »[3]

B- La régionalisation dans le cadre de la décentralisation administrative en France

La notion de la « régionalisation » est définie, en doctrine française, comme « le processus par lequel s'opère la construction d'une capacité d'action autonome ayant pour objet de promouvoir un territoire, infranational mais supra-local, par la mobilisation de son tissu économique, et le cas échéant des ressorts identitaires des solidarités locales et régionales, ainsi que par le développement de son potentiel. »[4]. Il faut ajouter aussi que « ce processus peut s'opérer à partir d'institutions préexistantes ou donner lieu à un nouveau découpage territorial destine à mieux répondre à ces objectifs. Il est toujours conditionné par les contraintes qu'exerce le cadre politique et institutionnel, et dont l'évolution peut être gouvernée par d'autres enjeux »[5].

---

[1] Jean-Pierre RAFFARIN précise dans la préface de l'ouvrage : M.-J. TULARD, *op. cit.*, p. 1.

[2] Sous le titre de « La régionalisation, condition du maintien du caractère unitaire de l'État », cet auteur traite ce sujet dans la première partie de sa thèse, v. L. DEPUSSAY, *La régionalisation des États unitaires*, préc., p. 20 et suiv.

[3] G. MARCOU, « L'expérience française de régionalisation (la décentralisation régionale dans l'État unitaire) », art. cit., pp. 506-507.

[4] V. sur cette définition, G. MARCOU, *La régionalisation en Europe : situation, évolution et perspectives…*, préc., p. 12.

[5] *Ibid.*

Dès lors, l'on peut déduire que la régionalisation existe aujourd'hui dans plusieurs États européens – soit unitaires, soit fédéraux ou régionaux -, comme l'Espagne, l'Italie ou la Belgique. En revanche, l'on constate que la régionalisation française ne peut aller au-delà du niveau administratif et s'inscrit dans le cadre de la structure étatique unitaire. Donc, « à la différence des régionalisations italienne, espagnole ou belge, la régionalisation française ne change pas la nature de l'État, elle représente seulement une extension au niveau régional de la décentralisation territoriale. »[1]

Aussi, rappelons qu'au sujet de la décentralisation en théorie[2], nous avons démontré qu'elle ne peut exister qu'au niveau administratif dans l'État unitaire. Ainsi, cette même règle est applicable à la régionalisation dans l'État unitaire, puisque « la décentralisation sert de cadre général à l'organisation territoriale de l'État, dans lequel s'inscrit la régionalisation. La régionalisation constitue une partie de la décentralisation »[3].

De ce qui précède, l'on peut dire que la régionalisation française apparaît comme un modèle de « la décentralisation régionale dans l'État unitaire »[4]. Et si la fonction et la nature des régions sont discutées dans plusieurs États européens s'agissant du régionalisme au niveau politique, « la décentralisation régionale française peut offrir un nouveau modèle, alternatif du fédéralisme et du régionalisme. »[5]

En effet, il faut admettre que « la régionalisation consiste dans la création d'un nouvel échelon dans l'organisation territoriale de l'État, qui suppose la reconnaissance et le découpage de régions. »[6] Donc, « la décentralisation régionale nécessite l'instauration d'une collectivité de niveau intermédiaire. »[7]

Sur ce point, il faut dire que « la régionalisation, en France, a connu des développements parfois difficiles, avant que les régions deviennent des collectivités territoriales. Celles-ci sont diverses, afin de tenir

---

[1] G. MARCOU, « L'expérience française de régionalisation (la décentralisation régionale dans l'État unitaire) », art. cit., p. 506.
[2] V. Première partie, Chapitre 2.
[3] L. DEPUSSAY, *La régionalisation des États unitaires*, préc., p. 89.
[4] V. sur ce sujet, G. MARCOU, « L'expérience française de régionalisation (la décentralisation régionale dans l'État unitaire) », art. cit., pp. 505-519.
[5] *Ibid.*, p. 506.
[6] L. DEPUSSAY, *La régionalisation des États unitaires*, préc., p. 75.
[7] *Ibid.*, p. 89.

compte de certaines particularités. »[1] Et « si on veut parler véritablement de décentralisation et de régionalisation, il faut créer des régions fortes. »[2] Ainsi, comme l'a affirmé Adrien ZELLER, « une véritable régionalisation consisterait à reconnaître à l'institution régionale un rôle large d'orientation et de décision politique, assorti de l'ensemble des moyens financiers, administratifs et juridiques qui y sont liés. »[3]

À la lumière des développements précédents, il convient de souligner que la région en tant que collectivité territoriale en France a suscité quelques critiques. François HULBERT précise qu'« on mesure ainsi le peu d'importance accordée à cette collectivité territoriale et le pas qu'il lui reste à franchir pour prétendre à un véritable rôle dans une France dite décentralisée et régionalisée. »[4]

L'auteur rappelle également que « le budget des régions dans les pays européens voisins est généralement de 10 à 20 fois supérieur à celui des régions françaises.... »[5]. Il estime qu'il s'agit d'une dépendance des régions françaises à l'État central et que « cette dépendance croissante vis-à-vis des dotations de l'État (qu'elles s'appellent de fonctionnement, d'équipement, de décentralisation, de solidarité ou de compensation tout simplement) constitue une forme de recentralisation et témoigne du fait que les gouvernements successifs ne souhaitent pas vraiment émanciper les régions, préférant s'en tenir à une "régionalisation centralisée". »[6]

Voyons maintenant la position des régions françaises dans l'organisation administrative de l'État unitaire français et analysons ses mutations face aux réformes relatives à la décentralisation et à la régionalisation dans le système administratif français.

Paragraphe 4. La mise en œuvre de la régionalisation dans l'État unitaire français : l'approche historique et juridique

Nous avons traité précédemment de la régionalisation dans le cadre de la décentralisation administrative dans l'État unitaire français. Dans ce qui suit, nous allons analyser le développement de la décentralisation

---

[1] M. VERPEAUX, *La région, op. cit.,* p. 10.
[2] F. HULBERT, *Le pouvoir aux régions*, Paris, L'Harmattan, 2011, p. 189.
[3] A. ZELLER, *op. cit.,* p. 232.
[4] F. HULBERT, *op. cit.,* p. 189.
[5] *Ibid.*
[6] *Ibid.,* p. 191.

régionale dans cet État par une approche historique. Cependant, notre objectif n'est pas de traiter toute l'histoire de la régionalisation en France, mais analyser seulement la décentralisation régionale dans le cadre de l'évolution de la structure unitaire de l'État. Par ailleurs, la question des réformes sur « l'avenir de la région » dans l'État unitaire a été toujours intéressante du point de vue de la forme de l'État. Ainsi, Gérard MARCOU précise que « l'avenir de la région pose des questions fondamentales touchant à la nature même de l'État. » [1] Selon l'auteur, « l'adhésion spontanée à des procédures « démocratiques » pour redéfinir les territoires et au renforcement des pouvoirs normatifs des régions, qui semble aller dans le sens d'une plus grande décentralisation pour répondre aux difficultés que rencontre l'État, ignore les implications des réformes préconisées et idéalise le fonctionnement des États voisins, fédéraux ou à autonomies régionales. »[2]

Donc, il sera utile d'analyser, tout d'abord, le processus de la transformation de la région en collectivité territoriale ayant abouti aux réformes de 1982-1986 (**A**). Et ensuite, la consécration constitutionnelle de la région par la réforme de 2003 (**B**) avant de procéder à l'évaluation de cette collectivité territoriale autour du mouvement récent qui vise la création « des régions renforcées » dans l'État unitaire français (**C**).

A- Le processus de la transformation de la région en collectivité territoriale par la réforme de 1982-1986

Dans l'État unitaire français, « les régions sont les plus jeunes des collectivités territoriales puisqu'elles ne sont devenues vraiment autonomes qu'en 1986. »[3] Rappelons brièvement, que la région existait déjà en France avant de devenir collectivité territoriale et qu'elle a été transformée d'une simple circonscription administrative en un établissement public régional.

Suivant la doctrine française, l'on constate que « les premières tentatives d'organisation régionale » ont commencé avant

[1] G. MARCOU, « Quel avenir pour la Région en France : décentralisation ou autonomies régionales ? », art. cit., pp. 177-178.
[2] *Ibid.*
[3] M. VERPEAUX, *La région, op. cit.*, p. 111.

l'établissement de la Ve République[1]. Ensuite, la région s'est présentée en tant qu'un simple découpage du territoire dans le cadre d'une politique de planification économique au milieu des années 1950. À partir de cette date, les régions sont devenues des « circonscriptions d'action régionale ». L'année 1960 a connu les premières expériences de l'organisation administrative régionale par *les décrets du 14 mars 1964* qui ont créé un préfet de région et une commission administrative régionale, la « Commission de développement économique régional » (CODER). De ce fait, la région est devenue le siège d'administration déconcentrée. Ainsi, l'on peut dire que la région demeurait en tant qu'une circonscription administrative jusqu'en 1972[2].

Il y a eu également la réforme manquée de 1969, qui visait la mise en place d'une collectivité territoriale - au niveau régional - habilitée à « exercer librement les compétences qui lui sont conférées par la loi ». Mais, cette réforme a échoué lors du référendum organisé le 27 avril 1969.

En effet, cette réforme signifiait un grand changement de l'équilibre entre la centralisation et la décentralisation au niveau administratif. Selon l'expression du Général de Gaulle qui prononçait à Lyon, en 1968, un discours pour l'avenir de la régionalisation : « L'évolution générale porte, en effet, notre pays vers un équilibre nouveau. L'effort multiséculaire de centralisation, qui lui fut longtemps nécessaire pour réaliser et maintenir son unité malgré les divergences des provinces qui lui étaient successivement rattachées, ne s'impose plus désormais. Au contraire, ce sont les activités régionales qui apparaissent comme les ressorts de sa puissance économique de demain. »[3]

---

[1] Sur ces tentatives, v. D. TURPIN, *op. cit.*, pp. 25-29. Dominique TURPIN précise que « les très nombreuses propositions de loi déposées sur le bureau des Assemblées parlementaires de la IIIe République ne débouchèrent concrètement que sur la timide organisation voulue par le ministre du Commerce Etienne Clémentel. Il a fallu donc attendre le régime de Vichy et la Libération pour assister à la première utilisation effective de la structure régionale, avant les expériences de " régionalisation fonctionnelle " de la fin de la IVe République et du début de la Ve. » (p. 25.)

[2] Pour plus de détails sur cette période, v. J. MOREAU, *op. cit.*, pp. 185-188 ; M. VERPEAUX, *La région, op. cit.*, pp. 1-3, et pp. 44-45 ; D. TURPIN, *op. cit.*, pp. 28-29 ; B. REMOND, *op. cit.*, pp. 11-12 ; M.-J. TULARD, *op. cit.*, pp. 8-10 ; J. LANVERSIN *et al.*, *op. cit.*, pp. 65-68.

[3] V. ce discours sur le lien suivant : http://www.charles-de-gaulle.org/pages/l-homme/accueil/discours/le-president-de-la-cinquieme-republique-1958-1969/discours-sur-la-réforme-regionale-lyon-24-mars-1968.php ; v. aussi les

Suivant son discours, cette réforme visait à mettre fin à une longue contestation des excès de la centralisation. Ainsi, selon Gérard MARCOU, « la revendication régionale, réapparue dans les années soixante, était l'expression la plus remarquable de cette contestation, à laquelle le général de Gaulle avait tenté de répondre par le référendum d'avril 1969. »[1]

Sur ce point, il convient de préciser que le projet de loi référendaire de 1969 prévoyait la création des régions en tant que collectivités territoriales disposant d'une personnalité morale propre distincte de l'État. L'on peut citer l'article 2 de ce projet de loi qui accordait à la région une mission spécifique portant sur le développement économique, social et culturel, et l'aménagement du territoire. Donc, le transfert des ressources de l'État aux régions était limité puisqu'elles ne possédaient pas d'assemblée élue au suffrage universel direct, ni d'exécutif élu[2].

Selon « la théorie générale traditionnelle de la personnalité morale en droit public français les collectivités territoriales, dont la compétence était par principe non limitée étaient des personnes morales à vocation générale. »[3] D'après Jacques MOREAU, « il s'agissait donc, pour ces diverses raisons, d'une collectivité décentralisée *sui generis.* »[4]

De son côté, Dominique TURPIN constate que « le chef de l'État transforma donc le référendum du 27 avril 1969, très explicitement, en plébiscite personnel, avec annonce de son départ en cas d'échec. La campagne se déroula sur le thème " pour ou contre de Gaulle " » [5]. Mais, ce qui est plus important, c'est que ce projet de loi « avait en fin de compte de quoi mécontenter à peu près tout le monde, effarouchant les jacobins par un certain nombre de réelles audaces et décevant les régionalistes par des timidités inattendues : audace : la région, collectivité territoriale ; mais recul : elle n'était pas dotée d'une clause

---

références à ce discours en doctrine, J. MOREAU, *op. cit.,* p. 186 ; B. REMOND, *op. cit.,* p.13 ; J. LANVERSIN *et al., op. cit.,* p. 68.

[1] G. MARCOU, « L'expérience française de régionalisation (la décentralisation régionale dans l'État unitaire) », art. cit., p. 505.

[2] V. Décret n° 69-296 du 2 avril 1969 décidant de soumettre un projet de loi au référendum et le Projet de loi relatif à la création de régions et à la rénovation du Sénat, *JORF* du 3 avril 1969, disponible sur le lien : https://www.legifrance.gouv.fr/jo_pdf.do?id=JORFTEXT000000499637

[3] J. LANVERSIN *et al., op. cit.,* p. 69.

[4] J. MOREAU, *op. cit.,* p. 188.

[5] D. TURPIN, *op. cit.,* p. 30.

générale de compétence. »[1] L'auteur précise aussi concernant le projet de loi : « audace encore, l'existence d'un conseil régional ; mais déception aucun de ses membres n'aurait été élu au suffrage universel direct. Audace toujours, la reconnaissance d'intérêts régionaux spécifiques ; mais un regret : c'était un "superpréfet" de région, dépendant du gouvernement, qui aurait été chargé de les mettre en œuvre. »[2]

Précisons que le projet de loi relatif à la création des régions a été repoussé par le référendum négatif du 27 avril 1969 pour les raisons indiquées plus haut. Néanmoins, il est possible de dire que « malgré l'échec auquel il a abouti, son importance historique n'est pas niable. »[3]

L'échec du projet référendaire de 1969 a conduit à la démission du président de la République, Charles de GAULLE. Mais, « une fois le général de Gaulle parti, les conséquences du rejet du projet référendaire de 1969 ont été tirées par son successeur, Georges Pompidou. Il fallait continuer d'avancer dans la voie de la régionalisation, mettre en place une organisation régionale à la fois fonctionnelle et politique, mais, à coup sûr, ne pas créer une collectivité territoriale. »[4]

À ce propos, l'article 1er de la loi n° 72-619 du 5 juillet 1972 disposait qu'« *il est créé, dans chaque circonscription d'action régionale, qui prend le nom de "région", un établissement public qui reçoit la même dénomination* ». Donc, la région était désormais non seulement une circonscription administrative déconcentrée, mais aussi un établissement public territorial. Force est de constater, du point de vue de cette création, que « l'opinion publique, qui semble de plus en plus sensible au thème de la décentralisation, paraît ne s'être mobilisée à aucun moment à propos de l'idée régionale. »[5]

Pour mieux répondre aux attentes des citoyens français, la loi de 1972 a choisi la formule juridique de l'établissement public et non plus de la collectivité territoriale. En effet, « G. Pompidou fournit une réponse habile, parlant de "créer sans détruire, rénover en partant de ce qui est et en commençant par la base, au lieu de prétendre imposer des structures technocratiques à nos structures traditionnelles". »[6]

---

[1] *Ibid.*, p. 34.
[2] *Ibid.*
[3] J. MOREAU, *op. cit.*, p. 186.
[4] B. REMOND, *op. cit.*, p. 14.
[5] J. LANVERSIN *et al.*, *op. cit.*, p. 72.
[6] D. TURPIN, *op. cit.*, pp. 34-35.

Néanmoins, il existait un contraste entre les textes mêmes des projets de 1969 et de 1972, ainsi, « autant le premier était ambitieux (de Gaulle avait été jusqu'à déclarer, le 11 mars 1969, qu'il s'agissait de "la plus grande réforme française de notre siècle"), long et détaillé ; autant le second est bref (22 articles), vague, prudent, pragmatique et progressif (le "père de la réforme", R. Frey, ministre chargé des réformes administratives, assurait par exemple, le 17 novembre 1971, que ce projet "ne décharge l'État d'aucune de ses obligations, pas plus qu'il n'enlève aucune attribution à d'autres collectivités publiques"). »[1]

Sur ce point, il convient de dire que cette création n'était pas satisfaisante pour les défenseurs d'une véritable régionalisation en raison de l'existence d'une institution limitée. Ainsi, comme l'a souligné Michel VERPEAUX, « le choix de créer des établissements publics territoriaux (EPR) permettait de faire gérer des affaires à un échelon local par des élus mais aussi de limiter la décentralisation en ne dotant ces EPR que de compétences limitées ou spécialisées en matière économique et plus précisément en ce qui concerne les équipements collectifs. »[2]

Notons, ici, qu'il s'agit d'un encadrement institutionnel parce que la région n'était qu'un établissement public et non pas une collectivité territoriale et, d'ailleurs, les membres du Conseil régional étaient élus non au suffrage universel direct mais au suffrage universel indirect. Aussi, il était question d'un encadrement structurel, puisque le pouvoir exécutif était confié au préfet[3]. Donc, « un tel contexte explique que la loi du 5 juillet 1972 n'ait proposé qu'une forme timide de régionalisation. »[4]

À cet égard, « le Premier Ministre, J. Chaban-Delmas, avait d'ailleurs déclaré à ce sujet que la création au niveau régional d'une nouvelle collectivité territoriale risquerait de constituer "un instrument de dislocation de l'État et de division de la Nation". »[5] Après le référendum de 1969, l'on peut dire que « l'institution de la région comme collectivité territoriale par la loi du 2 mars 1982 s'inscrivait dans le cadre d'une réforme d'ensemble du système français

[1] *Ibid.*, p. 35.
[2] M. VERPEAUX, *La région, op. cit.*, p. 19.
[3] V. sur ces encadrements, B. REMOND, *op. cit.*, pp. 16-19.
[4] M.-J. TULARD, *op. cit.*, p. 10.
[5] D. TURPIN, *op. cit.*, p. 54.

d'administration territoriale, aboutissement, à la faveur de l'alternance politique, d'une longue contestation des excès de la centralisation. »[1]

En effet, la région s'est transformée en collectivité territoriale par la loi n° 82-213 du 2 mars 1982 relative aux droits et libertés des communes, des départements et des régions. Cette loi a prévu que cette transformation portait sur l'élection de son assemblée délibérante, le Conseil régional, au suffrage universel direct. Donc, une nouvelle collectivité territoriale a été créée par plusieurs textes, à savoir la loi du 2 mars 1982 ; la loi n° 83-8 du 7 janvier 1983 relative à la répartition des compétences entre les Communes, les Départements, les Régions et l'État et la loi n° 85-692 du 10 juillet 1985 modifiant le Code électoral et relative à l'élection des conseillers régionaux. Enfin, la réforme a été complétée par la loi n° 86-16 du 6 janvier 1986 relative à l'organisation des régions et portant modification de dispositions relatives au fonctionnement des conseils généraux.

Suivant ces dispositions, la première élection au suffrage universel direct a eu lieu le 16 mars 1986, et les conseils régionaux ont été déterminés. La région obtenait désormais le pouvoir de gérer son budget sans la tutelle de l'État et le pouvoir exécutif étant transféré du préfet au président du conseil régional. De plus, elle bénéficiait de la clause générale de compétence dans le cadre de la réforme de 1982, comme les départements et les communes et a bénéficié aussi de la suppression de la tutelle administrative sur ses actes.

Il convient de souligner que la réforme de 1982-1986 a contribué à la mise en place d'une nouvelle collectivité territoriale. Ainsi, comme l'a affirmé Michel VERPEAUX, « le titre de la loi du 2 mars est d'ailleurs révélateur de l'ambition nouvelle puisque le texte met sur le même plan les communes, les départements et les régions, consacrant ainsi les trois niveaux de collectivités territoriales de droit commun que la France compte désormais. »[2] Mais, « l'un des aspects de la réforme de 1982-1986 est le changement de nature juridique de la région, une collectivité territoriale étant substituée à l'établissement public territorial de la loi de 1972. »[3]

Précisons que le modèle de la régionalisation française a été un bon exemple pour plusieurs pays. Gérard MARCOU estime, à ce sujet, que « la réforme de 1982-1986 avait engagé une régionalisation

---

[1] G. MARCOU, « L'expérience française de régionalisation (la décentralisation régionale dans l'État unitaire) », art. cit., p. 505.

[2] M. VERPEAUX, *La région, op. cit.,* p. 21.

[3] D. TURPIN, *op. cit.,* p. 54.

respectueuse du cadre unitaire de la République française, et cette régionalisation a été un succès qui a inspiré plusieurs autres pays (notamment la Pologne, la République tchèque, la Slovaquie), et aujourd'hui elle est encore un modèle pour d'autres (Roumanie, Turquie, Ukraine). »[1]

Cependant, cette réforme a été critiquée notamment pour son incompatibilité avec le principe d'indivisibilité de la République et la structure unitaire de l'État[2]. Pour Gérard MARCOU, « les adversaires de la réforme, mais aussi, quoique plus rarement, certains de ses partisans, y voyaient l'amorce d'un changement fondamental dans la nature même de l'État ; d'une République unitaire plus ou moins décentralisée, on passerait à un État régional ou fédéral ; les premiers s'en alarmaient, les seconds regrettaient qu'elle n'allât pas plus loin, faute de volonté politique, pour fédéraliser la France. »[3]

Notons que la réforme de 1982 dans l'État français « s'inscrit dans les principes et la continuité de la République unitaire »[4]. Ainsi, la création des régions en tant que collectivités territoriales a bousculé « toutes les réticences des gouvernements antérieurs, qui avaient reculé devant la nouveauté régionale, le législateur de 1982 prévoit que la région est une collectivité territoriale. »[5] D'ailleurs, l'on constate que « le législateur a précisé, dans le dernier alinéa de [l'article 59] de la loi du 2 mars 1982, que « la réunion et l'organisation des régions en métropole et Outre-Mer ne portent atteinte ni à l'unité de la République, ni à l'intégrité du territoire ». Ce rappel exprime le souci de mettre fin aux craintes suivant lesquelles la création de véritables régions en France entraînerait des revendications irrédentistes. »[6]

Toutefois, cette réforme a fait également l'objet de critiques. Dominique TURPIN indique que « pour certains observateurs, "la

---

[1] G. MARCOU, « Quel avenir pour la Région en France : décentralisation ou autonomies régionales ? », art. cit., p. 178.

[2] Sur ce sujet, v. aussi R. DEBBASCH, *Le principe révolutionnaire d'unité et d'indivisibilité de la République : essai d'histoire politique*, *op. cit.*, p. 415: « Au nom du principe d'unité et d'indivisibilité, plusieurs parlementaires de l'opposition se sont opposés, en 1981, au projet de décentralisation présenté par la nouvelle majorité d'alors. »

[3] G. MARCOU, « L'expérience française de régionalisation (la décentralisation régionale dans l'État unitaire) », art. cit., p. 505.

[4] *Ibid.*, p. 506.

[5] M. VERPEAUX, *La région*, *op. cit.*, p. 21.

[6] B. REMOND, *op. cit.*, p. 32.

réforme régionale ne satisfait personne, ni ceux qui en espéraient beaucoup, ni ceux qui la redoutaient". On fait valoir à ce sujet que la région n'a qu'un statut législatif, car elle n'est toujours pas mentionnée dans la Constitution, et reste donc à la merci d'une simple majorité politique. »[1]

En effet, les défenseurs de la régionalisation critiquaient cette réforme, notamment en raison de l'absence d'une révision constitutionnelle. En clair, « depuis l'échec du référendum de 1969 qui portait sur la régionalisation et sur la réforme du Sénat, l'idée d'une réforme décentralisatrice passant par la voie constitutionnelle est devenue presque taboue. En 1982, pour éviter d'enliser la réforme dans un débat constitutionnel, les lois Defferre ont pris la Constitution comme une donnée. »[2]

À notre sens, la réforme de 1982 a accordé à la région « un statut plus fragile que celui des communes et des départements, dépendant d'une simple majorité parlementaire »[3]. Ainsi, certains auteurs estiment que « cette solution était fragile car ce qu'une loi a fait, une autre peut le défaire »[4]. Il n'en demeure pas moins que la réforme occupe « dans le paysage administratif français une place irréversible »[5], et même si plusieurs lois ont été promulguées concernant le statut des régions et leurs compétences, « il ne fut jamais question d'un retour en arrière et d'une éventuelle suppression des régions, au motif qu'il y aurait eu trop d'échelons administratifs. »[6]

Après la réforme de 1982-1986, la réforme constitutionnelle de 2003 a assuré la consécration constitutionnelle des régions en tant que collectivités territoriales tout en mettant fin aux critiques visant l'absence d'une révision constitutionnelle concernant la région.

---

[1] D. TURPIN, *op. cit.,* p. 1.
[2] A. ZELLER, *op. cit.,* p. 222.
[3] D. TURPIN, *op. cit.,* pp. 45-46.
[4] M.-J. TULARD, *op. cit.,* p. 14.
[5] D. TURPIN, *op. cit.,* p. 2. D'ailleurs, l'auteur précise qu'« ouvrant la Conférence des présidents des conseils régionaux qu'il avait réunis à Clermont-Ferrand le 26 mars 1987, Valéry Giscard d'Estaing, président du Conseil régional d'Auvergne, a pu déclarer dans cette perspective : "La région est la collectivité locale la plus porteuse d'avenir parce qu'elle est celle dont les dimensions et les missions sont sans doute les mieux adaptées à l'espace unique européen en voie d'organisation". » (p. 2.)
[6] M. VERPEAUX, *La région, op. cit.,* p. 22.

B- La consécration constitutionnelle de la région par la réforme de 2003

Nous avons vu que les réticences sur l'aménagement de la régionalisation dans l'État unitaire ont diminué de temps en temps. Ainsi, pour ce qui concerne la consécration de la région dans la Constitution, Jean-Pierre RAFFARIN estime que « lorsque j'ai souhaité en 2003 lui apporter une reconnaissance constitutionnelle, en l'inscrivant dans notre loi fondamentale, cette proposition n'a rencontré aucune résistance. Certains étaient même surpris de constater, à cette occasion, que ce n'était pas déjà le cas. »[1]

D'ailleurs, avant 2003, les sondages aussi confirmaient cette acceptation du fait régional. En effet, un sondage de 2001 indiquait que « 88 % des Français sont favorables à ce que l'on donne de nouvelles compétences aux régions et 70 % d'entre eux que l'on autorise les conseils régionaux à adapter les lois et les règlements nationaux sous le contrôle du Parlement, il est souhaité que le pouvoir régional occupe une place effective dans le jeu politique. » [2]

Rappelons qu'avant la réforme de 2003, la région ne bénéficiait pas de la protection constitutionnelle réservée aux départements et aux communes. Ainsi, l'on peut affirmer que « la Constitution de 1958 a, de manière évidente, ignoré la région dans l'énumération des collectivités territoriales à laquelle elle procédait à l'article 72 alinéa 1er puisque celle-ci n'existait pas. Elle ne mentionnait que les communes, les départements et les territoires d'outre-mer. »[3]

Précisons que les régions, étant des collectivités territoriales, bénéficiaient du principe de libre administration des collectivités territoriales comme les communes ou les départements, donc « la dualité entre les collectivités constitutionnelles et les autres ne changeait rien quant au régime juridique applicable, car les autres alinéas de l'article 72, ainsi que les autres articles du titre XII régissaient toutes les collectivités, quel que soit leur mode de création. Il était en effet question, dans ces dispositions, des « collectivités territoriales » sans autre mention. »[4] Néanmoins, « les collectivités territoriales créées

[1] Jean-Pierre RAFFARIN, Préface de l'ouvrage : M.-J. TULARD, *op. cit.*, p. 1.

[2] A. ZELLER, *op. cit.*, p. 204. Pour le sondage, v. note n° 1 sur la même page : « Enquête OIP (Observatoire interrégional du politique) 2001 ».

[3] M. VERPEAUX, *La région, op. cit.*, p. 4.

[4] *Ibid.*, p. 5.

par la Constitution, du moins en tant que catégorie, bénéficiaient, malgré tout, d'une garantie de protection supérieure, quant à leur existence, à celle offerte aux collectivités seulement créées par la loi. »[1]

Donc, le constituant a pris en compte cette situation d'absence d'une protection constitutionnelle et la loi constitutionnelle du 28 mars 2003 relative à l'organisation décentralisée de la République a consacré la région dans la Constitution. Ainsi, l'alinéa 1er de l'article 72 a prévu que « *Les collectivités territoriales de la République sont les communes, les départements, les régions, les collectivités à statut particulier et les collectivités d'outre-mer régies par l'article 74.* » De cette manière, l'on peut dire que « la Constitution a donc cherché à faire coïncider le texte constitutionnel avec la réalité »[2]. En effet, la réforme de 2003 appelée « acte II a incontestablement renforcé le rôle des régions au sein de l'administration locale. Les régions ont reçu des compétences nouvelles, parfois à titre expérimental, dans la loi du 13 août 2004 relative aux libertés et responsabilités locales. »[3]

L'on constate que même si la région, consacrée dans la Constitution, est la collectivité territoriale la plus jeune, elle a eu un statut plus important parmi les autres collectivités territoriales. Michel VERPEAUX juge, à ce propos, qu'« il a donc fallu seulement cinquante ans, ce qui est peu en matière administrative, pour qu'une circonscription qui n'avait pas d'existence publique soit hissée au rang de collectivité territoriale de premier plan. »[4]

Sur ce point, il convient de rappeler « la question du leadership territorial »[5], ainsi, l'on trouve la notion de « chef de file » en doctrine

---

[1] *Ibid.*

[2] *Ibid.*

[3] *Ibid.*, p. 2. Nous avons déjà parlé de cette réforme. Les régions ont bénéficié de tous les avantages, y inclus l'expérimentation, comme les autres collectivités territoriales. De telle façon, l'on peut dire que par cette révision constitutionnelle, « la démocratie participative régionale » a été bien renforcée puisque les régions ont commencé à bénéficier du « droit de pétition » et du « referendum décisionnel local ». Sur ce dernier sujet concernant la région, v. également, *Ibid.*, pp. 94-96.

[4] *Ibid.*, p. 3.

[5] V. sur cette question, P. JAN, « La Région et la question du leadership territorial », *in* J.-F. BRISSON (dir.), *Les transferts de compétences de l'État aux collectivités locales*, Paris, L'Harmattan, 2009, pp. 351-362. V. aussi, G. MARCOU, « Développement économique : la région, chef de file ? », *RFAP*, 2015/4, n° 156, pp. 1037-1048.

française concernant la région dans le cadre de la révision constitutionnelle de 2003.

Cette appréciation résulte de l'alinéa 5 de l'article 72 (ajouté par la révision de 2003) qui prévoit qu'« *aucune collectivité territoriale ne peut exercer une tutelle sur une autre* », et que « *cependant, lorsque l'exercice d'une compétence nécessite le concours de plusieurs collectivités territoriales, la loi peut autoriser l'une d'entre elles ou un de leurs groupements à organiser les modalités de leur action commune.* » Donc, l'on peut déduire que « cet alinéa 5 affirme ainsi le principe de l'interdiction de la tutelle et son contraire, c'est-à-dire la reconnaissance de la « collectivité chef de file ». Celle-ci est précédée du mot « cependant », pour atténuer l'impression que le texte est contradictoire. »[1]

Certes, l'expression « chef de file » n'existe pas explicitement dans cet article, mais il est possible de le comprendre et de le déduire implicitement. Ainsi, « l'expression « chef de file » ne figure pas expressément dans la Constitution. Mais c'est bien le concept qui acquiert rang constitutionnel. La détermination des sénateurs à inscrire le principe de l'interdiction de la tutelle avant toute évocation d'un leadership territorial n'est pas innocent. »[2]

La question qui se pose ici est celle de savoir qui sera le chef de file en cas de nécessité ? Sans conteste, la région. Comme l'indique Pascal JAN, « le discours politique comme les commentaires juridiques de l'article 72, alinéa 5 de la Constitution s'accordent pour admettre que la collectivité régionale est la principale concernée. La région apparaît comme l'espace territorial pertinent pour l'élaboration des grandes politiques publiques locales de développement. »[3] D'ailleurs, l'auteur précise que « l'acte II de la décentralisation devait, dans l'esprit de ses initiateurs, placer l'État français sur la voie d'une organisation territoriale régionalisée. »[4]

Pour d'autres, « l'idée d'une région chef de file entraîne une recentralisation à son niveau, qui renchérit à son tour son caractère de chef de file. Ce cercle vicieux pourrait aboutir à un élargissement des compétences pour lesquelles la région bénéficie de ce statut. »[5] En réalité, l'on peut comprendre que l'expression de la « recentralisation »

---

[1] M. VERPEAUX, *La région, op. cit.,* p. 107.
[2] P. JAN, « La Région et la question du leadership territorial », art. cit., p. 351.
[3] *Ibid.,* p. 352.
[4] *Ibid.,* p. 351.
[5] L. DEPUSSAY, *La régionalisation des États unitaires*, préc., p. 475.

concerne ici, la relation entre la région et les autres collectivités territoriales. Mais, dans la relation entre l'État et la région, il apparaîtra une plus forte décentralisation. Ajoutons qu'en toute hypothèse, ce qui est important, est la qualité des compétences exercées par le chef de file ou par la région. Donc, il convient de préciser qu'il n'existe aucune atteinte à la structure unitaire de l'État dans l'hypothèse où l'absence d'une compétence législative exercée par la région. Autrement dit, même si le constituant a évoqué implicitement le chef de file dans l'article 72, la région ne peut avoir que des compétences administratives dans un État unitaire.

Aussi, faut-il rappeler que la loi constitutionnelle du 28 mars 2003 a profondément modifié l'article 73 de la Constitution. Ainsi, a-t-elle introduit les régions d'outre-mer dans le texte constitutionnel en accentuant le particularisme des régions d'outre-mer, tout en préservant le principe d'identité législative. Il faut ajouter que « l'article 73 élargit, en outre, la marge d'autonomie normative des régions (et départements) d'outre-mer. Deux innovations sont ainsi introduites : un pouvoir d'adaptation des lois et règlements, à l'initiative de ces collectivités, et un pouvoir normatif pouvant intervenir, notamment dans les matières relevant du domaine de la loi. »[1]

L'article 73 a prévu que « *dans les départements et les régions d'outre-mer, les lois et règlements sont applicables de plein droit. Ils peuvent faire l'objet d'adaptations tenant aux caractéristiques et contraintes particulières de ces collectivités.* » Toutefois, le deuxième et troisième alinéa de cet article indiquent qu'une telle adaptation peut s'exercer par ces régions (ou départements) d'outre-mer, « *si elles y ont été habilitées, selon le cas, par la loi ou par le règlement* » et « *dans un nombre limité de matières pouvant relever du domaine de la loi ou du règlement* ». Donc, comme nous l'avons déjà précisé concernant le droit à l'expérimentation, il ne s'agit que d'un pouvoir normatif limité. Mais, comme nous allons le constater, les changements récents de 2010 ont visé le renforcement du pouvoir des régions.

C- Le mouvement visant la création « des régions renforcées » dans l'État unitaire français

[1] M.-J. TULARD, *op. cit.*, pp. 34-35.

La loi du 16 décembre 2010, dont nous avons déjà parlé dans le cadre des réformes de la décentralisation, a prévu la création des « conseillers territoriaux » et la suppression de la clause générale de compétence pour le département et la région[1]. Précisons que ces deux innovations auraient influencé profondément le processus de la régionalisation dans l'État unitaire français.

Cette réforme de 2010 a permis la création du « conseiller territorial » ou une « recentralisation », et cette création d'un élu commun - le conseiller territorial - a été critiquée du fait, d'une part, de son incompatibilité avec l'alinéa 3 de l'article 72 qui prévoit que les collectivités s'administrent par des « conseils élus » et, d'autre part, parce qu'elle est contraire aux principes généraux de la décentralisation administrative, comme le principe de libre administration des collectivités territoriales, la notion constitutionnelle de catégorie de collectivité territoriale, ou bien, l'interdiction de la tutelle d'une collectivité sur une autre[2].

Le législateur a voulu rationaliser les rapports entre les départements et les régions en créant un élu commun, afin de réaliser un grand rapprochement entre ces deux collectivités territoriales. Toutefois, ce rapprochement comportait le risque d'une « prochaine fusion ». À cet égard, le Conseil constitutionnel a précisé, dans sa décision n° 2010-618 DC du 9 décembre 2010, que les dispositions législatives concernant les conseillers territoriaux « ne confiaient pas à la région le pouvoir de substituer ses décisions à celles du département ou de s'opposer à ces dernières, ni celui de contrôler l'exercice de ses compétences ; que, par suite, elles n'instituaient pas une tutelle de la région sur le département ».

Autrement dit, « les conseils régionaux auront absorbé les conseils généraux par l'intermédiaire des « conseillers territoriaux » »[3] de sorte que « l'évolution logique sera à l'unification structurelle, à l'unique

---

[1] Sur la nouvelle position des régions prévue par cette réforme de 2010 dans le cadre de la structure unitaire de l'État français, v. G. MARCOU, « Quel avenir pour la Région en France : décentralisation ou autonomies régionales ? », art. cit., pp. 151-181.

[2] V. sur ces débats, L'avant-propos de l'ouvrage : P. CHRETIEN, N. FERREIRA et L. JANICOT (dir.), *L'État dans ses relations avec les collectivités territoriales*, *op. cit.*, p. IX ; M. VERPEAUX, « Les projets de loi de réforme des collectivités territoriales en cours », art. cit., p. 52 ; N. FERREIRA, *op. cit.*, pp. 126-128.

[3] G. MARCOU, « La réforme territoriale. Analyse du nouveau projet de réforme des collectivités territoriales », art. cit., p. 23.

collectivité disposant des attributions des deux collectivités, une sorte de grande région qui aura ainsi absorbé les structures et les attributions des départements »[1]. Donc, une telle région serait bien évidemment plus forte par rapport à l'ancien.

Force est de constater que l'innovation relative à la création du conseiller territorial, qui aurait siégé à partir de 2014 selon la loi du 16 décembre 2010, n'a pas pu avoir lieu en raison du changement de la majorité parlementaire après les élections de 2012. Et la loi n° 2013-403 du 17 mai 2013 relative à l'élection des conseillers départementaux, des conseillers municipaux et des conseillers communautaires, et modifiant le calendrier électoral, a abrogé le conseiller territorial ayant été déjà créé par la réforme de 2010.

Au sujet de la suppression de la clause générale de compétence pour les régions, l'on peut citer les mêmes critiques ayant visé la « recentralisation », notamment son incompatibilité avec le principe de libre administration[2]. Rappelons, néanmoins, que le Conseil constitutionnel français, dans sa décision du 9 décembre 2010, a jugé qu'il n'y avait aucune atteinte au principe de libre administration des collectivités territoriales et que la clause générale de compétence n'avait pas de valeur constitutionnelle. Donc, selon le Conseil, le législateur pouvait modifier ou supprimer cette clause.

Dans ce cadre, le législateur a, d'abord, supprimé cette clause par la loi du 16 décembre 2010 et l'a rétabli par la loi du 27 janvier 2014 de modernisation de l'action publique territoriale et d'affirmation des métropoles (MAPTAM). Mais, il l'a encore supprimé pour les régions – et les départements - par la loi du 7 août 2015 portant nouvelle organisation territoriale de la République (NOTRe). En effet, c'est la réforme dite l'acte III de la décentralisation qui a beaucoup impacté les compétences de la région dans cette dernière période. Ainsi, est-il utile de parler de l'importance de cet acte III au sujet de la région.

Dans le cadre de la réforme dite l'acte III de la décentralisation, nous avons déjà parlé de trois textes législatifs importantes : la loi du 27 janvier 2014 de modernisation de l'action publique territoriale et d'affirmation des métropoles (MAPTAM), la loi du 16 janvier 2015 relative à la délimitation des régions, aux élections régionales et départementales et modifiant le calendrier électoral et, enfin, la loi du 7

[1] N. FERREIRA, *op. cit.*, p. 128.

[2] De l'avant-propos de l'ouvrage: P. CHRETIEN, N. FERREIRA et L. JANICOT (dir.), *L'État dans ses relations avec les collectivités territoriales*, *op. cit.*, p. IX.

août 2015 portant nouvelle organisation territoriale de la République (NOTRe). L'on peut constater que ces trois lois concernent le processus de la régionalisation dans l'État unitaire français.

Ainsi, comme la région a joué auparavant un rôle majeur dans plusieurs domaines, notamment en matière de développement économique, l'on peut dire que la loi du 27 janvier 2014 (MAPTAM) et la loi du 7 août 2015 (NOTRe) ont renforcé son rôle majeur et son statut en tant que chef de file dans certains domaines, malgré la suppression de la clause générale de compétence pour les régions par cette dernière loi[1].

Rappelons que l'article 72, alinéa 5 de la Constitution française précise qu'« *aucune collectivité territoriale ne peut exercer une tutelle sur une autre.* », et que « *lorsque l'exercice d'une compétence nécessite le concours de plusieurs collectivités territoriales, la loi peut autoriser l'une d'entre elles ou un de leurs groupements à organiser les modalités de leur action commune* ». Nous avons déjà expliqué que cette dernière expression signifiait la reconnaissance implicite de la notion de « collectivité chef de file » par la réforme constitutionnelle de 2003[2]. Mais, l'on constate que la loi du 27 janvier 2014 (MAPTAM) a évoqué « explicitement » la collectivité « chef de file » et a attribué, pour la première fois, aux régions, départements et communes la qualité de chef de file en définissant leurs domaines d'intervention. Donc, par le biais de la loi du 27 janvier 2014, la région a été définie expressément en tant que collectivité chef de file dans plusieurs domaines, comme en matière économique, d'aménagement du territoire ou du transport, selon l'article L. 1111-9 du Code général des collectivités territoriales CGCT modifié par cette loi de 2014 :

« *II. — La région est chargée d'organiser, en qualité de chef de file, les modalités de l'action commune des collectivités territoriales et de leurs établissements publics pour l'exercice des compétences relatives* :

---

[1] V. sur le sujet du chef de file et la région, G. MARCOU, « Développement économique : la région, chef de file ? », art. cit., pp. 1037-1048.

[2] Le principe de la collectivité chef de file peut être considéré comme un principe contradictoire avec le principe de non-tutelle entre collectivités territoriales, mais il ne faut pas omettre que les collectivités chef de file ne peuvent disposer d'aucun pouvoir de décision pour déterminer une action commune de même qu'elles ne peuvent exercer qu'un simple pouvoir d'organisation des conditions. V. sur cette question, M. VERPEAUX et L. JANICOT, *Droit des collectivités territoriales*, *op. cit.*, p. 350 et suiv.

1° A l'aménagement et au développement durable du territoire ; 2° A la protection de la biodiversité ; 3° Au climat, à la qualité de l'air et à l'énergie ; 4° Au développement économique ; 5° Au soutien de l'innovation ; 6° A l'internationalisation des entreprises ; 7° A l'intermodalité et à la complémentarité entre les modes de transports ; 8° Au soutien à l'enseignement supérieur et à la recherche. »

Il faut préciser, sur ce point, que l'article L. 1111-9 du CGCT a été modifié par d'autres lois. Ainsi, depuis la loi du 7 août 2015 (NOTRe), la région n'a plus la qualité de chef de file dans le domaine du développement économique. Toutefois, cette loi a attribué à la région une compétence exclusive en matière économique. En effet, l'article L. 4251-12 énonce que « *la région est la collectivité territoriale responsable, sur son territoire, de la définition des orientations en matière de développement économique* ». De même, la loi du 7 août 2015 fait aussi de la région la collectivité responsable des orientations en matière de prévention et de gestion des déchets, d'aménagement du territoire et des services de transport non urbains.

Nous avons déjà précisé que la clause générale de compétence des régions, comme celle des départements, a été supprimée par la loi du 7 août 2015 portant nouvelle organisation territoriale de la République (loi NOTRe). Or, malgré cette suppression, « leurs missions sont définies de manière très large. Les régions bénéficient dorénavant d'une compétence exclusive en matière de développement économique et elles sont les seules à pouvoir accorder des aides aux entreprises. Elles deviennent aussi responsables de l'organisation des transports collectifs routiers, y compris scolaires, à la place du département (sauf à l'intérieur des agglomérations), des transports maritimes ainsi que des transports ferroviaires. »[1]

Donc, l'on peut dire qu'il y a eu renforcement des compétences des régions, comme l'a affirmé Jean-Marie PONTIER, « plus de trente ans après, l'évolution est allée clairement dans le sens d'abord d'un affermissement, puis d'un renforcement constant des compétences des régions. »[2] L'auteur rappelle également que « la loi du 7 août 2015 a accentué cette évolution (son titre Ier est intitulé : *« Des régions renforcées »*), plus nette dans le projet de loi initial que dans le texte

---

[1] A. ROUX, *La décentralisation : droit des collectivités territoriales*, *op. cit.*, p. 60.

[2] J.-M. PONTIER, *La décentralisation française : évolutions et perspectives*, *op. cit.*, pp. 113-114.

définitivement adopté. Les compétences des régions sont diversifiées, mais avec une polarisation autour de certaines compétences. »[1]

Par ailleurs, la loi n° 2015-29 du 16 janvier 2015, relative à la délimitation des régions, aux élections régionales et départementales et modifiant le calendrier électoral a mis en place une nouvelle carte des régions métropolitaines. Le législateur a décidé de réduire à douze le nombre des régions françaises en métropole (treize avec la Corse) en fusionnant certaines régions par deux ou par trois (par exemple, ces deux : la Bourgogne et la Franche-Comté, ou trois : l'Aquitaine, le Limousin et le Poitou-Charentes qui s'appelle désormais Nouvelle-Aquitaine). D'autres régions sont restées dans leurs limites antérieures, en l'occurrence l'Ile-de-France, la Bretagne, les Pays de la Loire. Précisons aussi que la Corse, les régions d'outre-mer, les collectivités d'outre-mer, la Nouvelle-Calédonie et les autres territoires de la République n'ont pas été concernées par les modifications apportées par la loi du 16 janvier 2015.

À ce sujet, l'on peut dire que « cette réforme, annoncée dans un contexte de crise économique et de crise des finances publiques, vise à rendre ces régions à la fois moins coûteuses et plus efficaces. »[2] D'après la doctrine, « l'objectif était d'aligner la taille des régions françaises sur celle des régions des pays européens voisins de façon à ce qu'elles puissent gagner en compétitivité. Par ailleurs, la diminution du nombre de régions apparaissait comme un facteur d'efficacité de l'action publique locale, par la simplification du millefeuille administratif »[3]. Et il faut dire que « ce nouveau découpage régional ne repose donc pas sur des considérations culturelles, historiques ou identitaires mais principalement sur des arguments économiques, sur la nécessité de constituer des régions compétitives par rapport à celles des pays européens voisins. »[4]

Il convient de rappeler que la réduction du nombre de régions a été déjà proposée par le comité Balladur en 2009, c'est-à-dire avant la réforme de 2010. En effet, « le comité Balladur avait émis l'hypothèse que des régions plus puissantes et d'une taille supérieure seraient plus

---

[1] *Ibid.*, p. 114.

[2] M. VERPEAUX et L. JANICOT, *Droit des collectivités territoriales*, *op. cit.*, p. 84.

[3] A. ROUX, *La décentralisation : droit des collectivités territoriales*, *op. cit.*, p. 57, v. aussi sur la même page, notes n° 35 et 36.

[4] *Ibid.*, p. 77.

compétitives. »[1] À cet égard, l'on peut déduire que la loi du 16 janvier 2015 a été inspirée des propositions du comité Balladur visant la réduction du nombre de régions et la mise en place d'une « région plus forte ».

L'on peut ajouter que même si les principales dispositions de la loi du 16 janvier 2015 n'ont pas été censurées par le Conseil constitutionnel[2], certains auteurs ont estimé que la nouvelle carte des régions a été « élaborée sans concertation ni consultation des conseils régionaux et départementaux », et qu'elle a « suscité de vives critiques de la part des élus, certains n'hésitant pas à parler de « coup d'État territorial » »[3]. De même, Jean-Marie PONTIER précise que « le nombre et le découpage des régions seront un autre thème de débats : le législateur de 1982 ne remet pas en cause le découpage antérieur, datant de 1960 et qui n'avait pas été pensé pour des collectivités territoriales. Le nombre de régions est considéré par beaucoup comme trop grand. En 2015, le nombre de régions métropolitaines est ramené de vingt-deux à treize, mais il est fort probable que les débats ne sont pas clos et que d'autres changements interviendront »[4].

De manière générale, « la région n'est pas conçue comme une collectivité différente des autres collectivités territoriales françaises, communes et départements. La question principale, pour l'avenir, est de savoir si elle peut et doit être différente. »[5] Mais, jusqu'où peut aller le processus de régionalisation ? Vise-t-il la suppression des départements ? Dans ce cas, les pouvoirs des régions seront-ils renforcés ? L'on peut se demander aussi sur les limites du renforcement du pouvoir régional dans un État unitaire ?

Il est évident que les compétences des régions françaises peuvent concourir avec l'État central en matière administrative dans une telle hypothèse où il existe des « régions renforcées ». Mais, les régions françaises peuvent-elles avoir, dans l'avenir, des compétences législatives concurrentes avec l'État central ?

---

[1] *Ibid.*, p. 57.

[2] Cons. const., n° 2014-709 DC du 15 janvier 2015, loi relative à la délimitation des régions, aux élections régionales et départementales et modifiant le calendrier électoral, *JORF* n°0014 du 17 janvier 2015, p. 783.

[3] A. ROUX, *La décentralisation : droit des collectivités territoriales*, *op. cit.*, p. 57-58.

[4] J.-M. PONTIER, *La décentralisation française : évolutions et perspectives*, *op. cit.*, p. 26.

[5] M. VERPEAUX, *La région*, *op. cit.*, p. 23.

Nous allons aborder, dans ce qui suit, la question de la transformation de la structure étatique unitaire dans l'hypothèse où les régions auront un pouvoir législatif concurrent à celui de l'État central. Mais, d'abord, parlons un peu de la région qui n'est pas actuellement une collectivité territoriale en Turquie, et analysons les débats de la régionalisation dans cet État unitaire.

Paragraphe 5. La région en droit turc et les débats sur la régionalisation

Nous avons démontré qu'en France la régionalisation ne dépasse pas le niveau administratif. Donc, ni la création de la région en tant que collectivité territoriale par la réforme de 1982, ni les autres réformes concernant la régionalisation n'ont affecté la structure unitaire de l'État français, puisque les régions françaises n'ont que des compétences administratives. Il faut ajouter que le sujet de la régionalisation française a été discuté en doctrine turque dans le cadre de la question de la transformation de la structure étatique[1].

En réalité, l'on constate que le sujet de la région est traité dans cette doctrine, notamment par d'autres disciplines que le droit. Ainsi, l'on trouve quelques études qui s'intéressent à la région en tant que circonscription économique dans le cadre de la relation entre l'État-

[1] V. sur le sujet de la région dans le cadre de la réforme de 1982 en France, R. KELEŞ, *Fransa ve İspanya'da yerinden yönetim*, *op. cit.*, pp. 44-46. L'auteur se demande, d'abord, si la création de la région en tant que collectivité territoriale a changé la structure unitaire de l'État français, et y répond que la structure unitaire de l'État français n'a pas été affectée, puisque les régions françaises n'ont pas d'autonomie politique à l'égard de l'État central. V. aussi, sur le sujet de la région dans le cadre de la réforme de 2003 en France, R. ŞENGÜL, *op. cit.*, p. 149. Cet auteur confirme le même résultat d'analyse indiqué par Ruşen KELEŞ. V. également en doctrine turque, A. NALBANT, *Üniter devlet : bölgeselleşmeden küreselleşmeye*, *op. cit.*, pp. 267-287, et 359-368, l'auteur analyse en détail le sujet de la région en France.

nation et la globalisation[1] ou au sujet du développement économique régional[2].

Atilla NALBANT estime que plusieurs raisons peuvent favoriser la régionalisation dans un État et que ces raisons sont relatives à l'économie, la politique, la sécurité et la culture ou la langue[3]. L'auteur cite ensuite quatre modèles de régions : région administrative, politique, culturelle et région de plan[4]. De son côté, İlhan TEKELİ distingue les régions comme étant « régions homogènes », « régions polarisées » et « régions du plan » selon la perspective d'analyse économique[5]. L'on peut aussi constater l'existence de la notion de « région géographique », sachant que la Turquie est divisée géographiquement en 7 régions depuis 1941[6].

---

[1] V. par exemple, C. AYGÜL, *Ulus devletler ve bölgecilik*, Ankara, Tan Kitabevi Yayınları, 2011, l'auteur touche parfois aux régions françaises (pp. 179-180). V. aussi K. OHMAE, *Ulus-devletin sonu : bölgesel ekonomilerin yükselişi*, (traduction: Z. DİCLELİ), İstanbul, Türk Henkel Dergisi Yayınları, 1996. L'on peut trouver aussi certaines études qui parlent des intégrations régionales à l'égard de la souveraineté étatique autour du sujet de la globalisation, v. par exemple, B. DEDEOĞLU, « Bölgesel bütünleşmeler ve devlet egemenliğinin yeniden tanımlanması » [Redéfinition de la souveraineté étatique à l'aide des intégrations régionales] (son propre titre en français), *in Yıldızhan Yayla'ya armağan*, İstanbul, Galatasaray Üniversitesi, 2003, pp. 251-258. V. aussi A. NALBANT, *Üniter devlet : bölgeselleşmeden küreselleşmeye, op. cit.*, pp. 368-381, Atilla NALBANT parle aussi d'une intégration régionale dans un domaine infra-national à côté de la régionalisation au niveau national dans les États unitaires. Par contre, précisons que ce sujet concerne la souveraineté « externe » de l'État dans le cadre du sujet de la globalisation. Il est à noter que le principe d'indivisibilité de la souveraineté et l'étude de l'État unitaire concernent, notamment, la souveraineté « interne » dans le cadre de la question de la répartition des compétences entre l'État central et les collectivités territoriales, y inclus les régions. V. sur le sujet de la distinction entre la souveraineté « interne » et la souveraineté « externe », K. GÖZLER, *Devletin genel teorisi, op. cit.*, pp. 79-84 ; M. KOÇAK, *Batı'da ve Türkiye'de egemenlik anlayışının değişimi : Devlet ve egemenlik*, Ankara, Seçkin, 2006, p. 122 et suiv.

[2] İ. TEKELİ, *Türkiye'de bölgesel eşitsizlik ve bölge planlama yazıları*, İstanbul, Tarih Vakfı Yurt Yayınları, 2010 ; S. AŞGIN, *Türkiye'de bölgelerarası gelişmişlik farkları ve Doğu Anadolu*, Ankara, İmaj Yayınevi, 2009 ; R. AKPINAR *et al.*, *Teoride ve uygulamada bölgesel kalkınma politikaları*, Bursa, Ekin Basım Yayın Dağıtım, 2011.

[3] V. sur les raisons de la régionalisation, A. NALBANT, *Üniter devlet : bölgeselleşmeden küreselleşmeye, op. cit.*, pp. 255-258.

[4] V. sur cette distinction, *Ibid.*, pp. 258-265.

[5] İ. TEKELİ, *op. cit.*, pp. 175-177. V. aussi R. AKPINAR *et al., op. cit.*, pp. 5-7.

[6] V. R. AKPINAR *et al., op. cit.*, pp. 6-7.

Dans ce cadre, il faudra d'abord rechercher, en restant dans la discipline juridique, la signification de la région en droit positif turc (**A**), ensuite, il conviendra s'intéresser aux débats sur la régionalisation administrative en Turquie (**B**).

A- La région : une apparence faible en droit positif turc

İsmet GİRİTLİ estime, au sujet de la région, qu'il existe quatre catégories de régions : la première désigne une portion géographique du territoire distincte des autres quant aux particularités physiques, sociologiques ou culturelles ; la deuxième est un échelon d'administration territoriale entre l'organisation centrale de l'Administration et le département en tant qu'organisation provinciale (déconcentrée), la troisième est une unité géographique et administrative qui exerce les services publics dans un domaine plus large que les villes ; et enfin, la région peut être définie en tant que collectivité territoriale comme le cas des régions françaises[1].

Précisons que la première catégorie est exclue de notre analyse. Quant à la région en tant qu'« organisation provinciale de l'Administration centrale », l'on peut dire que la région constitue une circonscription administrative. À ce sujet, l'on constate que la Constitution turque de 1924 ne contenait pas des dispositions sur la région. La Constitution de 1961, quant à elle, avait prévu dans son article 115, la création des organisations déconcentrées qui englobent plusieurs départements en vue d'exercice des services publics. Donc, la Constitution de 1961 permettait, en réalité, la création des régions en tant que circonscriptions administratives entre l'administration centrale et le département en tant qu'administration déconcentrée[2].

L'on constate aussi que la Constitution (actuelle) de 1982 prévoit la possibilité d'une telle création dans son article 126 alinéa 3 qui n'évoque pas le principe de la déconcentration: « *Plusieurs départements peuvent être regroupés en une organisation administrative centrale de manière à assurer l'efficacité et la coordination de l'action des services publics. Les fonctions et attributions de cette organisation sont réglementées par la loi.* »

---

[1] İ. GİRİTLİ, *op. cit.*, p. 49.

[2] V. sur le même constat, Ş. GÖZÜBÜYÜK, *op. cit.*, p. 174 ; Ş. KARATEPE, *op. cit.*, p. 53 ; A. POLATOĞLU, *op. cit.*, p. 88.

Partant de cet article, certains auteurs précisent que la région existe en tant que circonscription administrative dans l'organisation territoriale de l'État central[1]. D'autres affirment que selon la règle principale, l'organisation provinciale de l'État central est fondée sur le système du département et que donc la création de la région est une exception[2].

Sur ce point, Metin GÜNDAY trouve que la région indiquée à l'article 126 de la Constitution de 1982 ne peut être créée qu'en vue d'assurer l'efficacité et la coordination de l'action des services publics, et ne sont finalement que des coordinateurs pour l'exercice des services publics. D'après lui, elles ne construisent pas un échelon d'administration territoriale en tant que circonscription administrative qui existe au-delà du département. L'auteur souligne, d'ailleurs, que même si la Constitution de 1961 a explicitement prévu le principe de la déconcentration pour une organisation régionale, l'article 126 de la Constitution de 1982 n'évoque pas ce principe pour une telle organisation[3].

En réalité, après l'établissement de la Constitution de 1982, l'on constate que 8 préfectures de région ont été créées par le décret-loi n° 71 en 1983. Cependant, l'Assemblée nationale a abrogé ce décret-loi par la loi n° 3036 en 1984 au motif que la Constitution de 1982 ne permet pas la création de la région en tant que circonscription administrative et que cette Constitution ne prévoit que la création des organisations déconcentrées au niveau des départements[4].

---

[1] Dans ce sens, v. Ş. GÖZÜBÜYÜK, *op. cit.,* p. 22, et aussi p. 163 ; A. H. AYDIN, *op. cit.,* p. 130.

[2] Ş. KARATEPE, *op. cit.,* p. 53. Dans le même sens, v. A. POLATOĞLU, *op. cit.,* pp. 80-81.

[3] M. GÜNDAY, *op. cit.,* pp. 415-416.

[4] V. sur cette question, Ş. GÖZÜBÜYÜK, *op. cit.,* p. 176 ; M. GÜNDAY, *op. cit.,* p. 417 ; Ş. KARATEPE, *op. cit.,* p. 54 ; V. VERSAN, *op. cit.,* p. 202 et suiv. ; A. ULUSOY et T. AKDEMİR, *op. cit.,* p. 54. Il convient de rappeler aussi la préfecture de région de l'état d'urgence qui a été créée en 1987 par le décret-loi n° 285 contre le terrorisme, mais elle n'était que temporaire, aussi a-t-elle été supprimée en 2002. Il n'existe pas actuellement une telle préfecture de région d'état d'urgence, v. sur ce sujet, Ş. GÖZÜBÜYÜK et T. TAN, *op. cit.,* p. 254. V. aussi sur la préfecture de l'état d'urgence dans l'histoire administrative turque, A. NALBANT, *Üniter devlet : bölgeselleşmeden küreselleşmeye, op. cit.,* pp. 245-247, Atilla NALBANT considère la préfecture de région de l'état d'urgence comme une administration exceptionnelle dans l'organisation administrative de l'État unitaire turc.

Par conséquent, l'on peut dire que même si la Constitution parle d'une organisation régionale pour l'exercice des services publics, il n'est pas possible de trouver une telle organisation régionale (déconcentrée) de l'Administration centrale en droit turc, c'est-à-dire des préfets des régions[1]. Néanmoins, certains auteurs turcs proposent la création de la région en tant que circonscription administrative[2].

La région peut être appréhendée aussi en tant qu'unité administrative exerçant des services publics dans un domaine plus large que les villes, c'est-à-dire une sorte de « décentralisation fonctionnelle ou par service ». En droit turc il existe plusieurs établissements publics régionaux qui ont leurs propres personnalités morales. Par exemple, les organisations régionales de la direction générale des autoroutes (en turc : Karayolları Genel Müdürlüğü) ou de la Direction générale des forêts (en turc : Orman Genel Müdürlüğü). Toutefois, il convient de noter que ces autorités régionales, appelées « autorités liées », sont liées à certains ministres et elles sont définies par la doctrine turque comme des autorités décentralisées par service ou fonctionnelle au niveau régional[3].

L'on peut évoquer aussi « les Agences du développement régional », bénéficiaires de leurs propres personnalités morales selon la loi n° 5449, qui sont au nombre de 26. En réalité, ces agences fonctionnent pour diminuer le déséquilibre du développement dans les différentes zones et certains auteurs s'intéressent à la fonction économique de ces institutions[4]. Mais, leur nature juridique est controversée et une ambiguïté règne autour de la question de savoir si elles sont des établissements publics régionaux (des autorités décentralisées par service)[5].

---

[1] Concernant le sujet de l'organisation de l'administration centrale au niveau régional dans l'État unitaire turc, v. A. NALBANT, *Üniter devlet : bölgeselleşmeden küreselleşmeye*, *op. cit.*, pp. 221-227.

[2] V. sur cette proposition, v. A. POLATOĞLU, *op. cit.*, p. 198.

[3] V. sur ce sujet, Ş. GÖZÜBÜYÜK, *op. cit.*, p. 174 ; M. GÜNDAY, *op. cit.*, p. 416 ; A. ULUSOY et T. AKDEMİR, *op. cit.*, p. 54.

[4] V. sur ces mécanismes, R. AKPINAR *et al.*, *op. cit.*, p. 155 et suiv. V. aussi R. KELEŞ, « Avrupa'ya uyum sağlama sürecinde Türkiye'de yerel yönetimler », art. cit., p. 21.

[5] V. sur les discussions, R. KELEŞ, « Avrupa'ya uyum sağlama sürecinde Türkiye'de yerel yönetimler », art. cit., p. 21 ; M. A. ÇUKURÇAYIR, *op. cit.*, p. 115 ; B. A. GÜLER, *Türkiye'nin yönetimi : yapı*, *op. cit.*, p. 275. Cet auteur précise que ces

Toujours au sujet de la région en Turquie, l'on peut parler de « l'Administration de développement régional du projet de l'Anatolie du Sud-Est » (abréviation en turc : GAP idaresi)[1]. Précisons que l'administration de GAP qui a été créée par le décret-loi n° 388 en 1989 contribue au développement régional en Turquie comme « les Agences du développement régional ». Néanmoins, l'administration de GAP est distincte de ces dernières.

En effet, il faut dire qu'elle a aussi sa propre personnalité morale de droit public, mais sa nature juridique de cette institution reste imprécise. Pour certains auteurs, cette autorité est un établissement public qui fonctionne selon le principe de la décentralisation par service ou fonctionnelle[2]. En revanche, Metin GÜNDAY estime que l'administration de GAP ne fonctionne pas selon les nécessités du principe de la décentralisation fonctionnelle. Aussi, elle n'est pas une institution établie selon l'article 126 alinéa 3 puisqu'elle a sa propre personnalité morale distincte de celle de l'État central. Selon l'auteur, cette institution n'est ni une organisation provinciale de l'Administration centrale, ni un établissement public régional, mais une simple organisation *sui generis* en droit turc[3]. Donc, la question sur l'administration de GAP a suscité des controverses doctrinales[4].

À la lumière de ces explications, nous pensons que la région en Turquie a une apparence faible et parfois ambiguë par sa nature juridique.

Enfin, concernant la dernière classification selon laquelle la région peut être définie comme une collectivité territoriale, l'on aperçoit la différence entre l'organisation administrative décentralisée de la République turque et celle de la République française. En effet, jusqu'ici, nous avons démontré qu'il existe une véritable influence

---

agences ne demeurent pas dans un échelon d'administration territoriale, elles ne sont pas non plus des établissements publics régionaux.

[1] En turc: « Güneydoğu Anadolu Projesi Bölge Kalkınma İdaresi (GAP İdaresi) ».

[2] R. YILDIRIM, *İdare hukuku açısından bölge kalkınması ve G.A.P. modeli*, Doktora tezi, (Danışman: İl Han ÖZAY), [Thèse de Doctorat, (sous la dir. İl Han ÖZAY)], İstanbul, İÜ Sosyal Bilimler Enstitüsü Kamu Hukuku Bölümü, 1995, p. 247.

[3] M. GÜNDAY, *op. cit.*, p. 418.

[4] V. sur cette question, R. YILDIRIM, *İdare hukuku açısından bölge kalkınması ve G.A.P. modeli*, préc. ; E. AKIN, *Bir bölgesel kalkınma yönetimi örnek olayı 'Gap Bölge Kalkınma İdaresi Başkanlığı*, Ankara, GAP Bölge Kalkınma İdaresi Başkanlığı, 1999 ; Ş. GÖZÜBÜYÜK, *op. cit.*, p. 176 ; M. GÜNDAY, *op. cit.*, pp. 417-418 ; R. KELEŞ, *Yerinden yönetim ve siyaset, op. cit.*, pp. 203-204. V. aussi A. NALBANT, *Üniter devlet : bölgeselleşmeden küreselleşmeye, op. cit.*, pp. 247-249.

française sur le système administratif de la République turque. Toutefois, l'on constate que l'organisation administrative décentralisée de la Turquie se distingue de celle de la France dans la mesure où la région n'existe pas dans l'État unitaire turc en tant que collectivité territoriale.

En réalité, la porte de la régionalisation administrative n'est pas fermée dans les États unitaires selon la doctrine turque, mais il est permet de s'interroger si le droit positif de cet État permet actuellement la régionalisation administrative ?

B- Les débats de la régionalisation administrative en Turquie

La doctrine turque estime que le « régionalisme » est une revendication politique qui n'est pas compatible avec la structure étatique unitaire[1]. D'ailleurs, précisons qu'au sujet de l'indivisibilité de la Nation, certains partis politiques ont été dissous par la Cour constitutionnelle turque en raison de cette revendication politique régionaliste. Ainsi, pour la doctrine turque, le terme du régionalisme est différent de la régionalisation au plan administratif. Selon des auteurs turcs, si le régionalisme est relatif à une revendication politique d'indépendance contre la souveraineté étatique, la régionalisation signifie le renforcement de la région au plan administratif dans le cadre du principe de la décentralisation[2]. La doctrine turque conçoit tout-à-fait que des régions en tant que collectivités territoriales puissent exister dans l'organisation administrative d'un État unitaire[3].

Or, quand on analyse le droit positif turc, l'on constate que la Constitution énumère limitativement les collectivités territoriales dans son article 127 alinéa 1er, en prévoyant que « *les administrations locales sont des personnes morales publiques constituées en vue de répondre aux besoins collectifs locaux de la population des départements, des municipalités et des villages, dont les principes de constitution sont*

---

[1] V. O. UYGUN, *op. cit.*, pp. 100-101. En partant de la position de la Cour constitutionnelle turque, l'auteur constate que la Constitution turque ne permet pas l'existence du régionalisme politique ou de l'autonomie régionale dans l'État unitaire turc.

[2] Dans ce sens, v. R. AKPINAR *et al.*, *op. cit.*, p. 7.

[3] K. GÖZLER, *Anayasa hukukunun genel teorisi*, *op. cit.*, p. 106 ; İ. Ö. KABOĞLU, *Anayasa hukuku dersleri : (genel esaslar)*, *op. cit.*, p. 123 ; M. ERDOĞAN, *op. cit.*, p. 13 ; R. ŞENGÜL, *op. cit.*, p. 7.

précisés par la loi et dont les organes de décision, également déterminés par la loi, sont élus par les électeurs. »

La Constitution française précise en son article 72 que « *toute autre collectivité territoriale est créée par la loi, le cas échéant en lieu et place d'une ou de plusieurs collectivités mentionnées au présent alinéa.* » D'ailleurs, nous avons déjà indiqué que la région en tant que collectivité territoriale a été créée par une disposition législative ordinaire en France. Mais, l'on constate que la Constitution turque ne parle pas d'une telle possibilité de la création d'une collectivité territoriale par une simple loi. En réalité, on peut citer l'alinéa 3 de l'article 127 de cette Constitution qui précise que « *la loi peut prévoir des modes d'administration particuliers en ce qui concerne les grands centres urbains.* » Mais, cet alinéa, comme nous l'avons déjà précisé, est relatif aux municipalités métropolitaines, et ne permet pas de créer une autre collectivité au niveau régional par une disposition législative. Force est de constater que l'expression de l'article 127 est limitative ; et sans révision constitutionnelle, il n'est pas possible de créer des régions en tant que collectivités territoriales dans l'organisation administrative décentralisée de l'État unitaire turc[1]. De plus, il faut préciser que la proposition de la création d'une collectivité par la loi a été refusée pendant l'établissement de la Constitution (actuelle) de 1982[2].

À cet égard, il est possible de dire qu'il s'agit d'une crainte dans ce domaine en droit turc, notamment, pour ce qui concerne le sujet de l'existence de la région dans l'organisation administrative. Sur ce point, Bilal ERYILMAZ précise que ce qui existe en arrière-plan de cette crainte de la région dans le système administratif décentralisé de la Turquie, est la peur du « régionalisme politique » et le danger de la division de l'État. Mais, l'auteur ajoute que la Turquie devrait éviter ses craintes[3].

De même, Ruşen KELEŞ souligne qu'en Turquie, cette crainte est si forte que l'utilisation du mot de la région est évitée dans les textes juridiques, en raison du danger d'une évolution à une décentralisation politique ou au fédéralisme, mais selon l'auteur cette peur est bien

---

[1] V. sur le même constat, R. KELEŞ, *Yerinden yönetim ve siyaset, op. cit.*, p. 532 ; A. ULUSOY et T. AKDEMİR, *op. cit.*, p. 54.

[2] A. ULUSOY et T. AKDEMİR, *op. cit.*, p. 54.

[3] B. ERYILMAZ, *op. cit.*, p. 124. Dans ce sens, v. R. KELEŞ, « Avrupa'ya uyum sağlama sürecinde Türkiye'de yerel yönetimler », art. cit., p. 23.

inopportune[1]. De telle façon, İbrahim Özden KABOĞLU affirme que même si la région est considérée incompatible avec la structure unitaire de l'État en Turquie, elle demeure compatible avec cette structure et que la région est la dynamique du développement aujourd'hui dans plusieurs États européens[2].

À notre sens, le problème résulte notamment de l'autonomie « politique » qui peut être attribuée aux régions dans l'hypothèse de la création de collectivités territoriales au niveau régional. À cet égard, la Cour constitutionnelle turque a évoqué à maintes fois la notion de l'autonomie dans ses décisions relatives à la dissolution de certains partis politiques et elle a précisé que « le fondement de l'État unitaire est fermé à l'autonomie ou à l'auto-administration ou à l'existence des régions autonomes »[3].

En effet, l'autonomie attribuée aux collectivités territoriales ne peut devenir qu'une « autonomie administrative » dans un État unitaire. Donc, il faut bien distinguer l'autonomie administrative de l'autonomie « politique ». Et il faut dire, dans le cadre de cette dernière, que l'attribution du pouvoir législatif aux collectivités territoriales est interdite dans cette forme d'État. À la lumière de ces explications, il convient de préciser que l'autonomie régionale ne porte pas atteinte à la structure unitaire, si elle ne va pas au-delà du niveau « administratif ». Certains auteurs turcs affirment aussi que l'autonomie régionale (administrative) peut contribuer à l'unité de l'État[4], tel est le cas de la régionalisation française qui sert aussi à l'unité étatique.

Abordant l'autonomie administrative dans un État unitaire, Ramazan ŞENGÜL estime qu'il peut y avoir des régions qui disposent de cette autonomie, mais précise que l'Espagne, par exemple, peut être définie comme un État régional en raison de ses communautés autonomes[5]. Donc, la distinction entre autonomie politique et autonomie

---

[1] R. KELEŞ, *Yerinden yönetim ve siyaset, op. cit.*, p. 197.

[2] İ. Ö. KABOĞLU, *Anayasa hukuku dersleri : (genel esaslar), op. cit.*, p. 123.

[3] La décision de la Cct du 30.11.1993 E. 1993/2, K. 1993/3, (AYMKD, n° 30/2, p. 1022), citée dans B. TANÖR et N. YÜZBAŞIOĞLU, *1982 Anayasasına göre : Türk anayasa hukuku,* İstanbul, Yapı Kredi Yayınları, 2001, pp. 106-107.

[4] V. sur cette idée, R. KELEŞ, *Fransa ve İspanya'da yerinden yönetim, op. cit.*, p. 92.

[5] R. ŞENGÜL, *op. cit.*, pp. 7 et 150. V. aussi A. NALBANT, *Üniter devlet : bölgeselleşmeden küreselleşmeye, op. cit.*, pp. 290-335. Atilla NALBANT qualifie l'Italie et l'Espagne d'États régionaux, en parlant de la régionalisation politique dans ces États, puisqu'il s'agit d'un partage du pouvoir législatif entre l'État central et les régions italiennes ou les communautés autonomes espagnoles.

administrative des entités infra-étatiques est d'une grande importance pour notre étude.

De ce qui précède, il en résulte que les régions ne peuvent devenir que des entités administratives et ne peuvent exercer que des compétences administratives dans l'État unitaire[1].

Suivant l'exposé précédent, l'on peut dire qu'il n'existe pas de région en tant que collectivité territoriale en droit turc et sa création nécessite une révision constitutionnelle, puisque le droit positif turc ne permet pas cette création. Il convient de préciser qu'il existe tout de même certains auteurs qui proposent la création des régions en qualité de collectivités territoriales dans l'organisation administrative décentralisée de cet État[2].

En réalité, une partie de la doctrine critique la forte centralisation au plan administratif en Turquie. Ainsi, İbrahim Özden KABOĞLU précise que malgré l'existence des régions en tant que collectivités territoriales en France, l'absence de telles collectivités territoriales en droit turc démontre que la République turque est plus centraliste par rapport à la République française[3]. Et, ajoutons que s'il s'agira d'une telle création en Turquie, les auteurs turcs nous indiquent l'État unitaire français comme un modèle pour la Turquie[4].

Cependant, certains auteurs n'admettent pas la création de régions en Turquie et ce même si elles n'auront que des compétences administratives. Ainsi, Birgül Ayman GÜLER considère la création de régions en Turquie comme une « pression » qui existe depuis la fondation de la République turque de sorte que cette pression vise à détériorer le système du département établi par la République[5].

En définitive, aujourd'hui en Turquie, il n'est pas possible de mettre en place des grands changements, y compris une révision constitutionnelle pour un changement au niveau régional dans l'organisation administrative de la République turque[6]. Donc, une telle proposition de changement n'est pas réelle, notamment dans le cas

---

[1] Dans ce sens, v. K. GÖZLER, *Anayasa hukukunun genel teorisi*, *op. cit.*, p. 481 ; M. ERDOĞAN, *op. cit.*, p. 13 ; R. ŞENGÜL, *op. cit.*, p. 7.

[2] V. sur cette proposition, v. A. POLATOĞLU, *op. cit.*, pp. 196-199. V. également, İ. Ö. KABOĞLU, *Anayasa ve toplum*, *op. cit.*, pp. 16-17.

[3] İ. Ö. KABOĞLU, *Anayasa ve toplum*, *op. cit.*, p. 121.

[4] R. KELEŞ, *Fransa ve İspanya'da yerinden yönetim*, *op. cit.*, p. 9.

[5] B. A. GÜLER, *Türkiye'nin yönetimi : yapı*, *op. cit.*, pp. 271-272.

[6] R. KELEŞ, « Avrupa'ya uyum sağlama sürecinde Türkiye'de yerel yönetimler », art. cit., p. 22.

actuel où plusieurs menaces existent contre la structure unitaire de cet État, si l'on prend en compte surtout le terrorisme dans certaines régions géographiques par une propagande du régionalisme politique.

Or, en France la régionalisation apparaît comme un outil du refus du régionalisme politique et sert à l'unité de l'État. Donc, « la décentralisation régionale telle qu'elle a été réalisée en France a ainsi permis de faire des régions à la fois le cadre de l'élaboration ou de la mise en œuvre de politiques publiques, et des acteurs institutionnels forts de la production de ces politiques, en maintenant l'unité et la stabilité de l'État. C'est pour cette raison que l'expérience française peut être présentée comme une alternative au régionalisme et au fédéralisme, digne d'intérêt pour de nombreux pays, notamment en Europe de l'est. »[1]

Toutefois, si l'on prend en considération le fait que les dernières réformes de la décentralisation en France ont entraîné le renforcement du rôle des régions dans cet État, il est légitime de se demander jusqu'où le rôle des régions pourra être renforcé ?

Il est évident qu'il n'existe pas aujourd'hui d'autonomie politique régionale en France. Mais, du point de vue de la mutation de la forme d'État unitaire, il faudra considérer aussi l'hypothèse de l'attribution du pouvoir législatif et de l'autonomie politique vers les régions. Donc, analysons cette hypothèse en partant notamment de certains exemples, comme l'Italie et l'Espagne.

Section 2
L'hypothèse de l'attribution du pouvoir législatif et de l'autonomie politique vers les régions : L'État régional : une nouvelle forme d'État ?

Rappelons que l'État unitaire est une forme d'État dans lequel il existe une unité du pouvoir législatif. Donc, la règle générale est l'interdiction de l'attribution de ce pouvoir aux collectivités infra-étatiques. Dès lors, il est possible de définir cette forme d'État comme étant « mono-constitutionnel » et « mono-législatif ».

Mais, qu'en est-il dans l'hypothèse où un pouvoir législatif est reconnu aux entités infra-étatiques, notamment aux régions en tant que collectivités territoriales ? Précisons que même si un tel État reste

[1] G. MARCOU, « L'expérience française de régionalisation (la décentralisation régionale dans l'État unitaire) », art. cit., p. 517.

encore « mono-constitutionnel », c'est certes qu'il sera possible de définir désormais cet État comme un État pluri-législatif. Comme l'a souligné Olivier GOHIN, « dès lors, il ne serait plus unitaire puisque déjà plurilégislatif, sans être fédéral puisqu'encore monoconstitutionnel. »[1]

En réalité, il est question d'une position intermédiaire entre l'État unitaire et la fédération. Si l'on considère ces deux formes d'État comme deux points extrêmes, l'on peut constater une évolution de la forme d'État unitaire vers une structure fédérale dans ce cas. Mais, comment peut-on définir cette nouvelle position ? Cette position intermédiaire sera-t-elle toujours une variété de l'État unitaire, ou constituera-t-elle une nouvelle forme d'État ?

À ce sujet, il convient de préciser que selon la règle de la détention unique du pouvoir législatif, les limites de la mutation de l'État unitaire seront dépassées dans une telle hypothèse. Ainsi, « une telle variation supposée de l'État unitaire conduit ici à une déconstruction de cet État unitaire au profit de ce qui se présente comme une hypothèse intermédiaire - on dit aussi « une zone grise » - pour correspondre à ce que l'on dénomme, le plus souvent et faute de mieux, « l'État régional », expression qui se rapporte à l'Italie ou encore « l'État des communautés », expression qui se rapporte à l'Espagne. »[2]

En réalité, les Constitutions italienne ou espagnole consacrent le principe de l'unité et de l'indivisibilité. Donc, est-il possible de parler d'un changement de nature de l'État pour ces exemples ?

Sur ce point, l'on trouve la notion de l'État régional en tant qu'une conception d'organisation étatique un peu étrange. Ainsi, « dans les États régionaux, la question de l'unité de l'État se pose dans des termes apparemment paradoxaux. En effet, les États régionaux partagent avec les États fédéraux la caractéristique de prévoir dans leur constitution l'existence d'un législateur « décentralisé » et dans le même temps proclament, parfois de manière plus explicite que les États unitaires, leur attachement à l'unité de l'État. »[3] La question qui se pose est celle

---

[1] O. GOHIN, *Droit constitutionnel,* Paris, Litec, 2010, p. 71.

[2] *Ibid.*

[3] J. FOUGEROUSE, « Unité et État régional en Italie », *in* F. LEMAIRE (dir.), *De l'unité de l'État : actes du colloque international organisé les 9 & 10 octobre 2008 par le Centre Jean Bodin de l'Université d'Angers, op. cit.,* pp. 75-88, spéc., pp. 75-76, selon l'auteur, « l'Italie et l'Espagne ont conservé la formule de l'unité et de l'indivisibilité alors que la France n'a préservé que l'indivisibilité ».

de savoir si l'État régional s'inscrit toujours dans le cadre de l'État unitaire, ou s'il s'agit d'une nouvelle forme d'État ?

Afin de répondre à ces questions, nous allons analyser l'État régional en tant qu'une conception distincte par rapport à l'État unitaire (**Paragraphe 1**), notamment en faisant une étude sur les exemples de l'Italie et de l'Espagne dans ce cadre (**Paragraphe 2**). Aussi, nous allons aborder la position de la doctrine sur la transformation de l'État unitaire français vers un État régional (**Paragraphe 3**).

Paragraphe 1. L'État régional en tant qu'une conception distincte par rapport à l'État unitaire

L'expérience française de la régionalisation a démontré que la région n'exerce que des compétences administratives dans l'État unitaire. Mais, peut-on parler ici de l'attribution d'une autonomie politique aux régions dans un État unitaire ?

Compte tenu des différentes variétés de la répartition des compétences - soit administratives, soit politiques - entre l'État central et les entités infra-étatiques, l'on peut dire que « la valorisation de la région dans le cadre de l'unité nécessite une analyse des nouveaux mécanismes juridiques de l'État. Il faut se demander si la régionalisation crée une nouvelle forme d'État ou si elle opère plutôt un rapprochement entre l'État unitaire et l'État fédéral, du premier vers le second. »[1] Certes, l'État unitaire et l'État fédéral sont deux catégories de forme d'État qui sont reconnues par la doctrine. Toutefois « faut-il déterminer si l'État régional constitue une forme distincte de celles déjà connues ou si elle peut être ramenée à celles-ci. »[2]

Au sujet de l'autonomie politique, il est possible de dire que « l'autonomie politique est la capacité pour une collectivité territoriale de faire ses propres choix politiques, en particulier par le biais d'un pouvoir législatif ; cette autonomie bénéficie de certaines garanties, plus particulièrement financières et juridictionnelles. »[3] Et, il convient de dire que « l'État régional concrétise le principe de l'autonomie politique en le coulant dans le moule territorial de la région, conçue

---

[1] L. DEPUSSAY, *La régionalisation des États unitaires*, préc., pp. 5-6.

[2] J. FOUGEROUSE, « L'État régional : une nouvelle forme d'État ? », *in* J. FOUGEROUSE (dir.), *L'État régional, une nouvelle forme d'État ?*, Bruxelles, Bruylant, 2008, pp. 1-47, spéc., p. 5.

[3] C. BARTHÉLÉMY, *op. cit.*, p. 121.

comme organe d'auto-gouvernement local, sans pour autant que soit sacrifié le dogme intangible de l'unité nationale, incarné par le pouvoir de direction politique et de coordination qui reste entre les mains des organes centraux de l'État »[1].

Il en résulte que l'autonomie politique attribuée aux régions est un critère permettant la distinction entre l'État régional et l'État unitaire. Ainsi, Stéphane PIERRÉ-CAPS trouve que « cette autonomie politique renferme un pouvoir d'auto-organisation, un pouvoir législatif et administratif propre et un pouvoir financier indépendant. »[2] Dès lors, il n'est pas possible de parler de l'unité du pouvoir législatif dans cette conception d'État régional.

Par ailleurs, l'on peut constater aussi que l'unité nationale et l'unité du pouvoir constituant sont indispensables dans cette conception différente. Donc, s'agit-il d'une classification entre l'État unitaire et la fédération ?

La répartition des compétences entre l'État central et les régions dans cette conception ne peut pas être expliquée par le principe de la décentralisation administrative. Il s'agit, en effet, d'un partage du pouvoir politique dans le concept d'État régional. En d'autres termes, « il est clair qu'une telle situation ne peut avoir sa justification dans le principe de décentralisation, mais dans un tout autre principe : celui de l'autonomie. »[3]

L'on peut dire au sujet de l'autonomie que l'entité infra-étatique dans un État régional et celle dans une fédération sont similaires, mais distinctes. En effet, il existe entre eux « une affinité notable, car ils reposent tous les deux sur le même principe d'autonomie, mais il ne faut pas pour autant les confondre. »[4]

---

[1] D. MAZZEGA et J. MUSITELLI, *L'organisation régionale en Italie*, Paris, la Documentation française, 1980, p. 11.

[2] S. PIERRÉ-CAPS, « État-nation et État régional : compatibilité ou antinomie ? », *in* J. FOUGEROUSE (dir.), *L'État régional, une nouvelle forme d'État ?*, *op. cit.*, pp. 135-144, spéc., p. 138. Comme nous allons le voir au-dessous, Stéphane PIERRÉ-CAPS défend, en réalité, l'inexistence de la forme d'État régional.

[3] G. AMBROSINI, [Un tipo intermedio di Stato tra l'unitario e il federale, caratterizzato dall'autonomia regionale, in *Rivista di Diritto pubblico,* 1933, pp. 97-100], « Document 2 : Un type intermédiaire d'État entre l'État unitaire et l'État fédéral, l'État régional », *in* P. FERRARI, *Les régions italiennes*, Paris, PUF, 1972, pp. 11-12.

[4] *Ibid.,* p. 12.

Force est de constater que l'État régional se distingue de l'État fédéral (fédération). D'une part, « il y a entre eux une différence importante ; car la collectivité autonome d'un État fédéral conserve dans le cadre de celui-ci la qualité d'État (on l'appellera d'ailleurs État membre). Tandis que, dans le système appelé « État régional », les collectivités territoriales ont bien une autonomie politique, mais n'ont pas toutes les caractéristiques propres à leur conférer la qualité d'État membre »[1]. D'autre part, dans les fédérations, il existe plusieurs Constitutions puisque les entités infra-étatiques sont des États qui ont leurs propres Constitutions. Aussi, dans les fédérations, à côté de l'autonomie politique des États membres, il faut parler du principe de la participation pour ces dernières. Donc, l'État régional se distingue en même temps par ces critères.

Jean FOUGEROUSE parle aussi du « rejet de la qualification fédérale »[2] en ce qui concerne l'État régional qui se distingue de l'État fédéral ; parce qu'il existe, dans l'État régional, « une Constitution nationale qui reconnaît et garantit l'existence d'entités territoriales dotées d'une autonomie politique »[3]. De plus, pour les entités infra-étatiques de l'État régional, l'on peut dire qu'il s'agit d'« une participation assez limitée à l'exercice des fonctions étatiques et en particulier à la procédure de révision de la constitution »[4].

Donc, « si l'on se réfère aux deux caractéristiques essentielles du fédéralisme, on peut établir que l'autonomie régionale est incomplète et que la représentation des régions au sein du pouvoir central est inadéquate empêchant ainsi d'assimiler l'État régional à l'État fédéral »[5], et l'on admet que « l'État régional ne peut donc être assimilé à l'État fédéral. Pour autant, il ne peut pas être considéré par défaut comme un État unitaire. »[6]

Ainsi, l'on constate que l'État régional se distingue de l'État unitaire. En réalité, un État unitaire très décentralisé est proche de l'État régional, mais « la différence qui existe entre le système des autonomies

---

[1] *Ibid.*

[2] J. FOUGEROUSE, « L'État régional : une nouvelle forme d'État ? », art. cit., p. 11 et suiv.

[3] *Ibid.*

[4] *Ibid.*

[5] J. FOUGEROUSE, « L'État régional : une nouvelle forme d'État ? », art. cit., p. 12. Sur la question de l'autonomie régionale incomplète et de la représentation régionale inadéquate dans l'État régional, v. aussi, pp. 13-20.

[6] *Ibid.* p. 20.

régionales et celui des provinces fortement décentralisées est si grande qu'on ne peut parler de deux espèces d'un même genre : l'État unitaire. »[1]

D'abord, il convient de préciser que « l'État unitaire dispose en effet seul de la compétence de sa compétence, les collectivités infra-étatiques ne disposant que des compétences qui leur sont attribuées unilatéralement par l'État. Mais à la différence des États régionaux ou fédéraux, les compétences locales dans un État décentralisé ne sont pas des compétences propres garanties par la Constitution qui doivent être préservées des interventions étatiques. »[2] En réalité, il existe aussi l'autonomie administrative des collectivités territoriales dans les États unitaires, ainsi, elles peuvent exercer des compétences propres. Néanmoins, il s'agit de compétences attribuées par l'État, puisque le législateur peut modifier ou supprimer par une simple loi ordinaire les compétences de ces collectivités infra-étatiques. Mais, les compétences régionales ne peuvent être modifiées ni réduites, ni supprimées par une simple loi ordinaire dans un État régional puisqu'elles sont protégées par la Constitution.

De plus, la nature des compétences attribuées aux collectivités infra-étatiques ou aux régions est différente dans l'État régional. Ainsi, même si la régionalisation ne peut exister qu'au niveau administratif dans un État unitaire, « dans le système des autonomies régionales, la région ne constitue pas qu'une entité administrative, mais aussi et surtout une entité politique, ayant une individualité et une volonté propres qui se juxtaposent à celles de l'État qui ne peut, ni les supprimer, ni les violer tant que la Constitution qui les a établies reste en vigueur. »[3]

Faut-il le rappeler, il est question ici des différences existant entre la régionalisation administrative et la régionalisation politique. Comme nous l'avons déjà signalé, dans un État unitaire, la régionalisation administrative ne permet que l'attribution de compétences « administratives » aux régions. Néanmoins, « il convient de distinguer les États attribuant un pouvoir législatif aux régions de ceux qui ne connaissent qu'une régionalisation administrative. »[4] À cet égard, certains auteurs estiment que « la reconnaissance du pouvoir législatif

---

[1] G. AMBROSINI, « Un type intermédiaire d'État entre l'État unitaire et l'État fédéral, l'État régional », préc., p. 11.

[2] O. GOHIN *et al.*, *op. cit.*, p. 129.

[3] G. AMBROSINI, préc., p. 11.

[4] L. DEPUSSAY, *La régionalisation des États unitaires*, préc., p. 18.

est un des éléments susceptibles de séparer, sur le plan des concepts, la décentralisation administrative et le régionalisme politique »[1].

Allant dans le même sens, Jean FOUGEROUSE défend « le rejet de la qualification unitaire »[2] dans le cadre de l'État régional, en soutenant que « l'attribution d'un pouvoir législatif authentique à des composantes régionales, dans des domaines variés et étendus, avec des clauses favorisant le développement de ces compétences, ne peut être tenu pour une variante de l'État unitaire… »[3]. L'auteur affirme que « la notion d'État unitaire renvoie à une forme de répartition du pouvoir de décision, et en particulier à l'unicité du détenteur du pouvoir législatif »[4] et que « c'est essentiellement en raison de l'existence d'un pouvoir normatif primaire, le pouvoir législatif régional, que l'État régional ne peut pas être considéré comme un État unitaire. En effet, l'éclatement du pouvoir législatif constitue une atteinte fondamentale au modèle unitaire. »[5]

Selon ces explications, il est possible de prétendre que l'État régional apparaît comme une forme d'organisation d'État intermédiaire entre l'État unitaire et fédéral. Toutefois, il faut préciser que la doctrine n'est pas unanime sur l'acceptation de l'État régional comme une forme d'État intermédiaire. Ainsi, comme Jean FOUGEROUSE l'affirme, « le problème principal est celui de l'existence même d'une catégorie juridique intercalée entre l'État unitaire et fédéral. Cette catégorie n'est pas admise par tous les auteurs. La doctrine est largement divisée entre les défenseurs d'une position traditionnelle et ceux qui avancent une position novatrice. »[6]

Certains auteurs, à l'image de Stéphane PIERRÉ-CAPS, défendent l'idée de l'inexistence de l'État régional. L'auteur cité estime qu'« en réalité, le concept d'État régional ne peut pas exister, car le principe

---

[1] F. MODERNE et P. BON, *Les autonomies régionales dans la Constitution espagnole*, Paris, Economica, 1981, p. 85.

[2] J. FOUGEROUSE, « L'État régional : une nouvelle forme d'État ? », art. cit., p. 20 et suiv.

[3] *Ibid.* p. 20.

[4] *Ibid.*

[5] *Ibid.,* p. 21, v. aussi note n° 102.

[6] *Ibid.,* p. 4. Selon les explications de cet auteur, une partie de la doctrine rejette l'existence d'une catégorie spécifique, donc cette conception de l'État régional s'inscrit dans le cadre de l'État unitaire. Mais, d'autres auteurs parlent d'« une zone grise » sans parler explicitement d'une nouvelle forme d'État. Enfin, certains autres considèrent l'État régional comme une forme d'État intermédiaire.

d'unité, inhérent à l'État-nation, doit l'emporter sur le principe d'autonomie : c'est, en effet, au sein de l'unicité même du système juridique qu'une différenciation pourra intervenir sur la base d'une plus ou moins grande autonomie. »[1] L'auteur ajoute aussi que « ce type d'État apparaît toujours comme un espace controversé, qui voit coexister des zones d'intégration, par l'équilibre de l'unité et de l'autonomie, et des zones de conflit, où les deux principes s'affrontent : comment alors contenir l'autonomie tout en lui permettant de s'épanouir ? »[2] Donc, selon cet auteur, « l'État régional n'est que la continuation de l'État unitaire par d'autres moyens que ceux préconisés par les catégories étatiques classiques. »[3] Néanmoins, il faut s'interroger comment un État régional peut-il devenir un État unitaire « par d'autres moyens » qui sont étranges à la structure unitaire de l'État ?

Toujours parmi ceux qui défendent l'inexistence de la forme d'État régional, certains trouvent que « l'État régional n'est autre qu'un État unitaire qui, dans un cadre strictement encadré, accepte et garantit constitutionnellement la diversité territoriale et la dualité de sources normatives en son sein. C'est essentiellement en cela qu'il se différencie de l'État unitaire décentralisé lequel n'admet qu'un seul centre de décisions politiques et ne tolère l'existence d'aucun pouvoir normatif autonome (législatif notamment) »[4]. En réalité, l'on constate que ces auteurs admettent que l'État régional est différent de l'État unitaire puisqu'un seul centre de décisions politiques doit exister dans ce dernier. Donc, comment peut-on concilier l'État régional avec l'État unitaire ?

À notre sens, si l'État unitaire et la fédération sont deux formes d'État distincts, il est possible de préciser que l'État régional est un statut intermédiaire entre ces deux formes d'États[5].

---

[1] S. PIERRÉ-CAPS, « État-nation et État régional : compatibilité ou antinomie ? », art. cit., p. 139.
[2] *Ibid.*
[3] *Ibid.*
[4] P. JAN, « L'Outre-mer français ou la mise en évidence des différents modèles étatiques », p. 13, cité par R. KHERAD, « Les collectivités territoriales infra-étatiques, sujets du droit international ? », *in* J. FOUGEROUSE (dir.), *L'État régional, une nouvelle forme d'État ?*, *op. cit.*, pp. 145-158, spéc., p. 145.
[5] V. sur la question d'« une forme d'organisation intermédiaire », J. FOUGEROUSE, « L'État régional : une nouvelle forme d'État ? », art. cit., p. 11 et suiv. V. également, R. KHERAD, « Les collectivités territoriales infra-étatiques, sujets du droit

Sur ce point, même si l'on admet l'existence de cette nouvelle conception d'État en tant qu'une organisation intermédiaire et aussi distincte de l'État unitaire ou fédéral, précisons que « l'État régional » n'est pas le seul terme pour expliquer ce concept d'organisation d'État. En effet, « on peut estimer aujourd'hui que deux termes sont en concurrence, celui d'« État régional » et celui d'« État autonomique ». Un certain nombre d'auteurs utilisent le terme d'« État autonomique », ou « État des autonomies », voire « République des autonomies ». Ce terme provient essentiellement de la doctrine espagnole et de la terminologie utilisée par la Constitution de 1978 (qui reconnaît l'existence de « communautés autonomes »). »[1]

Mais, en partant de la question de la régionalisation que nous avons déjà traitée dans le cadre de la question des compétences des régions, il n'est pas faux de parler de cette notion d'État régional[2].

Il convient de rappeler que notre étude est relative à la forme d'État unitaire. Donc, nous nous intéressons à cette nouvelle forme d'État dans le cadre de l'hypothèse de l'attribution du pouvoir législatif vers les entités infra-étatiques, notamment vers les régions.

Ce qui est important pour notre étude de l'État unitaire, est l'existence d'une nouvelle conception distincte de l'État unitaire en raison de l'attribution du pouvoir législatif aux entités infra-étatiques. Ainsi, le problème résulte essentiellement de cette attribution et l'on trouve « une organisation atypique de la répartition des pouvoirs au sein de certains États (en particulier l'attribution d'un pouvoir législatif à des entités régionales) qui pose la question de savoir si cette

---

international ? », art. cit., pp. 145-146 et notes n° 409 et 411. Ce dernier auteur rappelle que certains, à l'instar de Louis FAVOREU, considèrent que « l'État régional (appelé aussi autonomique ou État des autonomies) se situe dans une position intermédiaire entre l'État unitaire classique (comme la France) et l'État fédéral », et il cite Pierre BON d'après lequel « l'État des autonomies est clairement distinct de l'État unitaire classique de type français dans la mesure où les communautés autonomes ne bénéficient pas d'une simple autonomie administrative mais d'une véritable autonomie politique ».

[1] J. FOUGEROUSE, « L'État régional : une nouvelle forme d'État ? », art. cit., p. 2 et notes n° 4-6.

[2] De telle façon, Jean FOUGEROUSE choisit aussi cette même notion, en soutenant que « nous retiendrons donc le terme d'État régional car il a l'avantage de poser le problème de la forme de l'État et d'utiliser le terme « région », qui est celui retenu dans la plupart des systèmes nationaux ainsi que dans le cadre des structures européennes. », v. J. FOUGEROUSE, « L'État régional : une nouvelle forme d'État ? », art. cit., pp. 3-4.

structuration doit amener à reconsidérer la classification des formes d'État établie sur l'opposition de l'État unitaire et de l'État fédéral. »[1] Dans ce cadre, l'on peut citer les États italien et espagnol qui consacrent dans leurs Constitutions le principe de l'unité et de l'indivisibilité et qui permettent l'attribution du pouvoir législatif vers ses entités infra-étatiques.

Paragraphe 2. Les exemples de l'Italie et de l'Espagne

Comme nous l'avons indiqué précédemment, l'attribution du pouvoir législatif aux régions entraîne le dépassement des limites de la mutation de l'État unitaire. En effet, cette situation fait naître une autre organisation étatique qui existe entre l'État unitaire et l'État fédéral comme une « catégorie hybride »[2]. L'on peut qualifier ce nouveau modèle d'« hybride », car tout en consacrant le principe de l'unité ou de l'indivisibilité de l'État, il permet, contrairement à l'État unitaire, une diversité des décideurs au niveau législatif.

En réalité, « il paraît clair que la question de l'existence d'un nouveau modèle de référence de l'organisation étatique ne peut que passer par un examen des traits reconnus dans certains États pour les comparer aux caractères définissant les formes d'État aujourd'hui répertoriées et admises. »[3] Il convient de noter que « la notion d'État régional a été développée à partir des expériences de la Constitution républicaine espagnole du 9 décembre 1931 et de la Constitution italienne du 27 décembre 1947 »[4].

Comme nous l'avons déjà vu, l'autonomie attribuée aux collectivités infra-étatiques ne peut être qu'« administrative » dans un État unitaire, et ne peut donc être ni politique ni législative. Sur ce point, il faut préciser que la question de l'État régional provient de la distinction entre l'autonomie administrative et l'autonomie politique ou législative. Ainsi, « synthèse de l'État unitaire et de l'État fédéral, il attribue en effet aux régions un pouvoir législatif propre, et non seulement réglementaire

---

[1] *Ibid.*, p. 1.
[2] L. DEPUSSAY, *La régionalisation des États unitaires*, préc., p. 5.
[3] J. FOUGEROUSE, « L'État régional : une nouvelle forme d'État ? », art. cit., pp. 4-5.
[4] F. MODERNE et P. BON, *op. cit.*, p. 52.

comme dans la décentralisation, ce qui permet d'ailleurs « de tracer la frontière entre autonomie politique et autonomie administrative » »[1].

À cet égard, l'on peut voir facilement la différence de la région dans un État régional par rapport à celle qui existe en tant que collectivité territoriale dans un État unitaire. Par conséquent, « l'entité de base, la région, doit être appréhendée juridiquement selon les théoriciens de l'État régional, comme une collectivité territoriale de droit public dotée de l'autonomie législative. L'autonomie législative est donc un des traits distinctifs de la région par rapport à la collectivité administrative décentralisée qui ne dispose que du pouvoir réglementaire. »[2]

De la même façon, l'on constate que dans les exemples italien et espagnol, cette autonomie politique et législative est attribuée aux entités infra-étatiques appelées « régions » ou « communautés autonomes ». Néanmoins, le rejet du fédéralisme n'est pas absent dans ces exemples. Ainsi, l'article 5 de la Constitution de la République italienne de 1947 précise que « *la République* [est] *une et indivisible* ». Dans le même sens, l'article 2 de la Constitution espagnole de 1978 rejette le fédéralisme.

Selon Jean-Jacques SUEUR, il s'agit du « rejet du fédéralisme : explicitement ou non (plus explicitement en Italie qu'en Espagne), les États régionaux refusent en effet cette formule au nom de l'unité du tout »[3].

Suivant ce qui précède, l'on peut dire que l'Italie et l'Espagne illustrent bien l'État régional. Ces deux États consacrent le principe de l'unité et de l'indivisibilité dans leurs Constitutions et attribuent une autonomie politique et législative aux entités infra-étatiques. Pour mieux cerner l'idée traitée, nous allons analyser le cas de l'Italie (**A**) et de l'Espagne (**B**) en tant qu'organisations étatiques distinctes par rapport à la forme d'État unitaire.

A- L'exemple italien

[1] S. REIG, *La Communauté autonome de Catalogne : un modèle de région*, Perpignan, Presses universitaires de Perpignan, 1995, p. 52.

[2] F. MODERNE et P. BON, *op. cit.*, pp. 52-53.

[3] J.-J. SUEUR, « État régional, le temps immobile des particularismes », *in* J. FOUGEROUSE (dir.), *L'État régional, une nouvelle forme d'État ?*, *op. cit.*, pp. 373-396, spéc., p. 391.

Dans le cadre du régionalisme italien[1], la doctrine estime que « les raisons d'être les plus anciennes du régionalisme italien sont évidentes. Elles tiennent au fait que l'Italie est un État jeune, hétérogène, où la diversité domine : diversité résultant à la fois de l'histoire (un long passé d'éparpillement : depuis l'éclatement de l'Empire romain) et de la géographie (une péninsule allongée, s'étirant des Alpes à la côte africaine) et qui revêt une multitude d'aspects : quant à la langue, aux coutumes, aux conditions économiques, au relief, au climat »[2].

Il en résulte que l'existence de l'autonomie politique locale en Italie n'est pas nouvelle et que « l'histoire italienne elle-même, dominée par une tradition vivace d'autonomie locale et tranche nettement avec la tradition française unitaire, artificiellement transplantée en Italie par la monarchie piémontaise au moment de l'unification. »[3]

L'on comprend, au sujet de la naissance du régionalisme politique, que « les régions italiennes n'ont pas été conçues comme des organes de pure décentralisation administrative mais comme des entités dotées d'une autonomie politique, des centres d'auto-gouvernement démocratiques capables d'élaborer, d'adopter et de mettre en œuvre une orientation conforme à leurs intérêts particuliers et, éventuellement, différente de celle de l'État. »[4]

En effet, la Constitution italienne prévoyait, en son ancien article 115, que : « *les régions sont constituées en collectivités autonomes avec des pouvoirs et des fonctions propres selon les principes fixés par la Constitution* ». Même si cet article a été abrogé par la réforme de 2001, l'autonomie attribuée aux régions italiennes existe toujours[5]. Et, il convient de dire que l'autonomie des régions italiennes se différencie de celle existante dans les États unitaires.

L'article 5 de la Constitution italienne, qui affirme que la République est « *une et indivisible* », fait aussi référence à la notion d'autonomie,

---

[1] Sur le sujet du régionalisme italien par ses aspects constitutionnels, administratifs et fiscaux, v. A. LUCARELLI et M. VERPEAUX, *Régionalisme italien et régionalisme français : aspects constitutionnels, administratifs et fiscaux, op. cit.*

[2] C. PALAZZOLI, « Document 1 : Les raisons d'être du régionalisme italien », *in* P. FERRARI, *Les régions italiennes, op. cit.,* pp. 8-10, spéc., p. 9.

[3] *Ibid.,* p. 10.

[4] P. FERRARI, *Les régions italiennes, op. cit.,* p. 19.

[5] Sur les actes de la régionalisation en Italie, v. C. PAUTI, « Le régionalisme italien : un modèle original », *in* A. LUCARELLI et M. VERPEAUX, *Régionalisme italien et régionalisme français : aspects constitutionnels, administratifs et fiscaux, op. cit.*, pp. 13-27.

en prévoyant que « *La République, une et indivisible, reconnaît et favorise les autonomies locales ; elle met en œuvre la plus large décentralisation administrative dans les services qui dépendent de l'État ; elle adapte les principes et les méthodes de sa législation aux exigences de l'autonomie et de la décentralisation.* »

À ce sujet, des auteurs qui ont comparé les modèles italien et français admettent que l'unité est différente dans ces deux pays. Ainsi, certains auteurs estiment que « si l'Italie et la France sont deux États unitaires, l'unité n'est sans doute pas la même, comme l'illustre l'article 5 de la Constitution italienne qui consacre la République, une et indivisible, et promeut en même temps les autonomies locales. »[1]

En réalité, dans l'article 5 de la Constitution italienne, le terme « autonomie » est évoqué séparément de la décentralisation « administrative ». Et, l'attribution explicite d'un pouvoir législatif aux régions italiennes confirme que cette autonomie évoquée a une perspective politique dans l'État italien. C'est ce qui ressort de l'article 117 de la Constitution de cet État qui prévoit en son 1er alinéa que : « *le pouvoir législatif est exercé par l'État et les Régions dans le respect de la Constitution, aussi bien que des contraintes découlant de la réglementation communautaire et des obligations internationales.* »

Aussi, le deuxième alinéa de cet article 117, qui dispose que « *l'État a le pouvoir exclusif de légiférer dans les matières suivantes* », énumère les domaines concernés. Et puis, cet article, dans son alinéa 3, indique les matières qui font l'objet de législation concurrente, et précise aussi que « *dans les matières faisant l'objet de législation concurrente le pouvoir législatif échoit aux Régions, sous réserve de la fixation des principes fondamentaux, qui relève de la législation de l'État.* »

De plus, alinéa 4 de la même disposition prévoit que : « *dans toutes les matières qui ne sont pas expressément réservées à la législation de l'État, le pouvoir législatif échoit aux Régions.* » Cette expression rappelle la clause générale de compétence des collectivités territoriales dans un État unitaire. Cependant, ici, il ne s'agit pas des compétences administratives, cette clause générale est relative aux compétences législatives reconnues en faveur des régions italiennes.

---

[1] Alberto LUCARELLI et Michel VERPEAUX précisent dans l'introduction de l'ouvrage de: A. LUCARELLI et M. VERPEAUX, *Régionalisme italien et régionalisme français : aspects constitutionnels, administratifs et fiscaux, op. cit.*, p. 12.

Franck LAFFAILLE explique que « dans une fédération, l'État fédéral dispose de la compétence d'attribution et les unités fédérées de la compétence de droit commun ; dans un État régional, la configuration est inversée, au profit donc de l'État. Sauf que, dans le cas italien, la situation se complique : depuis la révision constitutionnelle de 2001, la clause résiduelle de compétence bénéficie aux entités territoriales ! »[1] D'ailleurs, l'on constate qu'en Italie « les cinq régions à statut spécial bénéficient d'une autonomie constitutionnelle plus importantes – elles peuvent modifier le régime de leurs compétences – que certaines entités fédérées »[2].

Tous ces points exposés démontrent la différence de la régionalisation italienne par rapport au modèle français, à savoir, la régionalisation française qui s'inscrit dans le cadre de la décentralisation territoriale administrative ne permet que l'attribution des compétences administratives aux régions françaises. Par ailleurs, « l'expérience italienne de régionalisation constitue, par l'ampleur de ses ambitions et l'originalité de son contenu un exemple à méditer. Il s'agit, en effet, de dépasser le modèle classique d'État centralisé et hiérarchisé pour jeter les bases d'une structure étatique fortement décentralisée dont les régions, pourvues d'une large autonomie politique, représentent un des points d'articulation décisifs. »[3]

D'ailleurs, il faut préciser que cette autonomie politique des régions italiennes donne la possibilité de parler de l'État régional en tant qu'organisation étatique distincte de celle de l'État unitaire. En effet, les régions italiennes se distinguent des collectivités territoriales administratives qui existent dans un État unitaire. Ainsi, l'on peut dire qu'« en vertu du pouvoir législatif dont elles sont investies, les régions constituent une des sources primaires du droit national, tandis que les collectivités infrarégionales n'ont qu'un pouvoir réglementaire. »[4]

À ce propos, concernant le pouvoir législatif des régions, l'on constate que l'autonomie attribuée aux régions italiennes est une « autonomie législative » [5] qui ne peut pas exister en tant que règle générale dans un État unitaire.

---

[1] F. LAFFAILLE, art. cit., p. 345.

[2] *Ibid.* p. 345 et note de bas de page n° 174.

[3] D. MAZZEGA et J. MUSITELLI, *op. cit.*, p. 9.

[4] *Ibid.*, p. 10.

[5] V. sur le sujet de l'autonomie législative en Italie, *Ibid.*, p. 77 et suiv. V. aussi sur « l'autonomie législative et administrative des régions », P. FERRARI, *Les régions italiennes*, *op. cit.*, p. 22 et suiv.

Sur ce point, Pierre FERRARI estime aussi que l'attribution de l'autonomie politique et législative distingue les régions italiennes des collectivités administratives décentralisée, « les régions italiennes disposent d'une compétence législative qui confère à leur autonomie un caractère véritablement politique. Elles peuvent, en effet, définir des orientations et les convertir en règles juridiques obligatoires, autrement dit avoir une politique propre. Elles s'opposent de ce fait aux autres collectivités administratives décentralisées »[1]. Donc, l'on peut constater qu'en Italie, « la loi régionale possède, comme la loi étatique, le caractère de source de droit. »[2]

Cela étant dit, certaines limites existent sur la base du principe d'unité en Italie. Jean FOUGEROUSE précise, à ce propos, qu'« il est vrai que l'autonomie est garantie aussi par la constitution sous différentes formes (statutaire, législative, administrative, financière) mais cette garantie n'est pas absolue. »[3] Selon l'auteur, « la compétence des régions ne se détermine plus en cherchant l'existence d'un titre constitutionnel au profit des régions mais en cherchant si aucune compétence de l'État ne s'y oppose, toutefois il n'en est pas résulté un principe de compétence qui sort de la république. Au contraire, cette compétence reste, par nature, limitée par le principe d'unité. »[4]

De plus, l'auteur explique que « les régions ne fondent pas leur pouvoir sur elles-mêmes et restent donc intrinsèquement dépendantes de l'État puisqu'elles « n'ont pas de souveraineté ». Un statut régional ne peut pas évoquer la « souveraineté du peuple sarde », même de manière incidente, car la Cour considère qu'une telle évocation conduirait à un système fédéral « incompatible avec le degré d'autonomie régionale atteint » dans l'ordre juridique italien. »[5]

L'on peut dire que cet encadrement par le principe d'unité affecte aussi la position des régions italiennes, de telle façon qu'elles se distinguent des entités fédérées d'une fédération. À cet égard, la doctrine utilise plusieurs critères afin de distinguer les régions italiennes des entités fédérées au sein d'une fédération[6].

---

[1] P. FERRARI, *Les régions italiennes*, *op. cit.*, p. 22.

[2] *Ibid.*

[3] J. FOUGEROUSE, « Unité et État régional en Italie », art. cit., p. 80.

[4] *Ibid.*

[5] *Ibid.*

[6] V. sur ces critères, D. MAZZEGA et J. MUSITELLI, *op. cit.*, p. 10. Pour une analyse sur l'hypothèse fédérale autour de l'État italien, v. M.-P. ÉLIE, « L'Italie, un État

À la lumière des développements précédents, l'on peut dire qu'il existe une position intermédiaire des régions italiennes entre les entités fédérées d'une fédération et les collectivités territoriales dans un État unitaire. La doctrine admet que « juridiquement distinctes des États membres des États fédéraux, avec qui elles ont cependant en commun certaines analogies, les régions italiennes ne sont pas pour autant assimilables aux collectivités locales décentralisées de l'État unitaire classique, incarnées en Italie par les provinces et les communes. »[1]

Donc, dans le modèle italien, il est question de trouver un équilibre entre le principe de l'autonomie régionale politique et le principe d'unité, et ce système *sui generis* conduit à qualifier l'État italien d'État régional. Katia BLAIRON y voit comme « un régionalisme en quête d'équilibre »[2], selon l'auteur, « il s'agit en premier lieu de l'autonomie d'une partie des composantes de la République : les collectivités territoriales, ce que l'on appelle en Italie « les autonomies » (locales et régionales) qui sont autant de facteurs de déséquilibre mais aussi de diversité. C'est, en second lieu, la nécessité de maintenir l'unité d'une autre composante, l'État, unité qui est fondée sur les principes d'égalité et de solidarité — personnelle et territoriale — et qui sont garanties à tous et dans tout le territoire par l'État. »[3]

À notre sens, à travers les articles 5 et 117 de la Constitution, le constituant italien recherche la voie de l'établissement d'un équilibre entre ces deux principes. De sorte que cet équilibre entre ces principes qui constitue la caractéristique du régionalisme italien conduit à la redéfinition de la forme d'État italien. Donc, il est possible de constater que l'autonomie politique régionale est limitée par le principe de l'unité. Autrement dit, l'unité apparaît, sur ce point, tel « un principe suprême de l'ordre juridique »[4], qui « constitue une limite insurmontable au pouvoir régional »[5].

---

fédéral ? À propos des lois constitutionnelles n° 1 du 22 novembre 1999 et n° 3 du 18 octobre 2001 », *RFDC*, 2002/4, n° 52, pp. 749-757, disponible sur le lien : https://www.cairn.info/revue-francaise-de-droit-constitutionnel-2002-4-page-749.htm

[1] D. MAZZEGA et J. MUSITELLI, *op. cit.*, pp. 10-11.

[2] K. BLAIRON, « Le modèle italien « Italie : un régionalisme en quête d'équilibre », *in* J. FOUGEROUSE (dir.), *L'État régional, une nouvelle forme d'État ?*, *op. cit.*, pp. 51-59.

[3] *Ibid.*, p. 52.

[4] J. FOUGEROUSE, « Unité et État régional en Italie », art. cit., p. 77.

[5] *Ibid.*, p. 77 et suiv.

Force est de constater que la Cour constitutionnelle italienne protège aussi cette unité. En effet, la Cour constitutionnelle a évoqué à maintes fois, dans ses décisions, le principe de l'unité de l'État prévu à l'article 5 de la Constitution. Par exemple, dans la décision du 30 décembre 1968, la Cour a admis que « la région se présente comme une institution dotée d'une autonomie politique, même si elle l'exerce dans le cadre de l'unité de l'État »[1]. La Cour constitutionnelle joue également un rôle important concernant le contrôle du pouvoir législatif régional. Ainsi, comme il a été rappelé, « le pouvoir législatif des régions doit non seulement répondre d'une répartition des compétences, mais il est aussi contrôlé par la Cour constitutionnelle au moyen d'un recours des régions ou de l'État contre les lois régionales »[2].

D'une manière générale, l'État italien reconnait l'autonomie régionale politique et législative mais ne renonce pas au principe de l'unité et de l'indivisibilité de l'État. Néanmoins, ce model n'est assimilable ni à l'État unitaire, ni à la fédération. Donc, la création de telles régions qui ont une autonomie politique et législative « confère à l'État italien un caractère pluraliste qui le distingue fondamentalement de l'État fédéral et de l'État unitaire à simple décentralisation administrative »[3].

Aussi, l'autonomie politique des régions italiennes va au-delà des compétences administratives des collectivités décentralisées dans un État unitaire, mais elle ne peut pas atteindre la souveraineté des États membres d'une fédération ; « c'est précisément cette quête d'une synthèse dynamique entre le principe d'autonomie et le principe d'unité qui confère à l'expérience son originalité par rapport aux modèles existants. L'autonomie dévolue aux régions italiennes les situe à mi-chemin des États membres de l'État fédéral et des collectivités territoriales décentralisées de l'État unitaire. »[4]

---

[1] La traduction de cette décision est citée par S. PIERRÉ-CAPS, « État-nation et État régional : compatibilité ou antinomie ? », art. cit., p. 139. Pour une autre traduction avec une petite différence, v. P. FERRARI, *Les régions italiennes*, *op. cit.,* p. 19 et note n° 1 : « Dans le contexte de notre organisation, caractérisée par la pluralité des pouvoirs, la région se présente comme une entité dotée d'une autonomie politique, même si l'État est unitaire. »

[2] K. BLAIRON, art. cit., p. 56.

[3] De l'intervention de M. de Mita, Colloque de Naples, novembre 1969, *in* P. FERRARI, *Les régions italiennes*, *op. cit.,* p. 91.

[4] D. MAZZEGA et J. MUSITELLI, *op. cit.,* p. 10.

Au final, avec toutes ces explications, l'on peut considérer que ce modèle d'État constitue une forme intermédiaire, mais qui est différent de la structure étatique unitaire.

B- L'exemple espagnol

Comme l'a souligné la doctrine, « l'Espagne avait adopté au début du XIXe siècle le modèle d'État centralisé français dans sa version napoléonienne. Le système servit à corriger en profondeur la situation faite de particularismes et de privilèges propres à l'Ancien Régime et à instaurer des structures d'égalité juridique et d'unification administrative et politique à partir desquelles le pays se modernisa effectivement et s'engagea sur le chemin accidenté de son histoire contemporaine. »[1]

Au fil des années, l'on constate une transformation radicale en Espagne. Ainsi qu'« elle passe d'un seul coup du modèle centralisateur napoléonien à un État décentralisé au sein duquel les *Communautés autonomes*, nouvelles collectivités territoriales régionales jouent désormais un rôle de premier plan en partageant le pouvoir politique avec les institutions centrales étatiques, événement décisif dans l'effort de réconciliation entrepris par les défenseurs d'un pouvoir central fort et les partisans des thèses autonomistes. »[2]

En réalité, « l'idée régionale n'a jamais été absente de l'histoire de l'Espagne. Mais elle a été souvent esquivée ou occultée ou directement combattue. »[3] De surcroit, l'on trouve des tentatives inachevées de l'évolution de la structure unitaire vers une autre forme d'organisation dans l'histoire de ce pays. À ce propos, « le régime, institué en 1873, s'effondra rapidement mais il allait tenter la première expérience fédérale en Espagne et alimenter en conséquence le courant antiunitaire qui, en permanence, affleure l'histoire du pays. »[4] Dans cette période, un projet de Constitution fédérale a été adopté le 17 juillet 1873, mais il a été voué à l'échec[5].

---

[1] Eduardo GARCIA DE ENTERRIA précise dans la préface de l'ouvrage de: F. MODERNE et P. BON, *op. cit.*, p. V.

[2] S. REIG, *op. cit.*, p. 3.

[3] F. MODERNE et P. BON, *op. cit.*, p. 3.

[4] *Ibid.*, p. 9.

[5] V. sur ce projet, F. MODERNE et P. BON, *op. cit.*, p. 9. Comme le citent ces auteurs, le projet prévoyait « une architecture à trois étages : la commune (Municipio), l'État

Depuis la fin du XIXe siècle, même s'il est possible de constater un effort du renforcement de la structure unitaire par certaines dispositions[1], les mouvements régionalistes n'étaient pas absents. En effet, certaines zones demeurent au premier plan et les mouvements régionalistes se radicalisent, notamment au Pays Basque ou en Catalogne[2].

En étudiant la doctrine qui s'est intéressée au « développement de l'idée régionale en Espagne »[3], et à l'histoire constitutionnelle de cet État, l'on constate que la question catalane a entraîné un grand changement au niveau constitutionnel en Espagne. Eduardo GARCIA DE ENTERRIA estime que « la Constitution républicaine de 1931, avec l'intention initiale de trouver une solution à la question catalane (les constituants furent beaucoup moins sensibles au thème basque qu'ils identifiaient à la droite cléricale) établit un modèle d'État régional qui, bien qu'il ait été défini en termes abstraits et généraux, n'ouvrait la voie qu'à des autonomies déterminées dont des statuts spécifiques à chaque région devaient préciser le contenu quant aux organes et aux compétences. » [4]

En effet, la Constitution de 1931 a parlé de la notion de *l'État intégral,* mais elle a consacré en même temps l'autonomie régionale. Ainsi, l'article 1er alinéa 3 disposait que *« La République constitue un État intégral, compatible avec l'autonomie des (municipalités) communes et des régions* ». Suivant cette expression, l'on peut dire que cet article n'était pas autre chose qu'une proclamation d'une forme d'État intermédiaire, puisque la forme d'État n'était ni compatible avec une structure unitaire classique, ni avec une fédération. Donc, « le choix de la formule traduit une volonté consciente de rechercher une voie médiane entre les catégories classiques (État unitaire, État fédéral), supposées en crise, mais, surtout, de trouver une solution spécifiquement espagnole quant à l'organisation territoriale de l'État,

---

régional (Estado régional), ou Canton et l'État fédéral (Estado Fédéral), ou Nation. A chaque niveau, l'organisation politique devait être la même, avec un pouvoir législatif, exécutif et judiciaire. L'unité du pays se réaliserait par la base, chaque entité disposant de compétences propres. »

[1] Par exemple, les lois du 16 décembre 1876, le décret-loi du 2 octobre 1877, la loi du 29 avril 1882. V. sur ce sujet, F. MODERNE et P. BON, *op. cit.,* p. 9.

[2] V. sur ce sujet, S. REIG, *op. cit.*

[3] F. MODERNE et P. BON, *op. cit.,* p. 3 et suiv.

[4] Eduardo GARCIA DE ENTERRIA précise dans la préface de l'ouvrage de: F. MODERNE et P. BON, *op. cit.,* p. VI.

en tout état de cause fondée sur la conviction que l'Espagne est bien un État-nation. »[1]

Sur cette Constitution et cette nouvelle conception d'État intégral, nous pensons qu'il est utile de rappeler un passage du discours de Luis JIMÉNEZ DE ASÚA, Président de la Commission Constitutionnelle de l'époque, qui a soutenu que : « l'État espagnol, après avoir été pendant tant de siècles, l'inutile et intraitable État unitaire, va se transformer en État intégral moderne... Face à l'État unitaire, l'État intégral a l'avantage, pour nous, d'être compatible (sans les imposer) avec divers degrés d'autonomies régionales »[2]. Par ailleurs, « face à l'État fédéral, il présente l'intérêt de permettre, sans se dénaturer lui-même, l'existence de territoires liés à l'État par une étroite dépendance politico-administrative, aux côtés d'autres régions qui entendent et peuvent assumer des fonctions d'autodétermination, à des degrés divers..., sans imposer des relations identiques entre l'État et les différents territoires »[3].

Quant à la Constitution espagnole actuelle de 1978, l'on constate que même si la notion de l'État intégral n'existe pas dans ce texte juridique, l'article 1er de cette Constitution précise, que « *la souveraineté nationale appartient au peuple espagnol, dont émanent les pouvoirs de l'État.* » Et aussi, l'article 2 affirme que « *la Constitution est fondée sur l'unité indissoluble de la nation espagnole, patrie commune et indivisible de tous les Espagnols. Elle reconnaît et garantit le droit à l'autonomie des nationalités et des régions qui la composent et la solidarité entre elles.* »

Il ressort des termes des articles 1er et 2 une position similaire par rapport à celle existant en Italie. D'un côté, la Constitution espagnole confirme l'unité indissoluble de la nation espagnole et l'indivisibilité de celle-ci, de l'autre côté, elle reconnait « le droit à l'autonomie des nationalités et des régions ». Ainsi, même si l'État espagnol ne renonce pas au principe de l'unité de l'État, l'on peut dire qu'il s'agit d'une « option en faveur d'une profonde décentralisation territoriale politique »[4].

---

[1] S. PIERRÉ-CAPS, « État-nation et État régional : compatibilité ou antinomie ? », art. cit., p. 137.

[2] L. JIMÉNEZ DE ASÚA, Diario de Sesiones de las Cortes Constituyentes, 27 avril 1931, p. 645, cité par F. MODERNE et P. BON, *op. cit.*, p. 12, v. aussi note n° 33.

[3] *Ibid.*

[4] Eduardo GARCIA DE ENTERRIA précise dans la préface de l'ouvrage de: F. MODERNE et P. BON, *op. cit.*, p. V.

Par ailleurs, il faut préciser que cette décentralisation « politique » différencie l'État espagnol de l'État unitaire. En réalité, l'on peut dire qu'en Espagne il s'agit d'une « autonomie politique locale » au lieu de décentralisation. Ainsi, certains auteurs indiquent la différence entre la « décentralisation administrative » en France et l'autonomie en Espagne, en estimant pour ce dernier État que « la notion centrale n'est pas celle de décentralisation mais celle *d'autonomie,* qui implique la possibilité pour les collectivités inférieures d'exercer un pouvoir normatif propre dans les domaines de leur compétence. Les collectivités locales détiennent la compétence réglementaire ; il en va de même pour les communautés autonomes, qui sont en outre titulaires d'une compétence législative. »[1]

Ainsi, le changement constitutionnel en Espagne confirme cette différence entre cet État et la République française. « En effet, du fait de l'évolution politique différente dans les deux pays, l'idée de décentralisation a fait l'objet d'importantes retouches en Espagne. Par ailleurs, il ne faut pas oublier que la Constitution espagnole de 1978 utilise comme notion clé celle d'autonomie et non celle de décentralisation. »[2]

Certes, plusieurs réformes de la décentralisation ont été réalisées en France mais « seul l'État continue à détenir la compétence législative et, à titre principal, la compétence réglementaire. Les collectivités territoriales, ainsi que le veut la théorie de la décentralisation, ont reçu de nouveaux pouvoirs et de nouvelles compétences, mais n'ont pas été consultées sur ce point. »[3]

Par ailleurs, en Espagne « le nouveau système résulte d'un changement constitutionnel en vertu duquel non seulement on passe d'un régime politique à un autre, mais encore la structure de l'État est transformée »[4].

En réalité, la différence entre la France et l'Espagne apparaît quand on analyse la position des entités infra-étatiques dans ces deux pays. En France « l'innovation consiste à attribuer à la région la qualité de

---

[1] F. D'ARCY et M. BAENA DEL ALCAZAR, *Décentralisation en France et en Espagne*, Paris, Économica, 1986, p. 18. V. aussi sur ce sujet, dans cette étude, sous le titre de « Différences entre la « décentralisation » dans le débat politique français et les « autonomies » dans le contexte politique espagnol », p. 17 et suiv.

[2] *Ibid.,* p. 21.

[3] *Ibid.,* p. 18.

[4] *Ibid.*

collectivité locale, en Espagne les communautés autonomes ont une nature différente et supérieure, clairement marquée dans la Constitution. Leur autonomie n'est pas seulement administrative, comme celle des collectivités locales, mais s'étend au terrain politique, comme le montrent leur capacité à édicter des lois et la formation de véritables gouvernements régionaux. »[1]

À ce propos, le sujet de l'exercice du pouvoir législatif et l'unité ou la pluralité de ce dernier est intéressant. La décentralisation administrative et l'autonomie (politique) sont consacrées dans différents domaines. Il faut savoir que « les conséquences pratiques de l'application de l'un ou l'autre concept concernent tout d'abord la situation des collectivités inférieures quant à l'exercice du pouvoir législatif et réglementaire. »[2] Ainsi, « dans la décentralisation administrative, le fait que l'on parte d'un État centralisé exclut que les collectivités inférieures détiennent une compétence législative, laquelle, par principe, ne peut revenir qu'au parlement national. Au contraire, l'autonomie, consacrée par la Constitution, autorise parfaitement l'octroi aux collectivités inférieures de compétences législatives, sans pour autant y obliger. »[3]

Il convient de rappeler que l'autonomie des collectivités territoriales dans un État unitaire est différente, en raison de son adjective « administrative », par rapport à l'autonomie « politique ». Donc « à la différence de la décentralisation, dans laquelle s'opère seulement un élargissement des fonctions déjà assumées par les collectivités inférieures, dans l'autonomie il faut reconstruire à neuf le système. La question est particulièrement ardue si, comme dans le cas des communautés autonomes espagnoles, il est prévu l'octroi de compétences législatives : il faut alors répartir les domaines de compétences entre le parlement national et celui des régions. »[4] D'ailleurs, l'on admet que ce qui existe en Espagne est une autonomie politique, puisque des compétences législatives sont attribuées aux communautés autonomes.

Autour de la question du « pouvoir législatif des communautés autonomes »[5], l'on peut citer les articles 150 et 152 de la Constitution espagnole de 1978. Ainsi, l'article 150 permet l'attribution du pouvoir législatif aux communautés autonomes par les Cortes générales qui

---

[1] *Ibid.* pp. 18-19.
[2] *Ibid.,* p. 27.
[3] *Ibid.*
[4] *Ibid.,* pp. 27-28.
[5] F. MODERNE et P. BON, *op. cit.,* p. 85 et suiv.

constituent le Parlement du Royaume d'Espagne, qui est un organe bicaméral (le Sénat et le Congrès des députés). En effet, d'après cette disposition, « *Les Cortès générales pourront, dans les matières relevant de la compétence de l'État, attribuer à toutes les Communautés autonomes ou à certaines d'entre elles la faculté d'édicter, en ce qui les concerne, des normes législatives dans le cadre des principes, des bases et des directives fixés par une loi étatique. Chaque loi-cadre arrêtera, sans préjudice de la compétence des tribunaux, les modalités de contrôle qu'exerceront les Cortès générales sur ces normes législatives des Communautés autonomes* »[1].

D'autre part, l'on trouve les Assemblées législatives élues au suffrage universel à l'article 152-1 qui prévoit que « *dans les statuts approuvés par la procédure définie à l'article 151, l'organisation institutionnelle autonome se fondera sur une assemblée législative élue au suffrage universel, suivant un système de représentation proportionnelle qui assurera, en outre, la représentation des différentes zones du territoire, un Conseil de Gouvernement qui exercera les fonctions exécutives et administratives et un président, élu par l'assemblée parmi ses membres et nommé par le Roi, qui sera chargé de diriger le dit Conseil de Gouvernement, représentation suprême de la Communauté autonome et représentation ordinaire de l'État dans celle-ci.* »

Donc, l'on peut dire que « ces assemblées exercent le pouvoir législatif, élément caractéristique d'une véritable autonomie, qui permet d'ailleurs de distinguer régionalisation politique et décentralisation administrative »[2].

En clair, l'Espagne est « fondée sur la notion d'autonomie, la nouvelle organisation territoriale de l'État répond à une revendication majeure des forces opposées au centralisme. Ces différences sont essentielles par rapport à la décentralisation où les collectivités infra-étatiques n'ont pas la capacité de légiférer »[3]. Dès lors, il est clair que l'expérience française de la régionalisation est différente de la régionalisation existant en Espagne où l'on peut même parler de « régionalisme politique » qui n'est pas compatible avec la structure

---

[1] Pour cet article et tous les autres, v. la version française de la Constitution espagnole, disponible sur le lien : https://www.boe.es/legislacion/documentos/ConstitucionFRANCES.pdf

[2] S. REIG, *op. cit.*, p. 124.

[3] *Ibid.*, p. 15.

étatique unitaire. En effet, un tel régionalisme « introduit une nouvelle dimension, la dimension politique, et touche donc l'organisation même du pouvoir dans l'État. Sur ce point, la doctrine espagnole est unanime : le régionalisme suppose la reconnaissance de la région comme « entité politique » ; il se situe dans un contexte essentiellement politique et soulève donc la question des structures étatiques, etc. »[1].

En définitive, la régionalisation en Espagne ou l'autonomie régionale dans cet État dépasse les limites de la mutation de la structure unitaire en raison de sa perspective politique. En revanche, l'on ne peut pas dire que le degré de cette autonomie est équivalent à la souveraineté des entités fédérées dans une fédération. Comme le constate Stéphane PIERRÉ-CAPS, « là réside précisément la problématique de l'État régional : en l'occurrence, « *c'est une autonomie permise par la Nation espagnole et strictement dans le cadre de celle-ci* ». L'on retrouvera cette problématique dans la Constitution de 1978. »[2] Et donc, même si elle est politique, cette autonomie n'est pas « illimitée ».

L'on peut dire que cette autonomie est encadrée par le principe de l'unité de l'État. Ainsi, l'expression « la diversité dans le respect de l'unité »[3] est bien compatible avec cette situation en Espagne. La lecture du préambule de la Constitution espagnole et de son article 2 confirme cette idée.

Concernant l'article 2 que nous avons cité au-dessus, Stéphane PIERRÉ-CAPS estime que « cet article reproduit très exactement, au niveau de la forme et de l'organisation territoriale de l'État, la dialectique des « *peuples d'Espagne* » et de la « *nation espagnole* » contenue dans le préambule : le statut constitutionnel des « *peuples d'Espagne* », que traduit le « *droit à l'autonomie des nationalités et régions* », est sécrété par « *l'unité indissoluble de la nation espagnole, patrie commune et indivisible de tous les Espagnols.* » »[4].

Donc, même s'il s'agit d'une autonomie politique locale en Espagne, l'on ne peut pas dire que cet État a renoncé au principe de l'unité. Il faut

---

[1] F. MODERNE et P. BON, *op. cit.*, p. 39, v. aussi note n° 41.

[2] S. PIERRÉ-CAPS, « État-nation et État régional : compatibilité ou antinomie ? », art. cit., p. 138. Nous avons déjà précisé qu'en réalité, Stéphane PIERRÉ-CAPS défend l'inexistence de l'État régional. Mais l'auteur résume encore la position de l'État espagnol.

[3] Sur un sujet similaire, sous le titre d'« une diversité dans le respect de l'unité nationale », v. S. REIG, *op. cit.*, p. 56 et suiv.

[4] S. PIERRÉ-CAPS, « État-nation et État régional : compatibilité ou antinomie ? », art. cit., p. 140.

garder à l'esprit que « la Constitution exclut l'hypothèse d'une pluralité d'États, caractéristique de l'État fédéral. Il n'y a qu'un seul État espagnol (art. 1-1), une seule « souveraineté nationale » (art. 1-2), un seul « peuple » espagnol détenteur de la souveraineté (art. 1-2) »[1]. De plus, « l'unité de l'État reflète l'« indissoluble unité de la Nation Espagnole » dont fait état l'article 2 »[2].

Il convient de préciser que cet équilibre établi entre l'autonomie régionale politique et le principe de l'unité de l'État détermine aussi la forme d'État espagnol, comme l'État italien. Ainsi, « sous l'angle du droit constitutionnel, en tous cas, on assiste à une curieuse combinaison de concepts au sein de l'article 2 : au départ, l'indissoluble unité de la Nation est proclamée, mais elle s'accompagne du droit à l'autonomie des nationalités et des régions, laquelle à son tour est tempérée par la réaffirmation de la solidarité entre ces différentes entités... »[3]. Donc, « l'article 2 de la Constitution repose sur un équilibre complexe de concepts qui entendent s'appuyer les uns sur les autres, de telle sorte que le retrait d'une seule pièce compromettrait irrémédiablement la stabilité de l'ensemble »[4].

En effet, il faut préciser que cet équilibre a été établi à l'égard des mouvements régionalistes et qu'il n'y avait qu'une seule solution pour empêcher la dissolution de l'État. En conséquence, cet équilibre était l'une des « mesures destinées à satisfaire les revendications autonomistes, tout en sauvegardant l'unité nationale. »[5] Néanmoins, il n'a pas pu empêcher la transformation de la forme d'État.

Au sujet de la nature de l'État espagnol, les auteurs français affirment qu'« il n'est pas facile de qualifier l'État espagnol »[6] et s'interrogent s'il s'agit d'un « État régional ? État régionalisable ? État fédéral-régional ? État des autonomies ou État « autonomique » ? »[7].

L'on peut constater que les communautés autonomes espagnoles sont bien différentes des collectivités territoriales dans un État unitaire, et certains auteurs admettent que « la Catalogne n'est pas seulement une région d'Espagne. Elle se rapproche de la situation d'un État membre

[1] F. MODERNE et P. BON, *op. cit.,* p. 50.
[2] *Ibid.*
[3] *Ibid.,* p. 48.
[4] *Ibid.,* p. 42.
[5] S. REIG, *op. cit.,* p. 20.
[6] F. MODERNE et P. BON, *op. cit.,* p. 48.
[7] *Ibid.*

dans une fédération »[1]. Par ailleurs, « il apparaît en effet que le fédéralisme a été assez nettement repoussé par les constituants (au même titre que la théorie de l'État unitaire centralisé) cependant que le modèle de l'État « régional » était plus proche de leurs préoccupations. »[2]

Le modèle de l'État régional distinct de la fédération et de l'État unitaire est la meilleure solution face aux dispositions de la Constitution espagnole de 1978[3]. La notion de « l'État intégral », dont la Constitution de 1931 avait parlé, pouvait être aussi une autre solution comme « une troisième voie entre l'État fédéral et l'État unitaire »[4] ou comme « une « synthèse » de l'État unitaire et de l'État fédéral »[5] Toutefois, ce qui importe ici est d'expliquer qu'il s'agit d'une transformation touchant la nature de l'État espagnol et que « cette transformation présente évidemment bien d'autres particularités, mais le fait central reste la rupture avec l'État unitaire et l'apparition d'un État régional fondé sur la notion théorique et politique d'autonomie »[6].

Dès lors, l'on peut dire que le constituant espagnol a renoncé à la structure unitaire de l'État en reconnaissant l'autonomie des nationalités et des régions dans le respect de l'unité de l'État et en permettant le partage du pouvoir législatif entre l'État central et les entités infra-étatiques espagnoles.

En réalité, jusqu'ici le problème résulte, notamment de l'existence de la décentralisation « politique » dans l'État. À cet égard, Louis FAVOREU disait que « la décentralisation politique est souvent présentée comme un progrès de l'État moderne et en ce sens, on peut se demander s'il n'est pas dommage que la France, gênée par sa Constitution, ne puisse réaliser les mêmes réformes que ses voisins. En fait, tout le problème est de savoir si la décentralisation politique telle qu'elle a été pratiquée en Europe occidentale est signe de progrès ou signe de crise de l'État démocratique »[7]. Dans le cadre de cette explication, précisons que l'utilité d'une décentralisation « politique »

---

[1] S. REIG, *op. cit.*, p. 123.
[2] F. MODERNE et P. BON, *op. cit.*, p. 48.
[3] V. F. MODERNE et P. BON, *op. cit.*, pp. 53-54. Ces auteurs précisent que la doctrine espagnole est, en général, d'accord avec l'idée de l'existence d'un modèle original de l'État régional face à la structure de l'État espagnol.
[4] J. FOUGEROUSE, « L'État régional : une nouvelle forme d'État ? », art. cit., p. 7.
[5] F. MODERNE et P. BON, *op. cit.*, p. 52.
[6] F. D'ARCY et M. BAENA DEL ALCAZAR, *op. cit.*, pp. 34-35.
[7] L. FAVOREU, « Décentralisation et Constitution », *RDP*, 1982, p. 1287.

ou la présentation de celle-ci comme un progrès de l'État moderne ne sont pas des sujets intéressant notre étude. Néanmoins, l'on peut dire clairement qu'une telle décentralisation dite « politique » suscite une vraie crise de la structure unitaire de l'État. Les exemples italien et espagnole en témoignent.

Charles CADOUX estime qu'« il y a des États unitaires où la décentralisation politique offre un seuil d'autonomie plus élevé et effectif que celui dont disposent les collectivités membres dans certains États fédéraux »[1]. Mais, il faut s'interroger sur le fait de savoir si un État dans lequel une autonomie politique existe peut être considéré comme un État unitaire ?

En effet, le terme de l'autonomie est « toujours accompagné d'un adjectif réducteur »[2]. Ainsi, cette autonomie peut être « administrative » comme c'est le cas dans les États unitaires et peut être définie comme l'autonomie « législative » ou « politique » dans le cas des États régionaux.

Sur ce point, Charles CADOUX trouve que « la régionalisation amorcée en 1982 a fait franchir un pas décisif à l'État unitaire français dans la voie de la décentralisation mais que, tout compte fait, « ça suffit comme ça » »[3]. Il est vrai que l'expérience française de la régionalisation montre la possibilité de l'existence d'une telle régionalisation dans un État unitaire mais qui se limite au domaine « administratif ». Cependant, les exemples italien et espagnol confirment que la régionalisation politique entraîne une vraie transformation de la forme d'État unitaire.

Abordant ce sujet, Gérard MARCOU considère que « l'Italie et l'Espagne ne sont plus des États unitaires, malgré l'affirmation contraire, mais datée, de leurs Constitutions (respectivement articles 5 et 3), et les réformes des dernières années ont fait du législateur régional le législateur de droit commun, surtout en Espagne »[4].

Il convient de rappeler qu'il existe certaines propositions qui prévoient l'attribution du pouvoir législatif aux régions dans l'État

---

[1] Ch. CADOUX, « La conception française de l'État unitaire (comparaisons) », art. cit., p. 27.

[2] *Ibid.*, p. 28.

[3] *Ibid.*, p. 32.

[4] G. MARCOU, « Quel avenir pour la Région en France : décentralisation ou autonomies régionales ? », art. cit., p. 170.

unitaire français[1]. Or, une telle attribution du pouvoir législatif sera incompatible avec la structure unitaire de l'État français. Selon Gérard MARCOU, face aux propositions indiquées, il convient de préciser pour la République française que « sa mise en œuvre changerait radicalement la nature juridique de l'État, qui deviendrait un État à autonomies régionales, plus proche des régimes italien et espagnol que du fédéralisme allemand »[2].

Dans ce cadre, nous allons aborder l'hypothèse de transformation de l'État français vers un État régional ou vers une autre forme distincte de l'État unitaire.

Paragraphe 3. Le débat sur la transformation de l'État unitaire français vers un État régional

Nous avons expliqué, plus haut, que la régionalisation française se distingue du régionalisme politique qui existe en Italie et en Espagne, puisqu'elle se limite au niveau administratif [3]. De ce fait, les compétences des régions françaises sont différentes de celles des régions italiennes, alors « l'idée d'un droit régional est impossible en France, alors qu'elle est une réalité en Italie. »[4]

Néanmoins, sur le plan politique ou sur le plan administratif, il convient de dire que « la régionalisation réorganise l'État unitaire, dont la forme évolue par rapport au modèle originel. »[5] D'après Gérard MARCOU, « parce que les problèmes sont mal posés, les réformes envisagées pourraient remettre en cause le caractère unitaire de la

---

[1] V. sur ces propositions, *Ibid.*, pp. 169-170. Gérard MARCOU parle de la proposition du président de la Région Rhône-Alpes en 2005 (Le Monde, 6 sept.) et du rapport de l'institut de la décentralisation établi sur la base des réflexions de Jean-Pierre BALLIGAND et d'Adrien ZELLER en 2009.

[2] *Ibid.*, p. 170.

[3] V. pour une brève comparaison au niveau constitutionnel entre l'Italie, l'Espagne et la France dans le cadre de la question de la forme d'État unitaire, S. A. EVLIYAOGLU, « La question de l'État unitaire face aux régionalisations française et italienne. Un essai autour du droit constitutionnel », *in* A. LUCARELLI et M. VERPEAUX, *Régionalisme italien et régionalisme français : aspects constitutionnels, administratifs et fiscaux, op. cit.*, pp. 29-43.

[4] Alberto LUCARELLI et Michel VERPEAUX précisent dans l'introduction de l'ouvrage de: A. LUCARELLI et M. VERPEAUX, *Régionalisme italien et régionalisme français : aspects constitutionnels, administratifs et fiscaux, op. cit.*, p. 12.

[5] L. DEPUSSAY, *La régionalisation des États unitaires*, préc., p. 5.

République française, sans que cela ait été directement voulu ni délibéré, et avoir des conséquences difficilement réversibles. »[1]

Précisons que la peur de la transformation de la structure unitaire de l'État vers une autre forme suscite les critiques sur la régionalisation administrative. Tel est le cas en Turquie, pour empêcher la régionalisation au sein de l'organisation administrative décentralisée.

Sur ce point, l'on peut dire qu'il existe la même crainte concernant l'État français, puisque les régions en tant que collectivités territoriales disposent de leurs propres compétences -même si elles ne sont qu'administratives-. Ainsi, l'on constate que la question de la possibilité de la transformation de l'État unitaire français vers un État régional a été discutée en doctrine française.

À titre de rappel, les régions françaises n'étaient que des établissements publics régionaux aux compétences limitées, avec l'évolution de la régionalisation elles sont devenues des collectivités territoriales de plein exercice par la réforme de 1982-1986. Comme l'a souligné Gérard MARCOU, « les adversaires de la réforme, mais aussi, quoique plus rarement, certains de ses partisans, y voyaient l'amorce d'un changement fondamental dans la nature même de l'État ; d'une République unitaire plus ou moins décentralisée, on passerait à un État régional ou fédéral »[2].

Par la suite, les régions ont été consacrées dans la Constitution par la révision constitutionnelle de 2003, au même titre que les communes et les départements. Commentant cet événement, certains auteurs soulignent que « cette émergence des régions bouleverse à tel point le paysage administratif que d'aucuns ont pu se demander si la France ne s'est pas petit à petit engagée dans la voie de l'État régional ou de la régionalisation »[3].

En France, la régionalisation s'inscrit dans la décentralisation « administrative » et il ne s'agit en aucun cas d'une remise en cause de l'État unitaire. Néanmoins, l'on peut constater que certaines collectivités ultramarines constituent des « exceptions » à la règle de

---

[1] G. MARCOU, « Quel avenir pour la Région en France : décentralisation ou autonomies régionales ? », art. cit., p. 153.

[2] G. MARCOU, « L'expérience française de régionalisation (la décentralisation régionale dans l'État unitaire) », art. cit., p. 505.

[3] J.-M. LARRALDE, « Les obstacles juridiques à la régionalisation », *in* J. FOUGEROUSE (dir.), *L'État régional, une nouvelle forme d'État ?*, *op. cit.*, pp. 331-354, spéc., pp. 331-332.

l'interdiction du partage du pouvoir législatif dans l'État unitaire français[1]. Donc, les craintes indiquées proviennent de l'existence de telles entités infra-étatiques en France.

Pour une partie de la doctrine, « la région jouit en réalité d'une image extrêmement positive. Elle s'est imposée comme une collectivité référence. Elle a su se rendre indispensable au point de redéfinir les contours mêmes de la décentralisation, de nombreux élus, de nombreux acteurs économiques, des universitaires, certes minoritaires encore, évoquant désormais ouvertement le processus d'une régionalisation accrue sur le modèle italien, voire espagnol »[2]. Et, il faut ajouter que « le laboratoire constitutionnel que constituait les statuts des collectivités ultramarines invite d'ailleurs à cette réflexion sur le devenir de l'État unitaire français »[3].

Dès lors, il convient de dire que la régionalisation se limite au niveau administratif en France, mais l'on admet que la Nouvelle-Calédonie et la Polynésie française sont des « exceptions » à cette règle. C'est le constat du rapport de Michel PIRON en 2006, qui disait que « la régionalisation politique, comme en Italie ou en Espagne, se traduirait par la création de collectivités à autonomie politique, dotées de compétences exclusives et d'un véritable pouvoir normatif. Notre décentralisation territoriale reste, nonobstant les cas de la Nouvelle-Calédonie et de la Polynésie française, exclusivement ou principalement administrative...»[4].

De la même façon, Pascal JAN soutient que « l'État français est un État unitaire décentralisé administrativement et non politiquement. La

---

[1] V. sur ce sujet, A. CANTON-FOURRAT, *L'État unitaire français et les collectivités ultramarines (contribution à l'étude d'un droit des collectivités ultramarines),* Thèse, Université Paris V, 2005.

[2] P. JAN, « La Région et la question du leadership territorial », art. cit., pp. 352-353.

[3] *Ibid.*

[4] Assemblée nationale, *L'équilibre territorial des pouvoirs*, rapport d'information n° 2881, 22 février 2006, déposé en application de l'article 145 du Règlement par la Commission des lois constitutionnelles, de la législation et de l'administration générale de la République, présenté par M. PIRON, disponible sur le lien : http://www.assemblee-nationale.fr/12/rap-info/i2881.asp V. également, dans ce rapport, note n° 24 concernant la Nouvelle-Calédonie et la Polynésie française, dans laquelle il est dit que « ces collectivités territoriales ont un statut d'autonomie qui est, pour partie, constitutionnellement défini et garanti et dans lequel le principe de spécialité législative est largement dominant, le droit commun est d'application résiduelle, en dehors des matières de souveraineté, et les compétences de l'État sont d'attribution ».

compétence législative relève du monopole étatique. »[1] Mais, l'auteur admet que « l'État français s'est engagé depuis quelques années, sous le poids des nécessités politiques et des revendications locales, dans la reconnaissance de collectivités territoriales exerçant un certain pouvoir législatif. La Nouvelle-Calédonie bien sûr mais dans une moindre mesure la Polynésie française et les collectivités d'Outre- Mer. La question n'est donc pas tant de savoir si une évolution vers un État régional est possible. Elle l'est. Mais quand ? »[2]

Il est légitime de s'interroger, à ce propos, si l'attribution d'un pouvoir législatif à certaines collectivités ultramarines dans l'État unitaire français ne constitue pas une « remise en cause de l'unicité du pouvoir législatif ? »[3]

Nous avons déjà précisé qu'en Nouvelle-Calédonie il s'agit d'un « véritable » pouvoir législatif. Félicien LEMAIRE précise, à ce sujet, que « la loi organique du 19 mars 1999 a octroyé un véritable pouvoir législatif, en attribuant à certaines délibérations du congrès le caractère de « lois du pays ». Ce qui nécessairement choque au regard de la tradition française de l'État centralisé ; comme choque également l'expression très fédéraliste de « pays à souveraineté partagée » inscrite dans l'accord de Nouméa du 5 mai 1998 (point 5, §9 du préambule) »[4].

Outre la Nouvelle-Calédonie, il faut ajouter aussi la Polynésie française qui a la capacité d'édicter des lois du pays à partir de 2004. Ainsi, ces deux collectivités peuvent adopter des dispositions législatives sur leur territoire propre. Mais, d'après Dominique MAILLARD DESGRÉES DU LOÛ, « c'était une révolution juridique, parce que cette « loi du pays » a véritablement une nature législative. Dans ce contexte, c'est plutôt la question de l'existence d'une souveraineté partagée qui a excité les chercheurs que celle de la

[1] P. JAN, « La Région et la question du leadership territorial », art. cit., p. 357.
[2] *Ibid.*
[3] V. sur cette question, F. LEMAIRE, « Le modèle de l'État unitaire français à l'épreuve de l'outre-mer », *in* J. FOUGEROUSE (dir.), *L'État régional, une nouvelle forme d'État ?*, *op. cit.*, pp. 355-371.
[4] *Ibid.*, p. 358. V. aussi à la même page, la note de bas de page n° 890, dans laquelle l'auteur précise, concernant la notion de « pays à souveraineté partagée », que « cette notion est en effet utilisée dans certains systèmes fédéraux, comme aux États-Unis, où la Cour suprême a affirmé le caractère de principe fondamental de « la souveraineté partagée » ».

formation éventuelle d'un État régional »[1]. Donc, on s'interroge, ici, sur la question de savoir si « l'existence des lois du pays en France en fait-elle un État régional ? »[2]

En effet, outre les lois du pays, il convient d'analyser aussi le droit à l'expérimentation législative locale prévue par la réforme de 2003 dans l'État unitaire français. À ce sujet, l'alinéa 4 de l'article 72 prévoit que « *dans les conditions prévues par la loi organique, et sauf lorsque sont en cause les conditions essentielles d'exercice d'une liberté publique ou d'un droit constitutionnellement garanti, les collectivités territoriales ou leurs groupements peuvent, lorsque, selon le cas, la loi ou le règlement l'a prévu, déroger, à titre expérimental et pour un objet et une durée limités, aux dispositions législatives ou réglementaires qui régissent l'exercice de leurs compétences.* »

La révision constitutionnelle de 2003 autorise une dérogation à titre expérimental aux dispositions législatives pour l'ensemble des collectivités territoriales de la République et leurs groupements. Toutefois, la doctrine française affirme que cette possibilité est « limitée » et « conditionnée ». Comme l'a affirmé Félicien LEMAIRE, « convient-il de ne pas exagérer cette possibilité, puisque l'option ainsi ouverte est nécessairement limitée dans son objet et dans le temps et qui plus est conditionnée dans son application par une loi organique ; ainsi que le précise la loi organique n° 2003-704 du 1er août 2003, relative à l'expérimentation par les collectivités territoriales »[3].

De son côté, Dominique MAILLARD DESGRÉES DU LOÛ précise que « la révision de 2003 multiplie les hypothèses d'intervention des collectivités territoriales dans le domaine de la loi, et pas seulement outre-mer puisque toutes les collectivités peuvent participer à des procès d'expérimentation législative ; mais l'expérimentation est par nature provisoire »[4].

De plus, l'on peut citer aussi l'article 73 de la Constitution française qui accorde l'habilitation législative pour adaptation des lois et

---

[1] D. MAILLARD DESGRÉES DU LOÛ, « L'existence des lois du pays en France en fait-elle un État régional ? », *in* J. FOUGEROUSE (dir.), *L'État régional, une nouvelle forme d'État ?*, *op. cit.*, pp. 233-252, spéc., pp. 233-234.

[2] V. sur cette question, *Ibid.*, p. 233 et suiv.

[3] F. LEMAIRE, « Le modèle de l'État unitaire français à l'épreuve de l'outre-mer », art. cit., p. 361.

[4] D. MAILLARD DESGRÉES DU LOÛ, « L'existence des lois du pays en France en fait-elle un État régional ? », art. cit., p. 235.

règlements aux départements et régions d'outre-mer. Cet article dispose que « *dans les départements et les régions d'outre-mer, les lois et règlements sont applicables de plein droit. Ils peuvent faire l'objet d'adaptations tenant aux caractéristiques et contraintes particulières de ces collectivités* ».

Cependant, cette habilitation législative est aussi limitée et conditionnée selon la doctrine[1]. Ainsi, l'alinéa 3 de l'article 73 précise que « *les collectivités régies par le présent article peuvent être habilitées, selon le cas, par la loi ou par le règlement, à fixer elles-mêmes les règles applicables sur leur territoire, dans un nombre limité de matières pouvant relever du domaine de la loi ou du règlement.* »

Il est possible de dire que l'expérimentation législative locale ou l'habilitation législative pour adaptation des lois et règlements sont limitées ou conditionnées. Mais qu'en est-il du statut de la Nouvelle-Calédonie, de celui de la Polynésie française et des « lois du pays » ?

Autour de cette question, l'on peut dire que l'État unitaire français se rapproche de la forme d'État-régional existant en Italie et en Espagne. Autrement dit, « la France est bien administrée outre-mer dans des conditions qui la rapprochent d'un État régional, mais il ne s'agit que d'un rapprochement. Certains éléments du régime juridique complexe établi depuis 2003 maintiennent la République en dehors de l'État régional. » [2] Ce rapprochement ne veut pas dire donc que la République française est désormais un État régional[3]. De même, Félicien LEMAIRE estime qu'« on cherchera donc encore en vain dans la Constitution française une disposition comparable à l'article 117 de la Constitution italienne. Sans oublier que si l'avis de certains territoires - les COM en particulier - est sollicité pour déterminer leur statut, aucun

---

[1] V. sur cette question, F. LEMAIRE, « Le modèle de l'État unitaire français à l'épreuve de l'outre-mer », art. cit., p. 360.

[2] D. MAILLARD DESGRÉES DU LOÛ, « L'existence des lois du pays en France en fait-elle un État régional ? », art. cit., p. 251.

[3] Sur l'idée selon laquelle la France n'est pas un État régional, v. R. BOUSTA, « La « spécificité » du modèle français. Des Régions en quête de spécificité », *in* A. LUCARELLI et M. VERPEAUX, *Régionalisme italien et régionalisme français : aspects constitutionnels, administratifs et fiscaux, op. cit.*, pp. 129-149, l'auteur parle de la faible spécificité du territoire régional français et de l'absence d'action régionale spécifique pour expliquer l'originalité du modèle français de la régionalisation à l'égard de la notion d'État régional.

d'entre eux ne dispose d'un pouvoir d'auto-organisation même à caractère législatif, comme c'est le cas en Italie ou en Espagne. »[1]

Mais, comment peut-on expliquer la position radicale de la Polynésie française et plus particulièrement celle de la Nouvelle-Calédonie par rapport aux autres entités infra-étatiques ?

Il est vrai que ces deux collectivités infra-étatiques de l'État unitaire français exerce un pouvoir législatif. Mais, ces deux collectivités sont des « exceptions » au sein de l'organisation administrative territoriale de cet État. Aussi, il n'est pas possible de parler d'une « règle générale » de l'attribution du pouvoir législatif aux collectivités territoriales dans la République française. D'ailleurs, Félicien LEMAIRE indique que « dans la mesure où le statut attribué à la Nouvelle-Calédonie n'a qu'un caractère transitoire et se situe hors du champ des autres catégories de collectivités territoriales, on est enclin à minimiser l'aménagement ainsi fait à l'unité du pouvoir législatif ; en insistant sur son caractère très exceptionnel. »[2]

L'on peut dire, à ce sujet, que « la solution la plus simple qui est de considérer les « lois du pays », au sens large d'actes locaux intervenant dans le domaine de la loi, comme des instruments hétérogènes d'une décentralisation normative qui, dans un État unitaire qui ne craint pas pour son unité nationale, les réserves à l'outre-mer. »[3]

Concernant le statut de l'outre-mer, l'on constate qu'il existe un débat sur la notion de « l'État régional partiel » en France, mais il convient de dire que les exceptions ne bouleversent pas la règle générale. L'existence de certaines collectivités territoriales exceptionnelles n'entraîne pas donc la transformation de la structure unitaire de l'État français. Quant à « l'État régional partiel », « il est évident qu'une seule exception constitutionnellement admise (la Nouvelle Calédonie), dans des circonstances et des conditions de droit fort particulières, n'y suffit pas »[4].

L'on trouve une telle affirmation en doctrine turque. Ainsi, en analysant la régionalisation française, italienne et espagnole, Atilla

---

[1] F. LEMAIRE, « Le modèle de l'État unitaire français à l'épreuve de l'outre-mer », art. cit., p. 368.

[2] *Ibid.*, p. 359.

[3] D. MAILLARD DESGRÉES DU LOÛ, « L'existence des lois du pays en France en fait-elle un État régional ? », art. cit., p. 252.

[4] F. LEMAIRE, « Le modèle de l'État unitaire français à l'épreuve de l'outre-mer », art. cit., p. 371.

NALBANT précise que l'État régional est une nouvelle forme d'État et que l'Italie et l'Espagne sont des exemples de celui-ci parce que la décentralisation « politique » est répandue sur les territoires de ces deux États. Or, en France, même si certaines collectivités situées outre-mer permettent la décentralisation politique, cette situation est « exceptionnelle » pour ce pays, donc ce qui existe en France, est toujours la décentralisation « administrative »[1]. C'est dire que la République française protège toujours sa structure unitaire.

En réalité, la question de l'outre-mer français soulève beaucoup de difficultés lorsqu'on parle de l'unité du pouvoir législatif dans l'État unitaire français. Néanmoins, cela a permis l'élargissement des limites de la mutation de l'État unitaire. Ainsi, l'on admet l'unité de la détention unique du pouvoir législatif en tant que « règle générale » et que les « exceptions » ne suffisent pas à bouleverser la structure unitaire de l'État, tel est le cas en France. En revanche, dans une telle hypothèse où l'attribution du pouvoir législatif pour des entités infra-étatiques serait une règle générale dans un État unitaire, l'on pourra affirmer qu'il existe un dépassement de ses limites, même si sa Constitution consacre le principe de l'unité ou de l'indivisibilité de l'État, à l'image de l'Italie et de l'Espagne.

Suivant les explications précédentes, l'on peut dire qu'en France « il n'y a sans doute aucun consensus politique permettant d'afficher aujourd'hui que la France est un État dont les régions exercent un pouvoir législatif. »[2] Il en résulte que « la France demeure un État unitaire décentralisé. Du point de vue du pouvoir normatif des collectivités inférieures à l'État, son socle métropolitain ignore tout de l'État régional. »[3]

Peut-être qu'on fait face à une évolution de la décentralisation française et que certaines exceptions repoussent les limites, mais l'on considère que « les limites de l'évolution de la décentralisation vers l'État régional »[4] ne sont pas encore dépassées dans l'État unitaire français.

[1] V. A. NALBANT, *Üniter devlet : bölgeselleşmeden küreselleşmeye*, *op. cit.*, pp. 346-347.
[2] D. MAILLARD DESGRÉES DU LOÛ, « L'existence des lois du pays en France en fait-elle un État régional ? », art. cit., p. 251.
[3] *Ibid.*
[4] V. sur ce sujet, sous le titre indiqué au-dessus, J.-M. LARRALDE, « Les obstacles juridiques à la régionalisation », art. cit., pp. 331-345. L'auteur estime que « l'absence

Même si la République française est toujours un État unitaire, il faut préciser aussi que ces exceptions dans cet État montrent la différence entre l'État unitaire « moderne » ou « atypique » et celui « classique » ou « typique ». Aujourd'hui, il existe donc une différence entre l'État unitaire français et l'État unitaire turc. Ce dernier ne permet ni une exception du point de vue de l'attribution de pouvoir législatif, ni la régionalisation (décentralisation régionale) sur le plan administratif.

Concernant la question de la transformation de l'État unitaire français vers un État régional, les auteurs turcs, en distinguant la régionalisation française du régionalisme politique qui existe actuellement en Italie ou en Espagne, s'accordent pour dire que la République française protège sa structure unitaire, puisque les régions françaises ne sont que des entités administratives[1].

Malgré l'absence d'une institution qualifiée de région en tant que collectivité territoriale dans l'organisation administrative décentralisée de la République turque, certaines études se sont intéressées à la forme d'État régional en doctrine turque[2].

Atilla NALBANT précise, à ce propos, qu'il s'agit de la réorganisation de la périphérie face au centre et estime que l'État régional est « le produit de l'échec de la forme d'État unitaire »[3]. Dès lors, l'on peut dire que la règle principale de l'apparition d'une nouvelle

---

de partage constitutionnel des compétences entre l'État et les régions » et « une faible autonomie normative et institutionnelle » sont les limites de la décentralisation à l'égard de la transformation de la forme d'État vers l'État régional.

[1] V. sur ces discussions, İ. Ö. KABOĞLU, *Anayasa hukuku dersleri : (genel esaslar)*, *op. cit.*, p. 124 ; R. KELEŞ, *Fransa ve İspanya'da yerinden yönetim*, *op. cit.*, pp. 44, 47 et 84 ; R. ŞENGÜL, *op. cit.*, p. 149. Pour une analyse en doctrine turque sur l'Italie, l'Espagne et la France dans le cadre de la forme d'État unitaire, régional et fédéral, v. O. UYGUN, *op. cit.*, pp. 122-133. V. aussi A. NALBANT, *Üniter devlet : bölgeselleşmeden küreselleşmeye*, *op. cit.*, pp. 346-347.

[2] V. A. NALBANT, *Üniter devlet : bölgeselleşmeden küreselleşmeye*, *op. cit.* V. également, N. ÇAVUŞOĞLU, « Bölgeli devlette egemenlik / yetki paylaşımı », *in* e-akademi, Juin 2002, n° 4, disponible sur le lien : http://www.e-akademi.org/makaleler/ncavusoglu-1.htm V. aussi ces deux articles : A. NALBANT, « Bölgesel devlet : Yeni bir devlet biçimi mi ? (I) : Kuramsal Temeller », *in AİD (Amme İdaresi Degisi)*, Vol. 29, n° 2, juin 1996, TODAİE, pp. 39-70 ; A. NALBANT, « Bölgesel devlet: Yeni bir devlet biçimi mi ? (II) Uygulama: İtalya ve İspanya Örnekleri », *in AİD (Amme İdaresi Degisi)*, Vol. 29, n° 3, septembre 1996, TODAİE, pp. 17-55.

[3] V. A. NALBANT, *Üniter devlet : bölgeselleşmeden küreselleşmeye*, *op. cit.* p. 6.

forme d'État dit « régional » consiste sur l'attribution du pouvoir législatif vers les régions ou vers les entités infra-étatiques[1].

Il convient de rappeler qu'il n'existe que la centralisation « au niveau politique » dans l'État unitaire. À ce sujet, Atilla NALBANT estime qu'il est difficile de définir les États régionaux comme des États centralisés au niveau politique. Les entités infra-étatiques exercent ses propres pouvoirs législatifs dans ce type d'État, aussi l'auteur parle de l'assouplissement de la centralisation politique par la décentralisation politique ou par l'autonomie politique dans les États régionaux[2].

À notre sens, cette évolution de la centralisation politique et le partage du pouvoir législatif engendrent une nouvelle forme d'État distincte de l'État unitaire. D'ailleurs, il faut rappeler que l'unité du pouvoir législatif est une condition *sine qua non* pour la forme d'État unitaire et une limite infranchissable du point de vue de la mutation de celle-ci.

Pour conclure, précisons qu'une partie de la doctrine turque considère l'État régional comme une variation extrême de l'État unitaire. Néanmoins, ces auteurs admettent aussi que le pouvoir législatif ne peut pas être attribué aux collectivités territoriales dans un État unitaire. Ainsi, d'après nous, l'attribution de ce pouvoir aux entités infra-étatiques entraîne la transformation de l'État unitaire vers une autre forme d'État.

Précisons que notre travail n'est pas la dénomination ou la définition de cette nouvelle conception d'État que nous pouvons qualifier d'« État régional » ou d'« État des autonomies ». Ce qui importe pour notre étude est l'apparition d'une autre forme d'État distincte de l'État unitaire dans l'hypothèse où l'attribution du pouvoir législatif aux collectivités territoriales serait la règle générale.

---

[1] Dans ce sens, v. İ. Ö. KABOĞLU, *Anayasa hukuku dersleri : (genel esaslar)*, *op. cit.*, p. 124 ; R. KELEŞ, *Fransa ve İspanya'da yerinden yönetim*, *op. cit.*, pp. 83-84. Concernant la forme d'État régional et la décentralisation politique qui résulte de l'attribution du pouvoir législatif vers les entités infra-étatiques, v. en doctrine turque, A. NALBANT, *Üniter devlet : bölgeselleşmeden küreselleşmeye*, *op. cit.*, p. 11 et pp. 346-347, Atilla NALBANT affirme que l'État régional est une nouvelle forme d'État, et évalue l'Italie et l'Espagne dans ce cadre.

[2] V. A. NALBANT, *Üniter devlet : bölgeselleşmeden küreselleşmeye*, *op. cit.*, pp. 30-31, et 35-38. L'auteur explique l'existence de la décentralisation politique dans les États régionaux.

CONCLUSION DE LA DEUXIÈME PARTIE

Notre étude a démontré que la décentralisation est l'un des événements les plus importants ayant permis la mutation de la structure unitaire de l'État. En effet, comme nous l'avons vu lors de cette partie, ce sont les réformes de la décentralisation qui ont opéré cette mutation. Dans ce cadre, nous avons constaté une transition de l'État unitaire « typique » ou « classique » à celui « atypique » ou « moderne ». Toutefois, une telle mutation ne veut pas dire transformer réellement la forme d'État.

Cela étant dit, il convient de préciser que les caractéristiques de la décentralisation et la nature des compétences attribuées sont aussi importantes. Le dépassement de la limite d'une décentralisation « administrative », c'est-à-dire l'existence de décentralisation « politique », notamment par l'attribution de compétences législatives aux entités infra-étatiques, suscite la transformation de la forme d'État unitaire. La preuve en est qu'il existe dans certains États – comme l'Italie et l'Espagne - une régionalisation « politique » et un partage du pouvoir législatif entre l'État central et les entités locales. Ainsi, l'unité du pouvoir législatif apparaît, sur ce point, comme une condition *sine qua non* afin de ne pas dépasser la limite de la mutation de la forme d'État unitaire.

CONCLUSION GÉNÉRALE

Notre étude sur la centralisation, la décentralisation et la régionalisation dans les systèmes juridiques français et turc, nous montre l'existence d'un modèle de l'État unitaire « moderne » ou « atypique » en France et d'un modèle « classique » ou « typique » en Turquie. Avec cette étude comparative nous avons pu constater qu'il peut y avoir certaines différences entre les États unitaires. En effet, l'analyse des organisations administratives françaises et turques et des principes de la centralisation, de la décentralisation et de la semi-décentralisation nous a révélé les différentes variations de l'État unitaire.

Certes, l'on a constaté aussi des similitudes entre ces deux États unitaires. Nous avons démontré, à ce propos, que « la décentralisation, telle qu'elle se réalise dans l'État unitaire, est limitée à la fonction administrative. Etendue à la fonction gouvernementale, notamment au domaine législatif qui en constitue la partie essentielle, elle affecterait non plus seulement les modalités d'action du Pouvoir, mais sa substance elle-même ; elle se transporterait sur le plan politique où l'unité de l'idée de droit, du Pouvoir, et, par conséquent, de l'État, seraient remise en cause. »[1].

Donc, nous avons précisé que la décentralisation dans l'État unitaire n'existe qu'au niveau administratif parce que « parler de décentralisation administrative, c'est affirmer l'existence d'un centre unique de Pouvoir et c'est bien en ce sens que ce mode de décentralisation est compatible avec le caractère unitaire de l'État. »[2]

En somme, la décentralisation « politique » n'est pas compatible avec la forme d'État unitaire car « pratiquement, cette forme de décentralisation est réalisée lorsque le groupement dont il s'agit dispose, d'une façon d'ailleurs plus ou moins large, du pouvoir législatif. En effet le droit de légiférer implique l'expression d'une volonté initiale et inconditionnée et dès lors que la collectivité en jouit, elle est parfaitement autonome. »[3] Suivant ces explications, l'on peut dire que, jusqu'ici, la doctrine tant turque que française partage les mêmes idées concernant la structure unitaire de l'État.

---

[1] G. BURDEAU, *op. cit.*, p. 402.
[2] *Ibid.*, p. 386.
[3] *Ibid.*, p. 384.

Toutefois, l'on a constaté que plusieurs différences existent dans ces deux États unitaires concernant certains mécanismes du point de vue du processus d'aménagement de la décentralisation. Ainsi, même s'il s'agit d'une influence française sur le système d'organisation décentralisée de l'État unitaire turc notamment depuis l'aménagement initial, l'avancement de la décentralisation en Turquie n'est pas le même qu'en France, et ce, à cause de la peur d'atteinte à la structure unitaire de l'État. Quant à la France, il est possible d'observer que les réformes ont effectivement changé l'organisation administrative de cet État. De cette façon, sont apparues différentes variations de l'État unitaire.

Il faut préciser que ces différentes variations de l'État unitaire résultent d'une certaine mutation de cette forme d'État et ce compte tenu de différents processus de l'aménagement de la décentralisation ou de la régionalisation. En réalité, ce sont les réformes de la décentralisation qui ont opéré cette mutation. D'ailleurs, l'on comprend que ces réformes entrainent une transition de l'État unitaire « typique » ou « classique » à celui « atypique » ou « moderne ». Néanmoins, il faut admettre qu'une telle mutation ne veut pas dire transformer la forme d'État.

De l'autre côté, nous avons constaté que certains États se sont transformés en une nouvelle forme d'État distincte de la forme d'État unitaire, en raison du dépassement des limites de la mutation et de l'attribution du pouvoir législatif vers ses entités infra-étatiques dans le cadre d'une régionalisation « politique ».

C'est également dans le cadre du travail que nous avons mis en évidence la règle principale de l'unité du pouvoir législatif, qui caractérise l'État unitaire. Étant donné que la répartition des compétences entre l'État central et les collectivités territoriales n'existe qu'au niveau administratif.

Ainsi, la décentralisation et la régionalisation (décentralisation régionale) ne concernent que le seul domaine administratif, et les limites de celles-ci sont toujours déterminées par un seul législateur dans l'État unitaire. Autrement dit, l'unité du pouvoir législatif encadre bien tous les évènements dans l'État unitaire. C'est grâce à cette unité du pouvoir législatif que la structure unitaire de l'État sera protégée.

Par ailleurs, l'on comprend que les caractéristiques de la décentralisation et la nature des compétences attribuées sont en fait importantes autour de la question de forme d'État unitaire. Il faut préciser, sur ce point, que l'attribution de compétences législatives aux entités infra-étatiques suscite le dépassement de la limite d'une décentralisation « administrative », et cause l'existence de la décentralisation « politique ».

Certes que certaines collectivités métropolitaines françaises et notamment celles ultramarines constituent des dérogations. En effet, la question de l'outre-mer a toujours occupé une place importante dans la structure étatique de l'État unitaire français. L'on constate, sur ce point, que le transfert de compétence vers certaines entités infra-étatiques peut être évalué dans le cadre d'une décentralisation « politique ». Et le problème provient de l'attribution d'un pouvoir « véritable » ou « quasi » législatif à certaines collectivités. En revanche, il ne faut pas oublier qu'il ne s'agit actuellement que de certaines exceptions dans l'État unitaire français.

Néanmoins, il est à noter que l'existence d'une règle générale qui prévoit l'attribution du pouvoir législatif aux entités infra-étatiques permettra la transformation de la forme d'État unitaire vers une autre forme.

BIBLIOGRAPHIE

I. OUVRAGES ET TRAVAUX COLLECTIFS

1- Ouvrages

A- Ouvrages généraux

France

AVRIL (P.) et **GICQUEL (J.)**, *Lexique de droit constitutionnel,* Paris, PUF, 2012, cop. 2003.

BRAIBANT (G.) et **STIRN (B.)**, *Le droit administratif français*, Paris, Presses de Sciences Po et Dalloz, 2005.

BURDEAU (G.), *Traité de science politique*, t. II, *L'État*, 2e éd., Paris, LGDJ, 1967.

CHAGNOLLAUD (D.), *Droit constitutionnel contemporain,* t. I, *Théorie générale, les régimes étrangers,* Paris, Dalloz, 2013.

FAURE (B.), *Les institutions administratives,* Paris, PUF, 2010.

FOILLARD (P.), *Droit constitutionnel et institutions politiques,* Orléans, Paradigme, 2012.

FRIER (P.-L.) et **PETIT (J.)**, *Droit administratif,* Paris, Montchrestien, 2012.

GICQUEL (J.) et **GICQUEL (J.-É.)**, *Droit constitutionnel et institutions politiques,* Paris, Montchrestien, 2012.

GOHIN (O.), *Droit constitutionnel,* Paris, Litec, 2010.

GOHIN (O.) et **SORBARA (J.-G.)**, *Institutions administratives,* Paris, LGDJ, 2012.

HAURIOU (M.), *Précis de droit administratif et de droit public,* (éd. revue par HAURIOU (A.) ; rééd. par DELVOLVÉ (P.) et MODERNE (F.)), Paris, Dalloz, 2002.

JACQUE (J.-P.), *Droit constitutionnel et institutions politiques,* Paris, Dalloz, 2012.

LE POURHIET (A.-M.), *Droit constitutionnel,* Paris, Economica, 2012.

MAILLARD DESGRÉES DU LOÛ (D.), *Institutions administratives,* Paris, PUF, 2011.

VEDEL (G.) et **DELVOLVÉ (P.)**, *Droit administratif,* t. 2, Paris, PUF, 1992.

VERPEAUX (M.) et **JANICOT (L.)**, *Droit public : pouvoirs publics et action administrative,* Paris, PUF, 2009.

Turquie

DERBİL (S.), *İdare hukuku* [Droit administratif], Ankara, Güzel Sanatlar Matbaası, 1955.

DERDİMAN (R. C.), *Türkiye idaresinin hukuksal yönü ve yapısı* [La perspective juridique et la structure de l'administration de Turquie], İstanbul, Alfa Basım Yayım, 2003.

ERDOĞAN (M.), *Anayasa hukuku* [Droit constitutionnel], Ankara, Orion, 2009.

EROĞLU (H.), *İdare hukuku : Genel esaslar, idari teşkilât ve idarenin denetlenmesi* [Droit administratif : Les bases générales, l'organisation administrative et le contrôle sur l'administration], Ankara, Feryal Matbaası, 1985.

GİRİTLİ (İ.) et **SARMAŞIK (J.)**, *Anayasa hukuku : genel esaslar-Türk anayasa hukuku* [Droit constitutionnel : bases générales-droit constitutionnel turc], İstanbul, Beta, 2001.

GİRİTLİ (İ.), *Türkiye'nin idari yapısı : kamu yönetimi teşkilatı* [La structure administrative de la Turquie : l'organisation d'administration publique], İstanbul, Der Yayınları, 2001.

GİRİTLİ (İ.), BİLGEN (P.) et **AKGÜNER (T.)**, *İdare hukuku* [Droit administratif], İstanbul, Der Yayınları, 2006.

GÖZLER (K.),

-*Anayasa hukukunun genel teorisi* [La théorie générale de droit constitutionnel], Vol. 1, Bursa, Ekin, 2011.

-*Devletin genel teorisi* [La théorie générale de l'État], Bursa, Ekin, 3e éd., 2011.

GÖZÜBÜYÜK (Ş.) et **TAN (T.)**, *İdare hukuku: genel esaslar* [Droit administratif: bases générales], Vol. 1, Ankara, Turhan Kitabevi, 2006.

GÜNDAY (M.), *İdare hukuku* [Droit administratif], Ankara, İmaj Yayınevi, 2003.

KABOĞLU (İ. Ö.), *Anayasa hukuku dersleri : (genel esaslar)* [Leçons de droit constitutionnel: (bases générales)], İstanbul, Legal Yayıncılık, 2012.

KARATEPE (Ş.), *Türkiye'nin idare teşkilatı* [L'organisation administrative de la Turquie], Ankara, Gümüş Matbaacılık, 1994.

ONAR (S. S.), *İdare hukukunun umumi esasları* [Les bases générales du droit administratif], İstanbul, Marifet Basımevi, 1952.

ÖZBUDUN (E.), *Türk anayasa hukuku* [Droit constitutionnel turc], Ankara, Yetkin Yayınları, 2002.

TANÖR (B.) et **YÜZBAŞIOĞLU (N.)**, *1982 Anayasasına göre : Türk anayasa hukuku,* [Droit constitutionnel turc : selon la Constitution de 1982], İstanbul, Yapı Kredi Yayınları, 2001.

TEZİÇ (E.), *Anayasa hukuku : (genel esaslar),* [Droit constitutionnel : bases générales], İstanbul, Beta, 2007.

YAYLA (Y.),

-*Anayasa hukuku : ders notları* [Droit constitutionnel: notes], İstanbul, Filiz, 1986.

-*İdare hukuku* [Droit administratif], İstanbul, Beta, 2009.

B- Ouvrages spéciaux

France

ALBERTINI (J.-B.), *Contribution à une théorie de l'État déconcentré*, Bruxelles, Bruylant, 1998.

AUBIN (E.) et **ROCHE (C.)**, *L'essentiel du nouveau droit de la décentralisation*, Paris, Gualino, 2006.

AUBRY (F.-X.), *La décentralisation contre l'État : l'État semi-centralisé*, Paris, LGDJ, 1992.

AUBY (J.-B.), *La décentralisation et le droit,* Paris, LGDJ, 2006.

BAGUENARD (J.), *La décentralisation*, Paris, PUF, 2004.

BARTHÉLÉMY (C.), *Le régionalisme institutionnel en Europe : droit comparé en Belgique, Espagne, Italie, Royaume-Uni, France,* Paris, L'Harmattan, 2009.

BOEUF (J.-L.) et **MAGNAN (M.)**, *Les collectivités territoriales et la décentralisation*, Paris, La Documentation française, 2009.

BRIANT (V.), *L'action commune en droit des collectivités territoriales : contribution à l'étude des compétences exercées en commun par l'État et les collectivités territoriales*, Paris, L'Harmattan, 2009.

CAILLOSSE (J.), *Les "mises en scène" juridiques de la décentralisation : sur la question du territoire [en droit public] français*, Paris, LGDJ-Lextenso, 2009.

CREUSOT (S.), *Une nouvelle organisation décentralisée de la République*, Paris, LGDJ-, Lextenso, 2012.

D'ARCY (F.) et **BAENA DEL ALCAZAR (M.)**, *Décentralisation en France et en Espagne*, Paris, Économica, 1986.

DANTONEL-COR (N.), *Droit des collectivités territoriales*, Rosny-sous-Bois, Bréal, 2011.

DEBBASCH (R.), *Le principe révolutionnaire d'unité et d'indivisibilité de la République : essai d'histoire politique*, Economica, Presses universitaires d'Aix-Marseille, 1988.

DIEDERICHS (O.) et **LUBEN (I.)**, *La déconcentration*, Paris, PUF, 1995.
DUPUIS (G.), *Le centre et la périphérie en France : essai historique et juridique*, Paris, LGDJ, 2000.
EISENMANN (Ch.), *Centralisation et décentralisation : esquisse d'une théorie générale,* Paris, LGDJ, 1948.
FAURE (B.), *Droit des collectivités territoriales,* Paris, Dalloz, 2011.
FERRARI (P.), *Les régions italiennes*, Paris, PUF, 1972.
FERREIRA (N.), *Le devenir des collectivités territoriales,* Paris, Gualino, 2012.
FERSTENBERT (J.), **PRIET (F.)** et **QUILICHINI (P.)**, *Droit des collectivités territoriales*, Paris, Dalloz, 2009.
FOURNIÉ (F.), *Recherches sur la décentralisation dans l'œuvre de Maurice Hauriou,* Paris, LGDJ, 2005.
FRINAULT (T.), *Le pouvoir territorialisé en France*, Rennes, Presses universitaires de Rennes, 2012.
GIRARDON (J.), *Les collectivités territoriales*, Paris, Ellipses, 2011.
GOHIN (O.) *et **al.***, *Droit des collectivités territoriales,* Paris, Cujas, 2011-2012.
GRUBER (A.), *La décentralisation et les institutions administratives,* Paris, A. Colin, 1996.
HAQUET (A.), *Le concept de souveraineté en droit constitutionnel français*, Paris, PUF, 2004.
HULBERT (F.), *Le pouvoir aux régions*, Paris, L'Harmattan, 2011.
JOYAU (M.), *De l'autonomie des collectivités territoriales françaises : essai sur la liberté du pouvoir normatif local*, LGDJ, 1998.
LANVERSIN (J.) *et **al.***, *La région et l'aménagement du territoire dans la décentralisation*, Paris, Economica, 1989.
LARANGÉ (A.), *La déconcentration*, Paris, LGDJ, 2000.
LEMAIRE (F.), *Le principe d'indivisibilité de la République : mythe et réalité,* Rennes, Presses universitaires de Rennes, 2010.
LUCHAIRE (F.) et **LUCHAIRE (Y.)**, *Le droit de la décentralisation*, Paris, PUF, 1983.
MARCOU (G.), *La régionalisation en Europe : situation, évolution et perspectives dans les États membres de l'Union européenne et dans les États candidats d'Europe centrale et orientale*, le rapport du GRALE (Groupement de Recherches sur l'Administration Locale en Europe) remis au Parlement européen, 1999.
MARTINAT (P.), *Les régions*, Paris, LGDJ Lextenso, 2010.
MAZÈRES (J.-A.), *Centre, périphérie, territoire,* PUF, 1978.

MAZZEGA (D.) et **MUSITELLI (J.)**, *L'organisation régionale en Italie*, Paris, la Documentation française, 1980.
MERLEY (N.), *Conception et administration du territoire en France métropolitaine*, Presses universitaires d'Aix-Marseille, Faculté de droit et de science politique, 1998.
MODERNE (F.) et **BON (P.)**, *Les autonomies régionales dans la Constitution espagnole*, Paris, Economica, 1981.
MONTAIN-DOMENACH (J.) et **BREMOND (C.)**, *Droit des collectivités territoriales*, Grenoble, Presses universitaires de Grenoble, 2007.
MOREAU (J.), *Administration régionale, départementale et municipale,* 14e éd., Paris, Dalloz, 2004.
OHNET (J.-M.), *Histoire de la décentralisation française,* Paris, Librairie générale française, 1996.
PAGE (J.), *Du partage des compétences au partage de la souveraineté : des territoires d'outre-mer aux pays d'outre-mer*, Aix-en-Provence, Presses universitaires d'Aix-Marseille, 2001.
PONTIER (J.-M.),
-*La décentralisation française : évolutions et perspectives*, Issy-les-Moulineaux, LGDJ-Lextenso, 2016.
-*L'État et les collectivités locales : la répartition des compétences,* Paris, LGDJ, 1978.
REIG (S.), *La Communauté autonome de Catalogne : un modèle de région*, Perpignan, Presses universitaires de Perpignan, 1995.
REMOND (B.), *La région,* Paris, Montchrestien, 1999.
ROUX (A.),
-*Droit constitutionnel local,* Paris, Economica, 1995.
-*La décentralisation : droit des collectivités territoriales*, Paris, LGDJ-Lextenso, 2016.
TARTOUR (L.), *L'autonomie financière des collectivités territoriales en droit français*, Paris, LGDJ-Lextenso éd., 2012.
TULARD (M.-J.), *La région,* Paris, LGDJ, 2008.
TURPIN (D.), *La région*, Paris, Economica, 1987.
VERPEAUX (M.) et **JANICOT (L.)**, *Droit des collectivités territoriales*, Paris, PUF, 3e éd., 2015.
VERPEAUX (M.) et **RIMBAULT (C.)**, *Les collectivités territoriales et la décentralisation,* Paris, La Documentation française, 2011.
VERPEAUX (M.),
-*La région,* Paris, Dalloz, 2005.
-*Les collectivités territoriales*, Paris, Dalloz, 5e éd., 2015.

VERPEAUX (M.), RIMBAULT (C.) et **WASERMAN (F.)**, *Les collectivités territoriales et la décentralisation*, Paris, La Documentation française, 8e éd., 2015.
VITAL-DURAND (E.), *Les collectivités territoriales en France*, Paris, Hachette supérieur, 2011.
ZELLER (A.), *La France enfin forte de ses régions : glossaire engagé de la décentralisation*, Paris, Gualino, 2002.

Turquie

AKIN (E.), *Bir bölgesel kalkınma yönetimi örnek olayı 'Gap Bölge Kalkınma İdaresi Başkanlığı'*, [Un exemple de la gestion du développement régional : « L'Administration de développement régional de GAP »], Ankara, GAP Bölge Kalkınma İdaresi Başkanlığı, 1999.
AKPINAR (R.) *et al.*, *Teoride ve uygulamada bölgesel kalkınma politikaları*, [Les politiques de développement régional en théorie et en pratique], Bursa, Ekin Basım Yayın Dağıtım, 2011.
AŞGIN (S.), *Türkiye'de bölgelerarası gelişmişlik farkları ve Doğu Anadolu*, [Les différences de développement entre les régions en Turquie et l'Anatolie orientale], Ankara, İmaj Yayınevi, 2009.
AYDIN (A. H.), *Türk kamu yönetimi : sistemi, niteliği, örgütü, sorunları* [Administration publique turque: système, caractère, organisation, problèmes], Ankara, Seçkin, 2011.
AYGÜL (C.), *Ulus devletler ve bölgecilik*, [Les États-nations et le régionalisme], Ankara, Tan Kitabevi Yayınları, 2011.
ÇAĞLAR (B.), *Anayasa bilimi : bir çalışma taslağı* [Science de la Constitution : une esquisse de travail], İstanbul, BFS, 1989.
ÇİTÇİ (O.), *Yerel yöntimlerde temsil : belediye örneği* [La représentation dans les collectivités territoriales : exemple de municipalité], Ankara, TODAİE yayınları, 1989.
ÇUKURÇAYIR (M. A.), *Yerel yönetim : kuram, kurum ve yeni yaklaşımlar* [L'Administration locale: théorie, institution et nouvelles approches], Konya, Çizgi Kitabevi, 2011.
DEMİRKOL (F.), *Yerel yönetimlerin anayasal güvenceleri* [Les garanties constitutionnelles des collectivités territoriales] Istanbul: Kazanci Hukuk Yayinlari, 1994.
DİNÇER (Ö.) *et al.*, *Kamu yönetiminde yeniden yapılanma 2 : Kamu yönetimi temel kanunu tasarısı,* [La réorganisation dans l'administration publique 2: Le projet de la loi principale de l'administration publique], Ankara, Başbakanlık, 2003.

DİNÇER (Ö.) et **YILMAZ (C.)**, *Kamu yönetiminde yeniden yapılanma 1 : Değişimin yönetimi için yönetimde değişim*, [La réorganisation dans l'administration publique 1: Changement dans l'Administration pour l'administration du changement], Ankara, Başbakanlık, 2003.

ERKUL (H.), *Türkiye'de yerel yönetimler* [Les collectivités territoriales en Turquie], Ankara, Detay Yayıncılık, 2010.

ERYILMAZ (B.), *Yerel yönetimlerin yeniden yapılanması* [La réforme des collectivités territoriales], İstanbul, Birleşik Yayıncılık, 1997.

GÖZÜBÜYÜK (Ş.), *Türkiye'nin yönetim yapısı* [La structure administrative de la Turquie], Ankara, Turhan Kitabevi, 2010.

GÜLER (B. A.), *Türkiye'nin yönetimi : yapı* [Administration de la Turquie: structure], Ankara, İmge Kitabevi, 2011.

HEPER (Y.), *Beka kaygısı : devletin ülkesi ve milletiyle bölünmez bütünlüğü*, [Le souci de la survie : l'intégrité indivisible de l'État avec son territoire et sa nation], İstanbul, On İki Levha Yayıncılık, 2015.

KABOĞLU (İ. Ö.), *Anayasa ve toplum* [La Constitution et la société], Ankara, İmge, 2000.

KELEŞ (R.),

-*Fransa ve İspanya'da yerinden yönetim* [La décentralisation en France et en Espagne], Ankara, Türk Belediyecilik Derneği, 1994.

-*Yerinden yönetim ve siyaset* [Décentralisation et la politique], İstanbul, Cem Yayınevi, 2012.

KOÇAK (M.), *Batı'da ve Türkiye'de egemenlik anlayışının değişimi : Devlet ve egemenlik* [Le changement de la conception de la souveraineté en Occident et en Turquie: L'État et la souveraineté], Ankara, Seçkin, 2006.

KOZANOĞLU (G.), *Üniter devlet modelinde mahalli idarelerin özerkliği ilkesi,* [Le principe d'autonomie des collectivités territoriales dans le modèle de l'État unitaire], Ankara, Adalet Yayınevi, 2015.

MARCOU (G.), *Local government reform in Turkey. A legal appraisal based on European principles and standards*, Ankara, Ministry of the Interior / UNDP, octobre 2007.

NALBANT (A.), *Üniter devlet : bölgeselleşmeden küreselleşmeye* [L'État unitaire : de la régionalisation à la globalisation], İstanbul, On İki Levha Yayıncılık, 2e éd., 2012.

OHMAE (K.), *Ulus-devletin sonu : bölgesel ekonomilerin yükselişi*, [La fin de l'État-nation : élévation des économies régionales],

traduction DİCLELİ (Z.), İstanbul, Türk Henkel Dergisi Yayınları, 1996.
ÖKMEN (M.) et **PARLAK (B.)**, *Kuramdan uygulamaya yerel yönetimler : ilkeler, yaklaşımlar ve mevzuat* [Les collectivités territoriales, de la théorie à la pratique: principes, approches et législation], Bursa, Aktüel Yayınları, 2008.
OKTAY (T.), *Yerel yönetim reformu sonrasında il özel idareleri*, [Les départements en tant que collectivités territoriales après la réforme de l'administration locale], İstanbul, Hayat Yayıncılık, 2010.
ONAR (S. S.), *Hauriou'nun müessese nazariyesinin izahı ve bazı müesseselerimize tatbiki*, [L'explication de la théorie de l'institution d'Hauriou et son application sur nos certaines institutions], Ankara, Yeni Cezaevi Matbaası, 1941.
ORTAYLI (İ.), *Tanzimat devrinde Osmanlı mahalli idareleri (1840-1880)* [Les collectivités territoriales ottomanes de la période des Tanzimat (1840-1880)], Ankara, Türk Tarih Kurumu, 2e éd., 2011.
PAYASLIOĞLU (A.), *Merkezi idarenin taşra teşkilatı üzerinde bir inceleme* [Une analyse sur l'organisation provinciale de l'administration centrale], Ankara, Ankara Üniversitesi Basımevi, 1966.
POLATOĞLU (A.), *Türk kamu yönetimi : güncel ve eleştirel bir yaklaşım* [Administration publique turque: une approche actuelle et critique], Lefkoşa, Yakın Doğu Üniversitesi Yayınları, 2009.
ŞENGÜL (R.), *Yerel yönetimler* [Les collectivités territoriales], Kocaeli, Umuttepe Yayınları, 2011.
TEKELİ (İ.), *Türkiye'de bölgesel eşitsizlik ve bölge planlama yazıları*, [Inégalité régionale en Turquie et les écrits de planification régionale], İstanbul, Tarih Vakfı Yurt Yayınları, 2010.
TOPRAK (Z.), *Yerel Yönetimler* [Les collectivités territoriales], İzmir, Dokuz Eylül Üniversitesi Yayınları, 2010.
TORTOP (N.), *Mahalli idareler* [Les collectivités territoriales], Ankara, Devlet İstatistik Matbaası, 1991.
ULUSOY (A.) et **AKDEMİR, (T.)**, *Mahalli idareler : teori - uygulama - maliye* [Les collectivités territoriales: Théorie, pratique, finance], Ankara, Seçkin Yayıncılık, 2005.
UYGUN (O.), *Federal devlet*, [L'État fédéral], İstanbul, On iki levha Yayıncılık, 2007.
VERSAN (V.), *Kamu yönetimi : siyasi ve idari teşkilat* [Administration publique: l'organisation administrative et politique], İstanbul, İÜ Fakülteler Matbaası, 1986.

YAYMAN (H.), *Türkiye'nin idari reform tarihi* [L'histoire de la réforme administrative de la Turquie], Ankara, Turhan, 2008.
YILDIRIM (S.), *Yerel yönetim ve demokrasi : kavramlar, yaklasimlar* [Administration locale et la démocratie : notions, approches], Ankara, Toplu Konut İdaresi Başkanlığı, 1993.

C- Thèses et mémoires
France
CANTON-FOURRAT (A.), *L'État unitaire français et les collectivités ultramarines (contribution à l'étude d'un droit des collectivités ultramarines),* Thèse, Université Paris V, 2005.
DEPUSSAY (L.), *La régionalisation des États unitaires*, Thèse, Université Paris XI, 2005.

Turquie
YILDIRIM (R.), *İdare hukuku açısından bölge kalkınması ve G.A.P. modeli*, Doktora tezi, (Danışman: İl Han ÖZAY), [Le développement régional et le modèle de GAP du point de vue de droit administratif], Thèse de Doctorat, (sous la dir. İl Han ÖZAY)], İstanbul, İÜ Sosyal Bilimler Enstitüsü Kamu Hukuku Bölümü, 1995.

2- Travaux collectifs, mélanges, actes de colloques, revues
A- Travaux collectifs
France
BRISSON (J.-F.), (dir.), *Les transferts de compétences de l'État aux collectivités locales*, Paris, L'Harmattan, 2009.
CHRETIEN (P.), FERREIRA (N.) et **JANICOT (L.)**, (dir.), *L'État dans ses relations avec les collectivités territoriales*, Paris, Cergy-Pontoise, Lextenso éditions-LEJEP, 2011.
DELCAMP (A.) et **GILBERT (G.)**, *La décentralisation dix ans après : Actes du colloque organisé au Palais du Luxembourg, [Paris], les 5 et 6 février 1992,* Paris, LGDJ, 1993.
ELFORT (M.) *et* ***al.***, (dir.), *La loi d'orientation pour l'Outre-mer du 13 décembre 2000 : quelles singularités dans la France et l'Europe ? colloque de Montpellier, 29-31 mai 2001*, Aix-en-Provence, Presses universitaires d'Aix-Marseille, 2001.
FABERON (J.-Y.) et **AGNIEL (G.)**, (dir.), *La souveraineté partagée en Nouvelle-Calédonie et en droit comparé : colloque organisé à Nouméa du 17 au 19 décembre 1999*, Paris, La Documentation française, 2000.

FIALAIRE (J.) et **MONDIELLI (E.)**, (dir.), *L'homme, ses territoires, ses cultures : mélanges offerts à André-Hubert Mesnard*, Paris, LGDJ, 2006.
FORTIER (J.-C.), (dir.), *Questions sur l'administration des DOM : décentraliser l'Outre-mer ?* Paris, Economica, Aix-en-Provence, Presses universitaires d'Aix-Marseille, 1989.
FOUGEROUSE (J.), (dir.), *L'État régional, une nouvelle forme d'État ?*, Bruxelles, Bruylant, 2008.
GAUDEMET (Y.) et **GOHIN (O.)**, *La République décentralisée*, Paris, Panthéon-Assas-LGDJ, 2004.
GONOD (P.), MELLERAY (F.) et **YOLKA (P.)**, (dir.), *Traité de droit administratif*, t. I, Paris, Dalloz, 2011.
GRAS (C.) et **LIVET (G.)**, *Régions et régionalisme en France : du XVIIIe siècle à nos jours*, Paris, PUF, 1977.
KADA (N.), (dir.), *De la réforme territoriale à la réforme de l'État*, Presses universitaires de Grenoble, 2011.
LE LOUARN (P.), (dir.), *Le patrimoine culturel et la décentralisation : Actes du colloque de Nantes des 8 et 9 juin 2009 "patrimoine culturel et collectivités territoriales"*, Rennes, Presses universitaires de Rennes, 2011.
LEMAIRE (F.), (dir.), *De l'unité de l'État : actes du colloque international organisé les 9 & 10 octobre 2008 par le Centre Jean Bodin de l'Université d'Angers*, Paris, Cujas, 2010.
LUCARELLI (A.) et **VERPEAUX (M.)**, *Régionalisme italien et régionalisme français : aspects constitutionnels, administratifs et fiscaux,* Paris, L'Harmattan, 2012.
MARCOU (G.) et **WOLLMANN (H.)**, (dir.), *Réforme de la décentralisation, réforme de l'État. Régions et villes en Europe :* [colloque du GRALE, Assemblée nationale, 22 au 23 janvier 2004], Paris, CNRS, 2004.
MATHIEU (B.) et **VERPEAUX (M.)**, (dir.), *La République en droit français,* Paris, Economica, 1996.
NÉMERY (J.-C.), (dir.), *Quelle nouvelle réforme pour les collectivités territoriales françaises ?*, Paris, L'Harmattan, 2010.
PAVIA (M.-L.), (dir.), *Les transferts de compétences aux collectivités territoriales : aujourd'hui et demain ?*, Paris, L'Harmattan, 2010.
REGOURD (S.), CARLES (J.) et **GUIGNARD (D.)**, (dir.), *Réformes et mutations des collectivités territoriales*, Paris, L'Harmattan, 2012.

Turquie

BATU (H.) et **BACQUE-GRAMMONT (J.-L.)**, (dir.), *L'Empire ottoman, La République de Turquie et la France*, éd. ISIS, 1986.
BİLGİÇ (V. K.), (dir.), *Değişik yönleriyle yerelleşme* [Décentralisation par ses différentes perspectives], Ankara, Seçkin Yayıncılık, 2009.
BOZLAĞAN (R.) et **DEMİRKAYA (Y.)**, (dir.), *Türkiye'de yerel yönetimler* [Les collectivités territoriales en Turquie], Ankara, Nobel Yayın Dağıtım, 2008.
FALAY (N.) *et al.*, (dir.), *Türkiye'de yerel yönetimlerin sorunları ve geleceği* [Les problèmes et l'avenir des collectivités territoriales en Turquie], Ankara, Seçkin Yayıncılık, 2009.
Kamu yönetimi reformu incelemeleri [Analyses de la réforme de l'administration publique], Ankara, Ankara Üniversitesi Siyasal Bilgiler Fakültesi, n° 59, novembre 2003.

B- Actes de colloques, séminaires, symposiums, mélanges

France

La Constitution et les valeurs : mélanges en l'honneur de Dmitri Georges Lavroff, Paris, Dalloz, 2005.
L'État de droit : mélanges en l'honneur de Guy Braibant, Paris, Dalloz, 1996.

Turquie

Ali Ülkü Azrak 75. yaş armağanı, İstanbul, 2008.
Güneydoğu ve yerel yönetimler sempozyumu : *26-27 Ekim 1994* [Le symposium du Sud-Est et des collectivités territoriales : 26-27 Octobre 1994], Diyarbakır, GAP Belediyeler Birliği, 1994.
Hüseyin Hatemi'ye armağan, İstanbul, Vedat Kitapçılık, 2009.
Prof. Dr. İlhan Akın'a armağan, İstanbul, İstanbul Üniversitesi Hukuk Fakültesi, 1999.
Prof. Dr. Mahmut Tevfik Birsel'e armağan, İzmir, Dokuz Eylül Üniversitesi Yayını, 2001.
SAYAN (İ.), (dir.), ***Prof. Dr. Kurthan Fişek için*** : *Yönetim üzerine* [Pour Prof. Kurthan Fişek : sur l'Administration], Ankara, Ankara Üniversitesi Yayınları, 2010.
Yerel yönetim anlayışında yeni yaklaşımlar sempozyumu : *16 Aralık 2010* [Le symposium des nouvelles approches dans la conception de l'administration locale : 16 Décembre 2010], İstanbul, Okan Üniversitesi Yayınları, 2010.
Yıldızhan Yayla'ya armağan, İstanbul, Galatasaray Üniversitesi, 2003.

<u>C- Revues, cahiers</u>
<u>France</u>
AJDA (Actualité juridique de droit administratif)
Cahiers d'études sur la Méditerranée orientale et le monde turco-iranien
Les Nouveaux Cahiers du Conseil constitutionnel
Petites affiches
Politeia
Pouvoirs
RDP **(**Revue de droit public et de la science politique en France et à l'étranger)
RFAP (Revue française d'administration publique)
RFDA (Revue française de droit administratif)
RFDC **(**Revue française de droit constitutionnel)
RIDC **(**Revue internationale de droit comparé)
RSAMO (Revue de science administrative de la méditerranée occidentale)
<u>Turquie</u>
AİD (Amme İdaresi Degisi) [Revue de l'administration publique]
Türk idare dergisi [Revue turque de l'administration]

<u>II. ARTICLES, CONTRIBUTIONS ET INTERVENTIONS</u>

<u>France</u>
AMBROSINI (G.), [Un tipo intermedio di Stato tra l'unitario e il federale, caratterizzato dall'autonomia regionale, in *Rivista di Diritto pubblico,* 1933, pp. 97-100], « Document 2 : Un type intermédiaire d'État entre l'État unitaire et l'État fédéral, l'État régional », *in* FERRARI (P.), *Les régions italiennes*, Paris, PUF, 1972, pp. 11-12.
BOUSTA (R.), « La « spécificité » du modèle français. Des Régions en quête de spécificité », *in* LUCARELLI (A.) et VERPEAUX (M.), *Régionalisme italien et régionalisme français : aspects constitutionnels, administratifs et fiscaux,* Paris, L'Harmattan, 2012, pp. 129-149.
CADOUX (Ch.),
- « La conception française de l'État unitaire (comparaisons) », *RSAMO*, n° 29/30-juin 1990, pp. 26-33.
-« Le concept d'autonomie en France (théorie et pratique) », *RSAMO*, n° 28, décembre 1989, pp. 208-214.
CAILLOSSE (J.), « Une question récurrente : le « retour de l'État » dans les réformes de décentralisation », *in* CHRETIEN (P.),

FERREIRA (N.) et JANICOT (L.), (dir.), *L'État dans ses relations avec les collectivités territoriales*, Paris, Cergy-Pontoise, Lextenso éditions-LEJEP, 2011, pp. 55-68.
CHAVRIER (G.),
- « L'expérimentation locale : vers un État subsidiaire ? », *in* MARCOU (G.) et WOLLMANN (H.), (dir.), *Réforme de la décentralisation, réforme de l'État. Régions et villes en Europe : [colloque du GRALE, Assemblée nationale, 22-23 janvier 2004]*, Paris, CNRS, 2004, pp. 43-52.
- « Les nouveaux mots de la décentralisation : analyse rhétorique d'une réforme », *in* PAVIA (M.-L.), (dir.), *Les transferts de compétences aux collectivités territoriales : aujourd'hui et demain ?*, Paris, L'Harmattan, 2010, pp. 149-169.
CHEVALLIER (J.), « Rapport introductif », *in* DELCAMP (A.) et GILBERT (G.), *La décentralisation dix ans après : Actes du colloque organisé au Palais du Luxembourg, [Paris], les 5 et 6 février 1992,* Paris, LGDJ, 1993, pp. 104-110.
CLERGERIE (J.-L.), « L'Union Européenne et Les Régions », *Petites affiches*, 17 janvier 1997, n° 8, p. 4 et suiv.
COUINTET-HAUTIER (C.), « La mise en œuvre de la décentralisation », *in* PAVIA (M.-L.), (dir.), *Les transferts de compétences aux collectivités territoriales : aujourd'hui et demain ?*, Paris, L'Harmattan, 2010, pp. 70-75.
CROUZATIER-DURAND (F.), « Réflexions sur le concept d'expérimentation législative (à propos de la loi constitutionnelle du 28 mars 2003 relative à l'organisation décentralisée de la République) », *RFDC*, n° 56, 2003/4, pp. 675-695.
DEBBASCH (R.), « L'indivisibilité de la République et l'existence de statuts particuliers en France », *RFDC*, 1997, n° 30, pp. 359-376.
DEBBASCH (R.) et **ROUX (A.)**, « L'indivisibilité de la République », *in* MATHIEU (B.) et VERPEAUX (M.), (dir.), *La République en droit français,* Paris, Economica, 1996, pp. 59-102.
DELPÉRÉE (F.), « La décentralisation à la belge et à la Française : voisines ou cousines ? », *in La Constitution et les valeurs : mélanges en l'honneur de Dmitri Georges Lavroff*, Paris, Dalloz, 2005, pp. 141-150.
DOLLAT (P.), « Le principe d'indivisibilité et la loi constitutionnelle relative à l'organisation décentralisée de la République française : de l'État unitaire à l'État uni ? », *RFDA*, 2003, p. 670 et suiv.

DRAGO (G.), « Le droit à l'expérimentation », *in* GAUDEMET (Y.) et GOHIN (O.), *La République décentralisée*, Paris, Panthéon-Assas-LGDJ, 2004, pp. 65-85.

DREYFUS (F.-G.), « Le Général de Gaulle et la régionalisation : Le projet de loi référendaire du 27 avril 1969 », *in* GRAS (C.) et LIVET (G.), *Régions et régionalisme en France : du XVIIIe siècle à nos jours*, Paris, PUF, 1977, pp. 575-585.

ÉLIE (M.-P.), « L'Italie, un État fédéral ? À propos des lois constitutionnelles n° 1 du 22 novembre 1999 et n° 3 du 18 octobre 2001 », *RFDC*, 2002/4, n° 52, pp. 749-757.

EVLIYAOGLU (S. A.), « La question de l'État unitaire face aux régionalisations française et italienne. Un essai autour du droit constitutionnel », *in* LUCARELLI (A.) et VERPEAUX (M.), *Régionalisme italien et régionalisme français : aspects constitutionnels, administratifs et fiscaux,* Paris, L'Harmattan, 2012, pp. 29-43.

FAURE (B.), « La loi du 16 décembre 2010 de réforme des collectivités territoriales : L'arnaque et le territoire », *in* REGOURD (S.), CARLES (J.) et GUIGNARD (D.), (dir.), *Réformes et mutations des collectivités territoriales*, Paris, L'Harmattan, 2012, pp. 39-45.

FAVOREU (L.), « Décentralisation et Constitution », *RDP,* 1982, pp. 1259-1287.

FOUGEROUSE (J.),

- « L'État régional : une nouvelle forme d'État ? », *in* FOUGEROUSE (J.), (dir.), *L'État régional, une nouvelle forme d'État ?*, Bruxelles, Bruylant, 2008, pp. 1-47.
- « Unité et État régional en Italie », *in* LEMAIRE (F.), (dir.), *De l'unité de l'État : actes du colloque international organisé les 9 & 10 octobre 2008 par le Centre Jean Bodin de l'Université d'Angers*, Paris, Cujas, 2010, pp. 75-88.

GOHIN (O.),

- « La révision du titre XII : pouvoir constituant et jurisprudence constitutionnelle », *in* GAUDEMET (Y.) et GOHIN (O.), *La République décentralisée*, Paris, Panthéon-Assas-LGDJ, 2004, pp. 25-41.

GREWE (C.), « L'unité de l'État : entre indivisibilité et pluralisme », *RDP*, 1998, pp. 1349-1360.

GROPPI (T.), « L'évolution de la forme d'État en Italie », *Politeia,* 2007, n° 12, pp. 115-130.

GRÜNDLER (T.), « La République une et indivisible ? », *RDP*, 2007, pp. 445-477.

JAN (P.), « La Région et la question du leadership territorial », *in* BRISSON (J.-F.), (dir.), *Les transferts de compétences de l'État aux collectivités locales*, Paris, L'Harmattan, 2009, pp. 351-362.

JÉGOUZO (Y.) et **VERPEAUX (M.)**, « Les collectivités territoriales », *in* GONOD (P.), MELLERAY (F.) et YOLKA (P.), (dir.), *Traité de droit administratif*, t. I, Paris, Dalloz 2011, pp. 269-332.

KADA (N.), « Déconcentration et décentralisation : une fable contemporaine », *in* REGOURD (S.), CARLES (J.) et GUIGNARD (D.), (dir.), *Réformes et mutations des collectivités territoriales*, Paris, L'Harmattan, 2012, pp. 239-253.

KHERAD (R.), « Les collectivités territoriales infra-étatiques, sujets du droit international ? », *in* FOUGEROUSE (J.), (dir.), *L'État régional, une nouvelle forme d'État ?*, Bruxelles, Bruylant, 2008, pp. 145-158.

LAFFAILLE (F.), « "La souveraineté régionale" entre oxymoron et hendiadys constitutionnels. À propos de l'État "régional-fédéraliste" italien et de la sémantique en droit constitutionnel », *RIDC,* Vol. 61 n° 2(1), 2009, pp. 315-355.

LARRALDE (J.-M.), « Les obstacles juridiques à la régionalisation », *in* FOUGEROUSE (J.), (dir.), *L'État régional, une nouvelle forme d'État ?*, Bruxelles, Bruylant, 2008, pp. 331-354.

LEMAIRE (F.), « Le modèle de l'État unitaire français à l'épreuve de l'outre-mer », *in* FOUGEROUSE (J.), (dir.), *L'État régional, une nouvelle forme d'État ?*, Bruxelles, Bruylant, 2008, pp. 355-371.

MAILLARD DESGRÉES DU LOÛ (D.), « L'existence des lois du pays en France en fait-elle un État régional ? », *in* FOUGEROUSE (J.), (dir.), *L'État régional, une nouvelle forme d'État ?*, Bruxelles, Bruylant, 2008, pp. 233-252.

MARCOU (G.),

- « Décentralisation : Quelle Théorie de l'État ? », *in* MARCOU (G.) et WOLLMANN (H.), (dir.), *Réforme de la décentralisation, réforme de l'État. Régions et villes en Europe :* [colloque du GRALE, Assemblée nationale, 22 au 23 janvier 2004], Paris, CNRS, 2004, pp. 235-250.
- « Développement économique : la région, chef de file ? », *RFAP,* 2015/4, n° 156, pp. 1037-1048.
- « La réforme territoriale. Analyse du nouveau projet de réforme des collectivités territoriales », *in* NÉMERY (J.-C.), (dir.),

Quelle nouvelle réforme pour les collectivités territoriales françaises ?, Paris, L'Harmattan, 2010, pp. 21-79.
- « Le bilan en demi-teinte de l'Acte II, Décentraliser plus ou décentraliser mieux ? », *RFDA,* n° 2, 2008, pp. 295-315.
- « Le principe d'indivisibilité de la République », *Pouvoirs*, n° 100, 2002, pp. 45-65.
- « Les collectivités locales dans les constitutions des États unitaires en Europe », *in Les Nouveaux Cahiers du Conseil constitutionnel*, 2014/1, n° 42, pp. 63-87.
- « Les collectivités locales en Europe : Réformes et continuités », *in* REGOURD (S.), CARLES (J.) et GUIGNARD (D.), (dir.), *Réformes et mutations des collectivités territoriales*, Paris, L'Harmattan, 2012, pp. 313-326.
- « Les paradoxes de la région », *AJDA,* n° 30, 2008, pp. 1634-1638.
- « L'expérience française de régionalisation (la décentralisation régionale dans l'État unitaire) », *in L'État de droit : mélanges en l'honneur de Guy Braibant*, Paris, Dalloz, 1996, pp. 505-519.
- « Présentation », *in* MARCOU (G.) et WOLLMANN (H.), (dir.), *Réforme de la décentralisation, réforme de l'État. Régions et villes en Europe :* [colloque du GRALE, Assemblée nationale, 22 au 23 janvier 2004], Paris, CNRS, 2004, pp. 9-11.
- « Quel avenir pour la Région en France : décentralisation ou autonomies régionales ? », *in* LUCARELLI (A.) et VERPEAUX (M.), *Régionalisme italien et régionalisme français : aspects constitutionnels, administratifs et fiscaux,* Paris, L'Harmattan, 2012, pp. 151-181.

MICHALON (Th.), « La décentralisation a-t-elle des limites juridiques ? », *in* FORTIER (J.-C.), (dir.), *Questions sur l'administration des DOM : décentraliser l'Outre-mer ?* Paris, Economica, Aix-en-Provence, Presses universitaires d'Aix-Marseille, 1989, pp. 29-37.

NÉMERY (J-C.),
- « Les mutations de la démocratie locale », *in* REGOURD (S.), CARLES (J.) et GUIGNARD (D.), (dir.), *Réformes et mutations des collectivités territoriales*, Paris, L'Harmattan, 2012, pp. 47-53.
- « Réflexions sur l'acte II de la décentralisation », *in* FIALAIRE (J.) et MONDIELLI (E.), (dir.), *L'homme, ses territoires, ses cultures : mélanges offerts à André-Hubert Mesnard*, Paris, LGDJ, 2006, pp. 275-283.

PALAZZOLI (C.), « Document 1 : Les raisons d'être du régionalisme italien », *in* FERRARI (P.), *Les régions italiennes*, Paris, PUF, 1972, pp. 8-10.

PAUTI (C.), « Le régionalisme italien : un modèle original », *in* LUCARELLI (A.) et VERPEAUX (M.), *Régionalisme italien et régionalisme français : aspects constitutionnels, administratifs et fiscaux,* Paris, L'Harmattan, 2012, pp. 13-27.

PERTUÉ (M.), « Construction française et unité de l'État », *in* LEMAIRE (F.), (dir.), *De l'unité de l'État : actes du colloque international organisé les 9 & 10 octobre 2008 par le Centre Jean Bodin de l'Université d'Angers*, Paris, Cujas, 2010, pp. 219-238.

PIERRÉ-CAPS (S.), « État-nation et État régional : compatibilité ou antinomie ? », *in* FOUGEROUSE (J.), (dir.), *L'État régional, une nouvelle forme d'État ?*, Bruxelles, Bruylant, 2008, pp. 135-144.

PONTIER (J.-M.),

- « Décentralisation et patrimoine », *in* LE LOUARN (P.), *Le patrimoine culturel et la décentralisation : actes du colloque de Nantes des 8 et 9 juin 2009 "patrimoine culturel et collectivités territoriales"*, Rennes, Presses universitaires de Rennes, 2011, pp. 93-120.
- « La France, modèle atypique d'État », *Politeia*, 2007, n° 12, pp. 193-214.
- « La réforme territoriale et le couple déconcentration-décentralisation », *in* KADA (N.), (dir.), *De la réforme territoriale à la réforme de l'État*, Presses universitaires de Grenoble, 2011, pp. 271-293.
- « La situation d'ensemble des transferts de compétences », *in* ELFORT (M.) *et al.*, (dir.), *La loi d'orientation pour l'Outre-mer du 13 décembre 2000 : quelles singularités dans la France et l'Europe ? colloque de Montpellier, 29-31 mai 2001*, Aix-en-Provence, Presses universitaires d'Aix-Marseille, 2001, pp. 421-442.

ROUX (A.), « Les limites constitutionnelles à une nouvelle évolution de la décentralisation », *in* PAVIA (M.-L.), (dir.), *Les transferts de compétences aux collectivités territoriales : aujourd'hui et demain ?*, Paris, L'Harmattan, 2010, pp. 131-145.

SUEUR (J-J.), « État régional, le temps immobile des particularismes », *in* FOUGEROUSE (J.), (dir.), *L'État régional, une nouvelle forme d'État ?*, Bruxelles, Bruylant, 2008, pp. 373-396.

SUEUR (J-P.), « L'intervention », *in* DELCAMP (A.) et GILBERT (G.), *La décentralisation dix ans après : Actes du colloque organisé au*

Palais du Luxembourg, [Paris], les 5 et 6 février 1992, Paris, LGDJ, 1993, pp. 110-116.
VERPEAUX (M.),
- « Le rapport Balladur sur la réforme des collectivités locales, des raisons et des solutions », *RFDA,* mai-juin 2009, pp. 407-418.
- « Le référendum local outre-mer », *in* GAUDEMET (Y.) et GOHIN (O.), *La République décentralisée,* Paris, Panthéon-Assas-LGDJ, 2004, pp. 93-109.
- « Les projets de loi de réforme des collectivités territoriales en cours », *in* CHRETIEN (P.), FERREIRA (N.) et JANICOT (L.), (dir.), *L'État dans ses relations avec les collectivités territoriales,* Paris, Cergy-Pontoise, Lextenso éditions-LEJEP, 2011, pp. 45-53.

VIGIER (P.), « Régions et régionalisme en France au XIXe siècle », *in* GRAS (C.) et LIVET (G.), *Régions et régionalisme en France : du XVIIIe siècle à nos jours,* Paris, PUF, 1977, pp. 161-175.
WEBERT (F.), « L'ordre juridique français : de la centralisation à la souveraineté partagée », *in* FABERON (J.-Y.) et AGNIEL (G.), (dir.), *La souveraineté partagée en Nouvelle-Calédonie et en droit comparé : colloque organisé à Nouméa du 17 au 19 décembre 1999,* Paris, La Documentation française, 2000, pp. 19-28.

<u>Turquie</u>
AKKAYA (R.), « Prens Sabahaddin'de teşebbüs-i şahsi kavramı ve Osmanlı toplumu » [La notion de l'initiative privée chez le Prince Sabahaddin et la société ottomane], *in Prof. Dr. İlhan Akın'a armağan,* İstanbul, İstanbul Üniversitesi Hukuk Fakültesi, 1999, pp. 37-52.
ATEŞ (H.) et **ES (M.),** « Süreklilikten Değişime il Özel idareleri » [De la perpétuité au changement : Les départements en tant que collectivités territoriales], *in* BOZLAĞAN (R.) et DEMİRKAYA (Y.), (dir.), *Türkiye'de yerel yönetimler* [Les collectivités territoriales en Turquie], Ankara, Nobel Yayın Dağıtım, 2008, pp. 205-222.
BİLGİÇ (V. K.),
- « Türk Yerel Yönetimleri Üzerine Bir Değerlendirme » [Une analyse sur les collectivités territoriales turques], *in* BİLGİÇ (V. K.), (dir.), *Değişik yönleriyle yerelleşme* [Décentralisation par ses différentes perspectives], Ankara, Seçkin Yayıncılık, 2009, pp. 37-47.
- « Türkiye'de Yerelleşme Sorunları » [Les problèmes de décentralisation en Turquie], *in* BİLGİÇ (V. K.), (dir.), *Değişik yönleriyle yerelleşme* [Décentralisation par ses différentes perspectives], Ankara, Seçkin Yayıncılık, 2009, pp. 113-130.

CAN (H. H.), « Yeni yerel yönetim anlayışı » [La nouvelle conception de l'administration locale], *in Yerel yönetim anlayışında yeni yaklaşımlar sempozyumu : 16 Aralık 2010* [Le symposium des nouvelles approches dans la conception de l'administration locale : 16 décembre 2010], İstanbul, Okan Üniversitesi Yayınları, 2010, pp. 163-181.

CAN (O.), « Merkez-yerel yönetimlerin görev ve yetki paylaşımına anayasal bakış » [Le regard constitutionnel sur le partage des compétences entre l'administration centrale et l'administration locale], *in Ali Ülkü Azrak 75. yaş armağanı*, İstanbul, 2008, pp. 45-86.

ÇAVUŞOĞLU (N.), « Bölgeli devlette egemenlik / yetki paylaşımı » [Le partage de la souveraineté et des compétences dans l'État régional], (article en ligne), *in* e-akademi, Juin 2002, n° 4 : http://www.e-akademi.org/makaleler/ncavusoglu-1.htm

ÇOKER (Z.),

- « Anayasa ve yerel yönetimler » [La Constitution et les collectivités territoriales], *in Güneydoğu ve yerel yönetimler sempozyumu: 26-27 Ekim 1994* [Le symposium du Sud-Est et des collectivités territoriales : 26-27 Octobre 1994], Diyarbakır, GAP Belediyeler Birliği, 1994, pp. 91-99.

- « Tüsiad raporunda yer alan yerel yönetimler yasa tasarısının temel özellikleri » [Les caractères essentiels du projet de loi des collectivités territoriales existant dans le rapport de Tusiad], *in Türk idare dergisi* [Revue turque de l'administration], Juin 1997, n° 415, pp. 21-40.

DEDEOĞLU (B.), « Bölgesel bütünleşmeler ve devlet egemenliğinin yeniden tanımlanması » [Redéfinition de la souveraineté étatique à l'aide des intégrations régionales], *in Yıldızhan Yayla'ya armağan*, İstanbul, Galatasaray Üniversitesi, 2003, pp. 251-258.

ELICIN-ARIKAN (Y.), « Municipalités métropolitaines et municipalités d'arrondissement en Turquie », *in Cahiers d'études sur la Méditerranée orientale et le monde turco-iranien*, n° 24, 1997, (article en français), pp. 71-104.

FENDOĞLU (H. T.), « Üniter devlet » [L'État unitaire], 20.06.2011, (article en ligne), http://www.hasantahsinfendoglu.com/dokumanlar/makaleler/UNITER_DEVLET.pdf

GÖKSU (T.) *et al.*, « Osmanlıdan günümüze yerel yönetimlerin gelişimi » [Le développement des collectivités territoriales : de l'Empire ottoman à nos jours], *in* BİLGİÇ (V. K.), (dir.), *Değişik*

yönleriyle yerelleşme [Décentralisation par ses différentes perspectives], Ankara, Seçkin Yayıncılık, 2009, pp. 11-35.
GÜLER (B. A.), « İkinci Dalga: Siyasal ve Yönetsel Liberalizasyon (Kamu Yönetimi Temel Kanunu) » [Deuxième vague : Libéralisation politique et administrative (La loi principale de l'administration publique)], *in Kamu yönetimi reformu incelemeleri* [Analyses de la réforme de l'administration publique], Ankara, Ankara Üniversitesi Siyasal Bilgiler Fakültesi, n° 59, novembre 2003, pp. 1-34.
HAMAMCI (C.), « Yerel Yönetimler ve Demokratikleşme Üzerine » [Sur les collectivités territoriales et la démocratisation], *in* SAYAN (İ.), (dir.), *Prof. Dr. Kurthan Fişek için : Yönetim üzerine* [Pour Prof. Kurthan Fişek : sur l'Administration], Ankara, Ankara Üniversitesi Yayınları, 2010, pp. 313-319.
İSLAMOĞLU (A.), « Teşebbüs-i şahsi ve adem-i merkeziyet düşüncesi bağlamında Prens Sabahattin » [Le Prince Sabahattin dans le cadre de la pensée de l'initiative privée et de la décentralisation], *in Hüseyin Hatemi'ye armağan,* İstanbul, Vedat Kitapçılık, 2009, pp. 1987-2005.
KELEŞ (R.), « Avrupa'ya uyum sağlama sürecinde Türkiye'de yerel yönetimler » [Les collectivités territoriales en Turquie pendant le processus d'harmonisation à l'Europe], *in* FALAY (N.) *et al.*, (dir.), *Türkiye'de yerel yönetimlerin sorunları ve geleceği* [Les problèmes et l'avenir des collectivités territoriales en Turquie], Ankara, Seçkin Yayıncılık, 2009, pp. 11-26.
NALBANT (A.),
- « Bölgesel devlet : Yeni bir devlet biçimi mi ? (I) : Kuramsal Temeller », [L'État régional : une nouvelle forme d'État ? (I) : Les fondements théoriques], *in AİD (Amme İdaresi Degisi)*, Vol. 29, n° 2, juin 1996, TODAİE, pp. 39-70.
- « Bölgesel devlet: Yeni bir devlet biçimi mi ? (II) Uygulama: İtalya ve İspanya Örnekleri », [L'État régional : une nouvelle forme d'État ? (II) Pratique : Les exemples de l'Italie et de l'Espagne], *in AİD (Amme İdaresi Degisi)*, Vol. 29, n° 3, septembre 1996, TODAİE, pp. 17-55.

OKTAY (T.), « Belediyenin Tarihsel Gelişimi » [Le développement historique de la municipalité], *in* BOZLAĞAN (R.) et DEMİRKAYA (Y.), (dir.), *Türkiye'de yerel yönetimler* [Les collectivités territoriales en Turquie], Ankara, Nobel Yayın Dağıtım, 2008, p. 119 et suiv.
ORAN (B.), « Fransa'da ve Türkiye'de Üniter Devlet Sorunu », [La question de l'État unitaire en France et en Turquie], (article en ligne), disponible sur le lien :

https://baskinoran.com/makale/FransadaveTurkiyedeUniterDevletSorunu.pdf
ORTAYLI (İ.) et **AKILLIOĞLU (T.)**, « Le Tanzimat et le modèle français : mimétisme ou adaptation ? », *in* BATU (H.) et BACQUE-GRAMMONT (J.-L.), (dir.), *L'Empire ottoman, La République de Turquie et la France*, éd. ISIS, 1986, pp. 197-208.
ÖKMEN (M.), « Türkiye'de Merkezî Yönetim-Yerel Yönetim İlişkileri ve Yerel Yönetimlerin Yeniden Yapılandırılması » [Les relations de l'administration centrale-l'administration locale en Turquie et la réforme des collectivités territoriales], *in* BOZLAĞAN (R.) et DEMİRKAYA (Y.), (dir.), *Türkiye'de yerel yönetimler* [Les collectivités territoriales en Turquie], Ankara, Nobel Yayın Dağıtım, 2008, pp. 45-83.
TEZCAN (D.), « L'expérience turque du droit des collectivités locales », *in Prof. Dr. Mahmut Tevfik Birsel' e armağan*, İzmir, Dokuz Eylül Üniversitesi Yayını, 2001, (article en français), pp. 667-673.
TÜRKBAĞ (A. U.), « Alexis de Tocqueville'de demokrasi ve yerel yönetimler » [La démocratie et les collectivités territoriales chez Alexis de Tocqueville], *in Prof. Dr. İlhan Akın'a armağan,* İstanbul, İstanbul Üniversitesi Hukuk Fakültesi, 1999, pp. 307-316.

III. JURISPRUDENCE CONSTITUTIONNELLE

France

Décision n° 82-137 DC du 25 février 1982, Loi relative aux droits et libertés des communes, des départements et des régions, Rec. Cons. const., p. 38, JORF du 3 mars 1982, p. 759.
Décision n° 2003-469 DC du 26 mars 2003, Révision constitutionnelle relative à l'organisation décentralisée de la République, Rec. Cons. const., p. 293, JORF du 29 mars 2003, p. 5570.
Décision n° 2010-618 DC du 9 décembre 2010, Loi de réforme des collectivités territoriales Rec. Cons. const., p. 367, JORF du 17 décembre 2010, p. 22181, texte n° 2.
Décision n° 2015-717 DC du 6 août 2015, Loi portant nouvelle organisation territoriale de la République, JORF n° 0182 du 8 août 2015, p. 13777, texte n° 3.
Décision n° 2014-709 DC du 15 janvier 2015, Loi relative à la délimitation des régions, aux élections régionales et départementales et modifiant le calendrier électoral, JORF n° 0014 du 17 janvier 2015, p. 783, texte n° 2.

Turquie

AYM (Cct), décision du 22 juin 1988, E. 987/18-K. 988/23, Loi provisoire de l'administration générale des départements du 13 mars 1913, RG (JORT) n° 20001 du 26 novembre 1988, p. 14.

AYM (Cct), décision du 18 janvier 2007, E. 2005/32, K. 2007/3, Loi n° 5302 du 22 février 2005 relative au département en tant que collectivité territoriale, RG (JORT) n° 26741 du 29 décembre 2007.

AYM (Cct), décision du 24 janvier 2007, E. 2005/95, K. 2007/5, Loi n° 5393 du 3 juillet 2005 relative aux municipalités, RG (JORT) n° 26741 du 29 décembre 2007.

AYM (Cct), décision du 4 février 2010, E. 2008/27, K. 2010/29, Loi n° 5393 du 3 juillet 2005 relative aux municipalités, RG (JORT) n° 27619 du 22 juin 2010.

AYM (Cct), décision du 4 février 2010, E. 2008/28, K. 2010/30, Loi n° 5216 du 10 juillet 2004 relative aux municipalités métropolitaines, RG (JORT) n° 27619 du 22 juin 2010.

IV. SITES INTERNET ET TRAVAUX EN LIGNE

http://www.assemblee-nationale.fr

https://baskinoran.com/makale/FransadaveTurkiyedeUniterDevletSorunu.pdf

https://www.boe.es/legislacion/documentos/ConstitucionFRANCES.pdf

https://www.cairn.info

http://www.charles-de-gaullc.org

http://www.conseil-constitutionnel.fr

http://www.e-akademi.org/makaleler/ncavusoglu-1.htm

http://www.gouvernement.fr

http://www.hasantahsinfendoglu.com/dokumanlar/makaleler/UNITER_DEVLET.pdf

http://www.igb.gov.tr/Kutuphane/10%202003%20KYYY%20II.pdf

https://journals.openedition.org/cemoti/1463

https://www.legifrance.gouv.fr

http://mevzuat.tbmm.gov.tr

http://mjp.univ-perp.fr/constit/tr1982.htm

http://www.sp.gov.tr

https://www.tbmm.gov.tr

http://www.univ-paris1.fr/fileadmin/GRALE/PEregional1.pdf

http://www.vie-publique.fr

TABLE DES MATIÈRES

Structures éditoriales du groupe L'Harmattan

L'Harmattan Italie
Via degli Artisti, 15
10124 Torino
harmattan.italia@gmail.com

L'Harmattan Hongrie
Kossuth l. u. 14-16.
1053 Budapest
harmattan@harmattan.hu

L'Harmattan Sénégal
10 VDN en face Mermoz
BP 45034 Dakar-Fann
senharmattan@gmail.com

L'Harmattan Cameroun
TSINGA/FECAFOOT
BP 11486 Yaoundé
inkoukam@gmail.com

L'Harmattan Burkina Faso
Achille Somé – tengnule@hotmail.fr

L'Harmattan Guinée
Almamya, rue KA 028 OKB Agency
BP 3470 Conakry
harmattanguinee@yahoo.fr

L'Harmattan RDC
185, avenue Nyangwe
Commune de Lingwala – Kinshasa
matangilamusadila@yahoo.fr

L'Harmattan Congo
219, avenue Nelson Mandela
BP 2874 Brazzaville
harmattan.congo@yahoo.fr

L'Harmattan Mali
ACI 2000 - Immeuble Mgr Jean Marie Cisse
Bureau 10
BP 145 Bamako-Mali
mali@harmattan.fr

L'Harmattan Togo
Djidjole – Lomé
Maison Amela
face EPP BATOME
ddamela@aol.com

L'Harmattan Côte d'Ivoire
Résidence Karl – Cité des Arts
Abidjan-Cocody
03 BP 1588 Abidjan
espace_harmattan.ci@hotmail.fr

Nos librairies en France

Librairie internationale
16, rue des Écoles
75005 Paris
librairie.internationale@harmattan.fr
01 40 46 79 11
www.librairieharmattan.com

Librairie des savoirs
21, rue des Écoles
75005 Paris
librairie.sh@harmattan.fr
01 46 34 13 71
www.librairieharmattansh.com

Librairie Le Lucernaire
53, rue Notre-Dame-des-Champs
75006 Paris
librairie@lucernaire.fr
01 42 22 67 13

www.ingramcontent.com/pod-product-compliance
Lightning Source LLC
LaVergne TN
LVHW011448061026
849535LV00004BA/1006